근대문화사

서양편 · 745

근대문화사

흑사병에서 1차 세계대전에 이르기까지
유럽 영혼이 직면한 위기

III

계몽과 혁명:
7년 전쟁에서 빈 회의까지

에곤 프리델(Egon Friedell) 지음
변상출 옮김

한국문화사

한국연구재단 학술명저번역총서 서양편·745

근대문화사
: 흑사병에서 1차 세계대전에 이르기까지 유럽 영혼이 직면한 위기

제3권 계몽과 혁명: 7년 전쟁에서 빈 회의까지

1판 1쇄 2015년 7월 20일
원   제 Kulturgeschichte der Neuzeit:
            Die Krisis der Europäischen Seele von
            der Schwarzen Pest bis zum Ersten Weltkrieg
지 은 이 에곤 프리델(Egon Friedell)
옮 긴 이 변 상 출
책임편집 이 지 은
펴 낸 이 김 진 수
펴 낸 곳 **한국문화사**
등   록 1991년 11월 9일 제2-1276호
주   소 서울특별시 성동구 광나루로 130 서울숲IT캐슬 1310호
전   화 (02)464-7708 / 3409-4488
전   송 (02)499-0846
이 메 일 hkm7708@hanmail.net
홈페이지 www.hankookmunhwasa.co.kr

ISBN 978-89-6817-247-2 94920
(세트) 978-89-6817-244-1 94920

이 도서의 국립중앙도서관 출판시도서목록(CIP)은
서지정보유통지원시스템 홈페이지(http://seoji.nl.go.kr)와
국가자료공동목록시스템(http://www.nl.go.kr/kolisnet)에서
이용하실 수 있습니다.(CIP제어번호: CIP2015018645)

'한국연구재단 학술명저번역총서'는 우리 시대 기초학문의 부흥을 위해
한국연구재단과 한국문화사가 공동으로 펼치는 서양고전 번역간행사업입니다.

문화사에 딜레탕트인 내가 프로페셔널리즘보다 딜레탕티즘을 선호하는 에곤 프리델의 이 유명한 책, 『근대문화사』를 처음 접한 것은 2003년 4월 즈음이었다. 그 무렵은 내가 악셀 브라이히(Axel Braig)와 울리히 렌츠(Ulrich Renz)의 공저인 『일 덜 하는 기술(Die Kunst, weniger zu arbeiten)』을 막 번역 출간한 때이다. 〈일은 적게 하면서 인생은 자유롭게 사는 법〉이라는 부제를 달고 있는 『일 덜 하는 기술』은 책 끝머리에 부록으로 〈권하고 싶은 책〉 여남은 권을 소개하고 있었는데, 그중에 "우리의 주제를 훨씬 넘어서서 도전적이고 흥미로운 읽을거리를 제공한다"고 소개한 책이 바로 에곤 프리델의 『근대문화사』였다.

그 후 얼마 뒤 이 책을 직접 손에 들고 읽기 시작했을 때, '도전적이고 흥미로운 읽을거리'라는 소개말은 의례적으로 하는 빈말이 아니었다. 세계에서 가장 오래된 신문 중 하나인 『노이에 취리히 차이퉁(Neue Züricher Zeitung)』이 일찌감치 "프리델의 『근대문화사』는 그 문학적 형상화의 힘 덕분에 흥미진진한 소설처럼 읽힌다"고 평가한 말 역시 이 책 서문 첫머리를 읽으면 이내 이해될뿐더러 참으로 '도전적이고 흥미로운 읽을거리'임을 확인하게 된다.

무한히 깊은 우주 공간에는 신의 반짝이는 사유이자 축복받은 도구이기도 한 수많은 별이 운행하고 있다. 창조주가 그 별들을 작동시키고 있는 것이다. 이 모든 별은 행복하다. 신이 세계를 행복하게 하려 하기 때문이다. 이 별들 가운데 이 운명을 공유하지 않는 별이 딱 하나 있다. 이 별에는 인간만이 서 있을 따름이다.

어떻게 이런 일이 발생했는가? 신이 이 별을 망각했던가? 아니면 신은 이 별에 본래의 힘을 벗어나 스스로 축복을 쟁취할 자유를 주었던가? 그것을 우리는 알 수 없다. 우리는 이 작은 별의 역사가 만들어낸 자그마한 파편 하나에 관해 이야기를 풀어나가 보고자 한다.

언뜻 봐도 통념적으로 알고 있는 건조한 '문화사'에 관한 말투로 느껴지지 않는다. '존재론'에 관한 명상록 같기도 하고, 마르크스가 말한 '물신숭배(Fetishism)'의 세계에 대한 우울한 철학적 반성의 글 같기도 하다. 그러나 이야기 전체를 풀어가는 서술방식, 이를테면 세계 전체가 시인을 위해 창조되었다, 세계사는 작품이나 말의 시인을 위한 소재를 갖고 있다, 세계사가 새로운 행위와 꿈을 꾸도록 부채를 건네는 그 시인은 누구일까? 그 시인은 바로 다름 아닌 후대 세계 전체일 뿐이다, 천재는 시대의 산물이다, 시대는 천재의 산물이다, 천재와 시대는 공약수가 없다는 등과 같은 변증법적 표현에서 보면 그의 이 책은 허무주의적 반성의 '존재론적' 명상록의 차원을 넘어 창조적인 '시학' 내지는 문화적 '미학서'와 같은 인상을 강하게 풍긴다. 사실 저자 에곤 프리델도 자신의 『근대문화사』 서술형식의 골간을 받치고 있는 관점은 과학적 성격보다 미학적·도덕적 성격이 강하다고 서문 앞쪽에서 미리 고백하고 있다.

이 책의 첫머리를 읽는 순간 이 글은 지금까지의 문화사(文化史) 책이 대개 보여주듯 사실관계를 단순히 나열하는 백화점식 보고 형식과도 다르며, 인과관계를 추적하는 기존의 논리적 역사기술의 문화사 연구방식과도 확연히 다른 미학적 성격이 짙다는 점을 금세 알아볼 수 있다. 그래서 '소설 같다'는 평가를 내리는 문화사 '전문가'도 있지만 대단히 유명한 오스트리아 작가 힐데 슈필(Hilde Spiel)과 같은 이는 프리델이 "믿을 수 없을 정도의 박식함과 매혹적인 유머, 정확한 학술적 이해와 대단히 섬세한 예술취향을 겸비하고서" 그 "시기의 인간을 각 시기마다 그 시기의 외부적 환경과 정신적 환경 속에 세우고서 그런 인간의 일상과 복장, 관습을 그 시대의 거대한 이데올로기적 조류와 함께 신선하게 환기시킨다"는 말로써 사람들을 『근대문화사』 속으로 끌어들이기도 한다. 오스트리아의 저명한 저널리스트 울리히 바인치를(Ulrich Weinzierl)은 독일의 유력 일간지 『프랑크푸르트 알게마이네 차이퉁(Frankfurter Allgemeine Zeitung)』에서 프리델의 『근대문화사』를 두고 "그 표현력이 경쾌하고도 흥미로워 수십 년 동안 독자를 사로잡는 매력을 담고 있다"고 말한 바 있다. 물론 이런 '경쾌함'과 '흥미로움'의 참맛은 『근대문화사』 속으로 직접 걸어 들어가 볼 때만 생생하게 경험할 수 있을 것이다.

그러나 이 글을 옮긴 나로서는 바인치를의 주장이 틀림없다고 확신한다. 물론 이 확신을 얻기까지 많은 인내가 필요했다. 2003년 4월 이 책을 처음 읽기 시작해서 2015년 7월 지금 번역서로 이렇게 내놓기까지 꼬박 12년 3개월이 걸린 셈이다. 미적 표현과 그 예술적 서술방식에 매료되어, '이런 식의 문화사 기술도 가능하구나!'하는 느낌으로 간간이 읽고 우리말로 옮겨오다가 한국연구재단 '2011년 명저번역지원 사업'에 선정되어 본격적으로 번역해온 일도 벌써 만 4년이 다 되었다. 표현력의 '경쾌함'과 소설 같은 '흥미로움' 때문에 밤을 꼬박 새우면서 '새로운 시대의 문화 이야기(Kulturgeschichte der Neuzeit)', 즉 『근대문화사』에 빠져든 적이 한두 번이 아니었다. 그러나 집중된 4년과 전체 12년은 결코 인내하기 쉽지 않은 시간이었다. 그 시간은 나의 '몸'에 불균형만 초래한 것이 아니라 가족의 일상적 바이오리듬도 깨는 용감한 '반가족주의'의 길이기도 했다. 이 자리를 빌려 '그래도 정신 건강에는 도움이 되지 않았을까(?!)' 하고, 동의 얻기 쉽지 않은 말로나마 함께 위로하고 싶다.

이 책이 아무리 '흥미진진한 소설' 같아도 번역하기에는 절대적 시간이 필요했다. 그도 그럴 것이 이 책은 저자 에곤 프리델이 쓰기에도 5년 이상 걸릴 만큼 긴 시간이 요구된 독일어판 1,600쪽 분량에 가까웠기 때문이다. 프리델은 처음 이 책을 3부작으로 출간했다 (여기서 번역 텍스트로 사용한 것은 베크(C. H. Beck) 출판사가 3부 5권으로 나뉜 것을 2008년 한 권으로 묶어 내놓은 특별판이다). 1927년 7월에 완성된 1부에는 〈문화사란 무엇이며, 문화사를 왜 공부하는가?〉라는 서문과 〈르네상스와 종교: 흑사병에서 30년 전쟁까지〉라는 제목의 1권이 포함된다. 1928년 12월에 나온 2부는 〈바로크와 로코코: 30년 전쟁에서 7년 전쟁까지〉의 2권과 〈계몽과 혁명: 7년 전쟁에서 빈 회의까지〉의 3권을 포함하며, 3부는 1931년 말에 완성된 것으로서 〈낭만주의와 자유주의: 빈 회의에서 프로이센·프랑스 전쟁까지〉의 4권과 마지막 5권 〈제국주의와 인상주의: 프로이센·프랑스 전쟁에서 세계대전까지〉를 포함한다. 흑사병 발병 시기인 1340년대부터 1914년 1차 세계대전이 터지기까지의 기간을 보면 에곤 프리델의 『근대문화사』는 〈르네상스와 종교〉에서 〈제국주의와 인상주의〉에 이르기까지 근 600여 년의 유럽 문화를 관통하고 있다.

한 권의 특별판으로 묶은 이 기념비적인 작품은 이탈리아 르네상스의 발흥으로부터 1차 세계대전에 이르기까지 600여 년간 서구인이 겪은 문화적 부침의 역사를 섬세한 예술적·철학적 문화프리즘으로 그려내고 있다. 이 부침의 역사 속에는 예술과 종교, 정치와 혁명, 과학과 기술, 전쟁과 억압 등속의 거시적 문화 조류뿐만 아니라 음식·놀이·문학·철학·음악·춤·미술·의상·가발 등과 같은 미시적인 일상생활의 문화 조류도 포함된다. 그런데 에곤 프리델의『근대문화사』의 강점은 무엇보다 이 미시적 문화 조류에 대한 탐색이 섬세하게 이루어진다는 점에 있다. 예컨대 큰 종 모양의 치마, 일명 '정절지킴이'로 불렸던 의상 라이프로크는 바로크의 형식적 화려함 속에 가려진 몰락의 추태를 나타내주기도 하지만 이 의상의 출현으로 파리와 같은 도시의 골목길이 넓혀지는 문화적 변화를 보여주기도 한다. 말하자면 미시적 문화와 거시적 문화의 변증법적 통일을 드러내주는 것이다. 에곤 프리델은 이 책에서 근대를 규정하는 수세기에 걸친 다양한 조류를 추적하며, 가장 중대한 정신적·정치적·사회적 발전 면모를 설명하면서 그때마다 결정적인 인물들을 뚜렷한 초상으로 그려낸다. 프리델의 문화프리즘을 통해 보면 위대한 인물과 시대정신은 상호 연관성을 지니면서도 마치 독립적인 듯한 변증법적 모순을 함축한다. 이의 압축된 표현이 바로 "천재는 시대의 산물이다", "시대는 천재의 산물이다", "천재와 시대는 공약수가 없다"는 식의 테제일 것이다. 이 테제의 핵심을 가로지르는 것이 그가 만든 개념인 '정신적 의상의 역사(Eine seelische Kostümgeschichte)'라고 할 수 있다. 말하자면 의상 하나에도 정신이 깃들어 있고, 정신 하나도 어떤 문화로든 표현된다는 것이다.

　에곤 프리델이『근대문화사』로 우리에게 들려주는 '새로운 문화 이야기'는 인간에게서 공포를 몰아내고 인간을 세계의 주인으로 세우겠다는 근대 계몽의 당찬 계획을 실패로 보았던 1940년대 프랑크푸르트학파의『계몽의 변증법』의 관점을 선취한 듯하다. 이는 『근대문화사』의 부제로 달려 있는 〈흑사병에서 1차 세계대전에 이르기까지 유럽 영혼이 직면한 위기〉라는 소제목에서 확인할 수 있을 법하다. 이 위기의 근대화 과정을 프리델은 '**실재론**(Realismus)'에 대한 '**유명론**(Nominalismus)'의 승리에서 찾고 있다. 그것은 곧 신에 대한 이성의 승리이고, '**귀납적 인간**(induktiver Mensch)'에 대한 '**연역적 인간**(deduktiver Mensch)'의 승리를 함의한다. '연역적 인간'의 승리는 다양한 경험을 허용하지 않고 대전제가 되는 '이성'에 복종하지 않는 모든 것을 단박에 '**불량종자**(mauvis genre)'로 취급하는 데카르트적 이성의 패권을 의미하기도 한다. 여기서 이성은 '형제가 없는 정신'이 될 수밖에 없고, 중세적 공동체는 해체될 수밖에 없다고 보는 것이 바로 에곤 프리델의『근대문화사』를 관통하는 문화프리즘이다. '형제가 없는 정신'을『계몽의 변증법』의 저자 아도르노와 호르크하이머의 말로 표현하면 '도구적 이성'이 될 것이다. 이런 이성의 궁극적 표현이 세계대전으로 귀결된다고 보는 것에서도『근대문화사』와『계몽의 변증법』은 서로 닮았다. 다만 차이가 있다면 후자는 '이성'에 내재하는 억압적 요소를 '계몽을 넘어서는 계몽'과 같은 반성적 계몽을 통해 극복하려고 하는 반면에 전자는 지금까지의 세계를 구성해온 이분법적 체계, 즉 정신과 물질의 세계와는 다른 곳에서 오는 제3의 불빛에서 찾고 있다는 점이다.

경험 심리학과 경험 물리학이 동일한 결과에 다다랐다. 즉 정신은 현실 너머에 서 있고, 물질은 현실 아래에 있다는 것이 그것이다. 그러나 이와 동시에 다른 쪽에서부터 비쳐오는 흐릿한 불빛이 하나 반짝이고 있다.
유럽 문화사의 다음 장은 바로 이 불빛의 역사가 될 것이다.

에곤 프리델은 '유럽 문화사의 이 새로운 불빛'을 보지 않고 1938년 3월, 밤 10시경에 향년 60세의 나이로 생을 마감했다. 그는 삶의 '유쾌함'을 인정하지 않고 오로지 군사적 '진지함'으로 '삶'을 억압하는 히틀러의 폭압적 군대가 오스트리아에 진입했을 때 4층 창밖으로 몸을 날려 죽음으로 저항했던 것이다. 그런데 그가 사망한 지 77년이 지났지만 아직 '다른 쪽에서 비쳐오는 흐릿한 불빛 하나' 볼 수 없다. 오히려 지금은 '유럽'이 직면했던 그 '영혼의 위기'뿐 아니라 '지구' 전체가 칠흑같이 어두운 밤을 맞아 지구적 '삶 자체'가 위기에 봉착한 듯하다. 그것도 인간의 삶과 직접 관련된 '경제적 위기'뿐만 아니라 글로벌 차원의 '생태학적 위기'에 직면해 있다고 해도 과언이 아닐 만큼 불길한 여러 징후가 지구촌 곳곳에서 감지된다. 에곤 프리델의 말대로 왜 지구는 행복의 운명을 공유하지 못하고 있는지 근본적으로 반성할 필요가 바로 여기에 있지 않을까 싶다. 어쩌면 그가 말하는 그 '흐릿한 불빛'은 이 반성에서 반짝이기 시작할지도 모른다.

1931년, 『근대문화사』가 출간되고 현지의 뜨거운 반응을 넘어 수십 개 언어로 번역된 지도 한참 되었지만 우리는 이제야 그 빛을 보게 되었다. 아주 때늦게 빛을 보게 되었지만 이 빛의 탄생과정에 실로 도움을 주신 분들에게 감사의 마음을 전하고 싶다. 독일어판 원서 1,600여 쪽이나 해당하는 분량의 책을 오늘 5권의 번역본으로 내기까지 한국연구재단의 지원이 없었다면 이 책은 국내에서 빛을 보기가 거의 불가능했을 깃이다. 재단에 감사를 드린다. 무엇보다 사실 수차례에 걸쳐 곤혹스러울 정도로 집요하고도 날카롭게 교정을 봐준 '한국문화사'의 이지은 팀장께 이 자리를 빌려 특별한 감사의 마음을 전하고자 한다. 그리고 생활박자를 초스피드로 다그치는 신자유주의의 무서운 속도감을 고려치 않고, 각 권 평균 400쪽 이상 되는 5권의 책을 무심코 읽어달라고 용감하게 부탁해야 할 잠재적 인 독자들에게도 미리 감사의 인사를 드린다.

이 책이 오늘 우리 시대의 '고단한 영혼'을 달래주는 하나의 끔목 이 될 수 있다면 역자로서는 더 바랄 것이 없다고 생각한다.

2015년 7월
옮긴이 변 상 출

▌차례▐

· 일러두기 · ─────────────

1. 번역 텍스트로는 2008년에 베크(C. H. Beck) 출판사가 한 권으로 묶어 내놓은 특별판을 사용했나.
2. 고딕체로 쓴 부분은 원저자가 이탤릭체로 강조한 부분이다.
3. 각주는 모두 옮긴이 주이다.
4. 인명·지명 등의 로마자 철자는 일부는 원어를 찾아내어 쓰고 그 외에는 모두 독일어판을 따랐다.

각 권 차례

01
건강한 인간오성과 자연으로의 귀환

헛되게도 이성은 편견이 세상을 지배하고 있다고 한탄한다.
그러나 이성 자체가 세상을 지배하려 한다면
이성도 마찬가지로 편견으로 변하고 말 것이다.
— 텐

　지금까지의 설명에서 우리는 무대의 각 장면 혹은 소설의 각 장을 차례차례 좇듯 문화사의 발전 과정을 각각의 중요한 단계로 하나하나 쪼개어보아 왔다. 맨 먼저 후기 스콜라 시대를, 그다음에는 르네상스를, 그러고는 종교개혁을, 또 그러고는 바로크를, 그리고 마지막으로 로코코 시대를 살펴보았다. 물론 이렇게 분류해 볼 때는 부정확성과 자의성 및 왜곡이 있을 수 있다. 그러나 현실에 대한 이런 식의 단순화와 각색에도 인간의 모든 학문과 예술, 즉 인간 정신활동 일반의 본질만큼은 들어있기 마련이다. 이와 같은 방식의 임의적인 분류작업을 앞으로도 계속 유지하는 것은 어쩔 수 없는 일이지만, 다른 한편으로 필요한 일은 이런 비합리적인 분류의 성격을 두고 어떤 환상도 품지 않는 것과 실제로 정확하지 않을 수 있다는 점을 의식에서든 무의식에서든 망각해서는 안 된다는 것이다.

예컨대 종교개혁이 그저 르네상스를 대체한 것으로만 보는 것은 완전히 빗나간 생각일 수 있다. 그도 그럴 것이 종교개혁과 르네상스에서 인문주의는 핵심 추동력의 하나이며, 이탈리아 르네상스의 전성기는 루터의 영향력이 가장 왕성하게 작용한 10여 년 동안 이루어졌기 때문이다. 그런데 시대 구분이 가장 쉬운 때는 바로크 시대였다. 여기서 우리는 크게 무리하지 않고도 전기 바로크 혹은 반종교개혁, 본격 바로크 혹은 위대한 시대(Grand Siècle), 후기 바로크 혹은 로코코 시대로 분류할 수 있으며, 심지어 특정한 년대를 교점으로 잡아볼 수도 있다. 개별 문화의 시대가 서로 맺고 있는 진정한 관계를 비교함으로써 명확히 해석해 본다면 아마도 우리는 문화시대의 사정이란 지질학적 시기의 사정과 아주 흡사하다고 말할 수 있을 것이다. 지질학은 지질학적 연대를 크게 세 시기, 즉 제1기에 해당하는 고생대와 제2기의 중생대, 제3기의 신생대로 구분한다. 고생대에는 물고기와 하등생물만 있었으며, 파충류는 중생대에, 새와 포유동물은 신생대에 나타났다. 물론 제2기에도 물고기가 생존했고, 제3기에도 오늘날까지도 생존하고 있는 물고기와 파충류가 살아남았다. 그러나 이런 종이 더는 소위 두각을 보이지 못하고 각 시대마다 생겨난 다른 동물 계통이 수와 유의 다양함을 통해 **주도적** 역할을 맡았다. '고대'에는 물고기가, '중세'에는 파충류가, '근대'에는 포유류가 그랬다. 이와 유사하게 각 문화의 시대에도 항상 특정 인종에 의해 그 성격이 결정되었다. 그 이전의 인종도 이들과 함께 생존했지만, 주도권을 행사한 것은 이 특정 인종이었다. 예컨대 지금도 교외에는 카롤링거 왕조 시대나 마찬가지로 살고 있는 수많은 사람이 있으며, 독일 소도시의 시민문화는 종교개혁 시대의 문화상태를 고스란히 대변하는 듯하고, 우리의 학교 교사들은 그 시야의 범위와 내용에서 보건대 계몽주의 시대에 갖다놔도 무방할 것 같다. 아무튼, 많은 유의 인간이 완전히 사라졌다. 예컨대 고대의 인간은 공룡의 유형처럼 사멸했지만, 공룡과 마찬가지로 온갖 형태의 화석을 통해 그 모습을 전해준다.

이제 우리가 살펴보려는 한 단면, 즉 7년 전쟁에서 빈 회의(Wiener Kongreß)에까지 이르는 단면의 경우 지질학적 시대라는 제한된 비유법으로는 설명이 적절하지 않을 수 있다. 이 시공간을 채우는 세 가지 주요 경향이 있다. 우리는 그것을 **계몽 · 혁명 · 고전주의**라는 핵심어로 규정한다. '계몽'은 보편적으로 통용되는 용어 그대로 받아들이면 그 이전의 단계로서 이미 우리가 알고 있는 극단적인 합리주의적 경향으로 이해할 수 있다. 이러한 계몽의 첫 단계에 가장 지대한 영향을 끼친 인물로는 영국의 로크(Locke), 프랑스의 볼테르(Voltaire), 독일의 볼프(Wolff)를 꼽을 수 있다. '고전주의'라는 용어도 오해할 여지가 별로 없다. 그러나 '혁명'이라는 표현은 일종의 설명이 필요하다. 요컨대 혁명을 공통분모로 집약한다면, 정치와 예술 혹은 세계관의 영역에 이르기까지 지금까지 지배해온 것, 관습화된 것에 대항하는 모든 운동을 말한다. 그 목표는 국가와 사회에 새로운 질서를 정립하고, 기존의 미학적 법칙 일체를 청산하며, 감성을 통해 오성을 폐위하는 것에 있다. 이 모든 일은 자연으로의 회귀라는 이름으로 이루어진다. 모호함을 문제 삼지 않는다면, 이 전체의 흐름을 두고 자연주의적 경향 혹은 행동주의적 경향이라고 불러도 무방할 것이다.

이러한 세 가지 기본 경향 사이의 관계를 명확히 파악하려면 또 한 번 지질학적 비유에 의존할 수밖에 없다. 주지하다시피 사람들은 '층계를 이룬' 형태와 '덩어리' 형태를 쉽게 구분한다. 전자는 건물의 층처럼 다양한 암석이 층을 이룬 형태를 보여주며, 후자는 잡다한 암석이 혼합된 덩어리를 형성하고 있다. 그런데 우리가 말하는 세 종류의 표상 형태는 침전물이 쌓일 때처럼 먼저 계몽의 층이 이루어지고, 그다음에 혁명이 그 위의 층을 형성하며, 그리고 마지막으로 고전주의가 그 위층을 이루는 상태를 취하고 있지는 않다. 이는 마치 산이 사암·편암·석회암 순서로 형성되는 것과 같은 꼴이다. 그러나 표상 형태는 오히려 화석학이 말하는 '서로 삼투한 층'을 이루고 있다. 전체 시공간은 계몽·혁명·고전주의의 경향이 스며들어 있다. 그런데 많은 사람이 고작 주장하는 것이라고는 계몽주의의 경우 18세기 중엽부터 대략 1770년까지가 가장 영향력 있고 가장 광범위하게 작용한 기간이었으며, 뒤이은 25년(대략 1770년에서 1795년의 기간) 사이에 계몽주의는 혁명적 조류에 그 패권을 내놓게 되었고, 마지막 20년(1795년에서 1815년) 동안 고전주의가 완전한 승리를 거머쥐게 되었다는 것이다. 그렇지 않으면, 우리의 구상을 따라, 각 산봉우리에서 세 종류의 암석 중 어느 하나가 우세할 때도 있지만 어쨌든 이 세 종류의 형태가 전체 층을 이루고 있다고 주장한다. 이미 이 시기 시초에 이 세 운동 각각이 방향을 제시하는 결정적인 활동을 내보인다. 프랑스 계몽주의의 파성추(破城槌) 역할을 한 '백과전서'는 이 세기의 중엽 직후에 출현하기 시작했으며, 프랑스 혁명의 법전이라고 할 수 있는 루소의 『사회계약론(*Du Contrat social*)』이 7년 전쟁이 종결되기 1년 전에 출간되었고, 고전주의의 성서로 통하는 빙켈만의 예술사가 평화협정 체결 1년 뒤에 나왔다. 다른 한편 이 세 운동 모두는 이 시대의 말엽에 이르러서야 정점에 도달했다. 칸트에게서 계몽주의가, 나폴레옹에게서 혁명이, 괴테에게서 고전주의가 정점을 이루었던 것이다.

정치사의 부문에서 세계사적 사건인 프랑스 혁명은 분명 이 시기를 다소 다른 두 부분으로 나누는 중간 휴지로 볼 수 있다. 우선 우리는 이 경계석을 바로 넘어서지는 않을 것이며, 이후에 중복 서술하는 것을 피하고자 자연연구의 영역에서만 우리의 관찰을 이 세기의 끝자락까지 확장하려 한다.

7년 전쟁은 유럽에서 이중의 의미를 지닌다. 첫째로 이 전쟁은 프리드리히 대왕에게 자신의 천재성을 가장 돋보이게 할 기회를 부여함으로써 이 세기 이후 다시는 경험할 수 없는 구경거리를 국민들에게 제공했다. 그러나 다른 한편 이 전쟁은 근대적 의미에서 최초의 세계대전이었다. 그도 그럴 것이 7년 전쟁은 네 대륙에서 동시에 벌어졌으며, 이 싸움의 객관적 목표는 식민지였기 때문이다. 사람들은 프로이센이 지배하던 몇몇 영토를 둘러싸고 싸움이 벌어지고 있다고 믿었지만, 실제 문제는 동인도와 북아메리카의 풍부하고도 광활한 영토였다. 로스바흐(Roßbach) 전투의 결과 캐나다가 점령되었다. 그런데 이런 맥락을 제대로 파악한 이들은 영국의 정치가들뿐이었다.

7년 전쟁의 원인 제공자는 오스트리아 재상 카우니츠(Kaunitz) 백작이었다. 그는 1세기 반 뒤 에드워드 7세가 독일을 두고 그랬던 것과 마찬가지로 프로이센에 대해 봉쇄정책을 취했다. 처음에는 슐레지엔을 포기하게 하려 했지만, 나중에 가서는 자신의 인생목표를 프로이센의 위상 '강등'과 이를 위한 외교술에 두었다. 그가 '위대한 이상'이라고 부르면서 한 치의 흔들림 없이 추구한 계획은 프리드리히 대왕에 맞선 오스트리아·러시아·프랑스의 연합이었다. 그는 베르사유 궁정의 특사로서 오랫동안 활동하다 프랑스 문화에 심취하여 독일어는 더듬거리며 말할 정도면 된다는 식으로 행동했다. 프리드리히 대왕은 열강의 위협적인 봉쇄에 맞서 1756년 영국과 '서방 각료협약'을 체결했다. 이 협약에서 두 열강은 외국 군대가 독일 영토를 침략하면 동맹군을 투입할 것을 의무화했다. 그런데이 순수한 방위조약은 프랑스와 오스트리아를 동맹하게 했다. 물론이 동맹에서 손해밖에 볼 것이 없어 보였던 프랑스의 입장에서는혼란스러운 정국상황 때문에도 그 동맹이 선례 없는 명백한 바보짓처럼 보였다.

유럽 바깥의 전쟁 지역에서는 영국과 프랑스가 주적으로 맞섰다. 프랑스는 '부르봉 왕가 협정'에 근거하여 스페인을 지원하고 있었다. 영국 군대가 거의 모든 곳에서 승리를 구가했다. 파리 평화협정에서 프랑스는 영국에 캐나다와 루이지애나(Louisiana) 동부를 양도했으며, 루이지애나 서부는 스페인에 넘어갔다. 이로써 프랑스는 아메리카에서 완전히 밀려나게 되었다. 그뿐만 아니라 세네갈의 영토마저도 잃게 된다. 물론 이 영토는 20년 뒤 베르사유 평화협정에서되찾기는 한다. 동인도에서도 옛 소유권을 회복하지만, 영국이 전권을 행사한 것과는 달리 군사주둔은 포기했다. 그 외에도 영국은 지독히 이기적이고 믿음이 가지 않을뿐더러 음흉하기까지 한 프로이센의 동맹군이었다. 조지 2세는 물론이고 조지 3세도 개인적으로는프리드리히 대왕을 달갑지 않게 여겼다. 위대한 제국주의 정치가로서 7년 전쟁에서 많은 성과를 획득한 윌리엄 피트(William Pitt)만이 영국의 이해를 잘 반영하는 가운데서 프로이센을 지지했다. 나중에그는 프로이센에 적대적이었던 뷰트(Bute) 경에 의해 실각했다. 이전쟁 기간 내내 러시아의 입장은 오로지 군주의 주관적 감정에 좌우되었다. 이를테면 엘리자베타는 자신을 두고 왕관을 쓴 창녀로부른 프리드리히를 혐오하여 이 전쟁에 개입했다. 반면에 표트르

3세는 대왕을 열렬히 숭배하여 그와 동맹을 맺었다. 그러나 예카테리나 2세는 그를 경멸하지도 숭배하지도 않고 중립적인 자세를 취했다. 스웨덴도 영토 회복을 기대하면서 이 동맹에 가담했지만 실질적인 활동은 하지 않았다. 이 왕국 역시 프리드리히에 대해 반대입장을 표명했지만, 동맹에 도움이 되기는커녕 해가 되는 빈약하기 짝이 없는 군대만을 동원했을 뿐이다. 작센은 기만적인 중립의 안전지대에 숨어 개입할 때를 노렸지만, 적대적 상황이 발발한 직후에 프리드리히에게 점령되어 전쟁 기간 내내 프로이센 영토로 취급되었다. 마리아 테레지아를 두고 말하자면, 그녀는 이 전쟁에서 독일을 반대하는 것을 유일한 목표로 하여 싸움을 벌였다. 만일 이 '봉쇄정책'이 승리했다면, 동프로이센은 러시아, 포메른(Pommern)은 스웨덴, 여제가 기꺼이 교환대상으로 내놓고 싶어 한 벨기에는 프랑스에 넘어갔을 것이다. 이렇게 함으로써 슐레지엔은 다시 오스트리아에 병합되었을 것이다. 이는 곧 대륙의 절반이 슬라브화하는 것을 의미했다.

　프리드리히의 단순하면서도 천재적인 계획은 러시아와 프랑스가 개입하기 전에 먼저 오스트리아의 '심장부에 타격'을 가하는 것이었다. 이 목적을 위해 그는 작센으로 출정하여 지원병으로 급조된 오스트리아 군대를 로보지츠(Lobositz) 전투에서 격파했다. 이 전투에서 오스트리아는 작센을 잃었으며, 이로써 프리드리히는 매우 가치 있는 작전의 교두보를 확보한 셈이었다. 그 다음 해 봄에 그는 오스트리아를 향해 프라하 근교까지 진군했다. 그러나 그곳에서 이미 그의 보병부대는 지쳐 쓰러지기 시작했으며, 기병부대의 활약과 슈베린(Schwerin) 장군의 희생에도 불구하고 결정적 패배를 맛보았다. 그러나 그해 여름에 세 번의 패배를 더 경험한다. 프리드리히는 공략하기가 거의 불가능한 다운(Daun) 원수의 군대를 공격하기 위해 무모하게도 콜린(Kolín) 전투를 벌였다. 이 전투에서 치명적 손실을 보고 보헤미아를 포기해야만 했다. 이로써 그의 본래의 구상에 아주 불리한 조건이 되었고, 그의 구상은 연기되었다. 영국 군대는 하스텐베크(Hastenbeck) 전투에서 프랑스 군대에 격퇴된다. 프랑스 군대는 하노버에 주둔하면서 제국 연합군[1]을 형성하고 있었다. 러시아는 그로스예거스도르프(Großjägersdorf) 전투에서 승리를 거두었다. 이로써 제국연합이 노린 집중 압살정책이 거의 현실화되어 프리드리히가 의도한 전쟁은 **첫 번째** 위기에 봉착했다. 그러나 프리드리히는 이 한 판의 게임을 여전히 포기하지 않고 무서운 추진력과 주도면밀한 계획과 속도전으로 그의 적들 각각에 필사적으로 맞선다. 프랑스와는 로스바흐 전투를, 오스트리아와는 로이텐(Leuthen) 전투를, 러시아와는 초른도르프(Zorndorf) 전투를 치르면서 승리를 이끌어냈다. 그러나 이 빛나는 세 번의 승리에 이어 라우돈(Laudon) 장군과 다운 원수가 이끈 호흐키르흐(Hochkirch) 전투에서 패배의 쓴잔을 마시게 된다. 물론 프리드리히는 이 패배를 딛고 곧 전력을 가다듬게 된다. 반면 네 번째 출정의 해는 전반적인 피로의 누적으로 **두 번째** 대위기를 맞게 된다. 러시아와 오스트리아를 상대로 한 쿠너스도르프(Kunersdorf) 전투에서 초반에는 승리를 거두었지만 곧 대패하며, 막센(Maxen) 전투를 이끌던 핑크(Finck) 장군은 군사 3만과 함께 백기를 들고 말았다. 그러나 프리드리히 대왕은 또 한 번 놀라운 승리를 통해 전력을 회복한다. 곧 그는 라우돈과 벌인 리그니츠(Liegnitz) 전투와 다운을 상대로 한 토르가우(Torgau) 전투에서 승리한 것이다. 하

---

[1] Reichsheer: 오스트리아·러시아·프랑스 연합국 군대를 말함.

지만 가장 불안전한 **세 번째** 위기가 1761년에 닥쳤다. 대(大)피트의 실각이 그것이다. 이 사건은 그를 당황하게 하기에 충분했다. 엘리자베타 여제의 사망만이 그를 이 위기에서 벗어나게 할 수 있었다. 부르커스도르프(Burkersdorf) 전투에서 오스트리아가 또 한 번 패배하고 영국과 프랑스가 평화협정을 체결했으며, 터키가 위협적인 태도를 보였기에 결국 마리아 테레지아는 후베르투스부르크(Hubertusburg) 평화조약을 맺을 수밖에 없었다. 이 조약에서 마리아 테레지아가 성과로 얻은 것이라고는 그의 아들의 황제 등극을 프로이센 선제후들이 용인한다는 것뿐이었다.

프리드리히가 이 전쟁에서 성공적으로 방어했다는 사실에도 불구하고 그의 탁월한 전략적·조직적 능력을 입증하는 자료는 별로 없다. 그저 그를 신비스럽게 해석할 따름이다. 이는 천재를 두고 최후의 일격을 가하기를 두려워하는 모든 범인이 품은 내심의 두려움과, 실재를 자신의 의지에 맡겨 자신의 구상에 따라 모양을 잡는 천재의 힘에서 비롯된다. 우리가 '사건'이라고 부르는 그것은 근본적으로 말하면, 특히 창조적인 인간의 경우, 개성을 연장하는 것, 즉 외부세계에 개성을 투입하여 사실로 굳어지게 만든 성격의 특질일 뿐이다. 천재는 세상을 헤치고 갈 때 자신에게도 드물지 않게 전율로 다가오는 이름 모를 초월적인 힘의 빛을 수수께끼 같은 운명으로 경험한다. 괴테와 니체, 미켈란젤로와 베토벤도 그들 삶의 절정에서 그렇게 느꼈을 것이다. 민중도 자기 시대의 위대한 영웅들을 그런 눈으로 보았다. 유럽이 경험한 그런 전설적 인물 가운데 최근 사람은 비스마르크(Bismark)였다. 우리가 말하는 권력, 즉 인간과 사물, 민족과 대륙을 지배하는 권력은 개인을 원천으로 한다. 말하자면 18세기에는 프로이센의 막강한 권력이 아니라 언제나 프리드리히 대왕의 권력만 있었으며, 그 세기의 전환기에는 우세한 프랑스의 권력이 아니라 순전히 나폴레옹의 권력만 있었다. 역사의 올바른 본능조차도 로마의 세계제국을 케사르의 제국으로 부르고, 그리스의 세계문화를 알렉산더의 문화로 칭해왔다.

거의 모든 위대한 역사적 인물과 마찬가지로 프리드리히도 두 시대의 갈림길에 서 있었다. 말하자면 한 시대를 접고 또 다른 시대를 열게 된다. 그의 경우 로코코의 절대주의와 기교가 계몽주의의 자유주의와 자연주의적 기법과 하나가 되어 있다. 다만 그는 프랑스 계몽주의에는 직접적으로 영향을 미쳤고, 베를린을 근거지로 삼고 있던 독일의 계몽주의에는 그의 개성이 반영된 일상의 정신적 활동을 통해 간접적으로만 영향을 미쳤을 뿐이다. 그를 프랑스 문화에 가장 강력하게 붙들어 맨 끈은 바로 그 문화의 비독일적 요소였다. 깊이도 중압감도 없는 장난어린 위트, 자신만을 신뢰하는 차가우면서 밝은 회의주의, 순수한 창조력의 결핍을 대신하여 모든 것을 관통하는 기지가 그런 것이었다. 그래서 볼테르와 니콜라이[2], 디드로와 람러(Ramler)를 두고 어느 쪽을 선택할 것인가 하는 문제가 그에게는 별로 어려운 일이 아니었고, 『괴츠(Götz)』나 『군도(Räuber)』와 같은 완전히 새로운 현상이나 그의 시대의 이성비판에 대해 그가 전혀 알려 하지 않은 것도 충분히 이해할 수 있는 일이다. 그런데 정말 특이한 것은 그와 많은 부분에서 공통점이 있었던 레싱[3]과는 어떤 공통된 줄도 긋기가 어렵다는 점이다. 근본적으로 레싱은 자신의 영역에

---

[2] Christoph Friedrich Nicolai(1733~1811): 독일의 작가이자 서적판매상. 독일 계몽주의 운동의 지도자.

[3] G. E. Lessing(1729~1781): 독일 계몽주의 시대의 극작가 · 비평가 · 철학자 · 미학자. 『라오콘: 회화와 문학의 한계에 관하여』가 유명함.

서 프리드리히 대왕이 한 것과 유사한 일을 했다. 그는 자신의 영역에서 여러 전선을 향할 때는 강인하게 진군했고, 창작의 왕국에서 투철한 투쟁정신을 발휘했으며, 이 싸움에서 승리를 구현하면서 자신이 지배한 왕국을 유럽의 열강 차원으로 끌어올렸다.

프랑스 계몽주의 기간에 귀족정체와 왕정에 대한 목적의식적인 투쟁이 이미 있었다고 생각한다면 그것은 큰 오산이다. 우선 이때의 공격 목표는 거의 전적으로 교회였다. 물론 정치적으로 노련하고 교육을 받은 사람이라면 이런 형태의 저항에서도 일반적 혁명의 징후를 읽어낼 수도 있었을 것이다. 그러나 당시 프랑스의 귀족들은 민족적 삶이나 역사의 추동력에 대한 개념이 없었다. 그리고 무엇보다도 돈에 대한 개념이 없었다. 그들은 근대 문명의 가장 강력한 세력이 어떤 것인지 이해하지 못했다. 종교적 · 정치적 투쟁이 경제적 투쟁으로 막 대체되려는 시대에 그들은 경제영역에서 무능했을 뿐만 아니라 이에 어울릴 법한 교양도 갖추지 못한 상태에 있었다. 그들이 아는 것이라고는 돈을 쓰려면 돈이 필요하다는 사실뿐이었다. 돈이 필요하다는 것, 이 필요성은 그들에게 그저 자명할 따름이었다. 그들에게 돈은 공기처럼 없어서는 살아갈 수 없는 것으로 통했지만, 쉽게 만들 수도 있어서 그만큼 무가치한 것으로 여겼다.

혁명이 터지기 전 마지막 10년 동안은 정부와 민중 사이에 가장 아름다운 화해가 지배한 것처럼 보였다. 루이 16세가 즉위했을 때 아침 6시부터 해가 지는 저녁까지 국왕 만세 소리가 끊이질 않았다. 왕자가 태어났을 때는 낯선 사람들이 거리에서 서로 얼싸안기도 했다. 무대에서 영주들의 미덕에 대한 사례가 발표되었을 때 군중은 박수갈채를 보냈다. 그것은 일종의 감상적 화목, 따뜻한 말과 몽롱한 감정이 만들어낸 코미디였다. 아무도 그 고상한 정서에서 일말의 실용적 결과를 끌어낼 생각도 하지 않았다. 한마디로 그 정신을 말하면 그것은 **박애**였다.

기지의 살롱　　프랑스 귀족들은 계몽주의 운동도 자신들의 사교모임에 새로운 외설적 내용을 제공하는 일종의 아마추어 연극으로 이해했다. 이 놀이의 위험성에 대해서는 아무도 눈치를 채지 못했다. 프랑스 사람들은 기괴함을 큰 매력으로 느꼈다. 그렇다면 신에 대해 의문을 품는 성직자나 민주주의자로 자처하는 귀족보다 더 역설적이고 기이한 것이 뭐가 있을까? 백과전서의 문학이라고 부르곤 하는 위대한 혁명적 문학의 생식세포는, 처음에는 반어적 어법으로 사용되다가 나중에 **기지의 살롱**(bureaux d'esprit)으로 규정됐던 재기발랄한 사교모임에서 찾을 수 있다. 이런 최초의 살롱을 마담 탕생(Tencin)이 열었다. 그녀는 매우 활동적인 젊은 마담으로서 나중에 사생아를 여럿 낳기도 한다. 이 가운데는 태어나자마자 내다 버린 달랑베르(d'Alembert)도 있다. 그녀는 그가 유명해지자 그를 다시 찾으려 했지만, 그는 그녀를 경멸하면서 단호히 물리치고는 그의 양어머니와 함께 계속 살았다. 그의 양어머니는 어린 시절부터 자신을 따뜻하게 보살펴준 서민 출신의 평범한 여성이었다. 탕생의 정부(情夫) 가운데는 로(Law)라는 인물이 있었는데 그녀가 막 파산하기 직전에 주식을 팔게 하여 재산보존에 많은 도움을 주었다. 그녀가 살롱을 열었을 때는 나이가 벌써 마흔다섯이었고 약간 뚱뚱했다. 그러나 이때는 더는 자유사상의 경향을 드러내지 않고 예수회와 우리가 이미 언급한 바가 있는 교황 람베르티니와 가까운 관계를 맺고 있었다. 그녀의 뒤를 이은 살롱의 부인들로는 애교와 매력이 넘치는 사교적 재능을 지닌 조프랭(Geoffrin) 부인과 뛰어난 지성과 에고이즘을 겸비한 데팡(Deffand) 부인을 꼽을 수 있다. 살롱을 드나든 이 중에는 가난한 처녀 레스피나스(l'Espinasse)도 있었다. 그녀는 아름답진 않았지만 남자 손님을 끌 줄 아는 정신적인 매력을 지니고 있었다. 이 매력이 여주인의 질투를 불러일으켜 어느 날 그녀를 살롱에서 쫓아내게 했다. 그러나 그녀는 소박한 자신의 집을 개인 살롱으로 개방해서, 자신에게 평생 부드러운 우정을 지켜준 달랑베르의 도움을 받아 거의 모든 스타를 끌어들이는 데 성공했다. 루소의 파트너였던 마담 데피네(d'Epinay)와 장관의 정부였던 마담 네케르(Necker), 그리고 유명한 여배우 키노[4]의 살롱도 명성이 높았다.

『백과사전, 혹은 과학과 예술과 기술의 체계적인 사전(*Encyclopédie ou Dictionnaire raisonné des Sciences, der Arts et des Métiers*)』이라는 제목을 단 기념비적인 작품이 1751년에 선을 보이기 시작했다. 1772년에는 총 28권이 되었다. 여기서는 철학과 종교, 문학과 미학, 정치와 경제, 자연과학과 기술 등의 모든 문제가 알파벳순으로 정리되어 상세하게 논구되고 있다. 이 책은 자연을 두고 지금까지 행한 모든 정신적 기획 가운데 완전히 죽은 가장 건조한 기획을 교훈적이고도 계몽적일 뿐만 아니라 오락적이면서도 확신을 주고 긴장을 촉발하는 형태로 형상화한 사전이다. 이런 기술은 프랑스 사람들만이 갖고 있었다. 그러나 이 작품의 주요 목적은 전혀 다른 데 있었다. 그것은 그 세기의 마지막 세대가 진행되는 가운데 등장한 전복적인 모든 이념을 망라한 거대한 병기고였다. 이때 편찬자들은 매우 교활하고 교묘한 전술을 따랐다. 그들은 불쾌한 낌새가 이면에 숨어있는 표제어, 이를테면 '영혼'·'의지의 자유'·'불멸성'·'기독교 정신'과 같은 말을 사용하면서 정통교리를 표방하는 듯했지만, 누구도 논지를 추

_{백과전서}

---

[4] J. Quinault(1699~1783): 프랑스의 여배우, 극작가.

측하지 못할 대목에서는 논거들로 가득 채운 그 반대의 원리들을 발전시키는 동시에 정통한 독자라면 금세 이해할 수 있는 은폐된 암시 방식을 통해 서로 소통하고자 했다.

디드로   백과전서 전체를 기획한 인물은 드니 디드로(Denis Diderot)였다. 그는 학자로서 엄정함을 우아함과 결합할 줄 알았으며, 작가로서 놀라울 정도의 다채로운 다양성을 개진했다. 철학적 담론에서 견줄 데가 없는 탁월한 대가였을 뿐만 아니라 극작가 · 소설가 · 예술비평가 · 수학자 · 국민경제학자 · 과학기술자이기도 했으며, 자신의 사명을 열광적으로 수행하는 고매하고 헌신적인 인물이었다. 돋보이는 발전의 곡선을 그리는 그의 세계관은 본질적으로 '일원론'이다. 그는 모든 것이 물질로 구성되어 있다고 보지만 이 물질에도 혼이 들어있다고 생각한다. "돌도 느낀다.(la pierre sent)" 그는 『사생아(Le fils naturel)』와 『한 가정의 아버지(Le père de famille)』라는 두 희곡을 통해 프랑스에서 시민적 멜로드라마를 대표하는 인물 중 한 사람이 되었다. 이미 언급한 바 있지만 멜로드라마는 영국에서 시작되어 이후 독일에서 이플란트(Iffland)와 슈뢰더(Schröder), 코체부(Kotzebue)를 통해 광범위하게 확산된 것이다. 디드로가 강령적인 글에서도 표방한 이런 새로운 장르에 대한 숭배는 미학적 동기보다 정치적 동기에서 발동한 것이라는 사실은 오해의 여지가 없다. 그런데 대개의 작가들은 미덕과 재능, 고상한 용기와 인간적 면모를 특권층보다 '민중'과 시민층에서 더 많이 찾을 수 있다는 사실을 믿고 보여주려고 했다. 다만 이것이 이 드라마 작가에게 전혀 관심사가 아니라는 점을 잊고 있었다. 그는 사회적 위치에 따라 변하는 인간들이 시민들이나 농민들보다 훨씬 더 많은 것을 경험한다는 아주 단순한 이유에서 극적 긴장을 유발하는 요소가 더 풍부하고 연극적으로도 훨씬 더 흥미롭다고 여겼다. 사실 이는 왕이나 위대한 군주에게서 등을 돌린 당대의 문학적 혁명을 냉정한 인위적 멜로물로 표현한다는 것을 의미하기도 했다. 연극문학이 그 발전의 정점에서 시민적 영역을 넘어선 것도 결코 우연이 아니었다. 고대의 비극은 영웅과 왕, 혹은 신들을 다루었지만, 합창에서 언뜻 비치기만 하는 민중을 다루지는 않았다. 셰익스피어의 비극도 영주들과 귀족들만 다룬다. 독일 고전주의 작가들의 드라마, 이를테면 『간계와 사랑(Kabale und Liebe)』이나 『에밀리아 갈로티(Emilia Galotti)』와 같은 '시민비극'도 사정은 마찬가지다. 사실 이 작품들은 궁정드라마(Hofdrama)이다. 이와 달리 시민적인 영역은 소설과 **희극**이다. 이런 환경을 아리스토파네스(Aristophanes)와 몰리에르, 그리고 희극작가 셰익스피어는 소포클레스와 라신, 그리고 비극작가 셰익스피어가 회피할 때 그랬던 것과 같은 방식으로 주도면밀하게 찾아냈다. 아마도 지금까지의 희극 분야에서 가장 돋보이는 재능을 발휘한 듯한 입센은 훌륭한 시민극의 창조자이기도 하다. 그의 드라마에 비하면 이전의 모든 시도는 희극의 불완전한 전(前) 단계로 보인다. 그러나 몇 안 되는 그의 비극 작품, 이를테면 『황태자들(Kronprätendenten)』, 『황제와 갈릴리 사람(Kaiser und Galiläer)』, 『외스트로트의 잉거 부인(Frau Inger auf Östrot)』 등은 (바로 『황태자들』이라는 제목이 보여주듯) '왕을 소재'로 다룬다. 그 외에도 가장 밝은 빛을 발하는 19세기 연극의 두 스타로는 리하르트 바그너(Richard Wagner)와 하인리히 폰 클라이스트(Heinrich von Kleist)를 꼽을 수 있다. 클라이스트도 바그너와 마찬가지로 시민사회를 연출한 희극으로는 유일하게 단 한 편의 희곡을 썼을 뿐이다. 클라이스트는 『깨어진 항아리(Der zerbrochene Krug)』를, 바그너는 『명가수(Meistersinger)』를 썼던 것이다.

이러한 맥락을 바트(Batteux)와 디드로, 그리고 이들의 제자들은 쉽게 간과했다. 그도 그럴 것이 이들은 극단적인 자연주의의 입장을 취함으로써 예술 내용에서 그 높이와 깊이의 차이가 거의 완전히 사라지게 했기 때문이다. 이들의 이론은 로코코 양식의 과도한 인위성을 공박했다. 이제부터 또다시 예술은 자연의 순수 모방이어야만 했다. 그것은 곧 삭막하고 공허하며 엄격한 자연의 재현을 의미한다. 아마 이것이 고스란히 실현되었다면 예술은 더는 예술이기를 그만두게 되는 꼴이 되고 말았을 것이다. 그런데 예술 생산의 가치, 심지어 비평의 가치에 대한 그러한 프로그램은 규정할 수 있는 성질의 것이 아닐 수 있다. 예술의 본질에 대해 가장 탁월하고 멋진 관점이 있을 수는 있지만, 구체적 사안에 그 관점을 적용하는 순간 예술적 재능이 없는 속물로 단정되기 쉽다. 그러나 속물적인 원칙을 고집하더라도 디드로가 그랬듯이 상상과 취향, 극히 민감한 감정이입의 재능으로 충만한 사람이 될 수도 있다. 디드로는 어떤 예술작품을 판단하고 설명하는 데 있어 빛나는 재능을 발휘하는 일에서 자신의 현학적이고 예술 적대적인 자연성의 요구 때문에 방해받는 일은 조금도 없었다. 조형물과 연극예술, 그리고 드라마의 기교에 대한 그의 논평은 그야말로 의표를 찔렀으며, 창조적인 예술비평에서 단연 돋보이는 성과이기도 하다.

백과전서의 또 다른 편찬자 한 사람을 꼽는다면 달랑베르가 있다. 그는 서문을 멋지게 썼으며, 수학 분야를 담당했다. 그러나 나중에 이 기획에서 빠진다. 왜냐하면 디드로와 여타 공동 편찬자들의 과격한 유물론은 그의 유화적이고 다소 소심한 기질뿐 아니라 그 자신의 엄격한 과학적 사고방식마저도 허용하지 않았기 때문이다. 그 자신은 거의 칸트를 예견케 하는 현상학주의를 고백한다. 이 고백에 따르면 현상론(Phänomenalismus)은 백과전서주의자들의 순수 독단론 (Dogmatismus)보다 훨씬 더 고차원적이다. 그는 다음과 같은 주장을 한다. "우리가 보고 있는 모든 것은 감각현상일 뿐이며, 우리가 보고 있다고 믿는 것과 완전히 일치하는 것, 그 어떤 것도 우리 바깥에서는 찾을 수 없다."

프랑스 유물론의 입문서로 통하는 라메트리(Lamettrie)의 유명한 책 『기계인간(Homme machine)』은 백과전서가 나오기 이미 3년 전에 출간되었다. 이 책은 동물들이란 기계류와 같다는 데카르트의 학설을 출발점으로 삼고 있다. 이제 이 책은 바로 이 학설이 데카르트를 위대한 철학자로 만들기에 충분했다고 주장하면서 인간도 가장 복잡한 기계에 불과하다는 점을 과학적 형식보다 수사학적 형식에서 입증해 보이려고 한다. 이에 따르면 인간과 동물의 관계는 지구의 시계와 일반 시계장치의 관계와 같다. 이 책은 누구도 그 테제들에 대해 공개적으로 동의하진 않았지만 광범위한 영향을 미쳤으며, 라메트리를 세간의 탄압을 받게 했다. 다만 프리드리히 대왕만이 그를 보호했다. 대왕은 그를 의사이자 강사로서 베를린으로 초청했다. 그곳에서 그는 트뤼플[5]을 다져넣은 고기만두만 즐겨 먹다가 몇 년 뒤 사망했다. 반동들은 경고의 목소리를 내면서 그의 사망 원인을 그의 세계관 탓으로 돌렸다. 말하자면 고기만두 과식이 유물론의 독특한 자연적 결과라는 것이었다.

콩디야크(Condillac)는 1754년에 출간한 『감각론(Traité des sensations)』에서 극단적인 감각주의를 내보였다. 그에 따르면, 우리의 감정과 판단과 행위, 즉 최고의 이념에까지 다다르는 모든 정신적 산물은

---

[5] Trüffel: 고급 식재료로 쓰이는 식용 버섯.

우리 감각인상의 여파일 뿐이다. 우리의 모든 심리활동은 지각의 변형된 형태이고, 모든 정신활동은 감각의 활동으로 통한다. 관습적인 경향을 포함한 모든 경향은 자기 사랑에서 비롯된다. 4년 뒤, 평범하면서도 자존심이 강했고, 도덕적으로 나무랄 데 없을 뿐만 아니라 이타적이기까지 한 인물인 엘베시우스(Helvetius)는 자신의 저서 『정신론(De l'esprit)』에서 이와 같은 사상을 - 특히 도덕 영역의 경우 - 확신에 차서 엮어내려고 했다. 이에 의하면, 물리학의 세계에서 운동이 법칙의 요소를 형성하듯이 도덕의 세계에서는 이해관계가 그렇게 한다. 이 책은 엄청난 주목을 모았다. 그도 그럴 것이 그것은 시대의 핵심 신경을 건드렸기 때문이다. 데팡 부인은 엘베시우스를 두고 이렇게 말한다. "이 사람은 세상 모든 비밀의 열쇠다." 19세기 전체의 자연과학적 유물론은 콩디야크에서 시작되며, 그를 계승한 인물은 "신경조직, 그것이 인간의 모든 것"이라는 명제를 내세우는 콩디야크의 제자 카바니스[6]이다. 그는 이렇게 주장한다. "두뇌가 생각에 이바지하는 것은 위가 소화에, 그리고 간이 담즙의 분비에 이바지하는 것과 같다. 음식물은 위를 활동하게 하며, 인상은 두뇌를 움직이게 한다." 재치 있는 이러한 발언은 몇십 년 뒤 독일에서 유사한 논문들이 나오게 했다. 물론 이 논문들은 피상적이긴 했지만, 재치 있고 기발한 것으로 통했다. 콩디야크처럼 좌파와 완전히 멀리 떨어져 서 있진 않았던 로비네(Robinet)는 디드로를 따라 식물 · 광물 · 원자 · 행성과 같은 물질에도 대개 영혼이 깃들어 있다고 가르쳤다.

백과전서파는 수년간 회합장소로서 팔츠 지방 출신의 부유한 남

---

[6] P. J. G. Cabanis(1757~1808): 프랑스의 생리학자.

작 올바크(d'Holbach)가 베푼 유명한 만찬을 이용했다. 이들은 2주마다 오후 2시에 회합을 하면서 내외국의 유명 인사로서 파리에 머물고 있는 많은 사람을 모이게 했다. 사제 갈리아니(Galiani)의 말을 빌리면, 올바크는 '철학 저택의 주인(*maître d'hôtel de la philosophie*)'으로 통한다. 유물론적 세계관의 입문서가 그로부터 비롯된다. 그는 『자연의 체계, 혹은 물리적 세계와 도덕적 세계의 법칙(*Système de la nature ou des lois du monde phzsique et du monde moral*)』에서 독일식의 철저함을 토대로 그가 가담한 모임의 사람들이 제기한 모든 테제와 주장에 대해 설명하고 요약했다. 이 책은 1770년에 익명으로 출간되어 오랫동안 집단창작물로 통해왔다. 이 책에 따르면, 모든 것의 출발점이자 회귀점이 되는 물질이 영원히 스스로 실존하는 것으로서 현존하는 것이라고는 아무것도 없다. 물질은 그 발전의 일정한 수준에 도달할 때 생명과 의식을 취하게 된다. 여기서 인간은 감성과 사유로 조직된 물질일 뿐이다. 단지 자연을 모르고 경험이 부족하기 때문에 인간은 자신에게 공포와 희망을 주는 신을 상상한다는 것이다. 자연은 깰 수 없는 법칙에 따라 번식하기도 하고 사멸하기도 하며, 좋은 것과 나쁜 것을 동시에 주기 때문에 사랑과 증오 따위가 없으며, 오로지 단절 없는 무한의 인과사슬만 있을 뿐이다. 자연 속에는 질서와 무질서가 없다. 이런 구분은 우리가 자연 속에 집어넣는 순전히 인간적 개념에 불과하다. 모든 것은 자체 목적을 지닌다. 마찬가지로 인간도 도덕적일 수밖에 없다. 현명함 때문에도 그렇지만 내가 다른 사람의 행복을 해치지 않을 때에만 다른 사람도 나의 행복에 대해 호의적으로 대하기 때문이다. 인정받지 못하는 미덕조차도 그 행위자가 정의에 봉사했다는 의식을 가질 경우 늘 행복하게 해준다. 올바크는 비록 세계의 사건에 도덕적 의도와 궁극 목적이 있다는 것을 인정하지는 않지만, 인간적 삶의 영위를 위해 그저 오성의 명령에 따른 평범한 도덕일지라도 아주 맑은 도덕성을 요구한다. 이는 거의 모든 다른 백과전서파도 마찬가지다.

기존의 국가 및 사회 형태를 두고서도, 지배적인 신학 및 철학 교의를 비판할 때와 마찬가지로, 도덕적 관점에서뿐만 아니라 자연과학적 관점에서도 철저한 비판을 가하기 시작한다. 그러나 이는 우선 개별적 취향의 차원에서 이루어진다. 1755년 사제 모렐리(Morelly)는 『자연의 법전(Code de la nature)』에서 사적 이익이 만들어낸 사유재산이 모든 알력과 불행의 원천이 된다는 점을 입증하려 하면서 완전한 공산주의적 강령의 초안을 그려냈다. 이에 따르면 민족은 지방과 도시, 부족과 가족 등으로 구성되며, 토지와 모든 노동의 도구는 모든 이의 공동재산이 되어야만 한다. 국가는 각 시민에게 그 노동력에 맞는 일을 부과하고 필요에 따라 소득을 분배해야 한다는 것이다. 그리고 미라보(Mirabeau)는 1772년에 『전제주의에 관한 평론(Essai sur le despotisme)』을 썼으며, 이 책에서 그는 왕은 특정한 일에 종사하면서 보수를 받고, 일을 수행하지 못하거나 자신의 직위를 남용하면 언제나 쫓겨날 수 있는 그런 민중의 지배자인 제1의 계급이 더 이상 아니라고 진술한다.

후성설과 수성론 자연과학의 발전은 유물론의 확산과 밀접한 관계가 있다. 이 두 현상 가운데 어느 것이 원인이고 결과인지 말하기가 어려울 만큼 그 관계는 얽혀 있는 셈이다. 정밀 연구의 번창이 반드시 유심론(Spritualismus)의 폐기로 이어지는 것은 아니라는 사실은 데카르트와 라이프니츠가 주도한 17세기가 말해준다. 그러나 그때와는 결정적 차이가 있는 것이 분명하다. 당시는, 그 본성에서 보자면 관념론적 학문이었던 수학과 물리학이 이론을 주도했지만, 이제는 순수 경험적 학문이 주류를 이루기 시작했다.

이론과 관련해서는 그 선배들도 이미 오래전에 그렇게 주장한 터라 근대적 관점에서 자리를 양보할 수밖에 없었다. 알브레히트 폰 할러(Albrecht von Haller)는 자신의 권위를 총동원하여 하비(William Harvey)가 정립한 전성설(前成說: Präformationstheorie)을 옹호했다. 이 학설에 의하면 모든 유기체는 알의 단계에서 이미 그 '전개될' 형태를 띠고 있다. 이에 맞서 1759년 카스파르 프리드리히 볼프(Kaspar Friedrich Wolff)는 『발생론(*Theoria generationis*)』에서 후성설(後成說: Epigenesis)을 제기했다. 볼프는 유기체의 생성을 일부는 계통진화사에 의해, 또 일부는 잠재 유전자에 의해, 또 일부는 외부의 물리적 원인에 의해 결정되는 하나의 발육과정으로 이해했다. 이 가설을 입증하려고 행한 실험연구로 그는 과학적 발생학(Embryologie)을 기초한 이가 되었다. 그가 취한 가정은 너무 빤해서 누구든 쉽게 생각할 수 있지만, 처음에는 그것을 믿는 사람이 별로 없었다. 그러나 결국 그 가정이 승리할 수 있었던 것은 당대의 주도적 이념 중 하나였던 진화적 사유가 그런 가정을 먹고 살았기 때문이다. 그런 가정에서 20년 뒤 레싱이 종교의 역사를 더욱 순수하고 더욱 적절한 신에 대한 표상으로 나아가는 단계적 진화로서 파악하도록 주문한 정신이 발원했으며, 칸트가 세계 전체가 우리 이성의 조건에 따라 발전한다는 거대한 체계를 구상할 수 있었던 것도 바로 그러한 정신에서 비롯된 것이다.

사람들은 지질학에도 지대한 관심을 보이기 시작한다. 이때 지배적인 학설은 1775년부터 프라이베르크(Freiberg)의 광산대학에서 명성 높은 학자로서 활동하고 있었던 아브라함 고트로프 베르너(Abraham Gottlob Werner)의 '수성론(水成論: Neptunismus)'이었다. 이 학설은 지각의 모든 혹은 대부분의 변화를 물의 작용으로 설명한다. 베르너도 이 분야의 한 학자로서 광물을 오직 그 화학적 구성에 따라 분류한다. 이때 그는 광물의 외적 특색에 주목한다. 아직 베르너의 문하생이었던 노발리스는 그에 대해 이렇게 적고 있다. "그의 감각적 지각은 온갖 다양한 형태를 파고들었다. 그는 보고 듣고 만지면서 사유했다. (…) 그는 에너지와 현상들을 다루면서 그것들을 어디서 어떻게 식별할 수 있는지를 이해하고 있었다." 그러나 이 수성론에 대해 제임스 허튼(James Hutton)은 정반대의 이론인 '화성론(火成論: Plutonismus)'을 제기한다. 물론 이 이론은 한참 뒤에 관철된다. 이 학설은 지층 변화의 주요 원인을 불에서 찾는다. 말하자면 지구 내부에서 이글거리며 끓고 있는 화산 작용이 이미 굳은 지각에 균열을 가져온다는 것이다. 이와 관련하여 뷔퐁(Buffon)은 특히 지금까지 자연과학이 설명해온 결과들에 대해 전문용어로 힘 있고 화려하게 그려냈다. 특히 그는 문필가로서 동시대인들에게 지대한 영향을 끼쳤다.

새로운 화학　　그러나 가장 결정적인 변화는 화학과 전기학에서 이루어진다. 지금까지 이 두 분야에서는 계측불능설이 뒤집을 수 없는 교의로 통용됐다. 우리가 기억하는 바로는 열과 빛도 하나의 물질이다. 그런데 사람들은 전기와 자력에 대해서도 이와 유사한 관점을 갖게 된다. 이들 물질의 경우 무게가 증대되지 않는다는 점을 '저울로 달수 없는 것'으로 설명한다. 그러나 라부아지에(Lavoisier)는 영국의 프리스틀리(Priestley)와 스웨덴의 셸레(Scheele)와 거의 같은 시기에 공기는 두 가지 기체로 구성되어 있으며, 둘 중의 하나가 연소의 요소를 이룬다는 사실을 발견했다. 그는 연소 기체가 산화작용을 일으키기 때문에 이 기체의 이름을 산소라고 붙였다. 그는 연구를 계속 진행하는 가운데 호흡과 발효가 유사한 방식으로 이루어진다는 점을 설명할 수 있게 된다. 그뿐만 아니라 그는 수소의 발견자인 캐번디시 (Cavendish)와 같은 시기에 물의 구성분자를 인식했다. 이로써 산소가 지상에서 하는 엄청난 역할의 핵심적 특징이 밝혀지게 된다. 그의 연구는 모든 화학반응에서 물질의 총량은 불변적인 부피로 나타난 다는 주요 명제로 정점을 이룬다. 그러나 원소의 개념에 대해 이론 적으로 아주 분명하게 공식화하여 정확한 측정을 통해 실습에서도 완벽하게 정립했음에도 그는 '원소의 무게는 달 수 없다'는 가정을 여전히 고집하면서 화학 원소의 목록에 열과 빛의 물질을 소개한다. 여기서 확인되는 것은 가장 강력한 정신의 힘도 좀 더 강한 시대정 신의 힘에 굴복한다는 사실이다. 계측불능이라는 개념은 18세기 자 연관 속에 여전히 초자연주의의 잔재가 살아있음을 말해준다. 관찰 의 학문에서 감각에 의해 구성되거나 통제되는 그 어떤 것도 허용 하지 않는 완전한 자연주의를 향한 마지막 행보는 극단적 좌파 중 에도 별 영향력 없는 몇몇 아웃사이더만 시도했다. 철학적 사변과 정밀 연구를 딜레탕트식으로 혼합한 행태는 유물론이 당대의 수많 은 사람과 심지어 소수의 계몽적 두뇌에게도 지배적인 세계관이 될 수 있게 했다. 이 딜레마를 최초로 해결한 인물은 칸트였다. 여기서 칸트는 인간 이성이 갖는 완전히 다른 두 가지 작용영역이 문제라 는 사실을 입증한다. 말하자면 이 두 영역은 완전히 독립적으로 다 룰 때에만 올바른 정신으로 포착할 수 있다는 것이다. 물론 칸트에 의하면 그가 명확히 그어놓은 이 경계선을 지우거나 바꾸려는 사람 은 자연연구자로서 형이상학자, 형이상학자로서 자연연구자가 되 고자 하는 것이며, 따라서 더는 프랑스 계몽주의의 유물론적 사상가 도 아니고 시대와 결합한 지성도 아니며, 그저 케케묵은 천치일 뿐 이다.

라부아지에의 원소이론이 중요한 진일보를 이룰 수 있었던 것은 역시 산소의 관찰에서 알게 된 복합비율과 관련된 돌턴(Dalton)의 법칙 덕분이었다. 요컨대 산소는 거의 모든 성분과 결합할 뿐만 아니라 몇몇 성분과는 원자 상태에서도 결합할 수 있는 성질을 갖고 있다는 것이다. 돌턴의 법칙에 따르면, 동일한 산소의 양과 결합할 수 있는 서로 다른 여러 성분들은 각각 1:2, 2:3, 1:4와 같은 일정한 비율로 산소와 결합한다. 산소와 유사한 결합 성질을 가진 물질들, 예컨대 탄소와 수소와 같은 물질들은 또 다른 몇 가지 성분을 지닌다. 돌턴이 정밀한 논거에서 세운 원자론적 가설을 시종일관 주장할 수 있었던 것은 바로 그러한 발견의 자연스러운 결과였다. 그의 경우 화학적 작용 일체는 원자들의 분리와 결합을 의미할 뿐이다. 그는 이렇게 말한다. "우리는 수소 원자 하나를 만들어 내거나 제거할 때처럼 태양계에 새로운 행성 하나를 덧붙이거나 기존의 행성을 분리할 실험을 할 수 있을 것이다. 우리가 촉발할 수 있는 변화들이란 결합된 원자들을 분리하는 것과 지금까지 분리되어 있던 원자들을 결합하는 일과 관계있다." 이 모든 반응작용은 베르톨레(Berthollet)가 유익한 연구의 대상으로 삼았고, 괴테가 자신의 그 유명한 소설의 영감을 얻을 계기가 되었던 친화력(Wahlverwandtschaft)의 문제와 내밀한 관계가 있다. 괴테는 소설에서 이렇게 적고 있다. "해방과 장악, 도망과 추적에는 어떤 고차원적인 운명이 실제로 작동한다고 사람들은 생각한다. 여기에는 일종의 욕구와 선택이 있다고 여기면서 이를 설명하기에는 친화력이라는 신조어가 가장 적합하다고 여긴다. (…) 죽은 듯이 보이지만 항상 내적으로 활동하는 이런 특질을 목격하기 마련이며, 참여를 통해 그것들이 어떻게 서로를 추적하고 끌어당기며, 붙잡아 해체하고 서로를 삼키고 분쇄하고서는 가장 내적인 결합을 다시 이루면서 혁신적인 형태로 나타나는지 목도할 수 있다. 이렇게 경험하고 나면 이런 특질에는 영원한 생명, 즉 감각과 오성이 깃들어 있다고 믿을 수밖에 없다."

전기를 두고 말하자면 그것은 바로 당대의 유행 학문이었다. 새로운 전기기구는 재미있는 특별한 장난감으로 통했다. 세상은 이 기구로 실험했으며, 전기기구들은 우아한 부인의 방 화장대와 가발걸이 사이에도 설치되었다. 이 분야에서 가장 의미 있는 사건은 갈바니(Galvani) 전기나 마찰전기의 발명이었다. 1780년 갈바니는 난간에 걸어놓은 박제된 신선한 개구리 뒷다리가 전도체로 불꽃을 일으키자 꿈틀거리는 것을 목격했다. 가까운 곳에 벼락이 떨어질 때도 동일한 일이 일어났다. 이러한 관찰이 불러일으킨 지대한 관심은 죽은 동물의 몸이 움찔하는 신비한 현상에서 우선 비롯되었다. '물활론자들'은 동물이 사망할 때 신비롭게도 생명에너지가 발산된다고 여겼다. 이후에 살펴보겠지만 경이로움에 대한 동경은 합리주의 시대에도 완전히 사멸되지는 않았다. 그런데 갈바니는 연구를 계속 진행하면서 개구리의 뒷다리가 경련을 일으킬 때는 뒷다리를 걸어놓은 구리 고리가 난간의 쇠창살에 닿았을 때뿐이라는 사실을 확신하게 된다. 처음 이 일이 일어난 것도 우연히 바람 때문이었다. 나중에는 실험을 위해 의도적으로 그렇게 했다. 이로부터 그는 '동물전기'가 현존한다는 점을 추론한다. 그러나 이 경우에 관한 제대로 된 해명은 1794년 볼타(Volta)가 개구리의 근육은 양도체의 역할만 할 뿐이며, 진정한 전기는 두 금속의 접지를 통해 발생한다는 사실을 증명함으로써 이루어졌다. 나아가 볼타는 전기를 일으키는 데는 두 개의 임의적인 금속이 이용되지만 서로 다른 금속이어야 한다는 점과 이 금속 물질과 개구리의 뒷다리는 절연되어서는 안 되며, 이 경우 본질적인 것은 습기이기 때문에 개구리 뒷다리는 다른 액체로 대체할 수 있다는 점을 증명한다. 이런 발명에 근거하여 볼타는 수많은 금속 쌍, 이를테면 구리와 주석, 혹은 은과 아연의 마찰에서 발생하는 볼타의 기둥을 구성한다. 이 기둥의 끝 혹은 '극'을 철사로 연결하면 지속적인 전기의 흐름이 발생한다. 그는 '인공 전기 기관'이라고 부르는 이 기둥에 대해 설명하면서 이렇게 말한다. "전기 유체가 끊임없이 순환한다는 사실은 설명할 수 없는 역설로 들릴지도 모른다. 그렇지만 그것은 사실이다. 말하자면 손으로 붙잡을 수도 있다."

천문학과 수학

천문학 분야는 이미 장족의 발전을 이룬 상태였다. 다만 문제는 우주의 구성과 배치의 모양에 대해 몇 가지 의미 있는 개별 특성을 부과하는 일이었다. 1781년 허셜(Herschel)은 자신의 거대한 망원경으로 천왕성을 발견했을 뿐만 아니라, 이른바 쌍별은 우연히 인접하는 것이 아니라 그 운동이 중력의 법칙을 따르는 '2진법'을 구성한다는 사실과, 은하는 수많은 태양으로 구성될 뿐만 아니라 '운무(Nebel-flecke)'도 빛을 발하는 가스 덩어리로 구성되어 세계를 형성하는 헤아릴 수 없는 성운일 뿐이라는 사실도 알아냈다. 이는 칸트의 세계 형성 가설을 입증한 하나의 사례라고 할 수 있다. 이 가설은 섭동(攝動)이론, 즉 태양계에 나타나는 그 상호 인력에 의한 순수 타원운동에 관한 편차 이론을 제기한 라플라스(Laplace)가 한층 더 확장했다. 1794년 클라드니(Chladni)는 운석들의 생성을 입증했다.

당대 가장 의미 있는 수학자는 레온하르트 오일러(Leonhard Euler)였다. 그는 프리드리히 대왕과 예카테리나 여제의 궁정에서 활약하면서 대수(Algebra)를 국제적인 수학기호로 끌어올렸으며, 변분법(變分法)을 창안하여 우선 그 결과로 파장이론을 지지했다. 그는 「물리학과 철학의 다양한 주제를 고민하면서 독일 왕비에게 보내는 편지 (Lettres à une princesse d'Allemagne sur quelques sujets de physique et de philosophie)」에서 뉴턴의 유출이론(Emanationstheorie)을 공박했다. 이때 그는 빛이 태양과 빛을 내는 여러 다른 물체에서 나오는 미세한 물질이라는 관측이 맞는 말이라면, 세기가 거듭되는 가운데 태양계가 줄어드는 광경을 볼 수밖에 없을 것이라고 지적한다. 그런데 오히려 빛은 음향과 유사한 방식으로 존재한다고 한다. 음향은 일정한 간격으로 계속 이어지는 공기의 진동에 의해 생겨나는데 이런 공기의 진동을 우리는 음악이라고 부른다는 것이다. 공기의 진동이 불규칙하면 그것은 소음에 불과하게 된다. 이처럼 빛도 에테르의 떨림에 의존한다. 에테르는 공기와 거의 유사한 유동물질이지만, 다만 공기와는 비교할 수 없을 정도로 더 미세하고 더 유연할 뿐이다. "사실 종에서 울리는 소리가 우리 귀에 닿을 때처럼 태양으로부터 우리에게 닿는 그 어떤 것은 거의 보잘것없는 미량에 불과하다." 오일러의 계승자는 라그랑주(Lagrange)였다. 그는 『해석역학(Mécanique analytique)』에서 삼체(三體) 문제와 미분방정식에 관한 고전적인 논문을 통해 수학의 신기원을 이루기도 했다.

결국, 우리는 시대를 너무 앞질러 갔기 때문에 당대에 충분히 평가받지 못한 세 가지 학문적 사건을 언급하지 않고는 넘어갈 수 없게 된 셈이다. 1787년 소쉬르(Nicolas-Theodore de Saussure)는 지질학적 연구를 목적으로 등반한 몽블랑(Montblanc) 봉을 최초로 정복했다. 1793년 크리스티안 콘라트 슈프렝겔(Christian Konrad Sprengel)은 『꽃의 구조와 결실에서 드러나는 자연의 비밀(Das entdeckte Geheimnis der Natur im Bau und in der Befruchtung der Blumen)』이라는 책을 출간했다. 이 책이 상술하고 있듯이 자연의 신비는 이렇다. "곤충들이 꽃의 수액을 찾아다니면

개화(開花)와 천연두 접종

서 꽃에 앉거나 꽃 속을 파고들어갈 때 잔털로 덮여있는 몸에 꽃가루주머니에 들어있는 꽃가루를 묻히기 마련이고 이 꽃가루를 암술에 옮겨놓는다. 암술은 이런 일이 잘 일어나게 하려는 듯 미세한 솜털이나 끈끈한 점액으로 덮여있다." 그뿐만 아니라 "별 활동을 하지 않는" 자연도 서로에 대해 세심한 배려를 한다. "곤충들은 모양이나 냄새, 혹은 동시에 이 두 양태를 통해 먼 곳에도 꽃이 있음을 지각한다. 그렇기 때문에 수액을 품은 모든 꽃은 화관으로 치장하며, 수많은 꽃은 대개 인간들이 좋아하는, 간혹 싫어하기도 하고 때로는 참기 어려울 만큼 역겹기도 한 향기를 풍긴다. 그러나 이 향기는 꽃의 수액을 취하도록 되어 있는 곤충들에게는 항상 좋을 따름이다. (…) 어떤 곤충이 아름다운 화관이나 꽃의 달콤한 향기에 취해 앞에서 말한 것과 같은 일을 할 때, 수액을 지각하기도 하지만 이 수액이 은밀한 곳에 있으면 그렇지 못할 경우도 있다. 수액이 은밀한 곳에 있으면 자연은 수액반점을 보임으로써 곤충을 돕는다. 수액반점은 하나의 반점 혹은 여러 작은 반점으로 모인 선, 혹은 화관과는 다른 색깔의 모양으로 나타난다. 이로써 수액반점은 화관과 어느 정도 구별된다. 수액반점은 곤충이 수액에 도달하고자 한다면 파고들 수밖에 없는 그런 곳에 항상 위치한다. (…) 화관이 없고 대신 멋진 유색의 꽃받침만 있어 향기도 나지 않는 꽃은 수액이 없어 곤충들이 아니라 기계적인 방식, 즉 바람에 의해 수정되어 결실을 맺게 된다. 말하자면 바람은 꽃가루주머니의 꽃가루를 날려 암술에 닿게 해주는 것이다." 그런데 슈프렝겔의 저작은 겨우 주목만 받았을 뿐 박수갈채는 거의 받지 못했다. 영국의 에드워드 제너(Edward Jenner)와 그의 천연두 예방법도 처음에는 이런 사정보다 썩 나은 것도 아니었다. 칸트조차도 천연두 예방접종을 고작 '야수성의 주입’ 정도로 보았다. 당시 천연두는 만연한 질병 가운데 하나였다. 이 질병은 인류의 상당수에 마마 자국을 남겼고 여러 나라에서 사망률의 10%를 차지했다. 기본적으로 제너는 자신의 치료법은 슈프렝겔이 추천한 방법 덕분이라고 말한다. 슈프렝겔은 자연에서 배우려 해야 한다고 가르친 것이다. 제너는 소젖 짜는 여자의 경우 이미 앞서 이 동물의 유선(乳腺) 농포에 감염된 적이 있기 때문에 천연두에 걸리지 않는다는 사실을 깨달았다. 그는 우연히 알게 된 것을 체계화했다. 말하자면 자신의 환자에게 우두(牛痘)를 주사하여 면역을 키운 것이다. 종두소(種痘所)라는 최초의 관공서가 1799년 런던에 설립되었다. 대륙에서 이 새로운 치료방식은 온갖 선입견에 부딪혀 정착되기까지 오랜 시간이 걸린다.

잘못 이해된 18세기의 위대한 자연연구자에는 괴테도 포함될 수밖에 없다. 그도 그럴 것이 이때만 해도 대중은 자신의 지도자들이 여러 정신분야에 대한 지배권을 갖는다는 것에 의심을 품고 있었기 때문이다. 그리하여 대중은, 천재라면 모름지기 그가 관여하는 모든 영역에서 창조적으로 형태를 바꾸어내는 능력이 있다는 점에 그 본질이 있다는, 천재와 관련된 기존의 편협성과 일방성에 종지부를 찍었다. 괴테조차도 자연과학을 다루면서 1784년에 착수한 화강암에 관한 미완의 논문에서 비교할 수 없을 정도의 아름다운 말로써 글을 써내려 간다. “나는 가장 내면적이고 가장 다양하며, 가장 유동적이고 가장 가변적이면서 가장 많이 흔들리는 피조물인 인간의 마음을 관찰하고 설명하면서 가장 오래되고 가장 확고하며, 뿌리가 너무 깊어 미동도 없는 자연의 아들을 관찰하는 쪽으로 넘어가는 정신의 모순을 가지고 있다는 비난을 두려워하지 않는다. 왜냐하면 사람들이 모든 자연의 사물은 정확한 관계를 맺고 있으며, 연구의 정신은 성취할 수 있는 것이라면 어떤 것도 배제할 수 없다는 사실을 내게 실토하고 싶어 하기 때문이다. 나 자신뿐만 아니라 다른 사람들도 인간 심정의 변화무쌍함과 그 빠른 운동 속에서 수많은 것을 겪어왔다는 사실과, 위대하지만 조용히 말하는 자연에 고독하게 말없이 다가갈 때 느끼게 되는 숭고한 고요를 경험한다는 사실을 인정한다. 이를 예감한다면 내 말에 동의할 것이다." 1790년에 괴테의 『식물의 형태변화(Metamorphose der Pflanzen)』가 출간되었는데, 그 기본 사상은 모든 식물의 상태는 잎의 변화에서 알아볼 수 있다는 것이다. 그런데 식물은 '팽창'과 '수축'을 반복하면서 여섯 단계를 거쳐 완성 상태로 발전한다. 이에 의하면, 첫 단계는 대개 흙속에 파묻혀 있고 흰빛의 두툼한 모양으로 아직 분화되지 않은 떡잎 상태에 놓여있다. 두 번째 단계는 넓고 길쭉하며 톱니 모양의 녹색 빛을 띠는 활엽의 상태로 나아간다. 세 번째 단계는 아직 형태를 덜 갖춘 응축된 모양의 꽃받침을 형성한다. 네 번째 단계는 다시 잎을 활짝 펼친 화관으로 부드럽고 화려한 빛깔을 낸다. 다섯 번째 단계는 주름이 가득하고 '극히 미세한 꽃가루'를 품고 있는 수꽃술을 형성한다. 여섯 번째 단계는 또다시 그 형태를 확장하면서 씨앗을 감싸는 심피로 발전한다. 실제로 보이는 것이 아니라 도식이나 이념으로서 이 모든 형성과정을 전제로 하는 이런 추상화는 (이는 괴테가 처음에는 인정하려고 하지 않았지만, 나중에 실러의 영향을 받고서야 깨달은 것으로서) 괴테가 생각하는 '원형식물'과 관계있다. 이와 아주 유사한 관점은 턱의 구조에 관한 1784년의 논문에서도 나타난다. 이 논문에서 괴테는 일련의 척추동물을 관찰하면서 그 뼈의 다양한 형성과정을 추적한다. 바로 이듬해에 그는 세밀한 골상학적 관찰을 통해 인간의 두개골은 변형된 척추골로 이루어져 있다는 관점을 취하게 된다. 말하자면 그의 해부학적 연구에서 척추골은 그의 식물학적 연구에서 잎이 하는 것과 같은 역할을 한다. 포유동물의 뼈는 원형식물과 쌍을 이루는 것으로서 그가 '유형'이라고 부르는 일종의 이상적 모델로 작용한다. 물리학의 연구에서도 그는 곳곳에서 사람들이 온갖 다양한 현상을 추적할 수 있게 하는 '원형현상(Urphänomen)'을 찾아왔다는 확신에서 출발한다.

보다시피 우리는 '철학의 시대(siècle philosophique)'에 서 있다. 사람들은 어디에서나 사물의 이데아를, 그러나 **현상하는** 이데아를 추구하고 있다. 괴테의 원형식물과 프랑스 혁명이 그 국가와 사회의 변혁을 위해 범례로 제시한 전형인간(Urmensch) 사이에는 매우 의미 있는 친화성과 차이성이 있다. 둘 모두가 추상화 형태이지만, 이 추상화는 목적을 가리키지만 도달할 수 없는 이상이거나 윤곽만 잡힐 뿐 길을 열어야 할 보조 작도에 불과한 것으로서, 현실에 대립하는 것이 아니라 현실에서 그 고유한 생명의 핵을 가려내려 한다는 점에서 감각상 실존하는 것으로 보이는 추상화인 것이다. 그러나 동시에 심대한 차이가 존재한다. 괴테가 원형식물이라는 이데아를 구상하는 것은 인내를 갖고 늘 새로이 관찰하는 그에게 친숙한 현실을 좀 더 명확하고 분명하게, 더 통일적이고 더 구체적이게 함으로써 좀 더 현실적으로 만들기 위해서이다. 반면 프랑스 혁명은 맹목적이고도 폭력적인 방식으로, 따라서 현실과 동떨어진 방식에서 전형인간의 환영을 구성한다. 이를 위해 실재를 비틀고 왜곡하고 불구화하여 더욱 손에 잡히지 않고 포착할 수도 없을 만큼 혼란스럽고 비현실적인 것으로 만들어놓는다. 원형식물은 생명의 소리에 귀를 기울이지만 전형인간은 생명을 강탈한다. 괴테의 이론은 단순화한 자연이지만 혁명의 이론은 반자연적인 단순화이다.

　　나중에 혁명적 교조가 발원하게 되는 계몽주의는 먼저 영국에서 시작된다. 계몽주의는 로크로 줄이 닿지만, 정확히 말하면 베이컨까지 거슬러 올라간다. 그 세기의 중엽에 이미 영국에서는 탁월한 일련의 계몽주의 대표자를 배출하며, 이른바 스코틀랜드 학파에서 그 정점에 도달한다. 이 학파의 지도자 토머스 리드(Thomas Reid)는 1764년에 출간한 그의 저서 『상식원리에 의한 인간정신의 연구(*Inquiry into the human mind on the principles of common sense*)』에서 '건강한 인간오성'의 철학을 정립한다. 이 책은 인간의 영혼에는 애초부터 판단력, 즉 자연적인 사유본능인 **'자명한 진리'**가 들어있다고 가르친다. 이 사유본능이 우리 의식의 기본 사실, 즉 우리 인식의 적법한 내용을 형성한다고 한다. 이에 따르면 지금까지의 체계에서 일반의 오성에 당연한 것으로 여겨져 동의할 수 있는 것으로 비치던 것은 정당한 것이며, 이 오성에 위반되거나 모호하게 보이던 것은 잘못된 것으로 통한다. 이른바 독일의 '대중철학(Popularphilosophie)'도 이러한 경향에 맞닿아 있다. 그 이념은 이의 가장 대표적인 인물 가운데 한 사람인 요한 야콥 엥겔(Johann Jakob Engel)이 자신의 논문집에 제목으로 달고 있듯이 '세상을 위한 철학자'였다. 그 외에도 이해하기 쉽게 글을 쓰는 교훈적이고 계몽적인 대중작가들이 조직한 서적조합이 활동했다. 그런데 그 중심은 독일 계몽주의였다. 베를린에서 발행되는 잡지들은 부수 면에서도 영향력이 컸다. 그 최초의 잡지는 1757년에 발간된 『아름다운 학문과 자유 예술의 문고(*Bibliothek der schönen Wissenschaften und der freien Künste*)』였다. 이 잡지의 글 대부분은 니콜라이와 멘델스존[7]이 썼으며, 내용은 딱딱한 예술비평으로 채워졌다.

---

[7]　Moses Mendelssohn(1729~1786): 독일계 유대인 철학자, 비평가, 성서 번역

1759년에는 『최신 문학을 다루는 서한(Briefe, die neueste Literatur betreffend)』이 발행되었다. 이 잡지는 상당한 수준에 도달해 있었다. 처음부터 이 잡지의 편집자로 활동한 이는 청년 레싱이었다. 그는 이 잡지를 통해 빌란트[8]와 고트세트(Gottsched) 및 프랑스 작가들을 예리하게 논박하고, 셰익스피어에 대해 온정적인 태도를 보임으로써 자신의 미적 세계관의 기본 노선을 이미 다소 명확히 드러낸다. 1765년에 『독일 일반 문고(Allgemeine deutsche Bibliothek)』가 간행되었다. 이 잡지는 40년 동안 발간되었으며, 그동안 독일 중산 교양층의 문학평가가 지속해서 영향을 미쳤다. 이 잡지의 발행자는 역시 니콜라이였다. 그는 똑똑하고도 노련한 문장가로서 성실하면서 박식했다. 그는 유명한 서적상 가문의 후예로서 일종의 상인과 문사의 피가 섞여 있어 정신적 조류를 대변하고 이용할 줄 아는 탁월한 재능을 겸비하고 있었다. 그러나 다른 한편 투고된 원고를 임의로 편집한 데서도 확연히 드러나는 그의 독선과 평이성, 그리고 그가 이해하지 못하는 (이는 상당히 흔한 일로써) 것은 무엇이든 비웃었던 고집불통의 합리주의 때문에 지성과는 동떨어진 오만한 혹평으로 이름난 세계적인 명사가 되기도 했다. 그래서 이미 그의 생전에 '니콜라이 같은'이라는 비방 어린 별칭을 얻기도 했다. 그렇지만 문학사를 박사학위의 주제로 잡고자 하는 수요가 지속적으로 많고, 속내가 아직 완전히 파헤쳐지진 않았지만 죽은 듯 말이 없는 다작가(多作家)에 대한 공급이 상대적으로 적은 시점에서 세미나에 참석하는 공명심이 있는 젊

가 및 해설가.

[8] Ch. M. Wieland(1733~1813): 독일의 시인이자 문필가. 로코코 시대에 활동. 그의 문학적 스펙트럼은 합리주의와 계몽주의 및 고전주의와 낭만주의를 아우를 만큼 광범위하다.

은이들에게는 니콜라이의 명예를 회복하는 일에 관심을 두라고 권하고 싶다. 니콜라이는 진정한 베를린 사람이다. 그는 논리적이고 구체적이며, 적어도 사실성에 대해 선의를 두었고 온갖 미사여구와 공상이나 허풍에 대해서는 불신했으며, 대단히 착실하고 부지런했고, 모든 것에 관심을 두었으며 언제나 남을 놀리는 냉소로 가득했다. 이는 베를린 사람들의 기질이긴 하지만 거의 언제나 이성을 핵심으로 삼는 것과 관계있다. 물론 그는 이런 면을 동향인을 칭송하는 기질과 멋지게 결합할 줄도 알았다. 그러나 이는 그가 종종 추천서를 써줄 때 더는 독창적인 주제를 제시할 수 없게 하는 약점이 되었기에 신랄한 비판의 대상이 되기도 했다.

멘델스존

　　모제스 멘델스존(Moses Mendelssohn)과 관련해서 그의 유대교 정신이 그 자신에게는 본질적인 장애물로 작용했다고 생각한다면 이는 착각일 수 있다. 당시 교양층은 타민족을 신앙고백하듯 대하는 좋은 분위기를 형성하고 있었다. 게다가 사람들은 그렇게 하는 것이 계몽이념을 바람직한 방향에서 인준하는 것으로 여겼으며, 당시에는 오늘날보다 훨씬 더한 수준에서 다른 문화에 폐쇄적인 세계를 대변한 민족도 계몽의 이념을 고백할 정도였다. 유대인도 독일 작가에 포함된다는 사실을 높이 평가하는 경향을 띠었다. 말하자면 희소가치를 실질가치와 혼동한 것이다. 그러나 덧붙여서 주목할 것은 멘델스존이 대단히 관대하면서도 감동적인 현상을 드러낸 인물로서 그의 글에서 가장 천박한 계몽철학을 추구했을 뿐만 아니라 유대 정신을 절대 떨쳐내지 않았다는 사실이다. 그는 이렇게 말한다. "내 조상들의 종교는 기본원칙에서 보자면 우리가 믿어야 하지만 개념파악할 수 없는 신비와는 무관하다. 우리의 이성은 1차적으로 인간 인식의 확실한 기본개념에서 출발할 수 있고, 분명 이 과정에서 종교를 만날 수도 있다. 여기서 종교와 이성 사이의 갈등은 없으며, 우리의 자연 인식이 신앙의 억압적인 폭력에 맞서는 폭거도 없다." 이와 유사한 수많은 문장에서도 그는 자신이 기독교와 은밀히 대비시키는 유대교를 진정한 이성의 종교(Vernunftreligion)로 간주한다는 사실에 대해서는 추호의 의심도 하지 않는다는 점을 드러낸다. 그는 기독교의 예배의식을 비웃는 조로 얕잡아보면서 자신의 신앙고백의 모호한 예배 지침은 고통스러울 만큼 정확히 고수한다. 그는 2×2=4와 같은 수학공식이나 연금계산법처럼 하는 광적인 기도와 결합된 구세주에 대한 유대인의 르상티망, 관념성·신비·신에 대한 유대인의 반감을 최신의 현대적 가면을 통해 드러낸다. 그도 그럴 것이 유대교의 토착정신은 범심령술의 수준으로 나아가는 지점에서조차도 (멘델스존은 이 지점까지 나아가진 않았지만) **지나치다 싶을 만큼** 유물론의 성격을 유지했기 때문이다. 말하자면 언제나 합리주의에 머물렀다. 현실은 입증할 수 있고 만질 수 있는 그런 사물들로 구성된다는 가정이 그러한 것의 예증이라고 할 수 있다. 이런 터무니없는 일을 고안한 것이 유대인이다. 유대민족은 헤아릴 수 없는 많은 전쟁에서 극단적 영웅주의와 죽음을 가볍게 여기는 맹목성을 입증해 보였지만 그것은 극히 현실주의적인 근거 때문이었다. 유대민족의 모든 위대한 개혁자는 현실정치가였고, 본질적인 면에서 유대의 종교의식은 보건경찰의 지침서를 따르는 것과 유사하다. 유대교의 최고 이념인 메시아사상은 지나치게 과장된 듯해도 결코 세계와 낯선 것이 아니라 구체적인 환영(幻影)의 산물이다. 따라서 동시대의 모든 유대교도가 예수를 받아들이면서도 품었던 엄청난 적개심은 개혁자를 향한 것이 (왜냐하면 개혁자는 유동적인 민중의 정신을 철저히 따르기 때문에) **아니며** 위계질서에 저항하는 투사를 향한 것도 (왜냐하면 위계질서는 대부분의 민족 구성원이 거부하는 것이기 때문에) **아니며** 하층을 변호하는 이를 향한 것도 (이 또한 하층에 대단히 유리하기 때문에) **아니다.** 오히려 그것은 "주님의 왕국은 현세에 있는 것이 아니다"라고 선전하는 위험스러운 위정자를 향한 것이다. 이런 관점은 유대교의 기본 파토스이자 핵심적 본질인 철저한 생활 욕구를 치명적으로 훼손할 수밖에 없다. 왜냐하면 사실 그것은 유대인의 특수한 세계감정을 완전히 폐기하거나 뒤집어놓는 꼴이 되기 때문이다. 예수가 **초월적인 것을** 종교와 윤리에 접목했다는 것과 의식만이 유일하게 현실적인 것이라는 점을 인류가 의식하게 했다는 것, **이것이** 유대교도 정당하게 평가하는 엄청난 혁명이다.

이런 관점을 취하면 유대인 멘델스존이 계몽으로 정화된 종교를 주창한 선구자 중 한 사람이 될 수 있었다는 점도 온전히 이해할 수 있다. 그도 그럴 것이 당시 '이성'의 신앙이 그랬던 것과 같이 기독교의 신조에서 부조리한 것을 떼어낼 때, 사실 남는 것은 구약성서보다 더 많은 것을 담고 있는 모세 율법뿐이기 때문이다. 멘델스존에게는 철학의 과제도 "일상의 인간오성이 정당한 것으로 인식해온 것을 이성을 통해 일목요연하게 하는 것"에 있다. 이런 원시적인 수단을 빌려 그는 『파이돈(*Phädon*)』에서는 영혼의 불멸성을, 『아침시간(*Morgenstunden*)』에서는 신의 존재를 입증하려고 한다. 그는 최초의 저작 서문에서 자신이 취하고자 하는 목표를 명확히 밝힌다. "이 글에서는 그리스의 유명한 현자가 영혼의 불멸성을 믿게 된 원인을 밝히는 것이 중요한 것이 아니라 이성에 기초해서 자신의 신앙을 정립하는 소크라테스처럼 오늘날 수많은 위대한 두뇌가 영혼은 불멸한다고 믿는 원인을 이성에서 찾으려고 백방으로 노력하고 있다는 점을 보여주는 것이 중요하다." 오늘날 플라톤과 같은 인물로는 멘델스존을 꼽을 수 있고, '위대한 두뇌들'에는 가르베(Garve)와 엥겔과 니콜라이를 포함할 수 있을 것이다. 그러나 이런 시도를 인정하면 소크라테스가 꼭 정직한 상점 대리인이 하듯 마지막 남은 물건에 대해 실제로 말하면서 대중작가 멘델스존을 소중히 생각했으리라는 점을 인정할 수밖에 없을 것이다. 멘델스존은 자신이 '민중적 도덕철학을 기초했다'고 여겼으며, 이성＝미덕이라는 합리주의적 등식을 만들어내기도 했다.

실용적인 성서 해석

　멘델스존은 『아침시간』에서 관례적인 이신론(理神論: Deismus)을 설파했다. 당시 이신론은 교양인 사이에서 공공연히 혹은 암묵적으로 알려진 종교관이었으며, 여기서 신은 철학자들이 확정한 자연법칙을 이행하는 현명한 존재 그 이상으로 표상되지도 않는다. 계시를 포착할 때 이신론자는 그들 사유의 모순과 불확실성에서 비롯되는 온갖 절충적인 방식을 이용한다. 예컨대 탁월한 신학자인 요한 살로모 제믈러(Johann Salomo Semler)는 기발한 텍스트비평의 도구를 들고 성서에 접근하여 동화설(同化說)을 제시한다. 이에 따르면 신의 아들인 사도들과 성인들은 자신들의 설교를 그때그때 사람들 요구에 맞춰왔으며, 우리의 요구가 달라진 오늘날 그들의 설교는 달리 이해될 수도 있다. 또 한편으로 합리주의는 볼프의 처방에 따라 자연의 질서에서 지혜를 추구함으로써 신학을 기괴할 만큼 단순화한다. 더 이상 사람들은 세계 사건의 보편적 합법칙성과 합목적성으로부터 지혜의 창조주를 추론하는 '물리 신학(Physikotheologie)'으로 만족하지 않고, 존재의 모든 특수 현상, 이를테면 돌ㆍ식물ㆍ꿀벌ㆍ메뚜기ㆍ물고기ㆍ달팽이와 여타 곤충을 예로 들면서 신을 증명하려는 결석(結石) 신학(Lithotheologie)ㆍ식물 신학(Phythotheologie)ㆍ꿀벌 신학

(Melittotheologie) · 메뚜기 신학(Akridotheologie) · 어류 신학(Ichthyotheologie) · 유각충(有殼蟲) 신학(Testaceotheologie) · 곤충 신학(Insektotheologie) 등을 늘어놓았다. 심지어 뇌우(雷雨)와 지진(地震) 신학도 등장했다. "우레와 지진을 이성적으로 관찰해 신을 인식한다." 특히 복음주의는 예배의식에서 성서의 '실용적 해석'을 선호했다. 구유를 설교할 때 사내(舍內) 사육의 유용성을 설파했고, 임종 예배에서 부활을 말할 때는 아침 일찍 일어나는 것의 장점에 대해 설교했으며, 예수의 예루살렘 입성을 두고 말할 때는 생가지를 꺾는 것이 목재낭비가 아닌지 숙고해봐야 한다고 설파한 것이다.

부활 사기 종교사에 관한 당시의 전체 관점을 대변하는 것으로는 수많은 논쟁을 불러일으킨 헤르만 사무엘 라이마루스(Hermann Samuel Reimarus)의 저작을 꼽을 수 있다. 이 작품은 그가 살아있을 때에는 작가 미상의 원고로만 남아있었지만, 나중에 레싱이 이 원고를 마치 볼펜뷔틀러(Wolfenbüttler) 도서관에서 발견한 것처럼 해서 단편으로 발간했다. 저자의 이름이 세상에 알려진 것은 1814년에 가서였다. 라이마루스는 "한 권의 책을 신의 계시로 위장하는 짓이야말로 명백한 경험, 역사, 건강한 오성, 속일 수 없는 명제, 미풍양속 등에 어긋나는 명백한 비진리임이 틀림없다"는 테제에서 출발하여 정신박약과 경계선에 있는 용감무쌍한 사유의 비약을 통해, 사도들은 자신들의 이익을 위해 부활 사건을 날조했다고 주장하기에 이른다. 이에 따르면, 사도들은 메시아 주변을 끊임없이 맴도는 가운데 일하는 것을 잊어먹는 동시에 하느님 나라에 대한 설교가 그 백성을 잘 먹여살릴 것이라고 보았다. 그도 그럴 것이 아내들은 '메시아와 그의 장래 사제들'을 돌보는 일에 정성을 쏟아왔기 때문이다. 결국 사도들은 예수의 시체를 훔쳐 매장하고는, 구세주가 부활했으며, 곧 재림할 것이라고 선전했다는 것이다. 예수는 유대 민족의 표상에 완전히 동의하여 현세의 막강한 왕국을 천국으로 간주했을 뿐만 아니라 자신을 이 왕국의 장래 왕으로 여기기도 했다는 것이다. 그러나 그와 그의 제자들은 이런 기대에서 완전히 빗나갔다고 한다. 그래서 그의 제자들은 '새로운 체계'를 고안해낼 수밖에 없었다는 것이다. 이 체계에 의하면 예수는 인류를 구원하기 위해 고통을 겪으면서 죽을 **수밖에** 없었으며, 그리고 부활하고서는 곧 다시 왕국을 건설하기 위해 하늘나라로 떠난다.

사도들을 탐욕스러운 사기집단으로 만드는 이런 가설이 당시 그렇게 주목을 모은 것은 계몽시대 전반의 두드러진 특색이라고 할 수 있는 역사와 심리학을 전혀 이해하지 못한 데서 비롯되었다. 그런데 이보다 더한 무지는 예수가 유대인이 고대한 메시아적 지상낙원을 건설하려 했을 뿐이라는 가정에서 여실히 드러난다. 하지만 이런 엉터리 가정은 라이마루스가 그랬던 것과 똑같은 형태로 표현되었다. 우리가 그 몰상식성에 대해 이미 여러 번 지적했듯 복음서를 구약성서에 끼워 맞추는 데서 그와 같은 곡해는 이미 예고된 셈이다. 그런데 성서를 편견 없이 읽는 사람이면 누구든 다음과 같은 명확한 결론에 도달하기 마련이다. 즉, 예수는 유대인의 메시아사상을 확장하고 정신화하면서 심오한 내용으로 가득 채워 한층 높은 수준으로 끌어올리는 식으로 (오늘날도 수많은 신학자와 평신도가 이런 식으로 생각하고 있지만) 그 이념의 사고틀을 바꾼 것이 아니라 오히려 그러한 사상을 철저히 부정하고 해체시켰다. 한마디로 말해 예수는 메시아가 **아니었다**. 사실 그는 단 한 번도 자신을 그렇게 규정한 적이 없었다. 언뜻 그런 언사를 보이곤 하는 복음서의 몇 안 되는 대목도 극히 모호할 뿐이며 오히려 다른 사람들에게 그가 그렇게 불릴 뿐이라는 사실을 확인시켜준다. 여기서 우리가 그러한 사실 하나하나를 따질 수는 없는 노릇이다. 극히 엉뚱하여 때로는 병적인 현상을 보이지만 비상한 견문을 갖춘 몇 안 되는 유명한 학자 가운데 한 사람인 모리츠 데 용에(Moriz de Jonge)는 이 문제의 대목들을 두고 꼼꼼한 텍스트비평을 가하면서 대단히 놀라운 결과를 끌어낸다. 벨하우젠[9] 위치에 있는 한 권위자도 이렇게 말한다. "예수는 메시아로, 예언의 집행자로 나서지 않았다. (…) 그는 (…) 메시아가 아니었으며, 그렇게 되려고도 하지 않았다." 평신도들을 위해서는 단 두 가지 의문점만을 언급해도 될 것 같다. 첫째, 만일 예수가 메시아였다면 사람들이 메시아에게 기대한 일을 그는 왜 행하지 않았는가? 둘째, 예수가 메시아였다면 왜 유대인들은 그를 인정하지 않았으며, 왜 오늘날까지도 인정하지 않고 있는가? 세상은 검으로 다스릴 수 없고, 다스려서도 안 되며, 오직 정신으로만 그렇게 해야 한다는 점은 어떤 유대인도 어떤 이교도도 이전에 생각지 못한 참신한 사유에 해당한다. 간단히 말해서 메시아가 마땅히 **그리스도**로서 황제 또는 왕(이는 분명 바로 유대인의 관점인데)이어야 한다면, 예수는 실제로 **적그리스도**(Antichrist) 그 이상도 그 이하도 아니다.

레싱조차도 '볼펜뷔틀러의 단편'과 같은 관점에 공감하지 않았다. 오히려 그는 『종교에 대한 이 진정한 싸움꾼(Dieser echte Bestreiter der Religion)』이라는 해설서를 출간하여 진정한 옹호자가 생겨나길 기대했다. 그러나 그런 옹호자는 나타나지 않았다. 당시에는 근시안적인 문자 신앙심(Buchstabenreligiosität)과 시력이 약한 자유 신앙심(Freire-

---

[9] J. Wellhausen(1844~1918): 독일의 성서학자. 모세오경의 구조와 연대분석으로 유명함.

ligiosität)만 있었을 뿐이다. 레싱은 문자 신앙심보다 자유 신앙심을 훨씬 더 혐오했다. 1774년에 그는 이렇게 말한다. "다행히도 사람들이 정통교회와 그런대로 사이좋게 지냈다. 정통교회와 철학 사이에 칸막이벽을 치고서는 그 벽을 사이에 두고 각자 서로 방해하지 않고 제 갈 길을 갈 수 있게 했다. 그런데 지금은 어떤가? 사람들은 이 칸막이벽을 허물고 우리를 이성적인 기독교도로 만든다는 구실 아래 우리를 극도의 비이성적인 철학자로 만들고 있다. (…) 서툰 반편 철학자의 어설픈 작품이 종교의 체계를 이루며, 이 체계로 이전의 체계를 대신하고자 한다. 이 체계는 이전의 체계가 이성과 철학에 한 것보다 훨씬 더 심한 영향을 끼치고 있는 형편이다." 계몽주의를 단순한 북극광(北極光), 불모의 차가운 달빛으로 부르는 하만(Hamann)의 경우도 계몽주의는 간신히 계몽되었을 뿐이라는 점을 인식한다. 계몽주의를 회고하는 슐라이어마허(Schleiermacher)는 계몽주의의 위치를 다음과 같이 신랄한 말로 압축한다. "계몽 시대의 철학은 철학이 사라지고 오직 남을 것은 계몽주의일 뿐이라는 식이다."

레싱은 독일 계몽주의 이념의 해체과정을 고스란히 보여주는 주자이다. 그가 왕성하게 활동한 기간은 반 세대에 불과하다. 1766년에 『라오콘(Laokoon)』이 출간되었으며, 1767년에 『미나 폰 바른헬름(Minna von Barnhelm)』과 『함부르크 연극론(Hamburgische Dramturgie)』, 1772년에 『에밀리아 갈로티(Emilia Galotti)』, 1779년에 『현자 나탄(Nathan der Weise)』, 1780년에 『인류의 교육(Die Erziehung des Menschengeschlechts)』이 나왔다. 그가 사망했을 때는 한 시대가 끝이 났다. 그가 사망한 해에 『군도(群盜)(Räuber)』와 『순수이성비판(Kritik der reinen Vernunft)』이 출간되었다. 그는 독일에서 상대적으로 보기 드문 지성에 속한다. 이들은 그야말로 완벽한 것을 창조하지 않았고, 당시 결정적인 것을 말하지도 않았지만, 핵이 있는 씨앗을 사방으로 흩뿌리고 자신들이 포착한 일체를 생생하고도 지속적으로 활동할 수 있게 형태화할 줄 알았다. 시와 회화의 경계를 그때까지만 해도 예견할 수 없었던 날카로움과 명쾌함으로 확정한 레싱의『라오콘』은 미학자들에게 덤으로 주어진 성공이 무엇인지 가르쳐주었을 뿐만 아니라 예술가들에게 눈을 뜨게도 해주었다. 이 작품에서 특히 눈여겨볼만한 점은, 이 작품이 이미 빙켈만과 막 시작된 고전주의의 그늘에 서 있던 시대에 그리스 스토아주의의 방사상(放射狀) 관점을 부정했을 뿐만 아니라, 우리의 현재 상태와 우리가 경험하는 것을 묘사할 때 그리스 사람들이 한 것 못지않게 모방할 수 있다고 규정하기도 했다는 사실이다. 대중의 둔감한 보수주의와 허영심에 찬 배우 패거리들의 작당, '후견인'의 입맛에 맞추는 소심함 때문에 곧 좌절되긴 했지만 '기업'과 다를 바 없는 거대한 야심을 갖고 시작한 함부르크 국민극장 덕분에『미나』나『연극론』과 같은 독일 문학이 형성되었다. 특히 누구도 따라잡을 수 없는 무대 기교를『에밀리아』에서 발휘한 레싱은 위장된 연출의 대가로서의 모습을 드러냈으며, 장면을 정확히 연결하는 작업에서는 탁월한 분석가였고, 절제하면서도 극도의 효과를 유발하는 드라마 연출가이기도 했다. 이 모든 면모에서 그는 마치 입센의 선구자처럼 보였다. 입센과 마찬가지로 그는 프랑스 사람들의 예술에 대한 독자적 기질을 완벽히 전유하는 동시에 그것을 한 단계 높은 수준으로 끌어올린 몇 안 되는 게르만 계통의 드라마 작가에 포함되었다. 이들은 삶을 충실하게 드러내고 개별화하는 인간을 형상화하는 일을 결혼지참금처럼 소중히 다루었다. 그런데 레싱의 경우 심리묘사를 더욱 암시적이게 함으로써 무대공포를 일으키게 한 입센의 비법을 몰랐다. 그는 결코 화가가 아니었지만, 그의 문학은 섬세하고 날카로운 기질을 발휘했다. 언제나 그는 자신의 주인공을 아주 분명하게 조종하고 조직한다. 그래서 실러가 그를 '주인공의 관리자'라고 부른 것은 부당하지 않다. 그 자신도 이런 결점을 자신의 삶과 활동 일체를 관장하는 대단한 명철함 덕분에 충분히 꿰뚫고 있었다. 그는 『연극론』에서 그는 이렇게 말한다. "나는 배우도 시인도 아니다. 그런데도 사람들은 나를 시인의 반열에 올려놓으려고 여러 번 표명한 바 있다. 그러나 이는 나를 잘못 이해했기 때문일 뿐이다. (…) 나는 고유한 힘을 통해 위로 치솟으며, 고유한 힘을 통해 풍요롭고 신선하며 밝은 빛줄기를 내뿜는 원천이 내 안에 있다고 생각하지 않는다. 나는 모든 것을 내 안에서 짜냈다. 내가 다른 사람의 보물을 소박하게 빌리고 다른 사람의 불로 내 몸을 데우고 예술의 안경으로 내 눈을 보호하는 등의 법을 배우지 않았더라면 나는 아주 초라하게 추위에 떠는 근시안이 되었을지도 모른다. 따라서 내가 비판에 대처하기 위해 무언가를 읽거나 들었을 때는 내가 한심하다는 생각이 들었다. 그런데 비판은 천재를 질식시키기 마련이다. 나는 천재에게 아주 친숙한 것을 비판에서 얻으려고 마음을 조아린 것이다." 피로 채워진 변증법, 갈바니의 전기, 정곡을 찌르는 파우스트적 단편의 비극, 이것이 그의 드라마에 잠재된 힘과 한계를 가장 극명하게 말해주는 듯하다. 그의 계획은 파우스트가 꿈에서 유혹을 받지만 정신을 차리고 구원을 받도록 하는 것이었다. 그러나 유감스럽게도 이 거창한 구상을 그는 실현하지 못했다. 이 구상은 그가 마음껏 부릴 수 있었던, 말 그대로의 합리주의적 수단으로도 실현할 수 없었다. 왜냐하면 니체가 '지성적 공정성'이라고 부른 바의 것을 최대한 소유한 투명한 오성의 인간이 너무 의식적이었을 뿐만 아니라 너무 교만하기까지 했기 때문이다. 이는 문자 그대로 받아들여도 좋을 것이다. 라이제비츠(Leisewitz)는 리히텐베르크(Lichtenberg)에게 이렇게 편지를 쓴다. "그는 꿈을 꿔본 적이 없었다고 내게 몇 번이고 다짐했다." 언제나 그의 삶은 오로지 우리 정신세계의 밝은 반구(半球)에서만 진행되었던 것이다.

레싱의 가장 결정적이고 가장 원숙한 작품은 『인류의 교육』이다. 여기서 그는 종교의 역사를 신의 진보적 계시로 취급한다. 그 첫 번째 단계는 유년기에 해당하는 유대교이다. 이때의 교육은 직접적인 체벌과 칭찬으로 이루어진다. 인류의 소년기를 의미하는 두 번째 단계는 기독교에 해당한다. 이때는 "더 이상 그때그때의 칭찬과 체벌과 같은 기대와 공포를 통해서가 아니라 고상하고 품위 있는 동기를 통해서 이성을 더 많이 실행하도록" 교육한다. "이런 식으로 해서 그리스도는 최초로 믿을만한 불멸의 실천적 스승이 되었다." 그러나 곧 세 번째 단계가 들이닥쳤다. 이 단계는 "계몽 그 자체를 위해 미덕을 사랑하는 완전한 계몽의 성년기로서 마음까지도 계몽으로 정화한다." 여기서는 성서가 종교의 기초가 아니라 종교가 성서의 기초가 되며 기독교가 신약성서보다 더 오래된 것으로 통한다. 레싱은 역사고찰 속에 발전 개념을 도입하여 역사의 단계마다 나타난 위대한 종교 각각을 정당한 것으로 인정하고, 피상적인 '이성적 기독교'를 거부하면서 이와 관련하여 사람들이 이성적 기독교에 이성과 기독교가 맡겨져 있다는 사실을 실제로 모른다는 것이 유감일 뿐이라고 말한다. 자만하는 당대의 철학에 세계사적 사건의 목적이자 정상으로 비치는 현재조차도 그는 신의 교육계획에 들어있는 수많은 단계 가운데 하나로 간주한다. 그는 이런 방식으로 계몽주의를 극복한다.

리히텐베르크　　　　레싱을 말할 때는 리히텐베르크도 거명할 수밖에 없다. 그는 독일 문학에서 숨은 대가의 한 사람으로서 노련한 문사 빌란트를 대신해서 추천할만한 인물이다. 괴테는 칸트를 두고 그가 리히텐베르크를 읽었을 때 마치 환한 방으로 걸어 들어가는 기분이 들었을 것이라고 말한다. 이러한 이미지는 독일 작가 중 소수에 적용될 수 있지만, 리히텐베르크에게 적용해도 아무 문제가 없을 것으로 보인다. 아무튼, 그런 환한 방에도 특별한 광으로 통하는 복도와 어스름한 구석과 돌출 창이 있기 마련이다.

　중요한 인물들을 두고 말할 때 언제나 처음부터 가정하는 것은 그들은 일종의 그 시대의 초점을 형성한다는 점이다. 모든 빛이 그들로 모이기 때문에 대개 이 교점에서 개별 빛줄기를 다시 좇아가고 어떤 시대를 그때의 인간들로부터, 그리고 인간들을 그 시대로부터 설명하는 경우가 흔한 일이다. 그러나 리히텐베르크를 두고 그렇게 하면 실패하기 십상이다. 그의 시대는 독일이 지금껏 체험한 것 중에 가장 풍요롭고 정신적으로 가장 왕성한 활력을 보인 시기 가운데 하나였다. 그렇다고 해서 그가 빛을 발산하는 그 시대의 초점이었다고는 말할 수 없다. 그렇다면 모든 일에 분주히 뛰어들면서 왕성한 활동을 보인 이 지성은 그토록 숨가쁘게 돌아가던 시기에 어떤 위치를 점했던가? 그는 이 전체의 운동에서 그저 **이상을 품은 청중**이었을 뿐이다. 그가 자기 시대에 보이는 태도는 집광렌즈가 아니라 그 시대의 특징을 아주 선명하게 가차 없이 등록하는 확대경과 같다.

　그가 그럴만한 충분한 자격을 갖추었음에도 그의 동시대인들이 그의 이름을 강하게 드러내 보이는 경우는 거의 찾아볼 수 없다. 그의 동료들의 의식에 그가 존재하기는 했는가 할 정도였다. 그는 문학사의 수레바퀴를 돌릴 마음도 없었고 그에 대한 소명의식도 갖고 있지 않았다. 열정에 가득 찬 실러의 리얼리즘이 다시금 활동하게 하기까지, 그는 문학적 선전에 뒤섞이기보다 오히려 식물과 돌, 오래된 비망록에 관심을 쏟은 노년의 괴테와 유사하게 사유했다. 그의 외적 활동은 물리학과 관련된 임시직과 통속적인 글쓰기, 기상 관측과 달력 만드는 일, 몇 명의 어린 소녀와 몇몇 선량한 친구를 만나는 일로 보냈다. 그의 작품은 모두 이러한 일상을 먹고 자랐다. 그러나 그는 이런 사실을 알지 못했다.

여기에 그의 일기장도 한몫했다. 그는 이렇게 말한다. "상인들은 **수첩**(Waste book)을 들고 다닌다. 매일 그들은 이 수첩에 그들이 사고 판 모든 항목을 아래로 아무렇게나 기록한다. (…) 이는 따라해볼만한 일이다. 그래서 내가 본 대로 혹은 문득 생각이 떠오르는 것은 모두 기록해 둔 나의 책이 처음으로 나온 것이다." 그가 '잡기장'의 의미로서만 취급하는 이 방만한 스케치는 엄정성과 명석함, 집중된 사고력과 감성적 섬세함에서 필적할 이가 거의 없을 만큼 그의 정신 일체를 보여준다. 이런 작업의 속성은 끝맺기가 어렵다는 점이다. 말하자면 무한한 팽창의 성격이 이미 그 자체에 들어있는 셈이다. 수많은 다른 사상가처럼 에머슨도 일기장과 비슷한 수첩을 사용하긴 했지만, 여기서 그는 내용을 줄이거나 늘여 에세이로 묶을 수 있는 힘을 보였다. 그러나 여러 군데서 짜깁기의 흔적이 나타나며 이 매듭에 따라 그의 글은 이따금 의상분일증[10]을 일으키기도 한다. 반면에 리히텐베르크는 생각의 파편을 잇대려 하지 않았고, 오히려 그러한 일에 대해 비판적 성향을 드러냈다. 그래서 그의 '수첩'은

---

[10] 意想奔逸症: 의학용어로서 주의가 산만하여 목적한 생각이 자꾸 달라지며 처음 생각이 끝나기도 전에 또 다른 생각으로 옮아가는 정신병 증세를 말함.

사후에나 출간될 수 있었다.

책의 운명이란 인간의 운명보다는 덜 비논리적이고 덜 비합리적이다. 왜냐하면 책은 어쨌든 우리 앞에 **나타나기** 마련이기 때문이다. 운명은 누구도 알지 못하는 어두운 법칙을 따르는 것이다. 책이 어떻게 만들어져 나올지는 아무도 모른다. 그 저자의 경우는 말할 것도 없다. 수세기를 거치면서 모순에 가득 찬 기이한 운명을 경험하는 것이다. 공평하지 않게도 때로는 유리하게 때로는 불리하게 평가받는 것처럼 보인다. 우리는 수년 동안 하나의 문제나 하나의 시에 매달리는 작가들을 목격한다. 세상이 그들을 주목하지 않을 때 그들은 절망하고 일생의 작업을 무효한 것으로 간주한다. 그런데 그들이 특별한 가치를 부여하지 않은 정신의 한 파편에서 어떤 생각이 갑자기 떠오를 때, 이 보잘것없는 생각이 빛을 발하면서 몇 세기로 이어지기도 하는 법이다.

저자가 사망한 뒤에야 세상의 빛을 보게 되는 이러한 사후의 불멸성이 최악의 일은 아니다. 리히텐베르크는 마무리 짓지 못하는 자신의 무능력 속에서 한 가지 오류를 찾아냈다. "희극의 테마인 유예, 그것이 아마도 내가 다루고 싶은 것이었는지 모른다. 미루기는 예전부터 내 가장 큰 단점이었다." 그러나 오히려 후세대는 그가 결연함이 없다고 여겼던 것을 최고의 정신적 능력의 징표로 간주할지도 모른다. 언제나 그에게 새로운 인상과 관찰거리로 다가온 삶의 충만함과 생생함도 그가 마무리하는 일을 방해했다. 그가 보인 무한한 수용력의 정신에서 보자면 소재에 대해 임의적으로 경계 짓는 것은 자기 자신에 대한 일종의 배신행위로 보인 것이다. 이는 끝없는 자연에 끝없는 정신이 맞서고 있는 꼴이며, 이 정신은 풍요 속에 있는 자연을 자체에 흘러들어 가게 하는 것으로 만족한다. 수많은 작가가 자기 최고의 작품을 최후에 출간하거나 종종 출간을 포기하는 것도 우연이 아니다. 이들은 그렇게 하길 좋아하며, 그렇게 하는 것이 더 나을 수 있고 더 완전하게 보일 수 있다고 생각한다. 리히텐베르크는 이렇게 말한다. "내가 여러 가지로 생각해낸 모든 것을 본래 내 속에 있었던 그대로 **쪼개지 않은 채** 말할 수 있었다면 분명 세상의 박수갈채를 받았을 것이다. 내 머릿속에서 운하의 방향을 잡을 수만 있다면 내 사유의 교류를 활성화할 수 있으련만!" 그러나 그는 그렇게 할 수 없었고, 그저 "머릿속에 본래 떠오른 대로" 말할 수 있었을 뿐이다. 바로 이 때문에 그는 쪼개진 것을 쪼개지 않은 것으로 받아들일 수도 없었고, 본래 연결되어 있지 않던 사유들 사이에 인공 운하를 건설할 수도 없었다. 그는 사물들을 그의 머릿속에 떠오르는 대로만 사유할 수 있었을 뿐이다. 모든 체계구성의 기초를 이루는 정리와 연마 작업을 그는 이해하지 못했다.

분광   리히텐베르크는 이렇게 말한다. "나는 사유하는 두뇌의 **은밀한** 목소리 외에 영혼의 질료에서 다른 어떤 것도 읽어내려 하지 않았다. 나는 내가 이미 알고 있는 그런 공공연한 목소리를 원하지 않는다. 그런 목소리는 심리학보다 조례 모음집에 어울릴 법하다." **타자**와 구분되게 하는 수천 가지의 비밀과 착종을 함의하는 특수성을 지닌 인간이 리히텐베르크의 소묘에서 생생하게 살아난다. 이런 소묘가 생각을 촉발하게 하는 가장 돋보이는 그의 심리학적인 기록물이다. 여기서 처음으로 심리 테스트가 경험인류학의 분과로서 과학적으로 취급된다. 물론 그 형식은 심층으로 파고들지 못하는 물리학적인 계측과 일련의 대수학적 방식이 아닌 객관성과 정확성의 정신에 입각한 과학적 방식이다. 곧 리히텐베르크는 라이프니츠가 이론적으로 밝힌 **미세지각**(perceptions petites)을 실제로 현실 곳곳에서 탐색하여 기술할 줄 아는 참된 라이프니츠주의자인 셈이다. 그러나 그는 이것으로 만족하지 않는다. "인간 철학의 진정한 지렛대인 수천 가지 사소한 감정과 사유를 말로 표현하지 못한 것이 나를 끊임없이 괴롭혔다. (…) 대개 학자들은 누구나 쓸 수 있는 것만을 쓸 뿐이며, 겨우 자신이 쓸 수 있는 것만을 남겨놓고는 자신의 이름을 영원히 남기고 싶어 한다."

진리와 자각에 대한 리히텐베르크의 지칠 줄 모르는 불굴의 열정은 오로지 레싱과 쇼펜하우어(Schopenhauer)만이 필적할 수 있는 그 스타일의 자연성과 순수성으로 표출된다. 그의 언어는 정밀기계만큼 섬세하고 확실하게 작동한다. 겉으로 보기에 극히 가벼운 문장조차도 아주 명료하고 적확하다. 확신하건대 그의 사유는 **분광을 일으키는 빛**처럼 밝아 천재적 두뇌의 독보적인 특권을 구성하는 맑은 정신과 같다.

비범한 자연의 성격을 지닌 사람은 언제나 시간을 초월한다. 따라서 리히텐베르크 시대의 역사적 특징이 그와 바로 일치하지 않을 수도 있다. 다만 그가 그 시대의 가장 완벽한 적수였다는 점에서는 그 시대의 인물이었다고 말할 수 있다. 그는 그 시대의 또 다른 절반이자 보완자였던 셈이다. 이 분야의 동시대인들은 당대 역사의 무대에 들어서자마자 가장 기억할만한 독특한 인물이 되었다. 리히텐베르크는 계몽의 불빛이 던진 가장 선명한 그림자였다. 이 그림자가 과거 어느 때의 빛이 만들어낸 것보다 훨씬 더 오래 강력한 힘으로 남게 된 것은 문화사가 보인 수많은 역설 가운데 하나이다.

그는 너무나 명확히 너무나 자신 있게 지독히 **활동적**이었던 지성 가운데 한 사람이었다. 더는 다루기 불가능한 특수한 입장이 있다. 절대적 간파에 이를 때까지 어떤 문제를 완전히 간파한다는 것은 그 문제와 끝을 본다는 것을 의미한다. 아마 인간정신의 맹목성과 편협성은 염세주의자들이 주장하는 바처럼 그렇게 큰 악은 아닐지도 모른다. 아마 그러한 것은 생존하기 위한 본능적인 보호 장치일 수도 있다. 왜냐하면 불확실성은 삶에 대한 가장 강력한 동인 가운데 하나이기 때문이다. 그러나 어떤 두뇌가 비범한 수준의 투시력을 일단 가지고 있다면, 그가 왕성한 활동을 포기하더라도 그것은 자연스러운 결과일 수 있다. 지성의 경우에도 마찬가지다. 그를 둘러싼 모든 것, 즉 인간·사건·인식·시류 등이 그에게 완전히 투명해서 그는 앉아서 관망하는 것으로 만족할 수도 있다. 그는 **인식했으며** 그 이상 아무것도 요구하지 않는다. 마테를링크(Maeterlinck)는 이렇게 말한다. "우리가 알고 있는 그것은 더는 우리와 아무 상관이 없다."

이 때문에 리히텐베르크는 당대의 결함에 대해 결코 정열적으로 대항하지 않고 항상 냉정하게 일침을 가하는 정도의 유보적 태도를 취했다. 이는 다른 부문에서는 극도로 친화성을 보인 레싱과 구분되는 지점이다. 무엇인가가 그를 화나게 했을 때 최악의 경우에조차도 그는 기껏 냉소만을 보냈을 뿐이다. 그런데 그가 아주 매섭게 풍자를 할 때조차도 거기엔 선의와 관용이 보이지 않게 배어있다. 반면에 극히 진지하게 표현할 때에도 조소와 반어를 교묘히 깔고 있어 거의 알아차릴 수 없을 정도이다. 진정한 사상가라면 이러한 조소를 포기하지 않으며, 파스칼처럼 비극적일 만큼 분투하는 지성에게도 다음과 같은 말을 내뱉는 일 이외 실제로 진지하게 받아들일만한 가치란 없다고 확신할 것이다. **"진정한 철학자는 철학을 비웃는다."**

진정한 철학자는 흔히 생각하는 것보다 훨씬 더 예술가에 가깝다. 예술가에게 그렇듯이 그에게도 삶은 놀이로 통한다. 그는 놀이의 규칙을 마련하고자 한다. 그 이상은 하려 하지 않는다. 그도 고안하고 형태화한다. 그런데 예술가는 가능한 한 다수의 다양한 개인을 모사하려고 하지만 사상가는 언제나 단 한 명의 유일한 인간, 즉 **자기 자신**을 그려낸다. 물론 이때의 자기 자신은 다종성(Vielartigkeit) 속에 존재한다.[11] 심오한 감성을 지닌 철학은 자서전적 장편소설과 다를 바가 없다.

리히텐베르크가 이런 영역을 벗어나 완전히 자유로운 문학의 세계, 특히 풍자적 희극의 세계로 입문하지 못한 것은 그의 감수성의 결함 때문이 아니라 과잉 때문이다. 그가 완전히 자유로운 형상화의 길에 들어서는 것을 항상 막은 것은 비판적인 맑은 정신이었다. 이 점에서 그는 또다시 레싱을 닮았다. 당대의 레싱도 다른 이가 드라마를 더 잘 쓸 수만 있었다면 드라마를 쓰지 않았을 것이다. 그러나 그가 염두에 두었듯이 실제로 보여주는 것이 그에게는 중요했기 때문에, 모든 모범적인 업적에서 꼭 그렇듯이 덜도 더도 하지 않을 만큼의 가치를 지닌 일련의 범례를 제시할 수밖에 없었다. 말하자면 교훈성은 가능한 한 많이, 인위성은 가능한 한 적게 투입한 것이다. 그는 독일 시문학의 천재적 연출가였지만 천재적 배우가 되고자 하지는 않았다. 이 연출가는 극장에서도 가끔 무대에 올라가 직접 문제의 연극을 연출해 보이기도 했다. 이는 그가 스스로 위대한 인간 연출자로 간주했기 때문이 아니라, 어떤 이론적 해설도 문제의 생생한 상을 제공하지 못하며 그러한 상을 제시하는 데 자신이 가장 노련하다고 여겼기 때문이다. 이는 레싱의 연극작품이 지닌 장점이자 단점에 해당한다. 레싱은 연극작품을 쓰는 일에 아주 능숙했다.

---

[11] 철학자 자신이 인간의 여러 다양한 기질을 한몸에 지니고 있다는 뜻.

레싱의 문학 활동이 좀 더 외부를 지향하고 있다면, 리히텐베르크의 필전(筆戰)은 내면을 향하고 있다고 볼 수 있다. 둘 다 글로써 싸움을 벌이지만 한쪽은 외부에서 혼잡한 세계 및 그 여론과 싸웠고, 다른 한쪽은 자신의 고요한 내면에 머물면서 자기 자신과 자신의 사유를 상대로 씨름했다. 이 점에서 둘은 늘 함께 했다고 말할 수 있다. 이들은 하나가 되어 진정한 계몽주의로 비친 독일 '계몽주의'의 진정한 정신적 징후를 형성했다.

그러나 레싱의 이름이 리히텐베르크의 명성을 가렸다고는 말할 수 없다. 왜냐하면 독일의 대중은 레싱에 대해서도 아는 바가 없었기 때문이다.

예수회의
파국

레싱과 리히텐베르크는 프리드리히 대왕과 흡사하게 독자적으로 신앙고백을 하면서 모든 종파를 배척하는 동시에 용인했다는 점에서도 계몽주의의 틀을 깼다. 이는 니콜라이와 여타 계몽주의자가 교의에 매달리는 것이 정통파가 되는 양 추종 망상을 보인 것과는 대조되는 면모이다. 특히 지상에서의 폭력과 간계와 같은 모든 암흑의 권리를 부여받은 '예수회의 추적'이 유럽의 거의 모든 나라에서 가차 없는 강제수단이 되었다는 점에서도 그들의 행위는 독특한 셈이다. 그런데 포르투갈을 재건한 폼발(Pombal)은 거대한 국책사업으로서 예수회의 근절을 주안점 가운데 하나로 잡았다. 이때 그는 국왕 암살을 구실로 삼았다. 예수회의 모든 재산이 국가 재산으로 몰수되었으며, 수도회의 모든 회원은 폭도와 국외자로 몰려 영구 추방되었다. 그 외에도 폼발은 포르투갈을 최대한 빨리 중부유럽 국가들의 수준으로 끌어올리려고 힘을 쏟았다. 그리하여 그는 종교재판을 폐지하고, 실업학교를 설립해 떠돌이 청소년들이 기술을 익힐 때까지 붙잡아두었으며, 궁정의 수많은 게으른 자녀를 퇴학시켜

재원을 조절하기도 했다. 국고에 자금이 마르지 않도록 조치했고, 증권거래소와 대형 백화점, 병기공장과 학술원을 설립했다. 도로를 정비하고 출판업을 촉진했다. 이 모든 조처는 귀족과 국민, 심지어 국왕의 의지에 반하는 것으로서 음모와 살해의 공포를 통해서만 수행될 수 있는 것들이었다. 그래서 그의 사망과 함께 이 모든 것도 와해되었다.

예수회는 포르투갈에서 추방되고 난 5년 뒤에 프랑스에서도 같은 운명을 겪는다. 국왕은 교황에게 개혁을 제안하면서 예수회를 구원하려 했지만, 교황은 다음과 같은 유명한 발언을 했다. "그들이 존속하느냐 마느냐 하는 문제는 그들에게 맡기십시오!" 부르봉 왕가가 지배하던 국가들, 이를테면 예수회를 구실로 삼아 마드리드에서 봉기를 일으킨 스페인과 나폴리 및 파르마(Parma)에서도 뒤이어 추방 사건이 일어났다. 마침내 교황 클레멘스(Clemens) 14세는 예수회를 폐지할 수밖에 없는 상황을 맞이했다. 그 다음 해에 교황이 사망했으며, 사람들은 이 죽음마저도 예수회의 탓으로 급조했다. 이 때도 예수회는 마냥 참을 수밖에 없었다. 그도 그럴 것이 여전히 그리스적인 예카테리나와 프로테스탄트적인 프리드리히의 지배력이 강했기 때문이다. 프리드리히는 이때도 재치를 보일 기회를 놓치지 않았다. 그는 교황의 교서(敎書)가 프로이센 왕에게 어떤 권력도 행사하지 못한다고 로마 교황청으로 편지를 써 보냈던 것이다.

이런 상황에서 예수회는 온갖 방어형태와 왜곡보도를 이용하여 그들의 존재를 계속 유지하면서 자신들의 힘을 완전히 세속화하려 했다. 특히 그들은 자신들과 다른 온갖 조직 속으로, 심지어 어떤 경우에는 그들과 정반대의 경향을 지닌 집단 속으로도 숨어들고자 했다. 그들을 프리메이슨과 광명회(Illuminat)에서 심심찮게 만나게 되는 것도 우연이 아니다. 우리가 이 책 1권에서 말한 바 있는, 곳곳에 존재하고 무엇으로든 변신하는 그들의 재능이 다시 한 번 눈부신 빛을 드러냈던 셈이다. 말하자면 이제 그들은 자유의 사상가이자 '빛의 동지'로 둔갑한 것이다.

광명회 　　잉골슈타트(Ingolstadt) 대학의 교수이자 광명회의 창시자인 아담 바이스하우프트(Adam Weishaupt)도 예수회 학교에서 교육받은 생도였지만 이후 예수회를 탄압하는 데 가장 앞장선 인물이 되기도 했다. 이 새로운 조직이 세운 두 가지 기본원칙은 단기간에 유럽 전역으로 확산된다. 긴밀한 조직과 엄격한 비밀결사는 예수회로부터 배운 것이라 조직 전체가 일종의 예수회처럼 보였다. 하지만 곧 독선과 오만, 신비적인 문구 암기와 잘난 체 하는 일이 이 조직에 파고들어 이 조직은 정치적 입신출세의 주요 발판 가운데 하나가 되었다. 이는 당시 의회주의가 결핍되어 있었기 때문이다. 그러나 1784년 이 조직은 예수회의 음모로 바이에른(Bayern)에서 활동금지 조처를 받았다. 하지만 여기서 추방된 이들은 다른 나라에서는 환영을 받았다. 사람들이 이 조직에 어떤 의미를 부여했는가 하는 문제는, 의심이 많은 문사이자 모험가였지만 한동안 다소 광범위한 인기를 누리기도 한 카를 프리드리히 바르트(Karl Friedrich Bahrdt)의 의미심장한 책이 잘 보여준다. 『민중의 목소리로 읽은 성서에 관한 편지(Briefe über die Bibel im Volkston)』가 1782년에 출간되었다. 이 책에서 그는 구세주의 출현을 두고 당시 이미 곳곳에 '지부'를 거느리고 있었던 비밀조직인 에센파(Essener)가 교묘히 연출한 코미디라고 설명한다. 바르트가 지적하는 이 조직은 그 경향과 행위 면에서 보면 명백히 광명회를 연상시킨다.

크니게 　　정신적 취약성 때문에 10년도 채 지나지 않아 사멸한 광명회를 두고 오늘날 누구도 더는 언급하지 않지만, 그중 가장 왕성한 활동을 보인 한 회원은 현재까지도 자신의 이름을 널리 보존하고 있다. 그는 바로 1788년에 『사람들과의 교제에 관하여(*Über den Umgang mit Menschen*)』라는 작품을 출간한 남작 아돌프 폰 크니게(Adolf von Knigge)이다. 크니게는 글을 닥치는 대로 많이 쓰는 작가로서 오직 출판사의 주문과 대중의 요구에만 방향을 맞추는 서적산업의 초기 주자 가운데 한 사람이었다. 그는 사람들이 무엇을 갖고 싶어 하는지 생각하면서 형상화하는 작가만이 관심을 받을 수 있기에 반 세대도 지나지 않아 치명적으로 따분해질 수 있는 냉정한 현실을 감내하면서 단순히 쓰기만 하는 모든 작가의 운명을 공유할 수밖에 없었다. 그러나 『사람들과의 교제에 관하여』만큼은 예외였다. 이 작품을 두고 그는 서문에서 자신의 다른 작품들처럼 그렇게 쉽게 사라지도록 쓰지는 않았다고 말한다. 그러면서 이렇게 덧붙인다. "나는 안내서를 쓰려는 것이 아니라 다년간에 내가 모은 경험들에서 몇 가지 결과를 끌어내려고 한다." 사실 이 작품은 흔히 알고 있듯 예법의 경전이 아니라, 실용적인 생활철학과 관련이 있다. 이 작품은 세련된 면이 없진 않지만 평범하고 오로지 온갖 교류에 관해서만 다룰 뿐이다. 다양한 기질과 연령층, 신분과 직업, 부모와 자식, 연인들과 기혼자들, 친구와 여자들, 채권자와 채무자, 선생과 학생, 영주와 신하, 학자와 예술가, 손님과 주인, 봉사와 이웃 사람과의 교류뿐만 아니라 자기 자신을 포함하여 동물과의 대화까지 다루고 있다. 내용의 흐름이 경쾌하고도 매끄러우며, 포괄적이면서도 일상적이며, 곳곳에 유머가 배어 있고 인간의 모습에 대한 해박한 지식을 담고 있다. 유익한 교훈이 수없이 많이 들어있다. 이 교훈들은 자명하지만 늘 분별력을 요구하며, 도덕적인 면에서 때때로 수사학적이고 위선적일 때도 흔하다. 그도 그럴 것이 저자가 무조건적인 정직을 설파하고 완전함을 추구하며 가식 따위를 경멸할 때도, 유행하는 계몽의 안개만을 염두에 둘 뿐이기 때문이다. 그 자신은 그러한 속성이 사회생활에서 고상한 윤리적 특질이 아니라 번거로운 일로 작용할 뿐이어서 전혀 추구할 거리가 되지 못한다는 사실을 너무도 잘 알고 있었다. 그의 격언 대부분은 오늘날도 통용될 법하다. 예컨대 다음과 같은 격언이 있다. 근심을 감추어라, 지나치게 행복에 집착하지 말라, 이웃의 허물을 드러내지 말라, 다른 사람이 빛을 낼 기회를 주라, 다른 사람이 당신에게 관심을 보이길 원한다면 먼저 당신이 그에게 관심을 보여라, 당신이 후견인이 아니라면 다른 사람의 어떤 행위에든 간섭하지 말라, 누구도 웃음거리로 삼으려 하지 말라, 모든 사람은 위로를 받고 싶어 한다는 사실을 기억하라! 사람은 누구나 선량하거나 건전한 인물로 평가받기를 분명히 원한다고 경고한 점에서는 지나친 예민함이 없지 않다. 왜냐하면 이 두 속성 – 선량하거나 건전한 속성 – 은 많은 이들이 모욕으로 받아들이거나 상투적 화법, 이를테면 건강은 소중한 재산이다, 질책은 차가운 만족이다, 누구든 자기 자신이 가장 가까운 이웃이다, 시간은 화살처럼 지나간다, 예외가 규칙을 만든다는 식의 상투적 화법으로 이용되기 때문이다. 이 같은 예민함은 우리가 계몽이라고 부르는 것이 다른 사람에게는 암흑으로 나타날 수도 있다는 점을 잊어서는 안 되니 타인의 모든 신념을 존중하라고 권장하는 데서도 드러난다. 아무튼, 이 유명한 책이 누구든 지금도 인용할 만큼 충분히 독일 계몽주의에 기여하긴 했지만 이제 더는 아무도 읽지 않을 것이라는 점에서는 철저하게 기여하지 못했다고 말해도 무방할 듯하다.

카사노바와
칼리오스트로

그런데 광명회와 프리메이슨 외에도 일련의 또 다른 비밀결사체가 있었다. 물론 이 결사체는 예컨대 '장미 십자단(Rosenkreuzer)'처럼 그 실제 혹은 가짜 구성원이 벌이의 수단으로 사기 행각을 벌인 것처럼 크게 해가 되지는 않았다. 말하자면 당시는 철학 여론이 겉보기와 달리 광범위한 층위에서 계몽된 것은 아니었다. 자력과 전기의 기적 같은 현상이 반 푼짜리 교양인에게는 '자연과학적 세계관'보다는 불가능한 것을 가능하게 만드는 성공적인 실험자의 손에 달려 있다는 신앙을 촉진한 것이다. 온 세상이 이른바 예언자의 재능을 발휘하는 자력 치료, 즉 메스머(Mesmer)가 파리와 빈 및 여러 다른 곳에서 많은 재미를 본 소위 메스머주의(Mesmerismus: 磁氣 催眠術)를 신봉했다. 가스너(Gassner)의 기적 치료와 악마추방도, 그리고 훗날 자살로 종말을 맞는 커피숍 주인 슈레퍼(Schrepfer)도 당시에 호황을 누렸다. 이런 장사에서 가장 탁월한 재능을 보인 두 인물은 누구나 잘 알고 있다. 이들은 카사노바(Casanova)와 칼리오스트로(Cagliostro)이다. 카사노바는 호색가로서만큼이나 국제적인 고등사기꾼으로도 알려져 있을 뿐만 아니라 신비주의자로서 점술가와 무속인 행세를 하면서 회춘요법 · 연금술 · 예언 따위에 대해서도 가르쳤다. 칼리오스트로는 생각할 수 있는 온갖 마술과 사기로 생계를 꾸려나갔다. 그의 몸종은 이 백작이 실제로 300살이 되었는가 하는 질문을 받았을 때 그의 몸종으로 일을 한 것이 겨우 100년밖에 되지 않아 모르겠다고 대답했다. 이 사기의 대가들이 이용한 기술은 실러의 『유령을 본 사람(Geisterseher)』에서 기묘하게 표현되어 있다. 클레도브스키 (Chledowski)는 이렇게 말한다. "사기꾼의 유일한 자본은 인간의 어리석음이다. 이 자본의 이자율은 높다."

그런데 정신이 가장 말짱한 합리주의와 가장 노골적인 미신, 가장 뻔뻔한 사기행각과 진정한 예언이 병존한 이 시대는 칼리오스트

스베덴보리

로의 맞수를 배출하기도 했다. 그는 무속인 스베덴보리(Swedenborg)였다. 그의 모습은 동시대인과 후속세대가 이해하지도 못했고 알지도 못했지만 고상한 수수께끼처럼 역사에 나타났다. 생애 절반 이상 그는 범속한 현실에 눈을 돌렸다. 그가 의미 있는 업적을 세운 본래의 활동분야는 광물학·수학·공학·제련기술이었다. 쉰다섯이 되었을 때 갑자기 계시가 그에게 비쳤다. 그때부터 그는 좀 더 고차원적인 세계에만 관심을 두었다. 그가 비범한 신비적인 재능이 있었다는 것은 문서상 확인되는 일이다. 그는 망자의 영혼을 접하고서는 예전에는 알 수 없었던 세세한 일들을 경험하게 된다. 그는 스웨덴의 여왕 외에 아무도 몰랐던 일을 그녀와 공유했다. 그는 예테보리에 있으면서도 같은 시간대에 스톡홀름에서 발생한 대형화재를 정확히 보았다. 이틀 뒤에 그의 예고를 입증하는 목격자가 도착했다. 그가 천사들과 꾸준히 가깝게 교제했는지는 물론 검증할 수 없는 노릇이다. 아무튼, 그가 그렇게 믿었던 것 같다. 그는 자신의 사명을 그리스도 교회의 완성, 즉 인간들 사이에 진리와 사랑의 토대를 보편적으로 완성하는 것에 있다고 보았다. 이를 두고 그는 천국과 지상의 새로운 예루살렘이라고 불렀다. 그는 삼위일체, 원죄 등을 단순한 알레고리로 이해한다. 그의 관점에 따르면 피안의 세계는 지상의 모든 상태를 반복하지만 거친 육체성을 지양하여 좀 더 신성하고 종교적일 뿐인 현세의 복사판이다. 너무 유사해서 수많은 성인은 다른 세계로 들어서는 것을 지각하지 못할 정도이다. 그에게는 오늘날 우리가 은하계라고 부르는 그 세계가 바로 변화된 세계로 통하는 듯하다. 에머슨은 그를 마지막 교부라고 부르지만 칸트는 생전에 출간한 자신의 유명한 풍자적인 글, 『한 무속인의 꿈(Träume eines Geistersehers)』에서 그를 몽상가이자 순수 망상가로 취급한다. 이는 그를 완전히 공평하게 대접한 것은 아니었다.

프리드리히 대왕의 후계자인 조카 프리드리히 빌헬름 2세와 함께 잘못된 신비주의가 권좌에 올랐다. 이 새로운 군주는 재능이 없었던 것은 아니지만 무기력하게 향락만을 추구했다. 그는 양심이 없는 뵐너(Wöllner)를 타르튀프(Tartuffe)로, 약삭빠른 비숍스베르더(Bischoffsweder)를 칼리오스트로로 보았다. 비숍스베르더는 그를 장미 십자단에 가입하도록 종용한 반면에 자신의 집에서 혼백을 불러내는 모험을 하며 몽매주의를 떠받쳤던 뵐너는 그로 하여금 몽매주의(Obskurantismus)에 귀의하게 했다. 한 행사에서 뵐너는 복화술사(複話術師)가 되어 율리우스 케사르의 망령이 왕과 개인적으로 이야기하려고 출현한 듯이 말했다. 뵐너의 영향을 받고 프리드리히 빌헬름은 칸트마저 희생양으로 삼은 반동적인 종교칙령과 검열훈령을 선포했다. 말하자면 칸트에게 종교에 관한 것 일체를 공개적으로 발표하지 못하게 한 것이다. 이 새로운 권력이 내린 이런 근시안적인 옹졸한 조처는 시대에 어울리지 않았기에 법령을 집행하는 일선 공무원들에게도 지지를 거의 받지 못했다. 프로이센의 이 검열관은 "국무위원들이 당나귀인 나라에는 화가 있을 것이다!"라는 문장을 한 비방문의 마지막 문구로 집어넣게 하고 이에 대해 뵐너에게 자문을 구했을 때, 뵐너는 이렇게 답했다. "만일 저라면 국무위원이 당나귀인 나라에는 복이 있을 것이라는 문장을 넣게 하지 않았을까요?" 프리드리히 빌헬름의 경우 신비주의에 육감성이 강하게 결합되어 있었다. 그는 활력이 과잉 발달한 거구의 남자였다. 국민들은 그를 뚱보라고 했고, 예카테리나 여제도 별로 달갑지 않은 마음으로 그를 두고 거구의 뚱뚱보라고 불렀다. 시종 리츠(Rietz)의 아내였지만 이후에 리히테나우(Lichtenau) 백작부인으로 신분 상승한 그의 옛 여인은 그의 궁정에서 퐁파두르(Pompadour) 역할을 했다. 말하자면 그녀는 공식적인 애첩으로서만이 아니라 일종의 내명부 수장으로서도 행세했다. 그 외에도 프리드리히 빌헬름은 헤센의 공주와 합법적인 결혼을 한 상태임에도 또 다른 두 명의 여성, 즉 포스(Voß)의 딸과 된호프(Dönhoff) 백작부인과 밀애를 나눴다. 미라보는 그의 성격을 두고 『베를린 왕실 비사(Histoire secrète de la cour de Berlin)』에서 선의라고는 모르는 사람으로 규정한다. 미라보는 세 가지 기본 속성이 그의 본질을 구성한다고 썼는데, 틀린 지적은 아니다. 모든 사람을 위선적으로 대하는 태도가 그 하나에 속한다. 그는 이를 노련함으로 이해한다. 또 다른 하나는 어떤 사소한 계기에도 손상될 수 있다고 보는 자기애(自己愛)이다. 그리고 마지막으로 황금 숭배이다. 그는 황금을 소유하고 싶은 열정도 있었지만 그보다 황금을 쓰는 데 더 인색할 정도였다. 몇 가지 인정해줄만한 특색은 바로 이러한 초상화에 의해 묻히고 말았다. 당시 프로이센의 상황을 "익기도 전에 썩음"으로 규정하고 이 국가의 급속한 몰락을 예고한 미라보의 관점이 전적으로 옳았음은 역사가 입증해주었다.

국민의 황제   우리는 18세기의 경우 중요하고도 특색 있는 수많은 인물이 왕좌에 올랐다는 점에 대해 이미 언급한 바 있다. 이 가운데는 요제프 2세도 포함된다. 그의 대중적 이미지는 대중극에서뿐만 아니라 교과서에서도 항상 강인한 용모를 지닌 인물로 나타나지만, 비누갑을 장식하는 믿음-소망-사랑 포장지처럼 위장된 공허한 상투적 이미지에 불과하다.

    어설픈 교양인의 의식으로 보면 황제 요제프는 무엇보다 관용의 빛나는 후광에 둘러싸여 있다. 그러나 우리가 이미 설명한 바 있는 18세기의 관용은 황제 요제프에게서 특히 두드러지게 나타나는 아주 독특한 면모를 지니고 있다. 예부터 "집행은 단호히, 태도는 부드럽게!"가 현명한 통치기술의 원리로 통해온 반면에 요제프 2세는 정확히 그 반대의 원리를 좇았다고 해도 무방하다. 말하자면 그는 가장 부드럽고 가장 자유롭고 가장 친인간적인 경향을 매정한 엄격함과 일면성과 조바심으로 관철했다. 합스부르크가로부터 물려받은 완고한 품성으로 경직된 교조주의가, 그의 모습이 여러 면모에서 프리드리히 대왕의 캐리커처를 기형적으로 변형시킨 모습을 띄게 한 결정적 요소가 되었다. 영향력이 지대했고 판단력이 뛰어났던 당대의 평론가 슐뢰처(Schlözer)는 요제프 2세의 체제를 두고 '스튜어트화'라고 단정한다. 이때 그는 요제프 2세의 독단성과 자의성을 담은 체제가 스튜어트 왕가의 통치방식과 원리 면에서 별 차이가 없다고 말한다. 요제프 2세는 민주주의자이지만 개인적 차원에서 보면 독재자였다. 그가 도덕에 대한 합법적 감정을 마음 내키는 대로 휘두를 수 있다고 생각했을 때는 독재자 그 이상이었다. 폭정에서 비롯되곤 하는 사생활에 대한 간섭이 가끔 아주 특별히 분노를 일으키지만 이런 간섭은 때를 가리지도 않고 변덕스럽게 일어난다. 민주주의에서 발생하는 억압은 대개 별로 도발적이지는 않지만, 훨씬 더 원칙적이고 보편적이다. 그것이 원칙과 보편이 될 때 자유는 흔적도 없이 사라지고 만다. 영국·프랑스·아메리카에서 자유주의는 제3신분이 요청한 것으로서 자신의 힘을 의식한 부상하는 시민계급의 삶의 표현이었던 반면, 오스트리아에서 자유주의는 — 이미 여러 번 언급한 적이 있는 논문 『빈』에서 헤르만 바르가 예리하게 포착하듯 — 시민계급의 발전을 앞질러 있었다. "여기서 자유주의는 필요로 생긴 것이 아니라 사치다. 그것은 이 땅에서 자란 것이 아니라 수입되었다. 그것은 자체의 필요로 생긴 것이 아니라 외국 서적들에서 정치생활의 신조를 얻어내려는 노력일 뿐이다."

프리드리히 2세와 요제프 2세를 좀 더 밀착시켜 비교해본다면 전통적 표상은 뒤집어질 것이다. 엄격한 노장인 프리드리히는 이상주의자이자 유미주의자이고 자유주의자이자 개인주의자지만, 선한 황제 요제프는 온갖 자유사상으로 충만했지만 니체가 '자유정신'이라고 부른 그런 인물은 아니었으며, 그의 온갖 근대적 인간성 이념에도 불구하고 실제 인문주의적 정부를 이끄는 것과는 동떨어져 있었다. 그는 당시 중세의 형법을 더욱 강화했고, 오스트리아의 첩보망을 확대 개편하여 검열제도를 반동적으로 이용했다. 예컨대 흉악한 『군도』는 그의 재임 기간에 금지되었다. 프로이센 왕이 "신문이 관심을 끌 때 자유가 방해받아서는 안 된다"는 유명한 명제를 제시했을 때, 오스트리아에서는 언론자유에 대해 일언반구도 없었고 언론에 대한 여론의 요구는 묵살되고 위에서 전달받은 기사를 다루는 관보에 불과한 「빈 신문(Wiener Zeitung)」만 읽게 했다. 대중이 무엇을 원하든 오로지 황제 자신에 대해서만 말하고 쓰게 한 것이다.

오스트리아에서는 진지한 정신적 시대조류조차도 과장된 천박한 유행 형식으로 표현되기 일쑤였다. 바로 이렇듯 황제 요제프도 프리드리히 대왕의 경우에 가장 찬란하게 구현되었던 시대적 경향, 즉 "국민의 최고 복지를 위한 절대주의" · 현실정책 · 중앙주의 · 게르만화 · 국민에 대한 단일한 처우 개선을 과도하게 단호히 밀어붙였다. 그러나 오스트리아의 숙원사업이었던 그의 중앙주의는 수많은 화를 불러왔다. 여러 민족으로 구성된 제국을 하나의 관리체계로 만드는 중앙화가 물의를 일으킬 것은 빤한 이치였다. 말하자면 이런 중앙화는 그 자체 동질적인 국정체계를 갖춘 민족에게는 크게 불리하게 비칠 수밖에 없는 일이다. 예컨대 어느 때 어느 지배 아래서도 동질화의 꿈을 포기하지 않는 프랑스와 같은 민족의 경우라면 그런 중앙화에 맞설 수밖에 없는 노릇이다.

황제 요제프
의 강요된
계몽주의

프리드리히 대왕이 마리아 테레지아의 사망 소식을 접했을 때 내뱉은 첫 마디는 이것이었다. "새로운 질서의 시대가 열릴 것이다!" 이 새로운 질서는 거의 모든 분야로 뻗었다. 귀족도 법 앞에서 시민과 같은 위치에 서게 되었다. 스페인의 궁정복장과 마찬가지로 스페인 의전행사도 폐지되었다. 이제 황제는 어떤 거창한 행사에서도 일상의 야전복과 다른 어떤 옷도 입지 않았고 훈장도 달지 않았다. 여행할 때는 보수적인 시민층이 비웃기까지 한 베르테르식 복장을 했다. 모든 행렬과 순례가 금지되었고, 축제일은 눈에 띄게 줄어들었으며, 교단이 철폐되고 수도원과 교회의 재산은 국가에 귀속되었다. 이런 파국적인 간섭은 교황이 직접 빈을 방문하는 소동이 일게 했다. 교황은 황제에게 성대한 환영을 받았지만 얻은 것은 아무것도 없었다. 성직자 신분의 방만한 사회복지활동을 대신하여 매각한 교회 소유지의 수익금으로 국립 병원과 빈민구호소 및 기아(棄兒) 육아원을 설립한 것이다. 물론 육아원은 좋은 평판을 얻진 못했다. 대학은 모든 특권을 빼앗기고 완전히 국유화되었다. 이는 대학 기능의 차원에서 보면 하나의 큰 손실이었다. 새로운 교육제도로 대학은 이제 학문 연구기관이 아니라 단지 공무원 양성 준비기관으로 전락했기 때문이다. 이로 인해 대학은 직업 전문가만 배출했다. 이런 상황에서 교수들의 임금도 빈곤하기 짝이 없었다. 반면 초등학교는 많은 변화가 일어났다. 그 수가 월등히 늘어났을 뿐만 아니라 질도 높아졌다. 그러나 여기서도 요제프의 강요된 계몽주의의 기계적 조례가 지배했다. 수업시간 배정이 정확히 미리 규정되어 빈에서는 초등학생들이 교과서의 어느 쪽을 언제 읽게 되는지 어느 때든 알 수 있을 정도였다. 이에 대해 미라보는 한탄조로 이렇게 보고한다. "정의로운 신이시여, 영혼이 있는 이들조차도 아이들을 군인으로 만들려고 합니다! 전제주의가 그 꼭대기에 앉아 있답니다!" 이 사태가 이후 계속될 것으로 보였지만 자유로운 사회, 즉 농민과 소시민 사회가 관료주의 사회로 변해가는 것이 아니냐고는 아무도 묻지 않았던 것이다.

그런데 이미 말했듯이, 가장 얼토당토않은 일은 독일 · 헝가리 · 폴란드 · 체코 · 세르보-크로아티아 · 루테니아 · 루마니아 · 이탈리아처럼 연방으로서만 존속할 수 있는 이 다양한 나라들을 단일 국가로 통합하려는 시도였다. 황제는 이렇게 선포한다. "독일어가 나의 제국의 보편언어다." 이로써 독일어는 이 제국의 모든 학교와 관공서에서 의사소통의 의무적인 수단으로 격상되었다. 물론 벨기에와 롬바르디아를 제외한 모든 나라에까지 확산된 이런 식의 강요된 게르만화도 민족주의가 아니라 단지 중앙집권화를 목표로 추구했을 뿐이다. 황제는 시대적 특성을 좇아 코즈모폴리턴을 지향했다. 그러나 그럼에도 곳곳에서 격분을 샀다. 그 의도가 모든 협의체와 조합, 신분적 기득권과 지방적 특권은 물론 일체의 자치를 폐지하는 것과 관련 있었기 때문이다. 황제는 영국 국교나 프랑스 가톨릭을 모범으로 삼아 개혁하고자 한 교회에 대해서도 단지 그 자치권 때문에 적의를 품고 있었다. 그는 모든 신하에게, 심지어 카우니츠 (Kaunitz)에게도 참회증서를 요구한 자신의 모후만큼 경건을 내세우진 않았지만 착실한 가톨릭 신도이긴 했다. 그러나 그를 가장 대중적이게 만들었으면서도 가장 많은 적개심을 사게 한 그의 반종교적 조처들도 중앙집권화하려는 욕구, 즉 국가숭배 내지는 자기숭배의 욕구에서 비롯되었다. 이는 성직자들이 주민센터의 직원이 되는 것만으로 충분하다는 식이었다. 그것은 사제직이 마치 산지기나 집배원과 다를 것이 없다는 모양이었다.

그런데 가장 큰 문제는 이 모든 급진적 프로젝트가 채 반도 실현되지 못한 점에 있다. 이 프로젝트는 완전한 개조의 장점을 제시하지 못함으로써 그저 불안과 불만만을 조성했을 뿐이었다. 이 프로젝트를 공격하게 한 그 조급함이 오히려 프로젝트 작동을 불구화하여 특히 증오심을 사게 만들었다. 이에 대해서는 프리드리히 대왕이 공공연히 지적한 부분이다. 그는 황제를 두고 이렇게 말한다. "그는 첫 걸음을 내딛기도 전에 두 번째 걸음을 내딛으려 한다." 오늘날도 오스트리아의 수많은 농가에서 볼 수 있는 기념 비석과 초상화는 시골 주민들이 황제를 위대한 자선가로 보았다는 사실을 연상시킨다. 하지만 농노제도의 폐지조차도 반 푼짜리 해방에 불과했다. 왜냐하면 농민을 지주의 자의에 맡기는 영주의 재판권 아래 그대로 두었기 때문이다. 통상무역의 방식을 개선하려는 황제의 노력도 미완에 그치기는 마찬가지였다. 그는 통상무역을 제국 내에서 자유롭게 하도록 했지만, 중상주의의 독재에서 그것을 해방하지는 못했다. 말하자면 그는 모든 외국 상품에 높은 수입관세를 물렸으며, 원자재 수출을 금지한 것이다. 조세부담을 줄여주려는 그의 노력도 의욕에 불과했다. 실제로 그는 지속적인 재정 적자를 겪고 터키와의 전쟁에서 패배하여 그의 선임자들보다 더 많은 세금을 부과할 수밖에 없었다. 터키와의 전쟁은 그의 가장 중차대한 실책 가운데 하나로서 의욕만 앞선 결과였다. 자신의 단호하고도 철저한 개혁을 안정적으로 관철하려 했다면 외부의 모든 불안전한 요소를 고려해야 했을 것이다. 덧붙여 말한다면, 그는 군사전략 면에서 재능이 전혀 없었고, 그 결과 예를 들면 라우돈 장군과 같은 지휘관의 재능을 묵살하게 되었다.

스스로 현실정치로 간주한 황제 요제프의 외교술도 전혀 성공적이지 못했다. 그의 외교술은 모든 것을 다 가지려 하면서도 아무것도 내놓으려 하지 않는 매우 단순한 원칙에 입각해 있었다. 바이에른을 가지려 했고 발칸반도까지 세력을 팽창하려 했으며, 알자스(Elsaß)를 정복하려 했고 이탈리아에서 성과물을 챙기려 했다. 이 모든 것도 가능하다면 한 번에 성취하려 했다. 이때 그는 프로이센·프랑스·러시아나 여러 다른 세력을 안중에도 두지 않았다. 그 결과로 바이에른을 대신해서 벨기에를 얻기는커녕 벨기에마저 잃어버렸으며, 프로이센과의 동맹도 체결하지 못하고 이 노력이 이후에 오히려 프랑스가 라인 지방을 침공하는 주요 빌미가 되었으며, 발칸반도에서 어떤 거점도 확보하지 못하고 폴란드의 2차 분할에서 빈손으로 돌아가야만 했다. 정책을 입안하는 요제프의 그 기괴한 방식은 그의 통합섭정 기간에 이미 치욕거리가 되었다. 비텔스바흐(Wittelsbach)가(家)가 그어놓은 옛 경계선이 완전히 지워져 바이에른은 팔츠 지방으로 귀속되었다. 이미 이 지방의 선제후는 황제가 바이에른을 상대로 제기한 현금배상 요구에 맞서 바이에른의 팔츠 귀속을 인정해야 한다고 선언했다. 오스트리아 군대가 밀고 들어왔지만, 그 결과는 프리드리히 대왕이 당장 동원령을 내려 보헤미아에 군대를 투입하도록 했을 뿐이다. 이곳에서 프리드리히 대왕과 라우돈 장군은 마리아 테레지아가 자기 아들을 설득하여 테셴(Teschen) 조약을 성사시키기까지 직접 대결 없이 장기간 대치상태만 유지했다. 이 조약에서 프로이센은 안스바흐(Ansbach)와 베이루트를 차지했지만, 오스트리아는 자그마한 알프스지방 외에 아무것도 얻지 못했다. 병사들은 이 출정을 '감자 전쟁(Kartoffelkrieg)' 내지는 '자두나무 분쟁

(Zwetschgenrummel)'이라고 불렀다. 그도 그럴 것이 이 출정은 생필품 징발을 의미할 뿐이었기 때문이다. 이제 요제프는 교환계획을 거론한다. 오스트리아는 바이에른을, 팔츠 지방의 선제후는 벨기에를 '부르고뉴 왕국'에 포함해야 한다고 주창했다. 그러나 이로써 선제후는 프로이센뿐만 아니라 영국에도 격분을 샀다. 영국은 벨기에가 결코 프랑스에 귀속되어서는 안 되며, 따라서 강력한 군대를 벨기에에 주둔시켜야 한다는 원칙을 고수했다. 그러나 프리드리히 대왕은 작센과 하노버, 그리고 수많은 작은 국가가 가입한 '옛 슈말칼덴 동맹(Schmalkaldischer Bund)'을 모형으로 삼아 독일 제후동맹을 결속했다. 리슐리외(Richelieu)를 상대로도 성공하지 못했고 루이 14세를 상대로도 성공하지 못한 이 동맹은 제국의 현상태를 유지하기 위해 독일 절반이 결속한 것으로서 제국이 공식 수장으로 추대한 프리드리히 대왕의 무리한 전술로 가동되었다. 그러나 이 동맹은 비록 프리드리히 대왕의 분파적 이해관계가 반영된 것이었지만 그가 사망하기 1년 전에 벌써 독일 전체 국민에게 큰 도움이 된 것으로 입증되었다. 관심이 집중되었던 저지 지역 나라들이 북쪽의 제국을 위협하긴 했지만 이들은 오스트리아에도 매우 문제적인 땅일 뿐이었다. 실제로도 이 나라들은 바이에른이 대단히 왕성한 활력을 보이기 시작하자 곧 사멸하고 만 것이다. 만일 합스부르크가의 오스트리아가 바이에른을 획득했더라면 프로이센 제국의 심장으로 파고들어 정복이 거의 불가능한 막강한 남부 독일의 강대국이 되었을 것이다. 그랬다면 프로이센의 헤게모니는 말할 것도 없고 오스트리아를 고립시켜 독일의 문제를 해소하는 일도 불가능했을 것이며, 이로써 독일에 대한 합스부르크 황제의 통치가 영구화되었을 뿐만 아니라 시간이 지나면서 명목상의 지배를 넘어 실제 지배도 가능했

을 법하다.

오스트리아 황제는 섭정 말년에 자신의 영토가 사방으로부터 위협받는 사건을 목격했다. 저지 나라들의 몰락, 갈리치아(Galizien)와 헝가리 및 지벤뷔르겐(Siebenbürgen)에서의 봉기, 독일 세습영지에서의 소요, 특히 성직자들이 지배적인 티롤(Tirol)에서의 소요, 프랑스 혁명정부의 적의에 찬 태도, 허약해진 교황, 악의를 품은 이탈리아 제후 집단, 터키를 상대로 한 거듭된 패배, 영국-네덜란드-스웨덴-폴란드로 이루어진 거대한 북부동맹의 위협 등이 그것이다. 그는 죽기 얼마 전에 코벤츨(Kobenzl)에게 이렇게 편지를 쓴다. "군주정에서 이렇게 위험한 순간이 있었던 적은 없었다." 이 위기를 벗어나게 한 이는 그의 후계자인 동생 레오폴트(Leopold) 2세뿐이었다. 그는 언제나 조심스러운 행보를 보이는 사려 깊은 정치가이자 국면을 요령껏 피하는 데 있어 대가였다. 당시 사람들은 그를 두고 '기회를 엿보는 사람'이라고 불렀다. 그러나 동시에 그는 언제나 가장 변덕스러운 합스부르크가의 한 사람으로서 왕좌에 오른 사람일 뿐이었다. 비록 신체가 왜소하고 못생겼지만 문란한 성생활을 했고 자신을 애첩들의 국제적 기둥서방이자 포르노의 주인공으로 여기기까지 했다. 그는 성적 흥분제를 과다하게 복용함으로써 섭정 2년 만에 사망하고 말았다.

위로부터
내려오는
서류상의
혁명

기본적으로 요제프 2세는 전형적인 오스트리아 관료주의에서 특히 돋보이는 대표자였을 뿐이다. 말하자면 그는 문서상으로 정확히 기록되어 있는 것이면 그렇게 적혀 있으니까 믿는다는 식이었다. 요제프 식의 개혁은 크게 해롭지는 않지만, 위험한 놀이이자 전시용 모형과 모조품이고 스케치용 종이였으며, 실제로 공연되지 않은 연극무대와 등장인물이었다. 예카테리나가 헤르손(Cherson)에서 포템킨

촌락을 구경시켜주자 요제프 2세는 마치 인생에서 건강한 관찰력이 건재하다는 듯이 세세히 살펴보았다. 그러나 이 촌락은 기껏 무대배경일 뿐이며, 종이에 그려진 그림일 뿐이었다. 이처럼 그의 통치 일체는 서로 중첩되고 교차하며, 서로 배치되며 대립각을 세우는 엄청난 회람·명령·규정의 사슬로 이루어져 있었다. 그밖에도 비밀경찰·첩보원·'친구'와 같은 조밀한 그물이 나라 전체를 덮었다. 이는 명령의 집행을 감시하고 조직의 가입을 관찰하면서 저항을 간파하기 위한 것이다.

요제프 2세의 근본적 특성은 겉으로 보기에는 이상주의와 높은 곳을 향한 충동을 지닌 것 같지만 실제로는 극단적으로 냉정하고도 건조하며, 차갑고 산문적이다. 그는 프리드리히 대왕과는 반대로 예술적 감각이 전혀 없었다. 그에게 문학은 계몽의 한 지렛대에 불과하며, 그가 이해한 대로 하면 그것은 유용한 지식과 자유 관점을 확산시키는 하나의 손잡이일 뿐이다. 그의 후원으로 번창한 문헌은 수준이 낮기로 짝이 없는 빈약한 잡문들로 되어 있다. 헤르더(Herder)는 그를 두고 근본적으로 그는 도서 판매를 치즈 판매와 동일하게 취급했다고 말한다. 요제프 2세는 페르네(Ferney) 지역을 지나쳤을 때 볼테르를 찾지 않았으며, 볼테르의 작품 독일어판을 압류했다. 『베르테르』는 빈에서 프라터(Prater) 공원의 불꽃으로, 린츠(Linz)에서는 비극적 발레로서 공연되었다. 하지만 이 책도 금서가 되었다. 극장에서는 난폭한 광대놀이가 유행했다. 그 정수를 보여주는 것은 빈의 놀이 가격표이다. 이 표에 의하면 물에 뛰어들거나 담장을 뛰어넘을 때마다 상금으로 1굴덴(Gulden)을 받았으며, 뺨을 한 대 맞거나 발길질 한 번 당할 때 혹은 물을 한 바가지 덮어쓸 때는 34크로이처(Kreuzer)를 받았다. 황제가 설립하여 많은 재원을 투입한 빈의 궁정

및 국립 극장인 '성 바로 옆(nächst der Burg)'은 시대정신이라고는 전혀 반영되지 않았다. 이 극장이 명예로 삼은 것은 슈뢰더(Schröder)와 이플란트(Iffland), 그리고 코체부(Kotzebue)의 장르에 해당하는 공허한 멜로드라마와 오락극의 공연이었다.

이처럼 황제 요제프는 누구도 실제로 만족시키지 못했다. 말하자면 반동도 계몽도, 제3의 계층도 특권층도 만족시키지 못했다. 그 원인은 선(善)을 품고 있던 그의 의지에 있었던 것도 이성적이었던 그의 이념에 있었던 것도 아니라, 인간에 대한 진정한 이해력의 결핍, 달리 말하면 상상력의 결핍에 있었다. 그는 신하들의 영혼을 파고들어 그들의 진정한 요구가 무엇인지 간파하는 능력이 없었다. 그래서 사람들은 그의 지독한 성실성을 인정하면서도 1787년에 나온 한 팸플릿의 제목처럼 다음과 같이 질문하기 시작한 것이다. "왜 황제 요제프는 그의 국민에게 사랑받지 못했을까?"

그러나 후세대는 건강한 본성을 드러내 보였다. 말하자면 후세대는 긴 행렬을 이루고 있는 업적이 풍부한 군주 계열에서 그를 끌어내어 특별한 면모, 즉 일종의 전설적인 영웅의 모습을 읽어냈다. 그도 그럴 것이 그는 이 지구상의 영주와 권력자 가운데서 극히 보기 드문 개성을 지녔기 때문이다. 그는 근대적이었다. 전통적인 왕좌에서 보면 그는 모든 것을 바꾸고 혁신하려는 혁명가였던 셈이다. 그 자신이 몸소 진리를 경험할 수밖에 없었고, 이 세계에서 혁명할 권리를 가진 사람은 단 한 사람, 즉 천재뿐이라고 한 점, 바로 이 점이 그를 감동적이고 비극적인 인물로 만들었다. 충족을 모르고 고통스러울 만큼 끊임없이 모색하는 그의 태도는 불행한 의붓자식이 할 수밖에 없는, 흩어놓을 수 없는 공상의 방향(芳香)이 피어오르게 한 것이다. 분명 일종의 정의를 담고 있는 인류는 성공한 사람보다 인생의 불행한 구혼자에게 애정 어린 추억을 더 많이 갖기 마련이다. 오늘날 어린애들조차도 최후의 기사였던 황제 막스(Max)를 두고서는 이러쿵저러쿵 떠들어대는 반면에, 비교할 상대가 없을 만큼 막강한 그의 후계자 카를 5세는 역사책 속에 유배된 꼴이다. 광범위한 인기를 누린 바이에른 왕은 오랫동안 루트비히 2세로 남아있을 것이다. 그의 통치행태는 그가 국고를 유치하고도 몰취미한 화려한 극장에 쏟아 부어 결국 바이에른이 독일의 헤게모니에 대한 야심을 포기한 일과 관련 있다. 이와 유사한 경우에서도 인류는 대단히 예민한 감수성을 선보여 왔다. 요컨대 인류는 개별 사례에서만 참고 넘길 수 없는 경우들이 있지만, 전체로서는 분명 자체의 특질을 지니고 있다.

프리드리히 2세와 요제프 2세 말고도 예카테리나도 비길 데 없이 강력한 군주정을 펼친 인물이다. 그녀는 자신이 연출한 정변을 통해 권력을 잡았다. 이때 일체의 개연성에서 보건대 그녀는 남편 살해와는 무관하다. 그녀는 완전히 절대적 권력을 행사했다. 그녀가 소집한 입법의회는 시대정신에 호응한 코미디에 불과했다. 그녀가 요제프 2세와 구분되는 것은 불가능을 안중에 두지 않고 세계를 바라보는 맑은 시선과 이해득실을 생동감 있게 따지는 안목, 시대의 정신적 활동에 대한 이해에 있다. 그녀는 디드로, 달랑베르, 볼테르와 그 밖의 문학적 대가들과 끊임없이 서신을 교환했을 뿐만 아니라 스스로 문사이기도 했다. 그녀는 이들 모두를 자신의 궁정에 들어와 살게 하려 했으며 선물과 연금을 주기도 했다. 프리드리히나 요제프와 꼭 마찬가지로 그녀도 집요한 노동력에 근거하여 모든 정책을 직접 챙겼다. 영민한 리뉴(Ligne) 대공이 한번은 여제에게 이렇게 말했다. "마님, 저는 러시아의 내각보다 더 작은 내각을 본 적이 없습니다. 그것은 마님의 침실에서부터 여러 다른 곳까지 미칩니다." 밀고 나갈 때와 물러설 때를 알고 유연함에 강직성을 곁들인 여제는 발칸 정책에서도 요제프보다 훨씬 많은 성공을 거두었다. 그녀의 목표는 콘스탄티노플이었다. 이를 취하지는 못했지만 그녀의 통치 아래 폴란드가 3구역으로 분할되었다.

폴란드 왕국의 파국은 이미 오래전부터 예정되어 있었다. 이 왕국은 거대하게 팽창했음에도 너무나 짧고 별 가치 없는 해안이 있다는 점에서 생존능력을 상실할 수밖에 없었다. 게다가 집행 불가능한 헌법을 두고 있었다. 왕은 매번 혼탁한 선거를 통해 선임되었기 때문에 아무런 권리도 갖지 못했다. '**자유거부권**(*liberum veto*)' 제도는 의원 누구나 의회활동을 마비시킬 수 있게 했으며, 이와 같은 식의 거부권 행사 때문에 단 하나의 법도 집행될 수 없었으므로 이전의 어떤 결정사항도 실효성을 보일 수 없는 지경이었다. 당연히 개별 거부권을 매수하는 일도 매우 쉬웠다. 따라서 이미 이 세기 초에 왕립 무정부주의라고 불러도 무방할 것 같은 '왕립 폴란드 공화국'이라는 말이 회자되었던 것이다. 무장저항의 권리까지 귀족에게 합법적으로 보장되었다. 주민들은 부유한 소수 대가문과 완전히 빚더미 위에 앉은 영락한 귀족, 그리고 인구의 10분의 9를 차지하면서도 모든 권리를 완전히 빼앗긴 농노들로 구성되어 있었다. 게오르크 포르스터(Georg Forster)가 『라인 강 하류 풍경(*Ansichten vom Niederrhein*)』에서 말했듯이 폴란드의 귀족은 사유능력의 마지막 남은 흔적마저 거의 지워버리고 말았다. 그 와중에 남은 자들은 오로지 예수회 회원과 유대인들뿐이었고, 시민계급이라고는 존재하지 않았다. 이 '고결한' 민족을 수세기 동안 지배해온 힘은 화주와 도박과 매독이었다. 외국에서조차도 폴란드 사람 하면 요주의 인물로 악평이 나 있었다. 그들을 매수하기 쉽다는 말이 속담처럼 나돌았고, 이는 폴란드 분할을 더욱 쉽게 만들었던 셈이다. 분할 세력들은 매수용으로 돈 가방을 공공연히 들고 다녔다. 농민들은 비참하기 짝이 없을 정도였지만 소수의 부동산 소유자는 방탕한 사치로 살았다. 예컨대 카를 라지빌(Karl Radziwill) 영주는 4천 명을 접대한 연회를 베풀었다. 그 비용은 오늘날의 통화가치로 계산하면 4백만 마르크 이상이 되었다. 우체국도 없었고, 약국과 학교 같은 것은 전혀 없었다. 겨우 떠돌이 수공업자가 있었을 뿐이고, 나라 전체에 늑대들이 여전히 돌아다녔다.

본래는 프랑스보다 거의 1.5배나 더 컸던 폴란드가 첫 번째 분할에서 국토의 1/3을 잃어버렸다. 러시아가 영토는 가장 많이 차지했지만, 무역에서는 별로 이득을 챙기지 못했다. 그도 그럴 것이 폴란드 왕국 전체가 예전부터 러시아의 지방 그 이상으로 존재해온 것이 아니기 때문이었다. 프로이센은 폴란드의 특정 지역을 확보함으로써 동프로이센과 포메른(Pommern)을 잇는 교두보를 얻게 된 셈이었다. 그러나 아직은 항구 도시 단치히(Danzig)와 토른(Thorn) 요새를 확보하진 못했다. 서프로이센의 경우 이러한 점유지 변동이 분명 유리하게 작용했다. 왜냐하면 1772년 직후에 서프로이센에서도 농노제도가 철폐되었고 브롬베르크(Bromberg) 운하 건설이 시작되었으며 교육과 복지를 위한 온갖 조처가 단행되었기 때문이다. 민족적 입장에서도 합병은 완전히 부당한 것은 아니었다. 그 땅이 본래 독일 수도회 교단이 관리하는 지역이었기 때문이다. 그곳 도시들에는 독일의 잔재가 강하게 남아 있었다. 오스트리아는 갈리치아를 취함으로써 가치가 풍부한 소금광을 얻는 최고의 이득을 보게 되었다. 마리아 테레지아는 이런 폭력 행사를 자신의 집권 기간에 드리운

하나의 오점으로 항상 간주하고, 실제로 양심의 가책을 느꼈던 것으로 보인다. 그러나 프리드리히 대왕은 이 사태를 좀 더 냉정히 바라보면서 이렇게 말한다. "그녀가 애석해하긴 했지만, 접수는 했다." 2차 분할에 오스트리아가 가담하진 않았지만, 그것은 양심 때문이 아니라 불리한 정치적 위상 때문이었다. 1795년에 진행된 3차 분할은 폴란드 왕국을 완전히 해체하고 말았다.

세계주의 그러나 근대 역사에서 완전히 산발적으로 일어난 이러한 사건은 여론의 분노라고는 결코 사지 않았다. 당시의 인류는 세계주의를 지향하고 있었고, 그래서 한 민족에 대한 이 같은 폭력을 폭력으로 여기지도 않았기 때문이다. 특히 독일의 경우 오늘날 우리가 사용하는 애국주의라는 개념을 전혀 모르고 있었다. 레싱은 이렇게 말한다. "나는 조국 사랑이라는 개념이 없다. 내게 그건 기껏해야 없어도 잘 지낼 수 있는 영웅의 약점처럼 보일 뿐이다." 헤르더는 "민족이란 무엇인가?"하고 묻고는 이렇게 스스로 답한다. "그것은 제초제를 뿌리지 않은 잡초가 무성한 거대한 정원이고, 어리석음과 오류를 포함하여 탁월함과 미덕이 함께 모여 있는 장소이다." 청년 괴테는 이렇게 적고 있다. "세계 안에서 우리가 쉴 수 있는 땅이 있고, 식량을 공급받을 수 있는 들판이 있고, 깃들 수 있는 집이 있다면 그때도 하나의 조국이 필요할까? 각각의 국가에 따라 조국이 수천 개는 필요할 것인데, 이런 한계 안에서 우리는 행복하게 살 수 있을까? 우리가 취할 수도 없고 원하지도 않는 하나의 감정을 우리는 왜 헛되게도 취하려 하는가? 그런 감정이란 특정한 민족들이 특정한 시점에 행복하게 만난 수많은 상황의 결과일 뿐이지 않은가? - **로마인의 애국주의**가 그런 것이 아니고 무엇이겠는가? 신이 거대한 괴물에게서 우리를 보호하듯 그런 애국주의에서도 우리를 보호해주실 것이다! 그렇지 않다면 우리는 우리가 앉을 의자나 누울 침대도 찾지 못할 것이다." 물론 성인이 되었을 때도 괴테는 막 성공적으로 체결된 라인 동맹을 염두에 두고 자신의 일기장에 이렇게 기록한다. "공무원과 마부의 갈등은 우리로 하여금 로마 제국의 분열 그 이상의 격정에 사로잡히게 했다." 슐뢰처(Schlözer) 관보에 실린 '고양이 발꿈치'라는 사설의 투고자가 쓴 아래와 같은 글은 분명 폭넓은 부류의 견해를 대변했다. "여타 사람들은 우리의 영주들이 갠지스 강 유역에서 아무것도 명령할 수 없었다고 한탄한다. 그러나 내가 보기에 우리 조국에 행운이었던 것은 한자 동맹이 깨어지고, 페르디난트 2세의 명령을 받고 출항한 독일의 장군이 초기에 진압되어 마침내 독일이 베스트팔렌 조약을 통해 몇 세기에 걸쳐 수많은 소공국으로 분열되어 있었다는 점이다. 이 소공국은 각자 자신의 이해를 좇았으며, 때로는 상황에 따라, 또 때로는 강대국들 때문에 거대한 상선을 출항시킬 수가 없을 때도 있었다. 그런데 집에서 할 일이 그렇게 많은데도 후추열매를 주우려고 말라바르 해안을 뒤지고 다닌다면 얼마나 이상한 일일까!" 리히텐베르크는 이 문제에 대해 정곡을 찌르는 방식으로 요약한다. 그는 이렇게 말한다. "사람들이 공공연히 **조국**을 위한 조처였다고 말하는 그런 행위가 도대체 누구를 위한 것인지 내게 정확히 알려준다면 나는 값이 얼마라도 치르고 싶다."

실러도 예외가 아니었다. 물론 사람들은 한 세기 동안 여러 교과서와 사설에서 실러를 독일 애국주의를 부활시킨 이로 자리매김하려 했다. 그러나 자신의 문학에서 조국애라는 말을 쓰긴 했지만, 그는 독일 민족적 색깔을 덧씌우지 않고 단지 희곡의 재료로써만 이용했을 뿐이다. 그가 『빌헬름 텔』에서 자유와 고향을 되찾으려는 한 민족의 영웅적 투쟁을 그렸고, 『오를레앙의 처녀』에서는 외국 정복자에 대한 한 나라의 영웅적 저항을 묘사했다. 그러나 여기 나온 민족과 나라는 스위스 사람들과 프랑스를 의미한다. 그의 연극 가운데 독일을 토양으로 한 작품은 단 두 편뿐인데, 그 하나는 아주 작은 궁정에서 벌어진 범죄적 상황을 연출하며, 다른 하나는 파괴적인 절망에서 군도를 형성하는 청년 집단을 그려낸다. 1789년 10월 13일에 그는 쾨르너(Körner)에게 이렇게 편지를 썼다. "조국이라는 개념에 대한 관심은 미성숙한 민족과 그 세계의 청소년들에게나 중요할 따름이다. 한 민족을 위해 글을 쓰겠다는 것은 보잘것없는 초라한 이념에 불과하다. 철학의 정신에서 보면 민족이라는 이런 경계는 그야말로 참기 어려운 일이다."

덧붙이자면 애국주의적인 충동은 정권들조차도 탐탁지 않게 여겼다. 그도 그럴 것이 바로 그 배후에서 공화주의 냄새가 풍겼기 때문이다. 당시 사람들은 진정한 조국애는 고대에만 존재했다고 생각했고 그리스 사람들과 마찬가지로 로마 사람들도 극단적 공화주의자로만 생각했으므로, 여기서 바로 그러한 이념적 결합이 실제로 이루어진 셈이다. 보통 정치적 언론은 대개 금지된 전단의 형식을 빌려 존재해왔다. 이런 언론에 대한 검열은 엄격한 만큼 무기력하기도 했다. 검열에 의한 금지조처는 금지 대상인 책을 주목하게 함으로써 오히려 그러한 책들을 대중화시켰을 뿐이다. 오스트리아 당국이 오스트리아가 진정 취약했던 정보수단을 마리아 테레지아 섭정기 말년 무렵에 갖게 되었을 때 금서 목록 작성을 금지하는 일이 일어났다. 앞서 언급한 슐뢰처 관보는 독일어로 쓰인 유일한 독립적인 저널로서, 괴팅겐에서 발행되었으며 지대한 영향을 미쳤다. 괴팅겐은 하노버와 연합 공국을 이루고 있어서 거의 영어권 도시로서 자유로운 곳이었다. 이 관보는 황제 요제프의 책상 위에서도 항상 볼 수 있었고, 마리아 테레지아는 중요한 정부정책을 입안할 때 이렇게 말하곤 했다. "슐뢰처라면 뭐라고 말할까?"

보통 교양계층은 헌법과 외부 정치 문제보다 내부관리 대상에 대해 더 많은 관심을 둔다. 후작 베카리아(Beccaria)의 글, 특히 그의 저서 『범죄와 형벌(Dei delitti e delle pene)』은 대단히 뛰어난 의미를 얻었다. 이 책에서 그는 고문과 사형에 대해서는 고매한 열정으로 반대하며 공개적이고 편파적이지 않은 인간적인 사법부에 찬성한다. 이 책은 거의 모든 교양언어로 번역되어, 유럽의 다수 국가가 사법부를 개혁하게 할 만큼 영향을 끼쳤다. 그 시대의 모든 사회적 · 윤리적 · 경제적 문제의 해법을 제공할 것으로 기대를 모은 마술의 주문은 '교육'이었다. 아이들뿐만 아니라 '민중', 이를테면 농부 · 소시민 · 프롤레타리아트도 교육하고자 했으며, 이러한 도덕적 교육과정의 목표는 인간애 · 행복 · 자유가 구현되는 파라다이스의 실현이었다. 교사와 성직자들이 주도한 이 새로운 문화의 가장 독특한 특징 가운데 하나로 표현된 것이 바로 교육의 보편적 힘에 대한 믿음이었다. 당시 개혁학파로 불린 '자선교육단체(Philanthropinen)'가 곳곳에서 생겨났으며, 국민교육(Volksbildung)과 국민계몽(Volksaufklärung)을 위한 기관들도 생겨났다. 그렇지만 유감스럽게도 이러한 운동이 주로 광고를 좋아하는 협잡꾼의 손에 놀아났던 것도 사실이다. 하지만 시간이 지나면서 건전한 기본원리들, 특히 체력 단련을 중요시하는 태도와 자유로운 수업 방식이 거의 어디에서든 실행되었다. 이런 노력의 선두에 선 사람은 근대 교수법의 실제 창시자인 페스탈로치(Pestalozzi)였다. 그의 교수법이 목표한 것은 마음과 몸의 균등한 발달이다. 이 교수법은 지금까지 생각해온 것처럼 교사의 정신이 아니라 아이의 영혼을 출발점으로 삼고자 했다. 좀 더 상세히 설명하자면 페스탈로치는 명확한 관점을 지닌 것이 아니라 시대의 감각을 따라 모호한 추상적 이념들, 특히 '자연에 따르는' 교육론을 추종했다. 이런 교육론이라면 실제로 무엇이든 시작할 수도 있지만, 또 한편으로 그것으로는 아무것도 시작할 수 없을 만큼 이 교육론 자체는 모호하고 엉성했다. 이와 같은 교육론은 교육과 관련된 기본 모토 대부분을 그 시대에 확산시킨 루소에게서 가져온 것이다. 루소는 자신의 『에밀 혹은 교육에 관하여(*Emile oder über die Erziehung*)』에서 "모든 자연은 그 자체로 내버려두라"고 가르쳤다.

중농주의자들   그런데 똑같은 원칙을 루소보다 훨씬 앞서 부아기유베르(Boisguille-bert)도 당시 국민교육의 영역에 포함됐던 국민경제학에서 "**자연을 방임하자**(*qu'on laisse faire la nature!*)"는 모토로 제기했다. 이때 그는 국가의 어떠한 간섭에서도 해방된 경제활동의 발전을 옹호했다. 반세기 뒤 다르그송(d'Argenson)은 이러한 요청에 근거하여 '**자유방임**(*laissez faire!*)'의 체계를 정립했다. 이 방면의 대가는 루이 15세의 주치의이기도 했던 케네(Quesnay)였다. 우선 그는 자신의 『경제지표(*Tableau économique*)』에서 다시 한 번 '**자유방임!**'을 주창했고, 1768년 『중농주의(*La physiocratie*)』를 통해 나중에 그 세기 전체를 지배하게 될 중농주의 학파를 형성했다. 중농주의라는 말은 자연이 자유롭게 주재하는 것을 뜻한다. 그도 그럴 것이 복지와 진보는 오직 경제의 자연적 원천에서만 흘러나오기 때문이다. 그리하여 중상주의는 배격된다. 무역과 산업은 생산적이지 못하고 땅과 토양만이 생산적일 뿐이다. "땅이 풍요의 유일한 원천이다." 따라서 가장 중요한 주민계급은 지주들이다. 왜냐하면 그들만이 실제 순이익을 관장하기 때문이다. 그리고 농업노동자가 있다. 이들은 실제의 **생산계급**(*classe productive*)

을 뜻한다. 반면에 상업 및 무역에 종사하는 자들은 **불임계급**(*classe stérile*)을 형성한다. 이들 생산물의 가치는 항상 생산비용과 같을 뿐이며, 원료 자체는 그들이 늘릴 수가 없다. 따라서 그들은 튀르고(Turgot)가 좀 더 상세히 설명하고 있듯이 한갓 **급료수급자**(*salariés*)에 불과하다. 즉 그들은 경작자에게서 노임을 받는 종업원인 셈이다. 교역 및 경쟁의 자유는 자연스럽게 자연적 가격으로 이어진다. 이것이 곧 사물의 **실제적 질서**(*l'ordre positif*)가 동화될 수밖에 없는 **자연적 질서**(*ordre naturel*)이다. 그 통로는 지금까지 국가가 해온 제한 및 간섭과 조세의 폐지, 요컨대 강제노역, 대부분의 세금, 인위적인 가격, 특히 곡물 가격 감시와 조절 등을 폐지하는 일이다. 이 모든 것은 자연에 어긋난다는 것이다. 이 새로운 학설은 정신적 활동과 관계하는 모든 부류 사이로 열병처럼 번져나갔다. 살롱에서 독점과 보호관세에 반대하고 농업의 장려에 열을 올렸다. 국민경제학(National-ökonomie)이 지배적인 학문이 되었다. 볼테르는 이렇게 말한다. "1750년 무렵, 국민들은 시, 비극, 희극, 소설, 오페라, 낭만적인 이야기, 그리고 훨씬 더 낭만적인 도덕적 관찰과 예법에 대한 토론 따위에 넌더리가 나서 이제는 곡물에 대해 입씨름하기 시작했다." 물론 본질적으로는 그저 입씨름일 뿐이다. 벌써 눈치를 챘겠지만, 아무튼 여러 가지 이름으로 불리기도 하는 중농주의자들 혹은 경제학자들은 어떤 일면성을 다른 일면성으로 대체했을 따름이다.

　이러한 관점의 토대에서 지금까지 어느 정도 자체의 권위를 유지해온 아주 설득력 있고 포괄적인 이론이 발전한 것은 애덤 스미스(Adam Smith)의 공로이다. 그의 주저 『국부의 성격과 원인에 관한 연구(*Inquiry into the nature and causes of the wealth of nations*)』는 무엇보다 생산의 두 가지 요소에 대해 확신한다. 그 요소 중 하나는 노동이고, 다른

기계인간에
대한 구상

하나는 토양과 기후이다. 모든 재화의 가치는 노동의 양에 의해 결정된다고 한다. 이 노동의 양은 재화의 창출에 투입되어 그 자연적 가격을 형성한다. 이때의 가격은 여타의 환경에 따르는, 특히 수요와 공급의 관계에 의존하는 시장의 가격과 늘 같은 것은 아니다. 여기서 한 걸음 더 나아가 스미스는 사용가치와 교환가치를 구분한다. 같은 대상이라도 사용가치는 높지만 교환가치는 제로일 수도 있다. 예컨대 물과 공기는 특별한 사용가치를 지니고 있지만, 교환가치는 거의 지니지 못한다. 거꾸로 다이아몬드와 타조 깃털은 교환가치는 무척 높지만, 사용가치는 별로다. 국부(國富)의 정도는 교환가치를 지닌 재화의 양과 관계하며, 또한 이 교환가치는 투입된 노동의 양에 좌우된다. 그러므로 노동이 상품의 진정한 가격이며, 돈은 그저 그것의 명목가격일 뿐이다. 이런 점에서 스미스는 순수 중농주의자는 아닌 셈이다. 왜냐하면 그는 단순한 경작이 아닌 모든 노동을 가치를 창출하는 생산적인 것으로 인정하면서, 지주들을 두고서 그들은 씨를 뿌리지 않은 곳에서 수확하는 사람들이라고 말하기 때문이다. 오히려 그는 자본가를 가장 중요한 사회계급으로 본다. 이에 따르면 자본가는 자신의 돈을 생산에 투입하고, 이를 통해 일자리를 창출하면서 경제를 극도로 활성화한다. 그런데 그 자신의 실천적 주장과 결과를 놓고 보면 그는 경제학자들과 같은 견해를 내보인다. 요컨대 그는 상업 및 교역의 완전한 자유, 농지세와 농노제도의 폐지, 가격통제와 조합 강제가입의 철폐를 요구한다. 그에게는 가장 엄격한 노동 분업, 다시 말해 노동의 기계화(Mechanisierung der Arbeit)가 생산 증대의 이상적인 수단으로 비친다. 이때 그가 염두에 둔 것은 기계가 아니라 수작업(手作業)의 가장 집중된 전문화이다. 그의 말에 따르면, 한 명의 노동자는 하루에 핀 열 개를 만들어낼 수 있지만, 수공업에서는 손재주가 있는 전문적인 열 명의 노동자가 제대로 협력하기만 한다면 같은 시간으로 48,000개의 핀을 생산할 수 있다. 비록 기계문화의 시대가 아직 시작되지 않았을지라도 그에게는 새로운 아이디어가 이미 분명하게 떠오르고 있음을 우리는 목격하게 된다. 그 새로운 아이디어는 인간이 한갓 경제주체로만, 아니 실제로는 경제객체로만, 요컨대 마치 어떤 기계장치의 바퀴와 같은 교환 부품으로만 가치평가 되는 일과 관련 있다.

파팽(Papin)은 이미 1690년에 『학술기요(*Acta eruditorum*)』를 통해 「저렴한 비용으로 중요한 동력을 얻는 새로운 공정방식(Neues Verfahren, bedeutende bewegende Kräfte zu billigen Preisen zu erhalten)」이라는 제목으로 증기냄비에 관한 자신의 실험을 발표했다. 그런데 그도 이미 경제적 동기를 우선시하고 있다. 1712년 뉴커먼(Newcomen)은 파팽의 원리에 따라 양수기를 개발했다. 1769년 아크라이트(Arkwright)는 방적기를 발명했다. 같은 해에 제임스 와트(James Watt)가 증기기관에 대한 특허권을 취득했다. 1786년 카트라이트(Cartwright)가 기계 물레를 제작하는 데 성공했다. 1784년에 특허가 나온, 선철에서 강철을 뽑아내는 '정련공정'은 정밀 기계제작의 가장 중요한 전초를 마련한 셈이었다. 그 세기 말엽 영국에서는 기계가 이미 상당량 보급되어 있었다. 대륙에서는 한참 뒤에야 그렇게 됐다. 여기서 우리는 또다시 아주 놀라운 사실을 접하게 된다. 즉, 인간의 문화발전에서는 항상 사유가 먼저 나오며, 이 사유에 상응하는 결과가 나오기 마련이라는 점이다. 먼저 영국인들이 기계인간을 구상했으며, 그것이 실현되었을 때 그들이 해야 할 일은 거기에 어울리는 기계를 발명하는 일뿐이었다. 아니 좀 더 정확히 말하면 그것을 다시 찾아내는 일뿐이었다. 그도 그럴 것이 기계는 이미 고대에도 익숙한 것이었기 때문이다. 물론 고대인들은 기계를 한갓 노리개로 취급했다. 이는 그들의 세계관에서 보면 이상할 것이 없다.

험담꾼들 당시 영국 잡지는 그 정점 중 하나를 경험한다. 아마 시대를 통틀어 가장 많은 영향력을 발휘한 정치적 팸플릿이라고 할 수 있는 '주니어스의 편지들(Juniusbriefe)'이라는 익명의 투서는 자유주의의 이상을 모든 이의 뇌수에 심술을 부리듯 강력하게 각인시켰다. 골드스미스(Goldsmith)는 『웨이크필드의 목사(Viscar of Wakefield)』를 집필했고, 세계문학에서 가장 진기한 천재 중 한 사람인 스턴(Sterne)은 『트리스트럼 샌디(Tristram Shandy)』를 썼으며, 필딩(Fielding)은 자신의 소설에서 리처드슨(Richardson)의 작중인물들을 비웃음거리로 만들었다. 이때 그는 상인의 도덕이 한갓 계산의 꼼꼼함에 불과한 것이며, 그 위선적인 행실과 내용 없는 머리를 조롱하면서 백수가 늘 승리하도록 만든다. 여기서는 백수가 훨씬 더 인간적이고 진정성이 있어 보인다. 왜냐하면 그는 자신의 충동을 억제하거나 위선적인 태도로 떨쳐내지 않기 때문이다. 셰리든(Sheridan)의 희극들은 당시 런던의 사회생활 모습을 위트를 살려 순수하고도 강인한 정신으로 보존하고 있다. 이들 모든 작가는 어떠한 상황도 극복하는 사람들을 살피는 수정처럼 해맑은 눈을 갖고 있으며, 그들의 기지는 특이하여, 그저 **틀림없이** 영민했으리라고만 말할 수는 없을 지경이다. 그들은 그들의 두뇌에 어떤 밸브를 열었고, 그러자 그 밸브를 통해 곧 수없이 많은 역설과 조소, 재담과 농담의 유쾌한 증기가 흘러나왔다. 예컨대 셰리든의 『험담꾼들(Lästerschule)』은 사실 오늘날도 고상한 심술을 부리는 수업과정으로 통할 수 있다.

> "댁도 페밀리온 양이 귀엽다는 사실만큼은 부정할 수 없을 거예요. 페밀리온 양은 대단히 매력적인 풋풋한 피부색을 하고

있어요." "그렇죠. 특히 금방 분칠을 했을 때는 더 돋보이죠."
"참말로, 무슨 말씀을! 내 맹세하는데, 그녀는 자연 미인이에요.
피부색이 아침저녁으로 어떻게 달라지는지 한번 보세요." "틀
림없는 것은 피부가 저녁엔 거칠어지고 아침엔 다시 생기가 도
는 거겠지요. 그리고 돌아오지 않으면 꼬마 아가씨를 보내 불러
오도록 하겠죠." "그런데 한 가지 확실한 것은 그 언니가 정말
아름답다는 것, 아니 아름다웠다는 것 아니겠어요." "누구요?
에버그린 부인? 맙소사, 나이가 지금 쉰여섯이에요." "아니죠.
완전히 틀린 거랍니다. 아무리 많아도 쉰둘, 아니면 쉰셋이에요.
그리고 내가 보기엔 그렇게 나이 들어 보이지도 않아요." "원
참, 겉모습으로는 판단할 수가 없죠. 본 적이 있어야 말을 하
죠." "그런데 에버그린 부인도 세월의 흠결을 감추려고 이런저
런 약을 쓰고 있다면, 정말 재능 없는 화가인 과부 오크레 부인
보다 좀 더 능숙하게 잘 처리하고 있다고밖에 할 수 없지요."
"아니죠, 아니고말고요. 댁은 오크레 부인에게 너무 박하시군
요. 알다시피 문제는 오크레 부인이 색칠을 잘 못해서가 아니라
머리를 마무리할 때 머리와 목의 조화가 너무 엉성해서 그녀가
꼭 오래된 동상처럼 보인다는 것이죠. 전문가들은 금방 알아보
는 법이랍니다. 머리는 현대적인데 몸통은 원시적이죠." "농담
이 너무 심하십니다, 부인. 저는 진정한 위트란 부인께서 생각하
는 것처럼 온정과 아주 가까운 친척이라고 생각합니다." "물론
이죠. 그런데 너무 가까운 친척이라서 서로 맺을 수가 없는 사
이죠."

이 대화가 전혀 고색창연하지 않아 어제 막 썼으리라고 해도 인
정해야 할 것 같다. 그런데 이런 것이 풍자작가들의 글이 주는 여러
재미 가운데 하나인 듯싶다. 이미 150년 전 사람들도 요즘 사람들
못지않게 악동이었다는 사실을 아주 쉽게 알아볼 수 있는 셈이다.

이처럼 영국의 살림이 거의 전 분야에서 좋아지는 동안 당시 이미 세계를 다스리는 왕국이 된 대영제국은 아메리카의 쇠퇴로 중대한 타격을 입었다. 서구 최초의 영국 식민지는 엘리자베스 여왕이 지배하던 시절 모험가들이 개척한 버지니아였다. 이곳 여러 곳에서 이 모험가들이 농장을 만들었다. 그들은 주로 황금을 찾아 좇아다녔으며, 그러는 중에 담배를 얻었다. 1620년 '순례자의 시조들'이 고교회파(高敎會波: Hochkirche)의 종교적 박해를 피해 은신처를 찾아 탔던 '메이플라워호(Mayflower)'의 입항으로 이른바 출항지로 불린 뉴플리머스(New Plymouth)의 청교도 식민지 시대가 열렸다. 조금 뒤에 청교도들이 정착한 매사추세츠도 이 식민지에 통합되었다. 그 중심지는 보스턴(Boston)이었다. 이 단순한 이민자들의 주요 식량공급원은 고기잡이와 조선(造船)이었다. 이 조선사업은 내륙의 풍성한 산림 덕분에 원료를 아주 쉽게 조달할 수 있었다. 뉴욕(New York)이라는 명칭의 연원이 되는 신(新)-암스테르담에서 네덜란드 사람들이 쫓겨나고, 퀘이커 교도들이 펜실베이니아에 정주한 이야기에 대해서는 이미 언급한 바가 있다. 펜실베이니아에서 가장 중요한 도시는 1682년에 세워진 필라델피아(Philadelphia)였다. 남부에서 가장 큰 식민지인 캐롤라이나(Carolina)와 조지아(Georgia)는 버지니아와 맞닿아 있었다. 마침내 모든 지역이 북아메리카 동해안을 따라 넓게 연결된 띠를 형성했다.

모국에서 내려오는 행정은 극단적인 중상주의 원리에 따라 이루어졌다. 그래서 식민지 원주민들이 자체 산업을 건설하지 못하도록 했고, 그곳 원료들을 영국 이외 다른 곳으로 반출하는 것도 금지했다. 이로써 어떠한 경쟁도 배제되었기 때문에 원료의 가격은 깎을 대로 깎아내렸으며, 분노는 분노대로 높이 샀다. 나아가 영국은 바로 7년 전쟁에서 승리했고, 이는 북아메리카 쇠퇴에 가장 영향력을 높이는 전제를 마련한 셈이었다. 그도 그럴 것이 프랑스의 포위에서 해방된 국가들은 이제 더 이상 대영제국의 보호에 의존하지 않았기 때문이다. 할당된 엄청난 양의 영국산 수입물품 반입은 세금을 영국에 내게 되어 있는 모든 상품을 결국 보이콧하게 만들었다. 그 결과 런던에서도 같은 사태가 벌어져 차에 대한 관세만 유지하도록 하겠다고 선언하게 했다. 그러나 민심은 이미 격앙될 대로 격앙되어 있었다. 민중은 의회에서 자신들을 대변할 대의권을 강력하게 요구했고 "**대표 없이 과세 없다!**(*No taxation without representation!*)"는 투쟁구호가 전국으로 확산되었다. 1773년 인디언으로 분장한 열성 애국자들이 차를 선적한 배를 바다에 수장했다. 1774년 필라델피아 국회는 모국과의 교역 단절을 의결했다. 이로써 전쟁이 불가피하게 되었다. 조지 워싱턴(George Washington)의 지도로 의용군이 조직되었다. 이 의용군은 일부 돈으로 매수된 독일인으로 구성된 영국 용병대와 맞서 싸우면서 진퇴를 거듭했다. 1776년 13개 주로 형성된 연방국가가 독립을 선언하기에 이른다. 이 독립선언에는 특히 모든 사람은 자유롭고 평등하게 태어난다는 중대한 문장이 포함되어 있다. 전쟁은 8년간 지속되다가 베르사유 평화협정에서 모든 연방의 독립을 인정함으로써 종결되었다. 아메리카 사람들이 처음에는 불리한 상황이었다. 그도 그럴 것이 그 민병대는 지형 숙지나 일체의 물리적 활용 면에서 순진무구한 인디언들의 소집 전술만을 취했을 뿐이기 때문이다. 그렇지만 프로이센 출신 연대장 프리드리히 빌헬름 폰 슈토이벤(Friedrich Wilhelm von Steuben)이 이끈 식민지 연합군은 재능 넘치는 조직가를 두고 있었고, 프랑스·스페인·네덜란드가 참전하자 영국에 아주 불리한 국면으로 바뀌었다. 우선 이런 외교적 성과는 담판자로 파리에 등장하여 당시 인기를 끌었던 소박한 시민과 정직한 공화주의자의 역할을 훌륭하게 해낸 벤저민 프랭클린(Benjamin Franklin)의 공로이다. 그의 단정한 옷맵시, 분을 바르지 않은 머리스타일, 겸손한 태도는 살롱의 모든 사람을 매혹시켰다. 사람들은 그를 파비우스(Fabius)와 브루투스(Brutus), 플라톤과 카토(Cato)에 비유했고, 그의 초상이 곳곳에서 팔렸다. 그의 얼굴은 그가 자신의 딸에게 쓴 편지에서처럼 달만큼이나 널리 알려졌다. 그는 이것이 그저 유행일 뿐이라고 아주 정확히 알고서 교활한 상인으로서 그것을 자신의 목적에 이용했다. 부인들은 모자를 썼고, 독립 스타일, 보스턴 · 필라델피아 스타일, 신식 영국인 스타일 등의 머리 모양을 했다. 신사들은 **프랭클린풍**(*à la Franklin*)의 두터운 숄에 두꺼운 장갑을 끼고 마디가 많은 지팡이에 **펜실베이니아풍**(*à la Penn*)의 챙이 크고 둥근 퀘이커교도용 모자를 쓰고 다녔다. 전쟁에 참여한 라파예트 후작은 자신의 방에 액자 두 개를 걸어두었는데, 하나는 미국의 인권선언문을 담고 있었고, 다른 하나는 하얀 빈 액자로서 그 표제가 '프랑스인들의 인권'이었다. 프랑스 정부는 베르사유 평화협정에서 영국에 보복했지만, 6년 뒤에 그 대가로 실존적 위기의 비용을 치러야 했다.

보마르셰와 상포르

그 시대의 분위기는 아메리카 독립전쟁이 끝나고 1년 뒤에 공연된 『피가로의 결혼(Hochzeit des Figaro)』으로 표현된 충격요법으로 압축된다. 오랫동안 엄한 검열의 고통과 싸워온 이 작품의 공연이 마침내 허용되었다는 것은 혁명의 승리이자 이 위협적인 불꽃현상을 로켓이 뿜어내는 흥미로운 불꽃놀이쯤으로 본 낡은 사회의 항복을 의미했다. 특권층은 피가로가 다음과 같이 유명한 대사를 했을 때 제3계급만큼 감동해서 박수갈채를 보냈다. "백작님, (…) 나리께서는 기껏 이 세상에 태어나는 고생 이외에 하신 일이 대체 무엇이 있습니까?" 초연에서 세 명이 압사할 만큼 관객이 쇄도했으며, 오늘날의 10회 공연과 맞먹는 의미를 지닌 100회 공연을 당시에 넘어섰다. 『피가로의 결혼』은 '**광기의 하루**(la folle journée)'라는 부제를 달고 있는데, 사실 그의 등장은 프랑스 역사에서 가장 발광하는 날들 가운데 하루를 나타낸다. 보마르셰 자신도 이렇게 말한다. "내 작품만큼 더 미친 것도 없을 것이다. 이게 성공한 것은 미친 것이다." 나폴레옹은 『피가로의 결혼』에서 이미 혁명이 진군하고 있었다고 설명한다. 그런데 피가로의 뻔뻔함은 루소의 그것과는 아주 본질적으로 구별된다. 그것은 로코코의 성격을 띠고서 전아하게 꾸민 모양으로 귀여운 자기 반어적 형태를 취하고 있다. 그것은 하인의 뻔뻔함이다. 하인은 자신이 부끄럼 없이 대면하고 있는 주인의 일에 여전히 봉사하며, 따라서 자신을 그 뻔뻔함의 형식으로 드러내며 행동한다. 그러므로 그 뻔뻔함은 겉으로 보기엔 거침없는 모양이지만 실제로는 언제나 권력에 붙잡혀 있다. 보마르셰는 수많은 줄을 통해 여전히 앙시앵 레짐과 연결된 셈이다. 그의 경우 신은 돈과 쾌락이었다. 그는 여러 가지 대형 사업을 벌였으며, 극장 출연료 개념을 도입하기도 했다. 그의 주인공 피가로는 뻔뻔한 화폐위조자이다. 다른 한편으로 그의 공격이 다름 아닌 재기발랄한 혁명전야, 센세이션과 모순에 대한 쾌감을 탄생시키는 사유놀이, 의식적인 일관성이 없는 인형극이라는 점에서 그는 루소와 샹포르와 일맥상통한다. 거대 현실은 샹포르를 비켜나 있었고, 설령 그런 현실을 경험했을지라도 루소와 마찬가지로 보마르셰도 비켜나 있었다. 미라보는 보마르셰를 향해 다음과 같은 말을 날렸다. "장차 재능 이외 잊힐 것이라고는 아무것도 없다는 점을 생각하십시오!" 혁명 기간에 미라보는 보마르셰의 생명을 구하려고 애썼다.

샹포르의 논박은 늘 장난기가 어려 있지만, 매우 공격적인 성격을 지니고 있다. 그는 자신의 『팡세(Pensées)』에서 아주 솔직하게 말한다. "요컨대 귀족은 왕과 평민 사이에 있는 중간단계이다. 그것은 곧 사냥개가 사냥꾼과 토끼 사이에 있는 중간단계와 같은 이치가 아닌가!" 그리고 또 이렇게 얘기한다. "나는 프랑스 왕을 고작 10만여 명의 왕에 지나지 않는다고 생각한다. 그는 이천사백만이 넘는 여타 사람들의 땀과 피와 가죽을 그들에게 나눠주고 있는 것이다." 어느 날 아침 그는 로라게(Lauraguais)의 백작에게 이렇게 말한다. "작업을 끝냈습니다." "어떻게? 책인가?" "아닙니다. 책이 아닙니다. 제가 그런 걸 만들 만큼 아둔하진 않습니다. 책의 제목이긴 합니다. 제목 그게 다랍니다. 벌써 그 제목을 청교도 시에예스(Sieyès)에게 선사했습니다. 그가 마음대로 그것을 사용할 수 있게 했죠. 그가 원하는 대로 쓸 수 있게 했답니다. 사람들이 제목만큼은 기억할 테니까요." "도대체 그 제목이 무엇인가?" "제3계급이란 무엇인가? 이게 답니다. 이 계급은 무엇을 소유하고 있죠? 아무것도 없습니다." 실제로 시에예스는 비상한 영향을 끼친 그의 유명한 소책자에 이 제목을 사용했으며, 다만 제3의 문장을 넣어 좀 더 보강했을 뿐이다. "그 계급은 무엇을 요구하는가? 그것은 무엇인가로 존재하는 것뿐이다." 물론 이 문장은 제목의 경구와 같은 호소력을 약하게 하긴 했다. 사실 사람들은 그 소책자에서 제목만 눈여겨봤을 뿐이다. 선동적인 또 다른 간결한 혁명적인 격언도 있다. "궁궐엔 전쟁을, 오두막엔 평화를!"이란 격언도 샹포르에게서 나온다. 그러나 다른 부분에서 그는 대중과 여론의 숭배자가 결코 아니었다. 『팡세』에서 그는 이렇게 말한다. "개별자는 단체처럼 경멸할 대상일 수가 없다." 또 다른 대목에서는 이렇게 적고 있다. "여론! 여론! 그래, 하나의 여론이 형성되려면 도대체 얼마나 많은 바보가 모여야만 하는 가?" 1789년의 국민입법의회를 두고 그는 다음과 같이 소견을 밝힌 다. "다수의 의원을 관찰하다보면, 그들은 마치 사람들이 철거 폐물 을 얻으려고 공작물을 허물듯이 그저 편견을 갖기 위해 편견을 와 해시켜온 것이 아닌가 하는 인상을 받게 된다." 이 같은 악의 어린 재담 중 하나 때문에 그는 결국 구금되고 만다. 곳곳에 세워진 비문 (碑文), 즉 "자유, 평등, 우애가 아니면 죽음을!"이라는 문장을 목격 했을 때 그는 이렇게 말했다. "그러한 우애는 곧 카인의 우애다." 다시 풀려나긴 했지만, 나중에 두 번째로 감금되었다. 이 충격으로 그는 자살을 시도했다. 그가 자살로 사망했는지 아니면 오랜 지병인 방광병으로 죽었는지는 온전하게 해명되진 않았다.

　루소를 두고 말하자면, 그의 처녀작 발생사부터 이미 예사롭지 않게 독특하다. 디종(Dijon) 아카데미는 논문 현상공모를 했다. "학문 과 예술의 혁신이 풍속의 정화에 기여했던가?" 디드로가 루소에게 물었다. "선생께서는 어떤 입장이십니까?" "물론 저는 긍정적 입장 입니다." "여기 힌트가 있습니다." 디드로가 대꾸했다. "모든 중용 의 입장은 긍정적 입장을 택한다는 것이죠. 그러나 그 반대의 길이 사고와 능변에 새로운 영역을 열어줍니다." 루소는 이 힌트를 좇았 고, 영예를 안겨준 자신의 답변으로 기대했던 만큼 세간의 이목을 끌었다. 일단 대립관점을 드러낼 결심 끝에 그는 제기된 질문을 훨 씬 앞질러 갔다. 이를테면 그는 인간의 전체 문화를 두고 거품을 물고 분노하면서, 현란한 수사법을 동원해 인간의 문화는 풍속을 개선하지 않았을뿐더러 부패하게까지 했으므로 인류의 모든 불행 에 책임이 있다는 점을 입증하려 했다. 예술가들을 양성하는 부패성 사치가 없다면 우리는 예술가들로 무엇을 시작할 수 있을까? 학자

루소의 자연 개념

들이 없었다면 우리가 조금이라도 더 풍부해지고 더 잘 통치되고 더 번영했겠는가? 정반대다. 오직 학문과 예술은 재능이 미덕에 우선하도록 작용해왔다. 몇 년 뒤 디종 아카데미는 "인간 불평등의 원인은 무엇이며, 자연에 그 기원을 두고 있는가?"라는 문제로 두 번째 현상공모를 했다. 루소는 이 주제도 한 논문에서 집중적으로 다루어 첫 번째 논문보다 훨씬 더 많은 이목을 끌었다. 그 논문을 통해 드러낸 바로 그 맹목적인 증오의 르상티망이 성공을 가져다준 것이다. 그는 불평등의 원인, 즉 반감을 불러일으키는 부자연성과 불의의 원인을 또다시 문명에서, 다시 말해 인간이 자의적으로 만든 국가와 사회라는 제도에서 찾는다. 인간에게 어울리는 유일한 환경은 자연 상태이다. "자연이 건강하게 살도록 우리를 운명 지워 놓았다면, 내가 감히 단호히 주장하는 것은 숙고하는 태도는 자연을 거스르는 것이고, 생각하는 인간은 변종된 동물이라는 점이다." "작은 땅떼기에 울타리를 치고는 건방지게도 이건 내 땅이라고 말하고, 이걸 믿을 만큼 아주 단순한 사람들을 찾은 최초의 인간이 부르주아 사회의 진짜 설립자였다. 누군가가 경계 푯말을 뽑아버리고, 그리고 참호들을 묻어버리고, 자신의 동료들에게 그러한 사기꾼의 말에 속아 넘어가지 않도록 주의하라고 상기시키면서, 과실은 만인의 것이지만 땅은 누구의 것도 아니라는 사실을 잊어버리면 패배하고 말 것이라는 점을 각성시켰다면, 그토록 많은 범죄, 수많은 전쟁, 수많은 궁핍과 공포를 인류에게서 덜 수 있었을 것이다!" 모든 문화는 노동 분업이고, 노동 분업은 불평등을 의미하며, 이 불평등 속에 모든 해악의 근원이 있다. 여기서 이제 루소의 주된 요청이 표현된다. 그것은 곧 자연으로 돌아가라는 것이다. 그는 문화를 싫어한다. 그 까닭은 그의 감각에서 보자면 문화는 특히 근원적인 인간본성의 변질, 즉 도착(倒錯)을 의미하기 때문이다. 이 자리에서 우리는 자연 혹은 문화가 역사적으로 등장한 개인의 평범하고도 적절한 상태를 뜻하는가, 그리고 '자연의 상태'가 근대 인간에게 가능하긴 한가, 아니면 그저 표상만 할 수 있는가 하는 문제까지는 파고들 마음이 없고, 루소의 고유한 원칙을 따라 그의 이상적 원형이 되는 자연만을 살펴보고자 한다. 그런데 우리는 **곳곳에서** 노동 분업과 불평등을 목격하고 있지만, 노동 분업은 유기체의 정신적·신체적 발달과 더불어 지속해서 고조되고 있다. 정확히 말해 노동 분업은 단세포의 해초류와 적충류(滴蟲類)에게서는 볼 수 없고, 좀 더 깊은 곳에 머물고 있는 피막이 없는 '단충류(單蟲類)'에게서만 간신히 볼 수 있다. 그러나 고등생물의 유기체는 엄격히 노동 분업의 형태를 유지하며, 귀족적이고 위계적으로 조직되어 있다. 두뇌는 신체국가(Körperstaat) 전체를 지배하면서 군주정체의 방식으로 관리한다. 가끔 어떤 한 사람의 두뇌가 군주정체의 국가조직에서도 이 같은 지배적인 역할을 한다고 해도, 그것이 국가형태가 짊어져야 할 책임은 아니다.

그러나 루소의 자연 개념은 결코 과학적인 것이 아니라 문학적인 것이다. 요컨대 그는 '**자연**'이라는 단어에 물리적인 세계에 대한 엄정하고도 진지한 관찰에서 길어낸 보편이념(Generalidee)이 아니라 질 낮은 희가극이나 거짓을 섞어 넣은 여행묘사에서 짜낸 일종의 낭만적·감성적인 것을 연결했다. 따라서 프랑스에서는 그 개념이 아주 쉽게 통했다. 그러나 노동 분업의 원리가 철저히 부정되자마자, 라부아지에가 지나치게 일면적으로 화학을 취급한다는 이유로 그의 머리는 단두대에서 사라지고 말았다.

다음으로 나온 중요한 루소의 작품은 소설 『줄리 혹은 신(新) 엘로이즈(Julie ou la nouvelle Héloïse)』이다. 여기서도 그는 완전히 새로운 음

<엘로이즈
계약론
에밀>

색을 드러낸다. 심리묘사에서 최초로 근대의 감성적 인간의 사랑이 현실적인 열정, 비극적 파국, 초인적인 숙명과 환경이라는 자연의 힘의 모습으로 등장한다. 그런데 여기서 또다시 효과에 대한 계산, 얼굴을 알리려는 의도, 과도한 수사법이 들쑤셔댄다. 디드로와 같은 이가 가진 통찰력과 취향이 그 신분만이 갖는 투시력 있는 심리적인 예민함과 합쳐졌기에 그 시대의 비판적 천재로 규정될 수 있는 데팡 후작부인은 『엘로이즈』를 두고 이렇게 말한다. "그 책에는 빼어난 장이 있다. 그러나 그 장들은 요설의 대양에 잠겨 있다." 이 책에 곧이어 『사회계약론』이 나왔다. 이 작품은 주권재민 학설이 지금까지도 여전히 이해되지 못했다는 듯이 열광적으로 과격하게 설파한다. 때마다 정부는 계약을 통해서가 아니라 국민에게서 받은 위탁으로 수립되었다는 것이다. 따라서 정부의 구성원은 주인이 아니라 국민의 종복이고, 그래서 그 권력은 국민의 마음에 드는 한에서만 유효할 뿐이다. 가끔 보편적인 국민투표를 통해 현재의 정부형태를 그대로 유지할 것인지 말 것인지, 그리고 그 집행기관에 계속 관리를 맡길 것인지 말 것인지 결정된다. 기독교는 국교로 부적합하다고 한다. 왜냐하면 기독교는 겸손과 복종을 설파하여 전제정치를 이롭게 하기 때문이다. 따라서 주권을 가진 국민은 새로운 종교를 정해야만 한다. 오로지 숫자가 결정짓는다. 내가 만일 소수에 포함된다면, 그것은 곧 내가 틀렸다는 것을 증명할 따름이다. 그래서 나는 실제 그렇지도 않은 어떤 생각을 보편의지로 간주하는 것이다. 이런 집단의지에 복종하는 일을 거부하는 사람은 전체 조직 사회를 통해 복종을 강요받기 마련이다. 이를 달리 표현하면 오직 조직 사회만이 그가 자유로워지도록 강요할 수 있다는 뜻이다. '주권자(Souverän)'는 모든 개별자의 총화와 다름없으므로 이 개별자들이 해롭게 되길 원할 수 없다. 그도 그럴 것이 몸통이 자신의 사지에 해를 끼치려 한다는 것은 불가능하기 때문이다. 이러한 음흉한 궤변이 몇십 년 뒤에 실제로 현실을 지배하게 된 것이다. 주권자는 자신의 수령을 옹립하고, 길을 잃어 방황하는 모든 사람에게 해를 입히질 않고 단두대를 수단으로 하여 자유롭게 하려고 했다.

『사회계약론』과 거의 같은 시기에 교훈적인 소설 『에밀 혹은 교육에 관하여』가 출간되었다. 이 소설의 가장 멋진 장으로 꼽는 부분은 그 유명한 장, 즉 「사보이 보좌신부의 신앙고백(La profession de foi du vicaire savoyard)」이라는 장이다. 여기서는 구세주를 야심이 있는 종파분자의 한 사람, 혹은 기껏 소크라테스와 같은 고대의 현자 가운데 한 인물로 보는 계몽주의의 속된 그리스도 관점과 볼테르 등에 대해 명확히 논박한다. "그것은 몽상가나 명예욕이 많은 종파분자가 그럴싸하게 내는 어투가 아닌가? 얼마나 온화한지! 얼마나 품행 방정한지! 그 가르침이 얼마나 감동적인 기품을 느끼게 하는지! 그 공리가 얼마나 숭고한지! 그 연설이 얼마나 심오한 지혜를 담고 있는지! 얼마나 재치가 넘치는지! 그 답이 얼마나 세밀하고 정곡을 찌르는지! 정열을 얼마나 잘 통제하는지! 이렇듯 약점도 가식도 없이 행동하면서 고통과 죽음을 잘 이해하는 현자가 또 어디에 있겠는가! (…) 소크라테스가 삶과 죽음의 한 이정표였다면 우리는 그리스도에게서 한 신의 삶과 죽음을 깨닫게 되는 셈이다." 그밖에도 『에밀』은 우리가 이미 언급했듯이 지금까지의 교육방법의 모든 폐단에 대한 보편적 처방으로서 그토록 모호하고 다의적인 자연으로의 회귀를 설파한다. 아이는 '자연스러운' 방식으로 모든 것을 터득하게 해야 한다는 것이다. 곧 그것은 자기 고민, 자신의 관점과 다행스러운 우연을 통하는 방식이다. 매력적인 공리는 매혹적인 미사여구의 연설에는 아주 잘 어울리지만, 실천에는 가치 없는 것과 같다는 것이다. 루소는 어머니들에게는 아이들을 직접 다독여주고, 아버지들에게는 아이들을 직접 교육하라고 아주 강하게 권유한다. 아버지의 의무를 수행하는 자만이 아버지가 될 자격이 있다는 것이다. 그런데 그는 그 당시 바로 자신의 다섯 번째 아이마저도 기아 육아원에 보내놓았다.

이상의 모든 저작에서 루소는 창작자도 사상가도 아니라 그저 천재적인 저널리스트의 모습으로 비칠 따름이며, 특정한 대목에서는 암시적인 서정시인, 그리고 당시 문학에서는 완전히 낯선 빼어난 풍경작가로 비치기도 한다. 여하튼 그는 황량하고 로맨틱한 자연을 독특한 방식으로 찾아낸 인물이다. 그는 『고백록(Confessions)』에서 이렇게 말한다. "사람들은 내가 무엇을 아름다운 대상으로 이해하는지 이미 알고 있다. 아무리 아름다울지라도 평지의 풍경은 아무것도 아니다. 내가 바라는 것은 급류, 바위, 전나무, 검은 숲, 능선, 가파르게 오르락내리락하는 오솔길, 소름 돋게 하는 바로 옆의 낭떠러지 등이 어우러진 풍경이다."

그가 글을 쓰는 일체의 근본 동기는 어떻게 해서든 세인의 이목을 끄는 것에 있다. 그래서 순수한 것, 화려한 것, 건전한 것으로 통하는 일체의 것에 대해 온갖 수단으로 부당한 것으로 뒤바꿔놓으려 한다. 이때 그는 분명 정신적으로 평범하지 않고 서너 개의 고정관념에 의해 이리저리 휘둘린다. 그런데 이 고정관념을 그는 스스로 도취된 자기 변증법을 통해 그럴싸하기 그지없는 거짓말투성이로 엮어낼 줄도 알았다. 그는 모든 정신병자의 특성인 찡그린 무뚝뚝함을 하층민들의 둔중하고도 완고한 진지함과 결합했다. 하층민은 언제나 도전적인 완고한 현실 속에서만 살아왔을 뿐이어서 모든 것을 일면적으로, 모든 것을 문자 그대로, 모든 것을 곧이곧대로 받아들인다. 사물 일반을 정신적으로 실존할 권리가 있는 것처럼 보는 시대와 국민은 그 사물들이 위트와 반어, 기품과 취향, 경박함과 중의적 의미를 담은 것으로 표현될 경우 상반된 극단을 환호로 맞이하게 된다는 것이 앙시앵 레짐이 다다를 수 있는 데카당스의 최후 단계를 나타낸다.

루소의 성격

루소의 도덕적 성격을 두고 말하자면 너무 극악해서 그를 천재에 포함하는 것은 얼토당토않은 일처럼 보인다. 이기적인 동기에서 비롯된 두 번의 개종에 대해서는 별로 말하고 싶은 것이 없다. 또한, 어린 시절 그가 도둑질한 일에 대해서도 말하고 싶진 않다. 물론 그가 자신의 절도 행각을 무고한 사람에게 뒤집어씌운 상황은 특히 그를 꼴사나운 모습으로 비치게 만들었다. 볼테르에게 취한 그의 이해하기 어려운 비열한 태도 때문에 그에 대한 추적망상이 생겨났을 성싶다. 그런데 이 추적망상이 매번 그에게 호감을 사게 해주었음에도 불구하고 그는 달랑베르에게 '연극에 관한(sur les spectacles)' 공개편지를 썼다. 이 편지에서 그는 꼭 타르튀프의 심술을 부리듯, 볼테르가 페르네에 극장을 하나 두고 있다는 것만으로 제네바 정부에 그를 풍기문란으로 밀고하는 내용을 담았다. 그것은 인기 있는 오페레타 및 에로 소설의 저자에게는 큰 손해를 끼칠 고발이었다. 사실 볼테르는 루소가 프랑스와 스위스에서 추방되어 어디에서도 피난처를 구하지 못했을 때, 근심 어린 온정으로 가득 찬 편지 한 통을 그에게 써 보낸 적도 있었다. 그 편지에 그는 루소가 자신의 영지 가운데 하나에 와서 마음껏 오래 체류해도 된다는 초청장을 보냈다. 그러나 루소는 질투를 노골적으로 드러내면서 온갖 악의로 평생 볼테르를 중상모략했다. 프리드리히 대왕에게도 똑같이 그랬다. 대왕이 뇌샤텔(Neufchâtel) 총독을 통해 상당 액수의 돈, 곡식, 포도주, 장작과 별장을 그에게 제공토록 했을 때, 그는 공화주의 요설가들이 흔히 하는 식으로 정의로운 척하면서 자신은 왕이 지은 집에서는 잠을 잘 수 없다고 선언하고는 왕에게 이렇게 편지를 썼다. "폐하께서는 저에게 빵을 제공하고 싶어 합니다. 그런데 폐하의 신하 가운데는 그것이 필요한 사람이 하나도 없나 보죠?" 이런 식으로 그가 재지도 않고 막무가내로 완고한 태도를 보였기 때문에 그를 걱정하는 사람들은 그에게 선물할 때 몰래 했다. 흄(Hume)은 그를 영국으로 데려와 그에게 편안한 은신처를 마련해주고 왕실 연금을 제공했다. 역시 결과는 루소 측으로부터 날아온 일련의 불쾌한 공격이었다. 이 공격에 대해 흄은 다음과 같은 적절한 말로 대응했다. "귀하의 가장 나쁜 적은 바로 당신 자신의 안정과 행복과 명예이기 때문에 귀하께서 나의 적이 되었다고 해서 내게는 전혀 놀랄 일이 아니랍니다." 오랫동안 루소가 몽모랑시(Montmorency) 숲에 위치한 멋진 별장을 마음껏 이용할 수 있게 해준 데피네 부인이 제네바로 여행했을 때, 그는 부인이 스위스에서 사생아를 낳았다는 비열한 소문을 퍼뜨렸다. 디드로와 달랑베르 및 그림(Grimm)에 대해서도 불쾌한 일을 벌였다. 처음에는 비밀 작당 수준의 음모를 하다가 그다음에는 배은망덕을 넘어 파렴치한 소문을 퍼뜨렸다. 그 정도가 하도 심해 온화한 성격에 철학적으로도 신중한 달랑베르조차도 이렇게 논평할 정도였다. "장 자크는 오직 막대기와 창살로만 다뤄도 될만한 야수이다." 이 같은 판단을 볼테르는 압축해서 다음과 같이 말한 바 있다. "의사라면 장 자크에게 수혈을 권했을 것이 틀림없다. 지금 그의 피는 황산염과 비소의 합성이다. 나는 그가 가장 불행한 사람 중 한 사람이라고 생각한다. 왜냐하면 그는 가장 심술궂은 사람 중 한 사람이기 때문이다."

그러나 그의 가장 밉상스러운 성벽은 바리새파의 위선이다. 그래서 우리는 평생 그렇게 대담하고 비열한 코미디를 연출한 사람을 예술가 반열에 포함하는 것조차 거부하는 것이다. 아무리 문학적 자질에 각별히 교활하고 뻔뻔한 속임수를 부리는 능력을 포함할 수 있다고 하더라도 사정은 마찬가지이다. 그의 생활태도 전체가 몰취미한 꾸밈이고 뻔뻔한 위선이었다. 작품 『엘로이즈』는 그 저자가 이 소설을 불구덩이 속에 던져 넣어도 용서가 될 그런 세기에 살 수 없는 것이 유감이라는 말로 시작한다. 그의 처녀작이 일으킨 소동 끝에 그는 허세를 떨면서 글쓰기를 경멸하고, 앞으로 유능하고도 성실한 악보필경사로서 생계를 꾸려나갈 것이라고 밝힌다. 실제로 그는 악보필경사가 되지만 유능하진 않았다. 그도 그럴 것이 그의 필사본은 반듯하지 않아 별로 쓸모가 없었기 때문이다. 그리고 성실하지도 않았다. 왜냐하면 그의 삶 전체가 속임수의 연속이었기 때문이다. 그는 자신의 작업 대가를 호기심 많은 속물들이 비싸게 치르도록 했으며, 보수란 자신의 작품이 아니라 흥미로운 나날의 유명세가 가져다주는 것이라는 사실을 아주 정확히 알았다. 실제로 그는 자신의 작가적 명성을 먹고 살았다. 물론 그것은 도도하게 자립한 척하는 무례한 식객의 형식을 빌린 것이다. 당연 그는 선물을 받지 않았다. 오로지 선물은 언제나 착한 테레즈 르바쇠르(Therese Levasseur)가 인수했다. 그는 자신의 후원자인 데피네 부인의 동서인 두도트(d'Houdetot) 백작부인과 사랑에 빠졌다. 두도트는 불행한 결혼을 했지만 이미 다른 남자를 사랑하고 있었다. 그는 그것이 얼마나 비도덕적인 행위인지 그녀에게 역력히 설명했다. 그런데 자신과 함께 남편을 속일 때만 괜찮다는 식이다. 이미 우리는 그가 자신의 아이를 모두 기아 육아원에 보냈다는 사실을 언급한 바 있지만, 이때도 역시 그것은 당연히 도덕행위의 발로에서 비롯된 것으로 이해했다. 그도 그럴 것이 그가 말하는 바로는 플라톤적 공화정체를 확신하는 시민으로서 그는 자신의 자식들을 국가의 공공자원으로 보고서 이 자원에서 그들을 배제하는 것은 정당하지 않은 것으로 간주했기 때문이다. 어느 날 그는 가련한 문명과 부정한 사치를 경멸하는 사람으로서 '소박한' 아르메니아 복장을 하려고 결심했다. 그러나 사실 이 복장은 자수를 놓은 재킷, 긴 비단옷, 속을 넣은 두건, 알록달록한 띠로 이루어진 거추장스럽게 요란한 극장식 복장이다. 단출하기는커녕 다른 의상보다 훨씬 더 화려하다. 그에게 볼테르는 이렇게 편지를 썼다. "선생께서는 우리 집에 머물러 고향의 공기를 쐬면서 건강을 회복하셔야 합니다. 자유를 만끽하시고, 저와 함께 우리 집 젖소의 우유를 마시고 채소를 드셔야 합니다." 그러자 그는 벌써 유치하기 짝이 없는 그 뻣뻣한 태도로 허세를 부리면서 이렇게 응수한다. "오히려 저는 댁 젖소의 우유 대신 댁 우물의 물을 마시고 싶답니다."

그런데 루소는 이 같은 자신의 연극적 명작을 『참회록』을 통해 성취한다. 이미 서문에서 자만과 위장된 겸손, 자화자찬과 잘 계산된 자책이 절묘하게 뒤섞인 분위기를 풍기고 이 분위기가 책 전체를 관통한다. "나는 가져본 적도 없고 앞으로도 가지지 못할 그런 작품을 계획하고 있다. 나의 동시대인들에게 나는 자신의 진정한 본성을 진짜 가진 그런 사람을 보여줄 것이다. 그 사람은 바로 나다. 오직 나 혼자일 뿐이다. 나는 내 마음을 잘 알고 있고, 다른 사람들도 잘 간파하고 있다. 감히 나는 실존하는 만인 가운데 하나와 같은 그런 사람이 결코 아니라고 확신한다. 내가 그들보다 더 나은 사람이 아니라면, 나는 고작 별 볼 일 없는 한 사람에 불과할 것이다. (…) 영원하신 신이시여, 당신의 보좌 앞에서는 누구든 자신의 마음을 정직하게 고백하나이다. 만인 가운데 단 한 사람이라도 할 수만 있다면 내가 이들보다 더 낫다고 말할 것이다." 이 계획의 전체 프로그램은 다음의 문장으로 드러난다. "내 모든 불행은 나의 덕행 덕분으로만 돌릴 수밖에 없다. (…) 나에게 열광하지 않는 이는 내게 아무 가치가 없다." 자명한 얘기지만, 루소는 자신에게 이로울 딱 그만큼만 고백했으며, 그것도 자신이 보기에 가장 이로운 동시에 가장 이목을 끌 것으로 비치는 조도(照度)로써만 그랬다. 대단히 솔직한 이 같은 고백은 엄청난 거짓, 이를테면 위선적인 자책과 몇몇 오도하는, 그렇지만 성실한 자기최면으로 짜여있다. 그가 자기 자신의 비행에 대해 놀라울 정도로 솔직하게 드러내는 수많은 대목은 한편으로는 잘난 척하는 태도 때문이며, 다른 한편으로는 세상에서, 특히 온갖 추잡한 소문을 즐기는 세상에서 사람들은 바로 악행을 아주 재미있어하며, 죄인이 뉘우치면서 항상 감사할 줄 아는 역할을 할 때 두 배로 재미있어한다는 사실을 알기 때문이다. 통속소설의 기법과는 세련됨에서만 차이를 보일 뿐인 그 같은 기법으로 한 번에 모든 것, 이를테면 자기 자신을 재판하는 도덕군자의 영예와 '과거'가 있는 손가락질 당하는 악한의 매력을 취한 셈이다.

루소 현상은 약고도 거친 하층민이 세계문학 속에 등장했음을 뜻한다. 지금까지 제3계급 출신 작가들은 좀 더 높은 세계로 상승하여, 가능하면 자신들의 삶의 형식을 뛰어넘어 기품 있고 세련되게 다듬으려고 했다. 그러나 루소는 '협회'를 경멸하거나 그것을 경멸하는 사람의 역할을 능숙하게 행하면서 언제나 하층 신분으로 남는다. 이것이 그의 독특성이자 강점이다. 그러나 이 같은 그의 평범함은 흥미로울 것도 없는 그런 단순한 자연의 성격이 아니라 전시되고 광고되어 고양된 자연의 성격을 지니고 있다. 그는 그것에 손가락 굵기만큼이나 두텁게 분장시켜, 과도하게 기교를 부려 연출하는 그의 시대에 이목을 끌면서 감동을 주는 무대 체질의 효과를 발휘했다. 그는 살롱에 농민연극을 선보였는데, 마치 자신이 꼭 그 적격자로 예정된 것처럼 처신했다. 그도 그럴 것이 그는 자신 안에 실제 무학자의 속성과 뛰어난 재능을 타고난 아마추어 배우의 속성을 통합하고 있기 때문이다. 이 두 속성은 신뢰를 얻는 데 필요한 진정성과 관객의 호응을 얻는 데 요구되는 연극술과 관련 있다. 사람들은 라이프로크와 비단 연미복을 입은 이들 한가운데서 면도도 하지 않은 채 셔츠 바람으로 서 있는 어떤 건달과 같이 튀는 모습을 보고 아주 재미있어한다. 그 건달은 손으로 코를 풀고 방에 침을 찍 하고 뱉으며, 내뱉고 싶은 대로 말을 한다. 이는 과장된 행동의 새로운 뉘앙스를 풍기는 일일 뿐이지만 허세를 떠는 것이 유일한 통각형식[12]으로 통하는 시대에는 당연히 누구도 그것을 알아차리지 못한다.

루소주의   1760년에서 1790년 사이의 한 세대 동안 모든 교양 계층의 표상을 지배한 것은 루소가 고안한 '**좋은 사람**(bon villageois)'이라는 개념이다. 이는 교과서와 같은 책에 등장하는 주인공과 오페레타의 등장인물을 섞어놓은 형태를 취하고 있다. 요컨대 정직하고 손에 마디가 있고 순박하며, 주인에게 헌신적이며 띠로 장식한 복장에 밀짚모자를 쓰고 있으며, 단순하며 해맑고 온화하다. 그런데 농부는 이 모든

---

[12] Apperzeptionsform: 통각이란 라이프니츠가 처음 사용한 개념으로, 감각적으로 주어진 바를 명백히 의식하면서 동시에 그 내용을 자기의식과의 연관성 속에서 받아들이는 것을 말함. 감각에 의존하는 것을 '지각'이라고 하면 '통각'은 '지각'까지 의식하는 한 단계 높은 자의식을 말함. 여기서 말하는 '통각형식'이란 루소의 과장하는 오만한 태도를 비꼬는 말임.

것과 반대 모양을 취한다는 점, 즉 그는 완고하고도 음침한 흙의 동물로서 자신의 토굴과 거기에 모아놓은 비축 물품들을 감시하느라 눈을 부라리고서 발톱과 이를 드러내면서 파수하는 의심스러운 욕심꾸러기와 같다는 점을 루소는 세상 사람들이 모르거나 잊고 있다고 생각한다. 루소는 자신이 열광적으로 대하는 자연숭배의 정신을 살려 그렇듯 냉담한 사회에서 결핍된 것이 무엇인지 완벽히 간파했다. 모든 것을 누려온 사람은 자신의 혀로 이미 맛있는 고급음식을 충분히 맛본 미식가처럼 어느 날 루소의 손에서 '자연성'과 '소박성'과 같은 매력적인 것을 발견하는 순간 그 모든 것을 내팽개치고 불현듯 딱딱한 시골 빵과 비계, 신선한 우유와 과일이 주는 참맛의 진가를 인정하기 시작한다.

이때부터 정원풍경으로 오두막, 물레방아, 이끼 낀 벤치, 풀을 뜯는 소, 심지어 인공적인 원시림이 동경의 대상이 된다. 어린 양떼들이 부드러운 띠를 형성하고서 평온한 자연을 거닌다. 전원생활에 대한 이 같은 유행의 감흥은 루이 15세의 사망 원인이 되기까지 한다. 왕이 트리아농(Trianon)에서 뒤바리 부인과 함께 산책하는 도중에 소에게 풀을 뜯어다주는 어린 여자 목동을 발견하고는 그 아이가 주는 시골의 순진무구함에 반해 저녁만찬에 그 아이도 함께하도록 했다. 그 뒤 며칠이 지나 아이가 천연두에 걸려 죽었고, 열흘 뒤 왕도 같은 병으로 희생되고 말았다. 루소가 아이들에게 직접 수유하라고 어머니들에게 권하자 그때부터 모유를 먹이는 것이 큰 유행을 탔다. 이는 분명 사회적으로 큰 반향을 불러일으켰다. 『피가로의 결혼』 50회 공연은 모유를 먹이는 가난한 어머니들을 위해서 바로 유명세를 떨치던 저자－루소－의 주선으로 열린 것이다.

그뿐만 아니라 자연으로 돌아가라는 구호는 항상 헌신적이고 고양된 감성이 충만할 것과 (그도 그럴 것이 자연인은 언제나 따듯하고 희생적이며 감정이 부드럽기 때문인데) 이를 온 세상에 분명히 보여줄 것을 요구한다. 여자 친구들은 항상 팔짱을 끼고 다니면서 가능하면 자주 키스를 해야 한다는 것이다. 그리고 작가가 작품을 낭독할 때는 방해가 되더라도 흐느껴 울면서 감동을 받은 환성을 지르고 여기저기서 실신을 해야 한다는 식이다. 이쯤 되면 부부들이 사람들이 보는 앞에서도 포옹을 하고, 형제자매들은 서로 말을 놓고 지낼 정도가 된다. 유명한 여배우 클레롱(Clairon)이 페르네의 볼테르를 방문했을 때, 그녀는 볼테르에게 무릎을 꿇어 인사를 했다. 그래서 그도 무릎을 꿇고 인사를 할 도리밖에 없었다. 마침내 그가 이 엄숙한 장면을 깼다. 이렇게 말한 것이다. "그런데 아가씨, 어떻게 지내시나요?"

루소주의의 화가는 디드로가 과도하게 칭찬하면서 부셰(Boucher)에 맞세워 편을 들었던 장 바티스트 그뢰즈(Jean Baptiste Greuze)다. 그는 루소만큼이나 수다스럽고 연극적이었으며, 뻔뻔스럽고도 짐짓 감성적이었지만 공손하면서도 차분한 면모를 지녔다. 그는 자신을 뛰어넘는 감동적인 박애의 정신을 담은 대상을 즐겨 그리면서 수많은 풍속화를 남겼다. 여기에는 고결한 민족, 순박한 시골사람, 여러 자식을 돌보는 어머니와 성실한 아내, 행복한 가족을 포함하여 경건·근면·무욕·외경의 행복감을 드러내는 그림도 포함된다. 그러나 그가 실제로 경외하는 가정주부는 연극적 삶을 사는 어머니들이고, 그가 그린 발가벗은 천진난만한 처녀들은 노출증을 지닌 여성들이다. 이런 노출증은 프라고나르(Fragonard)의 선정적인 밀애(密愛)를 통해 재차 확인되는 것이지만 터부에 대한 퇴폐취미(hautgoût)를 통해 더 강화된다.

　대략 70년대에 시작된 독일의 '천재시대'도 그 본질적 특색에서
보면 루소에서 출발한다. 괴테가 회고조로 말하듯 그때는 "온갖 개
념이 들끓는" 시대다. "우리가 살고 있는 시대는 **도전하는** 시대라고
부를 수 있다. 왜냐하면 아직 인간이 성취하지 못한 것에 대해 즉자
적인 또 다른 도전이 이루어지고 있기 때문이다. 말하자면 생각하고
느끼는 뛰어난 지성들은, 자연의 직접적인 본래의 모습과 이를 기초
로 삼은 행동이, 인간이 바랄 수 있고 어렵지 않게 요구할 수 있는
최선의 것이라는 점을 이해했던 것이다. (…) 여기서도 일이 어떻게
진행되는지 알기 위해 자신의 **마술적인** 재능을 통해 갈등을 조정하
고 도전에 대응하는 천재에게 도움을 요청할 때는, 아주 간단히 말
해 결국 무슨 일이든 사태에서 출발한다는 점을 알 수 있다." '천재'
라는 용어는 게르스텐베르크(Gerstenberg)가 유포한 것인데, 천재와 관
련된 유파의 최초 의미 있는 드라마도 그로부터 유래한다. 사람들이
천재로 이해하고 있는 것에 대해 라바터(Lavater)는 자신의 『관상학론
(Physiognomik)』에서 일목요연하게 정리한다. "천재의 속성과 천재의
모든 작품도 **환상**(Apparition)이다. 천사의 출몰이 천사가 오는 것이
아니라 거기 서 있는 것이고, 떠나는 것이 아니라 **사라지는** 것이듯
천재의 작품과 작용도 그와 같은 것이다. 배울 수도 없고 빌릴 수도
없는 것, 가르칠 수도 빌려줄 수도 없는 것, **내적으로 고유한 것**
(Innig-Eigentümliche), 모방할 수 없는 것, 신적인 것이 천재이며, 신령에
감응하는 것이 천재이다. 이와 같은 것이 모든 민족 모든 시대에
천재라고 불렸으며, 앞으로도 인간이 생각하고 느끼고 말하는 한
그렇게 불릴 것이다. 천재는 번개처럼 출현하여 창조하지만, 그 자
체 계획될 수 있는 것이 아니라 그냥 **존재하는**(ist) 것이듯, 계획하진
않는다. 무모방성이 천재의 속성이다. 요컨대 그것은 찰나·현

시·출몰·소여(所與)의 성격을 지닌다. 소여는 인간에 의한 것이 아니라 신이나 사탄에 의한 것이다." 따라서 당시 부여해야만 했던, 그리고 아주 관대하게 부여하기도 했던 최고 영예의 호칭은 '진짜 천재(Originalgenie)' 혹은 '자연'으로 불리는 것이었다. 사람들이 요구하는 것은 더 이상 법칙의 능숙한 조작이 아니라 '충만한 가슴(Fülle des Herzens)'이었으며, 그래서 정서를 오성 위에 두었다. 그렇다고 해서 오성을 배제한 것은 아니다. 그도 그럴 것이 어쨌든 들끓게 할 프로그램을 설정한 저돌적인 청년들은 순박성과 반성을 기묘하게 혼합했기 때문이다. 이들은 다소 유치하면서도 동시에 노인의 지혜를 겸비하고 있었다.

독일의 정신활동에서 완전히 새로운 분위기를 조성한 극히 흥미로운 이 같은 운동의 서곡은 그 운동이 시작하고서 이미 약 스무 해가 된 감성의 시대를 형성한다. 벌써 겔레르트(Gellert)가 편지와 여타 글에서 셀 수 없을 만큼 반복해서 내세운 핵심 주장은 '착한 감성적 마음'이었다. 1750년경부터 유행을 타듯 이제 사람들은 부드럽고 다감한 사람을 두고 말할 때 '상냥하다' 혹은 '감성적이다'라고 했다. 레싱은 스턴의 『센티멘털 저니(sentimental journey)』라는 기행문의 제목을 '감성 여행(empfindsame Reise)'으로 번역했다. 이런 표현은 일반적으로 통용되었을 뿐만 아니라 곧 생활용어의 성격을 띠기까지 한다. 이와 더불어 부드럽고 미세한 모든 움직임에 반응하는 루소의 표상인 '**아름다운 영혼**(belle âme)'이 등장한다. 그러고 나서 '감정(Gefühl)'이라는 말이 등장하여 이 용어를 널리 유행시킬 수 있었던 힘으로 생활의 모든 영역을 지배하게 된다. 사람들은 이 용어에 도취해 밤에 불을 붙일 때 쓰는 암호처럼 서로에게 비밀스럽게 손짓을 했다. 요컨대 '감정'은 불가결한 것일 뿐만 아니라 모든 것에 아주 요긴한 준거가 되기도 한다. 사랑·우정·소통과 인간 사이의 모든 관계가 무엇에 의존하고 있는가? 오직 감정에 의존할 뿐이다. 종교의 핵심은 무엇이며, 조국·인생·자연이란 무엇인가? 그것은 감정이다. 무엇이 화가·사상가·시인을 만들고, 진정한 인간성을 담보하는 것은 무엇인가? 언제나 감정이다.

모든 것을 마음의 내적 풍요에서 감정으로 길어내는 이 같은 능력은 보기 드문 재능으로서 신에게서 부여받은 재능이며, 유행을 따르고 싶어 하는 그 많고 많은 사람에 의해 외형상 고스란히 연출되고 인위적으로 촉진되는 결과가 나오는 것도 자연스러운 일이다. 사람은 언제나 동요되고 감동을 받고 전염되어 황홀경에 빠지고 싶어 한다. 그래서 억지로라도 영혼을 항구적인 고도의 짜릿한 상태로 남게 하고 싶어 한다. 프랑스의 경우 이 같은 고상한 감성의 유희가 혁명을 낳은 것이다. 독일의 경우 그것은 세속적인 것과 동떨어진 일방적인 문화를 산출하는 무해한 결과로 이어졌다.

이 같은 감성숭배가 끼친 가장 유익한 최초의 결과 중 하나를 꼽는다면 그것은 감성숭배가 17~18세기의 경직된 전통이 인간들 사이에 세워놓은 틀을 일부분 돌파한 점에 있다. 레싱만 하더라도 여러 다른 부분에서는 자연에 대해 쌍수를 들고 환영할 만큼 따뜻한 자연성의 선구자였지만 절친한 친구들 사이에 존칭을 쓰는 것에 동의했으며, 황제의 다른 모든 개혁조처가 그렇듯 실제의 자유 획득과는 거리가 있는 성 요셉 초등학교에서는 아이들 사이에서도 서로 말을 트고 지내는 것을 엄격히 금지했다. 반면에 괴테와 라바터는 만나자마자 서로 너라고 하면서 말을 놓았다. 너라는 표현은 정신적으로 서로 친숙하다고 느끼는 (그런데 이런 감성은 당시 아주 쉽게 생겨났던 것인데) 사람들 사이에서는 일상적인 호칭이 되었다. 그리하여 곧 서로 간에 '형제', '자매'라고 부르게 된다.

　이 시대 전체가 감미로운 아다지오 선율을 풍긴다. 이런 음색도 마침내 당시 음악을 지배하기에 이른다. 아무리 작은 공원이라도 없어서는 안 될 구성요소는 사람들이 영원한 신의를 맹세하기 위해 드나들 '우정의 사원(Freundschaftstempel)'이었다. 세상이 남자와 여자 사이의 순수한 정신적 결합이라는 이념에 심취했던 것이다. 고상한 감동과 같은 공통감각에 의존한 '영혼의 사랑'이 사귐의 유행형식이 된다. 그저 공상 속에서나 있을 법한 것으로서 마음으로 사모하는 숭고한 이상적 존재인 '정신적 연인'은 특히 시인들 사이에서 흔히 목격되기도 한다. 사람들은 받은 편지 때문에 울고, 펼친 책 때문에도 울며, 자연에 대해, 친구에 대해, 약혼녀에 대해, 자기 자신에 대해 생각하면서도 운다. 그저 틈만 나면 울어댄다. 당시 가장 많은 성공을 거둔 밀러(Miller)의 소설 『지그바르트(Siegwart)』에서는 심지어 달이 울기까지 한다. 지금까지 명확한 어투로 신중하게 구사된 글쓰기 법이 완전히 변했다. 이제 언어는 사고가 증발하는 바로 그 경계선에까지 밀착된 순간 정서의 표현수단이 되어 느낌표들, 이를테면 감탄부호와 의문부호, 감동 받은 감탄사, 중간 생략 기호 따위로 넘쳐난다. 이 지점에서 분명 우리는 자신의 성과물을 이후 다시 잃어버리고 마는 일종의 초기 인상주의를 접하게 된 것이 아닌가 하는 인상을 받는다. 열정적으로 갈구하면서 영원히 만족할 줄 모르고, 흡사 새로운 것을 찾아다니는 프로메테우스의 의식으로 들떠 있는 영혼의 상태는 청년 괴테가 자신의 정신적 애인 가운데 하나에게 하루를 들여서 쓴 1775년의 한 통의 편지에 고스란히 묻어나 있다. 우리에게는 그것이 하도 생생해서 꼭 현재처럼 느껴질 정도이다. 그 편지는 다음과 같은 말로 끝을 맺는다. "아무튼, 나는 독약을 먹은 쥐 같은 처지랍니다. 이 구멍 저 구멍으로 들락날락하며 아무 물이나 핥고, 도중에 마주치는 먹을 수 있는 것이라고는 죄다 집어삼켜 보지만 그 속에서는 속을 녹아내리게 하는 끌 수 없는 불덩이가 작열하고 있답니다."

이 시대는 새로움이 형성될 때 모든 시대가 겪는 그런 병적인 요소를 가진 동시에 모든 과도기가 갖는 투시력도 겸비하고 있었다. 그래서 그 모순성도 그만큼 강했다. 예컨대 독일에 이식된 영국식 정원은 비록 자연으로의 회귀에 대한 영감에서 비롯된 것이긴 하지만 당시 '자연'으로 이해한 모든 것을 한 점에 집중하려 한 인공적 작업의 결과에 불과했다. 초원, 개울, 동굴, 군락을 형성한 나무들, 부드러운 언덕길, 적절한 간벌이 이루어진 작은 숲 따위가 그런 것이며, 여타 부대 장치는 생각해낼 수 있는 모든 회상과 속내에 따른 그로테스크한 골동품들로 채워졌다. 그것은 그리스풍의 기둥, 로마식의 무덤, 터키식 회교 사원, 고딕식 잔해들로 형성되어 있다. 게다가 특히 몰취미한 데다 자연에 반하여 낯선 느낌이 들게 하는 감상적인 비문들이 곳곳에 있었다. 그것은 의도적인 작용을 설파하기 위한 것이다. 역시 과도한 감수성과 조야함이 기묘하게 혼합되어 있다. 연인에게서 초현세적인 성향을 읽어내는 베르테르 시대 기센(Gießen)의 경우 석학 라우크하르트(Laukhard)가 자신의 자서전에서 보고하는 바처럼 대학생들 사이에는 꼭 그리멜스하우젠(Grimmelshausen)을 상기시키는 특이한 형태의 환영 행사가 아직 관례로 남아 있었다. 요컨대 남학생들이 미리 맥주를 적당히 마시고는 여학생들이 사는 기숙사 앞으로 가서 마치 마부가 말이 오줌을 눌 때 취하는 행동처럼 휘파람을 불면서 오줌을 갈겼다.

감성의 등극은 세련됨 못지않게 자유분방함에서도 완전히 자연에 부합하도록 작용하기 마련이었다. 지금까지의 예술법칙과 국법의 고루함과 편협함에서 벗어나, 어쨌거나 모든 법규는 버릴 수도 있다는 결론을 끌어낸다. 이는 『청년 베르테르의 고뇌』에서 명확한 반어로 표현되기도 한다. "법규의 장점에 대해서야 얼마든지 많은 말을 할 수 있다. 그것은 흡사 부르주아 사회를 찬양하려면 한없이 할 수 있는 것과 같은 이치다." 그런데 실제로 당시 청년들은 이미 부르주아를 경멸하고 있었다. 나중에 이와 같은 경멸을 프랑스 낭만주의자들, '청년독일(Das junge Deutschland)'의 시인들, 자연주의자들, 표현주의자들 및 모든 청년운동이 드러내 보였다. 이는 모든 직업에 대한 원칙적 경멸로 이어졌다. 그들은 그저 인간이길 원했던 것이다. 괴테의 동서 슐로서(Schlosser)는 1777년 『독일 박물관(Deutsches Museum)』에서 이렇게 말한다. "학자신분, 그래 신분이라고? 참으로 웃기는 말 아닌가! 맙소사, 무슨 신분이지! 학자신분, 법학자신분, 목사신분, 작가신분, 시인신분. ‒ 곳곳에 있는 것이라고는 신분뿐이고 인간은 어디에도 없지 않는가! 어째서 지혜·경험·인간에 대한 지식은 장사치들에게서는 보기가 드문가? 왜냐하면 그들은 몽땅 신분이기 때문이다." 당시 그 같은 세대에게 이상으로 아른거린 것은 특정한 것에 매달리지 않고 모든 것에 관심을 두며, 인생에 대한 탐구를 유일한 전문 지식으로 삼는 그런 천재적인 애호정신이었다.

실루엣과 돌림편지 천재시대의 도드라진 특성이라고 한다면 그것은 로코코의 도자기 열풍이 지워 없앴던 실루엣에 대한 열정이다. 책이나 앨범 어디에서든 검은 초상화가 목격된다. 그것은 벽 그림, 기념패, 컵과 찻잔 등에서도 볼 수 있다. 심지어 실물 크기만 한 것도 드물지 않았다. 가위로 자르는 기술은 저명한 도안가들도 동경하는 재능이었고, 사람들 입에 가장 많이 오르내린 환담은 가족의 식탁에 관한 얘기였다. 독특한 방식으로 음영을 드리우고, 암시적이며, 커튼을 친 형태를 드러내는 동시에 추상과 도안과 윤곽의 형태를 취하는 것이 그 시대의 특징이다. 감성의 모호함과 오성의 명쾌함, 그 종합이 이 같은 취미활동으로 표현되었던 셈이다. 그것은 곧 딜레탕트와 아마추어 형태를 띠기도 한다. 라바터는 골상학이라는 자체 문제적인 학문을 정립하면서 특히 스케치 그림을 정열적으로 수집했다. 정신의 탐구라는 이 새로운 형식은 우리 시대의 필적학(Graphologie)과 거의 맞먹는다. 이를 수립한 이들은 모든 사람의 성격은 그 얼굴에서 읽어낼 수 있다고 주장하며, 리히텐베르크가 비꼬아 논평했듯이 그들은 동시대 작가들의 글에 담긴 이성적 세계보다 그들의 코 모양에서 더 많은 것을 찾으려고 했다.

편지쓰기도 열풍을 일으킨 형식이 되었다. 물론 그것은 오늘날의 편지쓰기와는 본질적으로 다른 성격을 지닌다. 왜냐하면 그것은 친밀한 사적인 얘깃거리가 아니라 아예 많은 독자층을 예상하고 종이에 옮겨놓은 토로이자 보고였기 때문이다. 현실을 제대로 알리는 신문의 부족, 엄격한 검열, 자신과 타인의 정신활동을 공유하길 즐기는 그 시대의 태도가 흔히 열두 촌락을 순회하는 '돌림편지(Zirkelbrief)'가 지배적인 소통형식이 되게 만들었다. 괴테는 이렇게 말한다. "사람들 사이에는 보편적인 솔직함이 있어서 개개인들과 직접 만나 말할 순 없어도 한 번에 여러 명에게 동시에 부치는 것으로 여기지 않고도 편지를 써 보낼 수 있다. (…) 그래서 정치담론이 별 흥미가 없을 때는 광범위한 도덕적 세계와 상당히 친숙해지는 법이다." 말하자면 편지는 '정신적 방문(Seelenbesuch)'을 뜻한다. 그래서 사람들은 즐겨 편지를 썼고 직접 개인적으로 알지 못하는 사람들과 공상적으로 교감했다.

바로 이때는 철저히 문학적인 시대였다. 말하자면 문학적으로 말하고 감동을 하고, 문학적으로 증오하고 사랑한 것이다. 삶의 중요한 모든 표현이 글로써 이루어졌다. 모든 일이 종이를 위해 종이를 **통해** 진행되었다. 모든 것이 문학의 독점적 대상이 되었다. 여기에는 국가·사회·종교도 포함된다. 진짜 독서광이 모든 신분을 사로잡았다. 대출도서관이 등장했고, 포켓용 책은 화장실에 비치해야 할 필수품이 되었다. 프리드리히 대왕은 달랑베르에게 자신은 7년 전쟁에서 승리를 얻기보다 오히려『아탈리(Athalie)』를 쓰고 싶었다고 말했으며, 콜린(Kolín)의 끔찍한 참사 직후에 많은 시와 격언을 썼다. 마담 롤랑[13]은 단두대의 발판 앞에서 펜과 종이를 요구했다. 그것은 막 자신에게 떠오른 중요한 생각을 기록으로 남기기 위한 것이었다.

연미복   그 시대 의상에서도 극도의 요란함과 자연주의가 뒤섞였다. 머리 모양은 한동안 위로 너무 높아 마차를 탈 때 쿠션을 멀리할 수밖에 없을 지경이었다. 어느 날 프랑스 궁정에서는 돛이 달린 범선을 머리 모양으로 취급했다. 크레키(Créqui) 후작부인은 마리 앙투아네트[14]가 1785년에 **장식용 화분 모양**의 머리를 하고 나타났다고 설명한다. 그것은 머리에 아티초크(Artichoke)·양배추·당근·무 다발을 이고 있는 꼴이었다. 이를 본 한 궁녀가 감동을 해서 이렇게 소리쳤다고 한다. "난 채소만 하고 다닐 거야. 아주 단순해 보이지만 꽃보다 훨씬 더 자연스러워 보여." 여기에 이어 또 유행한 것은 이른바 침실

---

[13] Madame Roland(1754~1793): 남편 장-마리 롤랑(Jean-Marie Roland)과 함께 프랑스 혁명을 지지한 지롱드파의 중요한 일원. 공포정치 기간에 단두대에서 처형됨.
[14] Marie Antoinette(1755~1793): 프랑스 루이 16세의 왕비.

모자라고 불린 큼직한 두건이었다. 그러나 분칠하는 것에 대해서는 자선의 이름으로 격렬한 반대운동이 일어났다. 밀가루 과용이 빵값을 비싸게 만든다는 것이었다. 그래서 실제로도 머리에 분을 칠하지 않고 다니기 시작했다. 물론 그것이 보편적인 풍습으로 자리 잡진 않았다. 남자들 사이에서 변발은 해마다 그 길이가 짧아졌으며, 로코코의 프록코트가 조끼마냥 짧아져 영국식 승마복을 흉내 내더니만 진짜 연미복 모양으로 바뀌었다. 이는 1770년경 '제비꼬리 연미복(Schwalbenschwanz)'으로 유행했다. 그러나 이 의상이 한창 유행할 때 그것은 오늘날까지 존속하는 진중하고 품위 있는 예복으로서가 아니라 우선 혁명적인 청년들이 가장 선호한, 눈길을 끄는 요란한 의류로서 시작했다. 그 색깔이 진홍색·담청색·보라색으로 강렬했으며, 단추는 큼직한 황금빛 단추 혹은 청동 단추를 달았다. 이 세기 말엽 무렵에 자유로운 아메리카에서 실크해트와 챙이 둥글고 큰 펠트 모자가 들어왔다. 베르테르의 복장은 두건과 황색 가죽바지, 노란 조끼와 청색 연미복에 목이 길고 끝이 접히는 장화를 신는 것이었다. 여기에 목과 머리카락은 아무것도 두르거나 쓰지를 않고 자유롭게 내버려 두었다. 이는 기성세대가 특히 못마땅하게 여긴 부분이다. 여성들 사이에서조차 베르테르의 모자, 조끼와 연미복, 악명 높은 **'카라코'**[15] 등의 복장을 하면 '해방된 여성'으로 통했다.

　그 시대의 신들은 베르테르가 기도를 드리는 인물들이다. 그들은 사람들이 착각하여 레제드라마 작가들로 이해한 호메로스와 오시안[16]과 셰익스피어였다. 1760년 스코틀랜드의 서정시인 제임스 맥

오시안

---

[15]　Caraco: 18세기와 19세기 초에 유행한 여성용 재킷의 스타일. 앞가슴 부분이 넓고 길게 파여 있고, 딱 달라붙는 긴 소매로 되어 있음.
[16]　Ossian(? ~ ?): 아일랜드의 전사 시인.

퍼슨[17]이 『고산지대에서 수집한 고대문학의 단편들(*Bruchstücke alter Dichtung, gesammelt in den Hochlanden*)』을 펴냈다. 그것은 소위 카라칼라[18] 시대의 게일어로 번역된 바더[19]의 노래로 채워졌다. 이어서 맥퍼슨은 두 번째 작품을 선보였다. 곧 그것은 『핑갈, 고대의 서사문학. 핑갈의 아들 오시안 편저(*Fingal, eine alte epische Dichtung, verfaßt von Ossian, Sohn des Fingal*)』이다. 존슨과 흄은 이 작품이 진품인가 의심했다. 맥퍼슨이 죽고 11년이 지난 뒤인 1807년에 이르러서야 비로소 그 작품은 위작이라고 비난할 여지가 없다는 것이 입증되었다. 그러나 이는 별 차이 없는 일이지만 존슨같이 서류를 먹고 사는 사람과 흄과 같이 광적인 회의주의자에게만큼은 중요한 문제였다. 이 같은 연극적 작품의 천재성은 그 시들이 고대 민속예술을 충실하게 복제한 것에 있는 것이 아니라 그 시대에 대한 동경이 자연문학(Naturpoesie)을 포착하여 그것을 바로 취하려 한 점에 있다. 말하자면 원시성을 살려내고, 재주를 한껏 부려 아름답게 꾸며내어 이후 사람들의 비애를 반영한 것이다. 그 같은 시들이 불러일으킨 세간의 엄청난 관심은 바더의 실제 노래들로서는 아마 결코 취할 수 없었을 터이다. 그 노래들은 프랑스어·이탈리아어·스페인어·폴란드어·네덜란드어로 번역되었으며, 독일어로는 여섯 차례 번역되었다. 알비나(Alwina)와 셀마(Selma), 그리고 핑갈은 인기 높은 세례명이 되었다. 바더 학교들이 생겨났고, 급기야 나폴레옹은 오시안을 호메로스보다

---

[17] James Macpherson(1736~1796): 스코틀랜드의 시인. '오시안 논쟁'으로 유명함.

[18] Caracalla(188~217): 로마의 황제. 정식 이름은 Marcus Aurelius Severus Antoninus Augustus임.

[19] Barde: 고대 켈트족의 음유시인.

더 높이 평가했다. 흐릿함과 우울함, 야생 상태의 성장과 카오스의 상태가 당시에는 명료함과 형식의 엄격함보다 더 시적인 것으로 비쳤다. 지금까지 멸시되었던 고딕의 매력과 위대성을 이제 발견한 것이다. 이미 언급한 바 있는 로버트 월폴의 아들 호레이스 월폴[20]은 자신의 성 스트로베리 힐(Strawberry Hill)을 중세의 성으로 개축하고서는 크게 성공한 공포소설 『오트란토의 성(The Castle of Otranto)』을 썼다. 이를 두고 헤르더는 과거 독일의 아주 멋진 풍습을 보는 것 같다고 찬양했으며, 괴테는 스트라스부르의 대성당 분위기를 연출하는 듯하다며 감동했다.

질풍노도(Sturm und Drang) 운동의 시인들이 갖는 그 독특함은 그들이 예외 없이 청년기에 대성공을 거두었다는 점이다. 이는 헤르더와 괴테와 실러와 같은 고전주의 작가들의 경우에도 마찬가지다. 그 시작을 1767년에 게르스텐베르크[21]의 『우골리노(Ugolino)』가 알렸다. 이 작품은 화려한 색채로 긴장을 촉발하는 연극작품으로서 일종의 갈망의 형태론을 그려내고 있는 그 뚜렷한 윤곽 덕분에 지대한 호기심을 유발했다. 게르스텐베르크는 여러 다른 진정한 천재들보다 나이가 한 10년은 더 많았고, 1823년 여든여섯의 나이로 사망했지만 전도유망했던 초창기 이후 더 이상 별다른 성과를 내놓진 못했다. 1772년에 열정적인 청년 동아리로 발족한 괴팅겐의 '작은 숲(Hain)'은 스칸디나비아 음유시인의 가요를 혁신하려 하면서 자유, 조국, 미덕과 클롭슈토크에 탐닉했다. '작은 숲'과는 형식적으로만 접촉한 원조 질풍노도 그룹의 일원들은 모두 그 세기의 중엽에 태

질풍노도

---

[20] Horace Walpole(1717~1797): 영국의 작가이자 역사가이며, 미술품 감정가이자 수집가.

[21] H. W. von Gerstenberg(1737~1823): 독일의 시인 겸 비평가.

동하여 아주 단순하게 그냥 '괴테파(Goethianer)'라고 불렸다. 그도 그럴 것이 사람들은 이 운동의 지도자를 괴테로 보았기 때문이다. 물론 괴테는 주지하다시피 일찌감치 그들을 멀리했다. 작품들이 익명으로 출간되었다. 그래서 전문 감별사들조차도 그 저자를 확정할 때 헛짚는 것을 보면 자못 재미있는 일이다. 레싱은 라이제비츠[22]의 『율리우스 폰 타렌트(*Julius von Tarent*)』가 괴테의 작품이고, 바그너[23]의 『영아살해자(*Kindermörderin*)』는 렌츠[24]의 것이라고 생각했다. 렌츠의 몇몇 시는 거의 모두가 괴테의 판본으로 출간되었고, 그의 희곡 『병사들(*Die Soldaten*)』은 대체로 클링거[25]의 작품으로 통하고 있으며, 대신 클링거의 『고통받는 아내(*leidenes Weib*)』는 티크[26]의 작품으로 렌츠의 전집에 수록되어 있다. 반면에 클링거의 『새로 온 아리아(*Neuer Arria*)』를 두고서 글라임(Gleim)과 슈바르트(Schubart)는 괴테의 작품이라고 추정하며, 렌츠의 『가정교사(*Hofmeister*)』는 클롭슈토크와 포스를 비롯하여 온 세상 사람들이 괴테의 것으로 돌려났다. 심지어 많은 사람에게 그것은 괴테의 가장 중요한 드라마로 취급되기도 한다. 사실 렌츠는 그 세대에서 괴테 다음으로 인기가 많은 시인이었다. 괴테도 그를 두고 "가장 기묘해서 규정하기가 불가능한 인물"로 보았고, 라바터는 렌츠의 강점과 약점에 대해 다음과 같이 적절하게

---

[22] J. A. Leisewitz(1752~1806): 독일의 극작가. 그의 주저 『율리우스 폰 타렌트』는 실러의 질풍노도기의 걸작, 『군도』의 선구적 작품에 해당함.

[23] H. L. Wagner(1747~1779): 독일의 극작가.

[24] J. M. R. Lenz(1751~1792): 러시아 태생의 독일 시인이자 질풍노도기의 극작가.

[25] F. M. Klinger(1752~1831): 독일의 극작가이자 소설가. 『뒤죽박죽 혹은 질풍노도(Der Wirrwarr, oder Sturm und Drang)』라는 그의 희곡의 제목은 유명한 독일 문예운동의 이름, '질풍노도'의 전신이 됨.

[26] J. L. Tieck(1773~1853): 독일의 시인·소설가·비평가·번역가.

압축해서 말한다. "그는 천재를 놀린다." 그는 여러 맥락에서 베데킨트(Wedekind)를 상기시킨다. 그의 드라마에서는 거칠지만 냉정한 성적 욕구가 지배적이며, 조급한 이미지 분일증과 의상분일증이 지배적이다. 그러나 바로 이 같은 성격이 탁월한 연극적 분위기를 조성하며, 그것은 곧 열정과 캐리커처로 승화된 자연주의와 비도덕성에서 비롯되는 도덕주의를 산출한다. 이 자연주의는 각 인물에게 그 고유한 최고의 적나라함과 전방위적인 입체성을 부여하고, 또 비도덕성에서 태어난 그 같은 도덕주의는 어떤 상스러운 계기들 앞에서도 멈칫하지 않게 한다. 『병사들』에서는 창녀가 여주인공으로 등장하며, 『가정교사』는 주인공이 거세하는 것으로 끝을 맺는다. 렌츠 자신도 혼합장르로 알고서 희극이라고 부른 그의 작품들은 자신이 1774년에 쓴 드라마에 붙인 「연극논평(Anmerkungen über das Theater)」에서 제기한 주장, 즉 연극은 하나의 '골동품상자(Raritätenkasten)'여야 한다는 주장을 온전히 실현했다. 사실 이 탁월한 어법은 그가 온통 복제하고 싶어 한 괴테로부터 기원하는 것이다. 그는 프리데리케 브리온(Friederike Brion)을 포함하여 슈타인(Stein) 부인과 사랑에 빠졌고, 슐로서(Schlosser) 및 코르넬리아(Cornelia)와 친밀한 우정을 나눴으며, 자신의 몇몇 시 가운데서 청년 괴테의 음색을 수없이 많이 냈고, 역시 바이마르 궁정에서 일자리를 얻고 싶어 했다. 그래서 카를 아우구스트(Karl August)는 그를 괴테의 원숭이라고 불렀다. 그러나 그가 괴테와 구분되는 것은 다른 모든 것 일체는 차치하더라도 단 하나 인간적 배경과 심리학적 리듬이 턱없이 부족한 점이었다. 이는 급상승 이후 그의 삶을 광기와 망각의 나락으로 밀어 넣는 원인이었다.

모든 경계를 뛰어넘는 듯하지만, 근본적으로 그저 인위적으로 강제된 무절제함, 이는 클링거의 기본 특색이기도 하다. 빌란트는 그를 '사자의 피를 빨아먹는 자'라고 불렀으며, 그 자신도 1775년의 한 편지에서 이렇게 썼다. "정열이 나를 갈기갈기 찢고 있고, 이 정열로 인해 다른 사람들은 거꾸러지고 만다. (…) 매 순간 나는 인류와 운집해 사는 모든 것을 카오스에게 먹이로 주고, 그다음에 나를 쓰러지게 하고 싶다." 그의 작중 인물들은 만성적인 고열 속에 살고 있다. 그의 발언은 짙은 안개를 빌려 허황스럽기 짝이 없는 급변이 이루어지기 때문에 숨이 막힐 지경이다. 나중에 그는 상트페테르부르크로 가서 차르의 총애를 받아 장군으로 승진했고, 많이 읽히는 상당히 말랑말랑한 소설을 썼으며 고령으로 죽었다. 1785년에 그는 자신의 청년기 문학을 두고 이렇게 말한다. "젊었을 때의 내 작품을 오늘 두고 보니 꼭 남이 그러하듯 웃지 않을 수가 없다. 그러나 분명한 사실은 다소간 청년은 저마다 시인과 몽상가로서 세상을 바라본다는 것이다. 모든 것을 더 고상하게 더 우아하게 좀 더 완전하게 바라보는 것이다. 물론 더 뒤죽박죽이고 더 거칠며 더 과장된 것도 사실이다."

하인리히 레오폴트 바그너는 조야하고 투박하지만 힘이 아주 넘치는 자연주의자였다. 그의 희곡 『일 터지고 후회(Die Reue nach der Tat)』는 여기에 '가문의 명예'라는 속된 제목을 단 슈뢰더(Schröder)의 감독 아래서 큰 성공을 거뒀다. 그러나 그는 1779년에 요절하고 말았다. 문학사에서 '화가 뮐러(Maler Müller)'로 널리 알려진 화가 프리드리히 뮐러[27]는 파우스트 단편과 희곡 『골로와 게노페파(Golo und Genoveva)』를 썼다. 이 작품은 세련된 색감에 반쯤 리얼리즘적이고 반쯤 서정적인 장면을 연출한다. 그래서 여타 작품보다 미적 감각이

---

[27] Friedrich Müller(1749~1825): 독일의 시인·극작가·화가.

훨씬 돋보인다. 그러나 내용 차원은 다소 순박한 편이다. 이 그룹에서 가장 취약하고 가장 온건하면서도 가장 성공적인 인물은 라이제비츠였다.

1773년 가장 강렬한 독일의 발라드[28] 중 하나인 뷔르거[29]의 『레노레(Lenore)』가 출간되었다. 물론 이 문학 장르는 당시 한때 전성기를 누리기도 했다. 이 장르는 대목장의 악동들이 부른 '모리타트'[30]에서 유래한다. 그래서 발라드는 서민적이고 다채로우며 생동감이 넘치는 장르로서 천재시대의 드라마에 맞먹는 서정적 · 서사적 장르에 해당한다. 발라드에서 풍기는 묘하게 칙칙한 음색을 제대로 살려낸 최초의 음악가는 요한 루돌프 춤슈테크[31]였다. 실러는 1791년에 『일반 문학신문(Allgemeine Literaturzeitung)』에서 뷔르거에 대해 세간에 이목을 끈 다소 일방적인 비평을 한 적이 있다. 괴테에게 많은 찬사를 받았지만 『레노레』의 시인의 마음은 몹시 상하게 했다. 물론 여러 대목에 대해 깊이 인정하고 칭송도 했지만, 결정적인 예술적 성숙도만큼은 부정했기 때문이다.

그 세대는 탁월한 재능을 타고난 몹시 난감한 본능의 시인들이었다. 그들은 대략 10년간 독일 청중을 그들 비전의 열정과 참신성과 다채로움으로 매혹했기 때문에 당대에 이미 '대천재'로 통했다. 그래서 사람들은 그들이 자신들의 문학적인 힘, 바로 오직 그 힘을

2차원적인
시문학

---

[28] Ballade: 중세 말기 유럽에서 독자적인 양식으로 확립된 짧막한 이야기체 민요. 담시(譚詩)로 번역되기도 하는데, 우리의 경우 판소리와 유사함.
[29] G. A. Bürger(1747~1794): 독일의 서정시인. 독일 발라드의 대표적인 시인으로 통함.
[30] Moritat: 살인이나 공포 사건을 소재로 떠돌이 가수들이 부른 발라드풍의 통속적인 노래.
[31] Johann Rudolf Zumsteeg(1760~1802): 독일의 작곡가이자 지휘자.

통해서만 천재에 가까웠다고 아주 정확히 짚었던 것이다. 그런데 천재는 동시에 언제나 **알아가는 자**(Wissender)이다. 요컨대 천재는 우리가 '삶'이라고 부르는 극도로 복잡하고 혼란스러우며 짐짓 비논리적인 듯한 현상을 정통한 소식통으로 마주한다. 따라서 그가 여타 사람과 맺는 관계는 전문가가 딜레탕트와 맺는 그것과 같은 것이다. 질풍노도의 시인들은 속속들이 천재일 뿐이다. 그들의 상상과 형상화 재능을 충분히 따라잡을만한 지력과 교양은 없다. 말하자면 어떤 예술가가 자기 자신의 개성을 완전히 조망하고 관장할 만큼 교양이 쌓였을 때에만 거기에 합당하다고 할 수 있다. 그들의 재능은 평균화되지 않는다. 따라서 그들에게 붙잡힌 모든 것은 부자연스러운 것, 비유기적인 것, 뒤틀린 것과 같은 성격을 지니며, 그래서 그들의 독창성은 **유익하기**(befruchtend)보다는 **기이하게**(befremdend) 보이는 작용을 불러일으키는 것이다. 그들은 특정한 생각을 전파하고, 삶의 영위 방식에서 특정한 이념을 가르치려고 한다. 그러나 그들의 메시아적 태도는 의도하지 않게도 영웅심리에서 발동된 것처럼 보인다. 마치 김나지움의 학생 같은 티가 나는 것이다. 그들은 소중한 가치가 있는 사춘기문학 이외 다른 것을 창조하진 않았다. 그럼에도 불구하고, 아니면 바로 그 때문에 사람들은 천재시대를 말의 의미 그대로 독일문학의 개화기로 부를 수밖에 없는 것이다. 결과적으로 개화는 열매를 맺지 못했다. 그도 그럴 것이 꽃들이 의고전주의에 의해 꺾였기 때문이다.

질풍노도 운동을 자연주의와 표현주의 운동과 비교해보면 우리는 그 운동을 좀 더 잘 이해할 수 있다. 각자 그 세 경향에서 지금까지 존재한 적이 없는 것으로 외친 그 요란한 프로그램의 외관과는 달리 차이는 별로 나지 않았다. 세 경우 모두 그 진행과정은 원칙적으로 동일하다. '도발적인' 청년 세대가 지금까지 관행으로 받아들인 그 모든 것에 대항하여 큰 소리를 내지른 것이다. 그런데 그 관행적인 것은 지금까지 관행으로 내려왔다는 이유만으로 기피된다. 청년은 모든 형식을 파괴하거나 그렇게 해야 한다고 생각한다. 실제로 그 세대는 새로운 형식을 만들어낸다. 이 형식은 언제나 '밑에서부터' 올라와 지금까지 억압받아온 계층의 권리를 대변하고, 경찰력을 단호히 무시하며, 최대한 좌파적 성향을 띤다. 1770년에는 민주주의를, 1890년에는 사회주의를, 1920년에는 공산주의를 표방했다. 자신의 예술적 신조를 위해 어떤 본질적인 지점에서는 닮아가면서도 또 다른 본질적인 지점에서는 오해하는 그런 훌륭한 후원자를 기꺼이 선택한다. 이러한 후원자 역할을 셰익스피어는 원조 천재를 위해, 입센은 자연주의자들을 위해, 스트린드베리는 표현주의자들을 위해 맡은 것이다. 청년 세대는 속물들로 하여금 혀를 차게 만드는 행태, 이를테면 광기, 살인과 신성모독, 트집을 잡고 술을 고래고래 마시며 방에 침을 뱉는 행각 따위를 시의 대상으로 삼길 좋아한다. 그리고 무대를 사회적 재판관으로 부각시키고, 그 재판관의 결정을 선동적인 냉소주의와 꼿꼿한 품성의 혼합 형태를 빌려 교훈적으로 광고하려 한다.

여기서 질풍노도의 시인들은, 자신들이 2차원적인 환상을 품고 있는 시인들이라는 고유성을 공유하는 표현주의자들을 강하게 상기시킨다. 그들은 평면에서도 모든 것을 직선으로 생각한다. 여기에 아마 그들 작품 속 인물들이 억지로 짜낸 것들이라고 늘 사람들이 비난하는 진짜 이유가 있는 것 같다. 그런데 그 작품 속 인물들은 자연스럽게 구성되어 있다. 물론 구성 그 자체를 두고서는 항변할 수 없다. 왜냐하면 극작가들은 저마다 어느 정도까지는 고안자이기 마련이기 때문이다. 그들의 약점은 그들이 2차원적으로 구성하거나, 좀 더 일상적이긴 하지만 더욱 모호한 말투로 말하려는 듯이 서정적으로 구상한다는 점에 있다. 따라서 그들은 항상 일종의 밑그림이 들어가 있는 전지(全紙)를 들고 다녔던 셈이다. 그 그림이 잘못 그려진 것이든 미완성의 것이든 상관없다. 삐딱하거나 뻣뻣한 인상은 바로 그 등장인물들이 비록 무대에 어울리지 않아 보여도 연극무대를 위해 창작된 것 같은 분위기에서 비롯된 것일 뿐이다. 늘 뭔가 빠져있다는 인상을 준다. 그것은 곧 3차원이다. 이는 뛰어난 낭독자가 마치 배우로 등단하려 하는 것과 같은 효과가 생겨나게 한다. 수수한 모습, 이는 직선적으로만 바라보는 거의 모든 작가가 내보이는 특색이다. 그들은 텍스트를 중단시키는 선, 요컨대 횡선에 집착한다. 질풍노도 운동도 활자 인쇄술이라는 보조수단을 남용이다 싶을 만큼 이용할 대로 철저히 이용했다.

하만 　　이 운동 전체의 예언자는 문학사에서 가장 진기한 현상이라고 할 수 있는 요한 게오르크 하만[32]이었다. 그는 우리의 가장 깊은 영혼의 동요는 명암의 영역에서 일어난다는 열정적 확신을 갖고 창작활동을 했다. 완전히 새로운 말을 만들어내고, 지금까지 들어본 적이 없는 암시에서 비롯된 예감과 신비와 은유로 창작했다. 물론 그중에는 아무리 해도 납득할 수 없는 수많은 대목이 있다. 그 자신도 본인의 개념들, 이를테면 '아리송한 오묘함', '메뚜기 스타일', '저주받을 소시지 스타일'에 대해 언급하면서 자신의 젊은 시절의 글은 이해하기 어렵다고 설명하고, 자신의 작품 일체를 단순한 '조각 · 단

---

[32] Johann Georg Hamann(1730~1788): 독일의 프로테스탄트 사상가. 칸트의 친구이지만 '이성'보다 '신앙'을 중요시한 철학자임.

편·착상·착안'으로 규정한다. 그는 계몽사상가들에 대해 극단적
반대 입장을 취한다. 그가 부르는 식으로 한다면 그들은 '거짓 예언
가, 행세 예언가, 말뿐인 예언가'로서 그의 어지러운 암호문을 으스
대면서 얕잡아본다는 것이다. 그런데 이런 의문을 가져볼 수도 있을
법하다. 요컨대 나중에 멘델스존과 니콜라이, 그리고 그 일파가 마
치 하만의 문투를 흉내 내어 천재적 문장을 따라 쓰지 않았던가 하
고 말이다. "선은 깊게 받아들이고 악은 밀쳐내는 것, 이것을 나는
의무와 예술로 간주한다. 사람은 실제보다 더 나쁘지만, 보기보다
실제로는 훨씬 더 선량하다." 소크라테스의 경우를 두고서도 그는
멘델스존과는 반대로 변증법주의자와 도덕가를 숭배치 않고 다이
모니온[33]의 신비스러운 음성을 숭배한다. 소크라테스적인 '모름
(Nichtwissen)'을 그는 천재 개념의 의미를 빌려 비합리주의에 대한 고
백으로 해석한다. 시인들과 사상가들에게는 '자의(恣意)'에 대한 온
정'을 요구한다. 왜냐하면 '사유와 느낌과 소화, 이 모든 것은 마음
에 달려있기' 때문이다. "약간의 심취와 미신은 동정만 일으키기도
하며 영혼을 철학적 영웅주의로 끓어오르게 하는 효모 작용을 불러
오기도 한다." 그에게 시는 '인간 마음의 역사적 기술'이고 철학은
자각을 의미한다. "자각이라는 지옥의 순례만이 우리에게 신격화로
통하는 길을 열어준다." 그의 기본개념은 브루노의 **반대의 일치**
(*coincidentia oppositorum*) 개념과 맥락을 같이한다. 그는 이 개념의 실재
를 모든 면에서 뒤져 정신과 육체, 이성과 감각의 수수께끼 같은
통합을 통해 증명해 보였다. 그의 경우 언어는 육화된 정신이고 감

---

[33] daimonion: 소크라테스가 마음속으로 자주 들었다는 오묘하고 신령한 것을
뜻함.

각화한 사유일 뿐이다. 이 같은 것을 그는 삼위일체, 현시와 구원 같은 기독교적 신비를 통해서도 증명하려고 했다.

모든 피조물의 내적 모순과 유기적 비논리성이 갖는 역설에 대한 이 같이 한결같은 깊은 확신은 필연코 반어적인 관점으로 이어진다. 실제로 하만은 플라톤이나 파스칼 혹은 셰익스피어와 같은 부류처럼 최고의 반어적인 문사였다. 그는 세상을 신적인 반어의 산물로, 그리고 하느님의 말씀으로 통하는 성서는 반어적인 책의 교본으로 볼 정도였다. 이처럼 복합적이면서 원시적이고, 근대적이면서도 고대적이고, 보편적이면서도 일면적이며, 열렬히 숭배를 받으면서도 오해를 받는 이 같은 사상가가 당대에 취했고, 철학의 역사에서 오늘날도 취하고 있는 모순 가득한 태도에는 일종의 깊은 반어적인 요소가 자리 잡고 있는 것이다.

헤르더와
야코비

헤르더는 하만의 명제, 즉 시는 인류의 모국어라는 명제에 입각해서 자신의 시를 비롯한 언어철학 전체를 구성했다. 이미 우리는 이 책의 1권 서문에서 이 같이 탁월한 두뇌의 진가에 대해 간략히 평가해보려 한 적이 있었다. 헤르더는 계몽주의가 과거의 모든 현상을 그 편협하고 고루한 세계상에 비추어 동질화하려 한다는 점에서 보면 계몽주의와 극단적 대립각을 세우고 있다고 할 수 있다. 그의 경우 모든 현상, 이를테면 가장 엉뚱하고 가장 낯선 것들에 대해 애정 가득한 이해심을 갖고 그것들에 바짝 달라붙는 바로 그 재능이 대단히 강력한 힘으로 발전했다. "이제 우리는 영원히 골방 샌님들을 위해 글을 쓰는 꼴이다. 송가도 짓고, 영웅시도 쓰고, 성가와 부엌 노래도 짓고 있지만 아무도 그것을 이해하지 못하고, 이해하려고도 하지 않으며, 느끼지도 못한다. 우리의 고전문학은 극락조와 같다. 형형색색 아름답다. 그런데 독일 땅에는 내리지 않고 계속 높이 날고만 있다." 그에게 시는 고고한 만큼 자연에 더 가깝다. 그래서 가장 찬란한 시들은 가장 오래된 민족, 말하자면 야생적인 자연의 자손들에 의해 창조되었다고 본다. 그도 그럴 것이 문화는 시에 치명적이기 때문이다. 이 같은 민족의 노래에는 신선함과 힘, 직관이 가득하다. 이런 노래는 말하는 것이 아니라 그림을 그리는 것이며, 설명하는 것이 아니라 용감한 도약과 투척으로 분출하는 것이다. 이 같은 견해의 타당성을 구체적인 실례로 보강하기 위해 그는 천재적인 감정이입의 재능을 발휘하여 '제 민족의 목소리들', 이른바 프랑스 · 이탈리아 · 스페인 · 영국 · 스코틀랜드 · 덴마크의 문학과 스칸디나비아 음유시인의 노래, 독일의 민요, 그리고 그린란드와 라플란드, 타타르와 벤트족[34]에 이르는 모든 민족에게서 자생적으로 생겨난 자연을 노래한 시들을 번역했다. 그는 중세 예술의 웅대함, 알브레히트 뒤러(Albrecht Dürer)의 숭고한 힘과 단순성, 구약성서에 등장하는 동방의 마술을 발견하면서 '민속동화'의 모음집을 찾아낸다. 이때 그는 모든 현상을 고립시켜 보지 않고 환경과 연관지어 그 시대의 산물, 이를테면 그 민족성과 그 풍습의 산물로 본다. 계몽주의는 셰익스피어를 불규칙성 때문에 결딴난 천재로 취급한다. 레싱은 그를 두고 스스로 규칙을 만들어내는 천재로 설명하지만, 헤르더는 그를 엘리자베스 시대와 이의 고유한 실생활, 그리고 그 시대 국가와 극장, 그 사회와 세계관과 같은 것들의 다채로운 모사로 해석한다.

　하만이 개시하고 헤르더가 널리 확산시킨 이 같은 비합리주의적인 운동을 계승하여 구체화한 사람은 괴테의 죽마고우인 프리드리

---

[34] Wende: 8~9세기경 독일 북동부에 이주한 슬라브 민족.

히 하인리히 야코비[35]이다. 그는 스피노자에 시비를 거는 일에서 출발한다. 이때 그는 스피노자가 무신론자이자 숙명론자였으며, 스피노자식의 수학적·논리학적 논거방식으로는 숙명론으로 귀결될 수밖에 없다는 점을 증명한다. 개념적인 사유는 우리에게 빵 대신 돌만 줄 뿐이며, 살아 있는 신 대신 자연의 메커니즘을, 의지의 자유 대신 경직된 자연의 필연성만 줄 따름이라는 것이다. 우리로 하여금 세계를 인식하게 하는 기관은 이성이 아니라 감정이다. 이 감정은 인간들 저마다 속에서 살아 움직이는 '초감각적 능력(Vermögen des Übersinnlichen)'이다. 사물들이 우리 외부에 실존한다는 사실을 오성으로써는 논증할 수 없고, 직접적인 근원적 신앙을 통해서만 그것에 대한 확신을 얻게 된다고 한다. "우리의 판단이 의지할 수 있는 것은 사태 자체, 즉 사물들이 우리 앞에 실제로 서 있다는 사실뿐이다. 이에 대해서는 **계시**라는 말보다 더 적합한 말로 표현할 수 있을까?" 그런데 계시하고 **있는** 현존재는 계시되게 **하는** 현존재, 즉 오직 신일 수밖에 없는 창조력을 전제로 한다. 신의 현존재란 신의 개념에서 추론할 수 없다. 신은 우리가 그에 대해 사유하기 때문에 실존하는 것이 아니라 그가 실존하기 때문에 우리는 그에 대해 확신하는 것이다. 우리의 인식으로 우리는 실제의 현존재를 파악할 수 없다. 우리가 인식을 통해 파악하는 것은 대상 자체가 아니고 항상 그에 대한 우리의 표상일 뿐이다. 그럼에도 우리가 사물들을 지각한다는 것, 즉 말의 의미 그대로 **참으로 받아들이는** 것은 추론될 수 없고 해명될 수 없으며, 그래서 실로 경이로운 사실인 것이다.

---

[35] Friedrich Heinrich Jacobi(1743~1819): 독일 감정철학의 대표자. 스피노자의 합리론을 비판한 것으로 유명함.

오늘날 야코비는 거의 잊힌 상태이지만, 그의 철학보다 더 많이 위로가 되고, 더 인간적이며, 심지어 이렇게 말할 수밖에 없을 법한데, 더 진정한 철학도 거의 없는 것이다. 우리가 제대로 관찰한다면, 모든 것은 오로지 신앙의 문제일 뿐이다. 곧 그것은 신의 계시이고, 개념으로 파악되지 않는 신의 기적이며, 나 자신을 포함한 가장 거대한 것과 가장 미세한 것 하나하나에 이르는 세계 전체이다. 이 모든 것을 포함해서 지극히 소박한 활동을 위해 우리에게 필요한 것은 신앙이다. 이 신앙에 근거해서 우리는 살아간다. 자신의 활동, 그리고 마음에 둔 그 활동의 대상에 대해 믿지 않는 구두장이는 제대로 된 장화 한 켤레도 조달하지 못할 것이다. 우리가 사물들에 대한 우리의 신앙을 그것들과 분리하는 순간 사물들은 재처럼 아무것도 없는 상태로 분산되고 만다. 반면 우리가 그것들을 믿는 순간 그것들은 실제로 거기에 있게 되고, 부식되지도 않고 파손할 수도 없을뿐더러 어느 정도까지는 불멸의 상태로 남는다.

내적인 신앙과 침식하는 회의, 도취한 감정의 희열과 얼음같이 차가운 논리, 야생 같이 규칙을 무시하는 가혹한 방법론, 생각할 수 있는 이 모든 대립성은 이처럼 풍요가 넘쳐나는 시대에 통합되었다. 그럼에도 불구하고 그 시대는 실제로도 대척자였던 이 양극 '쌍둥이'의 추종자들을 두고 있었다. 남아 있는 그 시대의 중요한 사건은 괴츠, 베르테르와 초고 파우스트, 군도(群盜), 피에스코(Fiesko)와 간계이다.

'참으로
독특한 사람'

로테(Lotte)의 약혼자 케스트너(Kestner)는 한 친구에게 부치는 한 통의 편지를 빌려 청년 괴테에 대해 다음과 같은 성격을 말해준다. "그는 아주 많은 재능을 갖고 있으며, 진정한 천재이자 독특한 사람이다. 그는 비상할 정도로 생생한 상상력을 겸비하고 있어서 자신의 생각을 대체로 이미지와 비유를 통해 드러낸다. 그 스스로도 자신은 늘 비유적으로 표현하고 있어서 사실대로 표현할 수 없는 것 같다고 고백하곤 한다. (…) 그는 자신의 모든 감정에서 격정적이긴 하지만 자신을 무척 잘 통제한다. 그의 사고방식은 고상하다. 선입견에서 벗어나 그는 생각이 떠오르는 대로 행동하면서 그것이 다른 사람들의 마음에 들까, 유행일까, 생활방식으로 허용될까 하는 식의 문제로 고민하지 않는다. 강제 일체를 싫어한다. (…) 그는 아름다운 예술과 학문을 근거로 하여 자신의 주저를 펴냈다. 모든 학문을 근거로 했지만 단 하나 근거로 삼지 않은 것은 소위 빵의 학문이었다. 한마디로 그는 참으로 독특한 사람이다." 그의 이 독특함은 다른 사람들은 그저 원하기만 할 뿐 명확히 보려 하지 않던 것을 그는 이행할 수 있었다는 점에 있다. 『괴츠』에서 우리가 진짜 극적이라고 규정할 수밖에 없는 그런 재능이 이후 두 번 다시 도달할 수 없는 수준으로 발휘된다. 그것은 능숙하게 생략하고 압축하는 기술이고, 표현주의가 규범으로 끌어올렸다가 곧바로 다시 제자리로 돌려놓은 절제된 방식으로서 숨가쁘게 이어지는 이미지들을 멋지게 처리하는 기술이다. 『베르테르』는 세계문학에서 아마 유일하게 일어난 사건을 보여주는 것일 터다. 동시대인들에게 끔찍한, 그러나 독보적인 현실적 결과를 초래한 그 작품은 그럼에도 불구하고 불멸의 것으로 남아 있다. 그 까닭은 괴테가 이 소설에서 유례없는 세련됨과 시대적 확신을 갖고서 그 시대의 메아리를 울린 것과 동시에 자기 경험과 인간성의 내면을 역시 유례없는 올바른 방식을 동원하여 가장 감동적인 깊이로 반영한 점에 있다. 그러므로 고상하지만, 뿌리가 들린[36] 인간의 자손이 존재하는 한, 늘 『베르테르』는 또다시 읽히기 마련이다. 반면에 '베르테르'보다 훨씬 더 많은 주목을 모은

『엘로이즈(Heloïse)』는 오늘날 거의 누구도 읽지 않고 있는 형편이다. 그도 그럴 것이 이 작품은 그 저자의 절정기에는 문학 작가라 해도 손색없을 만큼 탁월한 재능을 지녔지만 어디까지나 당대 저널리스트의 작품일 뿐이기 때문이다. 그런데 『베르테르』는 창작자의 속이 뒤집히는 경험의 아픔을 덜어줄 목적으로만 쓰였지만, 연애소설의 조건을 우연히 충족시킨 순수문학이다. 루소는 뭔가를 보여주고 싶어 했지만 괴테는 아무것도 보여주려고 하지 않았다.

레싱은 『베르테르』를 두고 셰익스피어 번역가인 에셴부르크(Eschenburg)에게 이렇게 편지를 썼다. "그리스나 로마의 청년이라면 그런 이유로 그런 방식으로 자살했으리라 생각하십니까?" 아니다. 그리스 청년이라면 그렇게 했을 리가 없고, 로마 청년이라면 더더욱 그럴 리가 만무하다. 왜냐하면 당시에는 그런 권총이 아직 개발되지도 않았기 때문이라는 것이다. 그러나 이 작품의 참신성은 자신의 사랑과 어떤 운명의 장난 때문이 아니라 그저 **삶** 자체 때문에 죽게 되는 한 '감성 어린 청년'의 파국을 최초로, 그것도 누구도 흉내 낼 수 없는 필치로 그려낸 점에 있다. 『베르테르』의 위대한 업적은 **원칙적으로 불행한 사랑**을 폭로한 것에 있다. 이때 그 시대 여성적 특성도 드러난다. 그도 그럴 것이 그 같은 사랑은 사랑의 특수한 여성적 형식이기 때문이다. 그런데 괴테도 『베르테르』에서 자신의 사랑 경험에서 자신을 해방시켰다. 말하자면 그는 사랑을 객관화하여 자신에게서 벗어난 다소 자립적인 대상으로까지 만들었다. 예술이 그의 삶에서 역할로 떠맡은 정화하고 구제하는 기능은 사랑에 빠진 모든 여성에게 그가 취한 특수한 태도와 관계되어 있

---

36 근대적 현상에 대한 반어.

다. 이 같은 태도는 심리적인 문제를 조성했다. 그는 케트헨 쉔코프(Kätchen Schönkopf)와의 교제를 끊었고, 프리데리케 브리온을 떠났으며, 릴리와의 약혼을 깼다. 이 모든 경우 특별한 이유가 없었다. 로테를 향한 그의 애착은 통속적인 의미에서의 '불행한 사랑'이 아니다. 그는 로테가 그녀의 약혼자로부터 자신에게로 넘어왔다는 사실을 느꼈다. 그런데 정확히 바로 그 순간 그는 그녀와의 관계를 끊고 말았다. 1787년 그는 역시 새색시였던 아름다운 푸른 눈을 가진 밀라노 태생의 여성 마달레나 리기(Maddalena Riggi)와 사랑에 빠졌다. 그녀가 오랫동안 아팠기 때문에 그는 그녀를 한참 보지 못했다. 그녀와 재회했을 때 그의 사랑은 이미 식어 있었다. 그러나 이번에는 그녀에겐 아무것도 아닌 일로 종결된 셈이다. 말하자면 그녀에 대해 기대한 해명이 없었다. 하지만 그는 두 명만큼은 전혀 포기하려 하지 않았다. 그중 하나는 슈타인 부인인데, 그 이유는 이미 그녀가 한 남자를 두고 있었기 때문이다. 그리고 하나는 크리스티아네(Christiane)에 해당하는데, 그 까닭은 그녀가 그에게 위험했기 때문이다. 물론 슈타인 부인과도 어느 날 헤어졌다. 이때도 역시 납득할만한 이유가 있었던 것은 아니다.

이처럼 수수께끼 같은 태도를 해명할 때 사람들은 온통 괴테의 정신적 구조에만 눈을 돌리는 듯하다. 괴테는 모든 대상에서, 물론 여성의 경우에서도 근원현상을 밝히려 했으며, 그래서 어떤 개별적인 사안도 그에게 지속해서 만족을 줄 수 없었다. 그밖에도 그는 예술가로서, 다시 말하면 영원한 방랑자로서 여자에 대한 두려움을 갖고 있었다. 여자에게서 그는 정박시키고 고정하는 원칙을 본 것이다. 그러나 가장 깊은 원인은 그의 경우 모든 열정은 순간의 대상일 뿐이고, 결혼의 형식에서든 지속적인 영혼의 결합 형식에서든 자신이 실제의 결과를 끌어내야 할 결단 앞에 서 있다고 생각하는 순간 그 열정이 객관적 '형태'로 변하고 마는 점에서 찾아낼 수 있을 것 같다. 그가 시인이 아니었더라면, 그도 '평범한' 상황에 부닥치거나 그 같은 갈등으로 몰락하고 말았을지도 모른다. 그러나 그는 오늘날 사람들이 말할 법한 대로 자신을 정화하는 자기 예술의 밸브장치를 가지고 있다. 우리는 그의 정열의 불길이 이 장치를 통해 보존되었지만, 그것이 용암덩어리로 차갑게 굳었다는 사실도 눈으로 확인하게 된다.

대략 1770년부터 1780년까지를 '괴테의 시대'라고 부를 수 있다. 다만 이 시기만을 두고 그렇게 부를 수 있을 따름이다. 당시 그는 실제로 청년독일의 지도자로 통했다. 물론 이 새로운 운동이 보인 방자한 과도함과 곱지 않은 시선의 부조리함에 대한 모든 책임도 사람들은 그에게 돌렸다. 그는 계속 새로운 시도를 모색하여 많은 추종세력을 얻었으며, 그가 모색한 새로운 것들은 그 찬미자들과 반대자들에 의해 기획 예술로 평가받았다. 이후 그는 이처럼 광범위하게 요란을 떨었던 영향을 다시는 성취하지 못했다. 특히『베르테르』의 가치를 모두가 다시 알아봤다. 이 작품은 나폴레옹조차 일곱 번이나 반복해서 읽었다. 그 작품의 복사판·연재·극화·논평·비평·패러디가 집중호우처럼 독일을 강타했다. 심지어 유럽 바깥의 몇몇 언어로 번역되기도 했다. 사람들은 베르테르를 대목장에 밀랍인형으로 진열하기도 하고, 베르테르의 모델인 청년 예루살렘[37]이 잠들어 있는 무덤을 찾아 순례를 떠나기도 했다. 감성적인 젊은이들

---

[37] Karl Wilhelm Jerusalem(1747~1772): 독일의 철학자. 괴테의 친구. 젊은 나이에 자살함. 이 사건은 괴테의 유명한 작품 '청년 베르테르의 고뇌(Leiden des jungen Werther)'의 소재가 됨.

은 베르테르의 죽음을 흉내 내려고 생각하기도 했으며, 실제로 몇몇은 권총으로 자살하기도 했다. 감성이 예민한 아가씨들은 로테와 같은 사랑을 받고 싶어 했다. 스탈 부인(Madame Stäel)은 이렇게 말한다. "베르테르는 그 어떤 아름다운 부인보다 더 많은 사람이 자살하도록 만들었다." 그러나 시대정신을 가장 풍부하게 표현한 작품은 당시 인정을 받지 못했다. 그 대표적인 작품이 1773년과 1775년 사이에 쓰여, 마침내 1790년에 수정판으로 출간된 『초고 파우스트(Urfaust)』이다. 놀라울 정도의 방대한 양과 내용을 동시에 갖춘 그 생산성에도 불구하고 받게 되는 인상은 작품의 소재가 된 그 장본인에 비해 본질적이지 못하다는 점과, 오히려 그의 작품들의 부산물이고, 유기적이긴 하지만 2차적 **보고**에 그친다는 점이다. 괴테가 창작한 가장 강력하고 가장 심오한 예술작품은 자신의 전기(傳記)이다.

청년 실러 　반면 실러의 경우 그의 천재성이 붓으로 흘러내렸고, 자신의 삶을 형상화하고 사유하는 일에 거의 남김없이 쏟아 부었다는 확신이 들게 한다. 이를 두고 말하고 싶은 것은 서로 평가를 달리 받는 것이 아니라 동등하게 인정을 받고 있는 양극의 작가 유형에 대한 대비이다.

　오토 바이닝거(Otto Weininger)의 유고에는 실러를 근대 저널리스트들의 원조로 그리고 있는 작은 논문이 있다. 저널리스트의 후세대가 실제로 드물지 않게 실러의 경향을 내보였다는 관점이 상당히 올바른 안목이긴 하지만, 대체로 그것은 제자들로부터 그 스승을 짐작하고, 제자들에 대한 책임을 스승에게 지울 뿐만 아니라 결국에는 스승과 제자를 혼동하기까지 하는 데 익숙해진 평가 방식에서 흔히 목격되는 전형으로서, 실러 평가에서도 부당하게 작용한다고 볼 수 있다. 그런데 사실 실러는 유파를 형성하는 데 전혀 어울리지 않는

사람이다. 렘브란트 학파·헤겔 학파·입센 학파에 대해서는 들은
바가 있지만 실러 학파는 들은 적이 없다. 실러는 모방할 수 없을뿐
더러, 그를 모방하려 할 때 그는 그것을 용납하지 않는다. 어떤 시인
이 실러의 파토스를 흉내 내어 말하게 되면 그것은 억지 미사여구
에 그치고 말 것이며, 그의 기교를 복제하면 공허한 꾸밈에 그치게
될 것이고, 그의 이념을 모방하려 하면 그 이념은 진부하고 심미적
인 문투가 되고 말 것이다. 만일 그가 이 같은 실러가 아니라면,
웅변가로서 그는 논설위원에 불과할 것이며, 성격 묘사가로서는 문
예 기자, 구성작가로서는 선정적인 리포터에 불과했을 것이다.

　『군도』의 만하임 초연에 대해 한 동시대인은 이렇게 보고한다.
"극장은 정신병원 같았다. 객석에서 눈을 굴리고, 주먹을 쥐었으며,
쉰 목소리가 터져 나왔다. 모르는 사람들끼리 서로 소매를 잡고 흐
느꼈고, 여자들은 맥이 빠진 듯 비틀거리며 문 쪽으로 걸어갔다.
흡사 안개 속에서 새로운 창조가 일어나게 하는 카오스 상태가 만
연한 듯했다." 극장주인 달베르크(Heribert von Dalberg) 남작이 그 연극
에 마련한 장치는 당시 개념으로 말하면 빛을 발산하는 것이었다.
특히 실러조차도 양철 거울로 만들어진 달을 보고 감탄할 정도였다.
이 달은 극중 인물 카를이 "내 말을 들을지니, 달과 별" 하고 맹세를
할 때면 무대 지평선을 따라 천천히 움직이면서 '신기할 정도의 자
연스러운 빛을 주변으로 퍼지게 한다.' 또 다른 한편 달베르크는
실러에게 두 가지 점을 다소 우스꽝스럽게 각색하도록 강요했다.
요컨대 연극이 아말리아(Amalia)가 단도로 자살하고, 프란츠(Franz)는
굶주림에 허덕이는 것으로 막을 내리게 하자는 것이 그 하나이고,
다른 하나는 무대 복장은 막시밀리안 1세 시대의 의상으로 하자는
것이었다. 실러는 완전히 현재로 호흡하는 작품을 그렇게 엉터리로

야비하게 개작하는 것을 두고서 그의 희곡을 "공작 깃을 단 까마귀"로 만드는 꼴이라고 제대로 지적했다.

그밖에도 실러는 자신의 이 처녀작을 두고 예리함과 회의를 품고 있는 작품으로 평가한다. 물론 이 회의에는 교만, 관객 무시, 과도한 욕구, 신비화의 욕망이 뒤섞여 있지만, 청년다운 자아비판이라는 거의 보기 드문 선례를 내보이고 있다는 점에서 실제로 회의했는가는 의심스럽다. 그가 『군도』의 서문 초안을 다음과 같은 말, 즉 "처음 작업에 착수했을 때 이 연극으로는 결코 무대에 대한 시민권을 얻진 못할 것이라는 점이 확연했다"는 말로 시작했지만 오늘날 우리는 여러 가지를 근거로 하여 당시 독일의 어떤 희곡도 극장에 대한 시민권을 획득했다고 주장할 수 없지 않은가 하고 예단하기도 한다. 그러나 당시의 관점에서 보면 이런 염려가 전혀 터무니없는 것은 아니다. 바로 그 형식이 아주 남다르게 연극적이었기에 아주 새로워 익숙지 않아 짐짓 연극에 어긋나는 듯해서 사람들이 비연극적인 것으로 아주 쉽게 처리할 수 있을 정도였다. 'K···r'이라는 암호의 이름을 빌려 (5년 뒤 누구나 그 암호의 이름을 쾨르너(Körner)로 풀이한 것 같은데) 자신의 연극에 대해 상술한 「뷔르템베르크 레퍼토리 (Würtembergisches Repertorium)」라는 논문에서 실러는 프란츠의 음모가 "하도 거칠고 황당무계한" 것이어서 연극 전체를 도중에 느슨하게 만든다고 설명한다. 어투와 대화 상황을 두고서는 이렇게 말한다. "좀 더 그럴 듯해야 하고, 전체적으로는 덜 시적이어야 한다." 때로는 서정적이면서 서사적이어야 한다고 하며, 또 때로는 형이상학적이어야 한다고 하고, 또 어떨 때는 성서에 어울려야 한다고 하고, 또 다른 때에는 평이해야 한다고 말한다. 등장인물 아말리아에 대해서는 이렇게 설명한다. "나는 이 작품의 절반 그 이상을 읽어내려

갔지만, 이 아가씨가 뭘 원하는지, 혹은 작가가 이 아가씨를 어떻게 다루고 싶어 하는 건지 몰랐고, 이 아가씨를 둘러싸고 어떻게 사건이 전개될지 예감하지도 못했다. 운명의 미래가 예고되거나 예시되지도 않았다. 게다가 그녀의 애인은 3막의 마지막 행에 이르기까지 이 아가씨에 대해 일언반구도 없다. 바로 이 아가씨는 작가의 수준이 완전히 평균에 그치고 있어 연극 전체의 치명적 부분을 이룬다고 할 수 있다." 그의 요지는 이렇다. "저자가 자신의 셰익스피어에 스스로 감흥을 받는 것을 미덕으로 보지 않는다면, 사람들은 분명 그런 태도를 그만큼 더 허세로 취급할 것이다." 그는 보름스(Worms) 통신원의 가면을 쓰고 쓴 두 번째 논평에서 이렇게 덧붙인다. "내 견해를 독일말로 솔직히 표현하면, 이 작품은 연극작품이 아니다. 총을 쏘고, 방화하면서 노략질하고, 매수하는 따위 등의 장면을 빼버리고 나면 무대에 올리면 이 작품은 따분하고 고루하다." 실러는 자신에게 지나치게 예민한 비평가들에 대응하여 생생하게 자기방어의 자세를 취한 반론의 글을 프랑크푸르트의 한 잡지에 싣기도 했다.

이후 몇 안 되는 권위 있는 비평가들을 시작으로 넌더리날 정도로 계속 파헤쳐진 『군도』의 결점들은 그러나 이 드라마의 파급력을 조금도 훼손하진 못했다. 이는 당시만 해도 어떤 법적인 보호 장치가 없었던 형편없는 번안이 수없이 많이 쏟아져 나왔지만 그 작용을 감소시키지 못한 점에서도 확인된다. 베를린에서 지속적인 성공을 거두며 시연을 보인 플뤼미케(Plümicke)의 장치로 프란츠는 스위스 태생 귀족의 사생아로 정체를 드러내며, 자신의 대장이 형리에 의해 사형되었다는 생각을 참아낼 수 없어 먼저 카를을 살해한 다음 자살한다. 프랑스에서 『군도』는 라 마르티에(La Martellière)가 상당히 각

작가의 빈말

색해『산적 두목, 로베르트(*Robert, chef des brigands*)』라는 제목으로 번역되어 출간되었다. 이 작품의 결말에서 도적떼를 프랑스의 정식 군대의 한 사단으로 편성하여, 로베르트를 그 사령관으로 임명한, 황제의 사면을 받은 코진스키(Kosinsky)가 등장한다. 여기에 이어서 라 마르티에는『위험한 재판정, 혹은 산적 두목, 로베르트의 수행원(*Le tribunal redoutable, ou la suite de Robert, chef des brigands*)』이라는 제목으로 또 한 번 각색했다. 덧붙이자면 실러 자신조차도 〈강도 모어의 최후 운명(Räuber Moors letztes Schiksal)〉이라는 막으로 추서(追書)하기도 했다. 이로써 그 연극은 1785년에 그가 쾨르너에게 쓴 편지에서 말하듯, '새롭게 도약하게' 된다. 이 같은 경향 중 가장 단순한 것은 프라우 폰 발렌로트(Frau von Wallenrodt)라는 한 여성이 자신의 작품,『고탑(古塔)에서의 이별 장면 이후의 카를 모어와 그의 동지들, 인성을 리날도 리날디니의 이면으로까지 고양시킨 한 폭의 그림(*Karl Moor und seine Genossen nach Abschiedsszene beim alten Turm, ein Gemälde erhabener Menschennatur als Seitenstück zu Rinaldo Rinaldini*)』에서 보여준 듯하다. 이 작품에서 아말리아와 늙은 모어가 다시 살아난다. 단지 모어는 무기력할 뿐이고, 아말리아는 가벼운 상처를 입었을 뿐이다. 이들은 스스로 재판정에 출두한 카를 모어를 황제에게 간청하여 감옥에서 석방시킨다. 이어서 카를과 아말리아가 결혼을 하고, 모든 강도는 성실한 시민의 소명을 이행하게 된다.

『피에스코』도 결론이 각색된 형태로 만하임에서 출간되었다. 여기에선 베르리나(Verrina)가 피에스코에게 일격을 가한다. 피에스코는 이에 응수하면서 왕권을 무너뜨리고, 기꺼이 무릎을 꿇는 민중을 향해 연설한다. "일어서시오, 제노바 사람들이여! 내가 오늘 여러분에게 군주를 선사했소! 가장 행복한 시민 여러분, 서로 포옹하시오!" 베를린에서 엄청난 성공적인 개작을 또다시 이끌어냈던 플뤼미케의 손에서 피에스코는 훨씬 더 고상한 행동을 취한다. 그는 역시 비수를 받아내지만 당장 베르리나에게 맨가슴을 대준다. 이에 오히려 베르리나가 동요하여 뒤로 물러난다. 결말에서 늙은 도리아 (Doria)가 등장하는데, 그는 자신의 불구대천의 원수를 아들로 받아들여 공작모를 씌워주고 싶어 한다. 그러나 피에스코는 조국의 구원자로 죽기를 원하면서 자신의 가슴에 비수를 꽂는다.

이플란트[38]조차 무례한 태도를 취했다. 요컨대 그는 실러가 자기 희곡의 결말을 놓고 보인 우유부단한 태도를 노골적으로 비웃는 2막의 소극(笑劇), 『엉큼한 남자(Der schwarze Mann)』의 만하임 공연을 추천했을 뿐만 아니라 실러가 항상 연설조로 하는 말, 즉 "다만 파국 때문에 아직도 망설일 뿐입니다"라는 작가의 빈말을 실러의 가면을 쓰고 연기하도록 지시하기도 했던 것이다. 물론 그 자신도 실러가 『군도』와 『피에스코』에서 했던 고백의 공범자이기도 했다. 그밖에도 실러의 진정한 연극 기질은 그가 등장인물의 운명을 정확히 제대로 다루지 않는다는 점과 그에게 중요한 것은 심리와 논리보다는 강렬한 인상과 정조 및 이미지라는 점에서 아주 잘 드러난다. 바로 그는 어떤 극작가 중에서도, 심지어 자신의 철학적 대화편, 이를테면 비록 순전히 이론적인 말장난처럼 보이는 「보리수 아래의 산책」과 같은 곳에서도 강렬한 인상을 남기고 막을 내리는 그런 극작가에 포함된다. "**볼마르**(Wollmar): 영원한 우주의 각 점마다 죽음이 자신의 인감도장을 찍어놓았어. 각 원자마다 내가 읽고 있는 것은 위로할 길 없는 비문(碑文)이라네. **모두가 지나간 일일지니!** 에드빈

---

[38] A. W. Iffland(1759~1814): 독일 극장에 중대한 영향을 끼친 극장의 매니저 · 배우 · 극작가.

(Edwin): 그러면 왜 안 되죠? **과거사라서**? 모든 울림이 은총의 장송곡일지도 모르죠. – 장송곡은 어디에나 있는 사랑의 찬송가이기도 합니다. 볼마르, 이 보리수에 기대어 나의 줄리엣이 내게 첫 키스를 해주었어요. **볼마르**: (얼른 거기를 피하면서) 예끼, 이 사람아! 난 이 보리수 아래서 나의 라우라를 잃고 말았다네!"

　　반면 그는 서정 시인은 아니었다. 서정시에 대해 그가 아는 것이라고는 자기 드라마의 결함에 대해 아는 정도였다(예컨대 라우라 송가를 두고 그는 이렇게 말한다. "모든 게 터무니없이 과장되어 있다."). 독일의 교육자들이 예술을 낯설어 한 것은 그의 시들이 모두 독본[39]으로 엮여 있었던 것과도 관계가 있다. 그의 시 가운데 몇몇은 뜻하지 않은 익살이 섞여 있어 빌헬름 부슈[40]를 상기시킨다. 예컨대 「대장간으로 가는 길(Der Gang nach dem Eisenhammer)」이라는 시에 나오는 다음과 같은 시행이 그런 것이다.

　　　"너 죽은 악동아, 말해보렴!"
　　　저만치에 서 있는 이가 앙칼지게 소리친다.
　　　"누가 눈을 들어 쿠니곤덴(Kunigonden)을 바라보는가?"
　　　"글쎄, 뭐. 내가 말하고 있는 것은 금발의 아가씨지."

　　당시 그는 소설가도 아니었다. 이를테면 『최근의 이야기에서 들은 고결한 행동(Eine großmütige Handlung aus der neuesten Geschichte)』이라는 단

---

[39]　Lesebuch: 讀本. 독서용(Lesen)으로 묶은 책(Buch). 상연보다 읽기에 적합한 희곡을 레제드라마(Lesedrama)라고 하는 것도 독본의 하나임. 낭송이 아니라 문자로 쓰인 시를 접한 교육자들은 운율의 생동감이나 예술성이 낯설게 느껴질 수 있다는 뜻.

[40]　Wilhelm Busch(1832~1908): 독일의 화가 겸 시인. 재치 있고 풍자적인 압운 시가 딸린 드로잉으로 유명함.

편소설의 시작부터가 서툴기 짝이 없다. "연극과 소설이 우리에게 인간 마음의 가장 빛나는 특색을 열어 보여준다." 그리고 이야기가 갑자기 끊어진다. "그 아가씨, 안 될 말이지! 그 아가씨에 대해서는 그만 얘기할 것이다." 이 시기에 나온 모든 서사 작품에서, 이 같은 표현이 순수 형상화로 결정화된 것은 없고 오히려 겔레르트(Gellert) 스타일의 교훈문학과 불피우스(Vulpius) 스타일의 통속소설 사이를 늘 오락가락했다. 이 같은 양식에서는 항상 저자가 직접 개입하고 논증하면서, 도덕적으로 훈계하거나 겁을 주고 헷갈리게 하여 작업 장을 들여다보게 한다. 이와 관련된 것은 『잃어버린 명예의 범죄자 (*Verbrecher aus verlorener Ehre*)』에 나오는 구절을 연상시킨다. "이어지는 이야기의 부분들을 나는 완전히 무시할 것이다. 단순히 혐오스러운 것은 독자에게 아무 교육도 되지 못한다." 아무튼 청년 실러의 예술 적 시선은 그가 문학의 주요 목적을 대중의 도덕적 개선에 두었던 점에서 '계몽주의'로 인해 완전히 흐려져 있었다. 그는 이에 대해 수없이 많이 언급했다. 다만 극작가로서는 그렇게 답습하진 않았다. 그도 그럴 것이 이 경우에는 그의 압도적인 형상화 충동이 그의 교 육적인 의도보다 훨씬 강했기 때문이다. 그러나 원칙적으로 그는 연극에서도 유용한 과제를 부여했다. 곧 그것은 우리에게 악당들을 깨닫게 하여 그들에게서 우리를 보호한다는 과제다. "우리는 그들 을 회피하거나 만날 수밖에 없는 노릇이다. 그들을 파묻거나 아니면 그들 앞에 굴복할 수밖에 없다. 그러나 이제 그들은 우리를 위협하 지는 못한다. 우리는 그들의 기습에 대응할 준비가 되어 있는 셈이 다. 연극이 그들을 찾아내어 그들을 무기력하게 만들 수 있는 비밀 을 우리에게 제공했기 때문이다." 이 같은 뿌리에서 당시 그의 흑백 테크닉에 대한 편애도 연원된다. 이런 편애는 루이제와 아말리아처럼 티 없이 맑은 천사 같은 인물과 부름(Wurm)이나 프란츠 모어와 같이 악랄하기 그지없는 악한을 대비케 했다. 물론 그의 연극작품이 상당 부분 효과를 거둘 수 있었던 것은 그 같은 악한들 덕분이다.

글루크와
하이든 당시 교육학은 간혹 음악까지 침투했다. 예컨대 글루크(Gluck)와 모차르트와 함께 당대 위대한 작곡가 3두 체제를 형성한 하이든 (Haydn)이 그렇다. 이들 셋 모두 빈에 살았다. 그곳에서 그들은 마치 그 도시 천재들이 겪은 법칙처럼 적절한 대접을 받지 못했다. 글루크는 마리아 테레지아 치하의 궁정악단 단장이었으며, 60대가 되던 해인 1774년에야 겨우 자신의 『아우리스의 이피게니에(Iphigenie in Aulis)』 파리 공연으로 최초의 큰 성공을 거두었다. 물론 이때 그는 그곳에서 륄리(Lully)와 라모(Rameau)의 뿌리 깊은 전통⁴¹을 극복했다. 시연 때 벌써 사교계와 공회당, 커피집에서 '글루크파'와 나폴리풍의 탁월한 재능을 보인 대표자인 니콜로 피치니(Niccolò Piccinni)를 신봉한 '피치니파' 사이에 열띤 토론이 벌어졌다. 초연 개막 한참 전에 벌써 극장이 사람들로 둘러싸였고, 거간꾼들은 입장권을 몇 배 이상 올려 팔려고 했다. 표가 연이어 매진되자 극장 측에서 라모의 『카스토르와 폴룩스(Castor und Pollux)』를 슬쩍 끼워 넣으려 했을 때는 사람이 거의 오지 않았다. 당대의 정신활동보다 카드놀이와 여성 재단사에 더 많은 관심을 두었던 황태자비 마리 앙투아네트조차도 그에게 매료되었다. 어느 날 그녀가 말을 타고 볼로뉴 숲(Bois de Boulogne)을 가로지르다가 갑자기 말에게 **"아냐, 글루크에게로 가자!"** 고 소릴 지르면서 방향을 틀고는 그 단장에게로 달려가 찬사를 쏟아냈다. 주변에 서 있던 사람들이 깊은 감동을 받아 소리쳤다. "이

---

41 천재를 알아보지 못한 오래된 전통.

토록 아름답고 상냥한 왕비님을 우리가 또 언제 가져볼까!" 같은 해에, 빈에서는 고만고만한 갈채를 기대했을 뿐인 『오르페우스』도 파리 사람들은 열광적으로 받아들였다. 『타우리스의 이피게니에 (Iphigenie auf Tauris)』도 1779년에 마침내 완전한 승리를 구가했다. 지금까지의 반대자들이 침묵했고, 피치니조차도 글루크파로 변모했다.

나중에 황제 레오폴트 2세로 등극하는 토스카나(Toskana) 대공에게 바친 『알체스테(Alceste)』의 헌사에서 글루크는 이렇게 말한다. "내가 의도하는 것은 가수들의 허영심과 음악가들의 굴종성 때문에 이탈리아 오페라에 침투하여 모든 연극 중 가장 찬란하고 가장 아름다운 볼거리를 가장 우스꽝스럽고 가장 따분한 것으로 만드는 모든 악습을 근절하는 것에 있다. (…) 나는 건강한 인간오성과 선량한 취향이 이미 오래전부터 헛발질하면서 맞서온 그런 온갖 폐해를 없애려고 노력해왔다. (…) 뿐만 아니라 나는 나의 핵심 작업을 아름다운 단순성을 향한 매진에 바쳐야겠다고 생각하고서, 명료성을 희생해놓고 예술의 완성도를 높였다고 자랑삼는 일만큼은 피해왔다." 사실 이 말 속에서는 글루크식 혁신의 내용이 무엇인지 분명히 하고 있는 셈이다. 요컨대 그는 오페라를 **아리아 디 브라부라**(aria di bravura)의 오만하고도 터무니없는 지배에서 해방해, 순수한 진리 의지와 생동감 넘치는 개성 및 진솔한 감정 등을 빌어 인간화하여 그 깊이를 더했다. 물론 그의 궁극적 목표의 실현은 의고전주의적인 차가운 태도와 의식으로 말미암아 저지되고 말았다. 그러나 "관객들이 줄거리를 미리 예감하게끔 이른바 그 내용을 예고해주도록" 장치된 (이탈리아 오페라의 경우 전주곡과 드라마 사이엔 아무 연결고리도 없는 것에 비해) 그의 레치타티보 배경음악, 웅장한 앙상블의 대단원, 독백의 아리아와 『서곡(Intraden)』은 여러 세대에 걸쳐 귀감이 되었다. 이러한 그의 업적은 전이주의(轉移主義: Metastasianismus)를 두고 말하면 단순화 · 자연화 · 정신화로 통하는 길을 열었다는 것을 의미하지만, 다른 한편으로 바로 건축술과 같은 그의 명료함과 눈에 띄는 엄격한 직선적 구조 때문에 그것은 환원이자 탈색을 뜻하는 동시에 유럽의 문화생활에서 이후 좀 더 상세히 논의될 그 중대한 숙명적 역할과 관련된 예술관의 승리를 의미하기도 한다.

글루크에게 파리가 있었다면, 요제프 하이든에게는 런던이 있었다. 하이든은 런던에서 자신의 교향곡으로 수입과 사회적 명예와 여론의 공경 세례를 받았다. 그의 교회음악은 그 '세속적' 성격 때문에 많은 적의를 샀지만, 가톨릭 냄새를 진하게 풍기면서 여전히 바로크 분위기를 연출했다. 그는 세상을 긍정하지만, 그것은 어디까지나 초월적인 것에 근거해서 그렇다. 세상에 널리 알려진 그의 오라토리오, 이를테면 『천지창조(Die Schöpfung)』와 『사계(Die Jahreszeiten)』에서는 그 세기의 루소식 자연감각이 느껴지며, 정말 순박한 칸디다의 정령(anima candida)의 부드러운 맑은 소리가 울려 퍼지는 듯하다.

모차르트의 생명 방정식 모차르트도 글루크와 하이든이 처음에 그랬듯이 빈에서 궁핍하게 살았다. 그런데도 그는 많은 보수를 받는 베를린 악단의 단장직위를 제안한 프리드리히 빌헬름 2세의 초청을 거부했다. 그는 자신의 오페라를 거의 모두 빈에서 초연했다. 물론 아주 좀스럽고 가장 악질적인 음모 때문에 별로 반향을 얻지 못했다. 이를테면 『피가로』의 첫 공연에서 이탈리아 출신 가수들이 일부러 노래를 너무 못 불러 그 작품이 실패한 반면에 프라하에서는 즉각 폭발적인 성공을 거둔 것이다. 모차르트의 작품은 그 풍부함과 다면성의 차원에서 아마 유럽 예술사에서 가장 경이로운 현상에 해당한다. 그는 거장이었다. 그와 감동적인 우정을 나눈 하이든은 그에 대해 이렇게 말한다. "모차르트는 자신의 바이올린 4중주와 레퀴엠 이외 다른 것을 쓰지 않았더라도 분명 그것만으로도 불후의 작곡가가 되기에 충분했다." 그가 평생 해낸 작업은 오페라와 심포니, 소나타와 칸타타, 종교음악과 실내악을 위시하여 총 600곡을 망라한다. 그 창작의 광범위성 못지않게 응집력도 그만큼 매력적이었다. 거기에는 서로 쫓고 맞물리면서도 교란·방해하지 않는 착상의 풍요로움이 진지함과 유머를 독특한 방식으로 섞었던 셰익스피어의 경우만큼이나 압도적으로 넘쳐났다. 그런데 이 모든 것을 그는 서른여섯도 다 채우지 못한 한평생 동안 숨 막힐 듯 프레스티시모의 속도로 토해냈다. 이는 마치 그가 자신에게 주어진 시간이 별로 없다는 사실을 예감이나 한 것 같은 인상을 준다. 이 점에서 그는 어마어마한 높이로 쌓을 인쇄물 작업에 매달린 실러와 니체를 상기시킨다. 요컨대 우리가 출발 지점으로 삼고 있는 것은, 인간은 저마다 이러한 상황을 완전히 조망할 수 있는 정신이 있어, 자신을 어떤 방정식에 맞게 표출하는 특별한 내적 속도계를 지니고 있으리라는 관점이다. 분명 엄청나게 빠른 속도로 채워야 할 솟구치는 본능이 있는 것이다. 그래서 이 본능은 정상적인 시간 절반이 지나는 동안 자신이 평생 지나야 할 삶과 창작의 구간을 모두 통과한다. 이는 실러가 『데메트리우스(Demetrius)』의 단편으로, 니체가 『반기독교도(Antichrist)』의 단편으로 자신들의 궁극적 가능성을 보여준 것과 같은 이치다. 그것은 흡사 압력계의 눈금을 100에 둔 증기기관차와 같은 모양이다. "요절한 여러 사람들"의 경우에도 마찬가지다. 그중에는 클라이스트, 노발리스, 라파엘로, 알렉산더 대왕 등이 있다. 시계는 심리학적인 문제에서 보면 지극히 무능한 측시기(測時機)일 뿐이다. 여기서 시간의 참된 양은 인상과 연상의 수치이다. 표상의 양은 정신이 비교적 짧은 시간에 인간의 운명을 온전히 경험하는 식의 압축된 형태로 정신 속으로 유입될 수 있다. 이 같은 예감을 확인시켜주는 것은 젊은 나이에 요절한 천재들이다. 클라이스트의 희곡들은 열병을 앓는 가운데 쓰인 것 같고, 노발리스는 비극적 예감 때문에 자신의 평생 작품에 '단상들'이라는 제목을 달았으며, 라파엘로는 밤낮으로 그렸고, 알렉산더는 13년간 감각이 마비될 정도의 열정으로 한 왕조 전체의 전쟁 및 평화의 역사를 가로질렀다.

모차르트의 경우에도 피가로·돈 후안·마술피리를 제외하고서는 우리가 시간의 전개를 생각할 수가 없다. 그리고 지금까지의 음악사는 그의 작품들이 그 자신의 음색예술뿐만 아니라 인간의 음색예술에서도 절대적 정점에 이르렀다는 점을 예감케 한다고 말해도 무방할 법하다. 기적 같은 그 세 작품에는 독일적 내면성에 로코코가 주는 단아한 청명함과 몽상적 경쾌함의 순진무구함이 녹아 있다. 한편 그 작품 중 가장 최신의 것은 계몽주의가 무한히 깊이 침잠하여 계몽주의적 음색을 내어주는 입도 찾아냈다. 그런데 이 계몽주의는 모차르트와 별로 유사성이 없는 또 다른 한 창조적 정신에게서 절정에 이른다. 신기원을 이루는 그의 최초의 저작이 모차르트의 빼어난 최초의 오페라 대작이 빛을 본 그해에 출현했다. 1781년은 『이도메네오(Idomeneo)』의 처녀공연이 있었고, 『순수이성비판』의 초판이 나온 해이다.

이중의 칸트 　그러나 우리는 칸트의 경우 거의 완전히 서로 구분되는 두 가지 본성을 구별할 수밖에 없다. 즉, 그 하나는 시간에 묶여 있고 다른 하나는 시간을 초월해 있다. 국가와 법, 사회질서와 교회권력, 교육과 품행에 대한 자신의 관점에서 그는 완전히 계몽의 토대에 서 있다. 그는 경험 영역으로 들어설 때마다 자기 세기의 지도적 지성들과 본질적으로 의견의 일치를 보였다. 물리학에서는 뉴턴, 신학에서는 라이프니츠, 미학에서는 실러, 역사관에서는 레싱과 일치했다. 그러나 철학자로서, 다시 말해 인간 인식의 연구자로서 그는 완전히 고립된 세계의 기적이며, 실물보다 훨씬 더 어마어마하게 큰 두뇌로서 지구에 단 한 번 밖에 출현하지 않았을 법한 첨예한 분별력과 끝까지 사유하는 능력의 소유자이다. 실제로 그는 자신의 시대뿐만 아니라, 그리고 전 인류뿐만 아니라 모든 철학자 중에서도 완전히 독보적인 지위를 갖고 있다. 공자와 석가, 헤라클레이토스와 플라톤, 아우구스티누스와 파스칼, 그리고 불멸의 계열에 들어있는 다른 모든 철학적 지성이 숭고한 사상의 시문학을 창작한 것에 반해 칸트는 시인이 아니라 순수 사상가였다. 아마도 그는 지금까지 살았던 사람 중에 가장 순수한 사상가였을 것이다. 그가 제시하는 것은 상상력의 무게를 통해 짜내는 예술가의 개별적 비전이 아니라 명민함의 타력(打力)과 관찰 재능을 빌어 관장하는 연구자에게서 획득되는, 세계적으로 통용되는 표명이다. 그래서 그의 체계를 두고 프리드리히 대왕은 소설이라고 부를 수 없었던 것 같다. 칸트는 자신을 인간 이성의 역사가로 직접 규정한다. 그를 천재적인 심해(深海)연구자·생체해부학자·탐정이라고 불러도 무방할 것 같다.

하지만 당장 우리는 이 같은 시선을 교정할 수밖에 없다. 그는 시인이 아니며, 자족적인 생산의 세계 감독도 아니고 기껏 자신의 체계에서 명쾌하고 산뜻한 건축술을 발휘하는 예술가일 뿐이다. 물론 그도 상상력을 지니고 있긴 하다. 그러나 그 형태는 적어도 지금까지 세상에 한 번도 선보인 적이 없는 터무니없을 만큼 극단적인 특색을 띠었다. 그는 '물리학적 지리학(physische Geographie)'이라는 강좌를 강의한 최초의 인물이다. 이 강좌는 학생들이 가장 많이 듣는 수업이었고, 그 자신도 가장 좋아한 수업이었다. 그는 이 강좌를 거의 매번 2학기에 개설했다. 이때 그는 자신의 고향도시 쾨니히스베르크(Königsberg)의 경계를 한 번도 넘어간 적이 없었고, 바다와 세계적인 도시, 울창한 초목, 심지어 어떤 산맥이나 큰 하천조차도 본 적이 없으면서도 지구의 모든 지역 하나하나를 아주 생생하게 구체적으로 설명했기 때문에 다른 지역에서 온 사람이면 누구든 그를 세계여행자로 착각할 정도였다. 한번은 그가 웨스트민스터 다리(Westminsterbrücke)를 너무나 정확히 그리고 명확히 설명했기에 그 자리에 있었던 한 영국인은 그가 런던에 오랫동안 머문 건축가임이 틀림없을 것이라고 주장할 정도였다. 이것이 그가 가진 상상의 방식이다. 그는 자신이 본 적이 없는, **심하게는 아직 어떤 사람도 본 적이 없는** 사물들을 직관적으로 표상할 줄 알았다. 다만 그가 생생히, 그리고 분명하고도 정확히 볼 수 있었던 영역은 인간의 이성이었고, 이 재능은 인간의 역사 전체에서 그를 독보적인 존재로 만들어놓는다.

'만능 분쇄기
와
만능 은폐기'

그런데 방금 위에서 언급한 것과는 다른 의미에서도 이중의 칸트가 있는 듯하다.

그렇다. 선례 없는 분류기술을 빌려 모든 것을 으깨고 해체하는 칸트가 있었다. 그는 급진적 혁명가, 악마적인 허무주의자, 지금까지의 세계상에 대한 냉혹한 파괴자이다. 그러나 외딴 지방도시의 소시민에 불과한 칸트도 있다. 그는 구 프로이센, 프로테스탄트, 소인배, 은둔자, 국가의 막강한 권력과 교회의 도그마 및 여론 앞에 굴복하는 보수주의자의 기질도 갖고 있었다. 이는 일상생활에까지 정확히 적용되었다. 말하자면 하루하루를 정확한 계획에 따라 살았다. 정확히 같은 시간에 집을 나서고, 강의에서 돌아오며, 정오에

점심을 먹고 산책을 해서 이웃 사람들은 그를 보고 자신들의 시계를 맞출 정도였다.

그러나 칸트의 이러한 두 가지 적대적인 영혼의 화해는 그의 철학 전체를 의미한다고 할 수 있지만, 그것이 어느 정도인지는 짐작만 할 수 있을 따름이다. 그는 실재(Realität)를 **이론상** 증명되지 않고 증명할 수 없는 것, 즉 도깨비불과 환영으로 취급하는 동시에 **실천상** 기대할 수 있고 가치를 정립하는 필연성, 즉 사실과 확신이라고 폭로한다. 경험적 세계는 사실이 아닌 현상이지만 사실에 대한 믿음은 정언 명령(kategorischer Imperativ)이다. 이 하나의 명제는 그의 철학 전체를 함의한다. 그것은 곧 이론적 철학과 실천적 철학을 의미한다. 이 논증의 과정을 통해, 힘들지만 피할 수 없는 이 우회로에서 방금 부정되었던 현실이 긍정된다. 모든 세세한 일에서도 현실은 **공통감각**(common sense)의 세계가 되는 것이다. 이 모든 것을 철저히 사유했기 때문에 우리는 또다시 시계에 맞추어 사는 것이다. 아니, 시계에 맞추어 살아가게 되어 있는 법이다. 그것도 그저 허구적이고 현상적인 세계시계(Weltuhr)에 맞추어서 말이다. 이 세계시계의 존재를 믿는 것은 논리적 모순이긴 하지만 도덕적 의무이기도 하다.

그런데 좀 더 순수한 칸트의 영혼 저변에는 그 자신에게도 반쯤 감추어져 있는, 말하자면 그러한 두 가지 모순을 결합하는 경건주의의 깊은 종교적인 요소가 여전히 살아 움직이고 있다. 그것은 곧 창조주에 대한 가장 심오한 겸손이다. 이 겸손에 입각하면 우리는 창조주의 존재와 그의 세계의 존재를 학술적 공리로 삼아 우리의 정신에서 어느 정도 독립해 있는 것으로 취급할 권리가 없다. 널리 알려졌듯이 칸트는 자신의 '이율배반론(Antinomienlehre)'에서 신의 존재에 대한 어떠한 합리적 논증도 허약하기 짝이 없다는 점을 보여주었다. 만일 신의 실존을 부정한다면 무신론에 이르게 되고, 긍정하게 된다면 신인동형동성설(Anthropomorphismus)에 이르게 된다는 것이다. 따라서 신이 있다고도 말할 수 없고 신이 없다고도 말할 수 없는 노릇이다. 그런데 사실 그의 경건함은 이렇게 표현된다. 창조주가 있다고 우리가 말해도 된다면 우리는 누구인가?

이른바 '두 명의 칸트'라는 전설은 칸트 사후 그의 명성 전체 역사에서 나타날 뿐만 아니라 이미 그의 몇몇 동시대인에 의해서도 확산되었다. 이 문제와 관련하여 하이네(Heine)는 「독일 종교와 철학의 역사(Zur Geschichte der Religion und Philosophie in Deutschland)」에서 가장 영민하고 명쾌하게 표현한 바 있다. 이때 그는 칸트가 『실천이성비판 (Kritik der praktischen Vernunft)』을 바로 자신의 늙은 하인 람페(Lampe)만을 위해 썼을 뿐이라는 사실을 입증하려고 했다. "비극 다음에 익살극이 등장한다. 임마누엘 칸트는 지금까지의 냉혹한 철학자들을 추적했고, 하늘을 곤두박질치게 하여 모든 수비대를 쓰러뜨렸고, 세계의 장수는 자신의 피를 물결 삼아 정처 없이 떠돌고 있다. (⋯) 이때 임마누엘 칸트는 온정을 품고 자신은 그저 위대한 철학자이기만 한 것이 아니라 선한 사람이기도 하다는 점을 보여준다. 그리고 고민 끝에 반은 호의로 반은 냉소적으로 이렇게 말한다. '늙은 람페는 신을 모실 수밖에 없다. 그렇지 않으면 이 가련한 사람은 행복하지 않을 수 있다. − 그런데 인간은 이 세상에서 행복하기 마련이다 − 이는 실천적 이성이 하는 말이다. − 나로서는 − 실천적 이성도 신의 실존을 보증하는 것 같다.' 칸트는 이렇게 주장하면서 이론적 이성과 실천적 이성을 구분한다. 그는 실천적 이성이 마치 마술의 지팡이나 되는 듯이 그 도움을 빌려 이론적 이성이 죽인 이신론(理神論: Deismus)의 주검을 부활시켰다." 이러한 관점에는 칸트에게서 수많은 것을 전유하여 자신의 정신으로 개념 규정한 '청년독일'의 피상성이 비록 멋있는 위트로 완화되긴 했지만 고스란히 묻어나 있다. 그것은 곧 교권주의(Klerikalismus)에 대한 값싼 비굴한 논박에 그치고 있는 셈이다. 그러나 우리 세기의 문턱에서 헤켈(Häckel)은 널리 읽힌 책, 『생명의 신비(Lebenswundern)』에서 '임마누엘 칸트의 이율배반'이라는 목록을 작성했다. 여기서 그는 칸트의 제1주저와 제2주저 사이에 들어있는 모순을 8가지로 일목요연하게 서로 대비하면서 '칸트 I'을 '만능 분쇄기(Alleszermalmer)'와 '순수이성의 무신론자'로, '칸트 II'를 '만능 은폐기(Allesverschleierer)'와 '순수비이성의 유신론자'로 규정한다.

칸트가 자신이 행한 비판의 파괴 작용에 대해 나중에 자신도 놀라워하면서 그 상처를 다시 치유하려고 애썼다는 견해는 설득력이 없다. 편견 없이 해독할 줄 아는 사람이면 누구에게든 『실천이성비판』은 『순수이성비판』에, 즉 합리적 신학에 관해 다루면서 바로 앞에서 언급한 장에 아주 분명하게 예고되어 있기 때문이다. 이에 대해서는 칸트 자신도 『실천이성비판』 초판에 앞서 출간된 『순수이성비판』 제2판 서문에서 아주 분명하게 밝혔다. "나는 신앙에 자리를 마련하기 위해 앎을 지양할 수밖에 없었다. 형이상학의 독단론은 (…) 도덕성에 위반되는 모든 불신의 진정한 원천이다. 불신은 언제나 극히 독단적이다." 칸트는 어떠한 학문적 이의제기 앞에서도 신앙을 안전하게 지켜냈다. 말하자면 이론적 이성의 문제에서 신앙만큼은 확실히 제외한 것이다. 여기서 '옳음'이나 '그름'의 판단을 종교적인 의식내용에 적용하는 것은 완전히 무의미해진다. 니체식 비도덕주의자가 선(Gut)과 악(Böse)의 저편에 서 있듯이 칸트식 도덕군자는 참(Wahr)과 거짓(Falsch)의 저편에 서 있는 것이다.

　　이제 우리가 칸트 철학의 기본사상을 간명하게 드러낼 때 먼저 설명해야 할 것은, 그 철학이 풍기는 훈계조의 분위기와 교육적 구조가 무엇을 유도하며 그 철학에서 새로운 지식을 매개하는 학설이 무엇인지가 아니라 새로운 존재를 요청하는 정신적·윤리적 성찰에 대한 호소가 있다는 사실을 간파해야 한다는 점이다. 말하자면 그의 철학은 하나의 과정이지 목표가 아니다. 그의 철학을 올바른 정신으로 수용하려면 철학적 문제에 대한 어떤 이해관계와 이해력이 필요할 뿐만 아니라 진리와 순수성에 대한 특정한 자연적 성향, 즉 타고난 의지의 경향도 필요하다. 그래서 교육을 많이 받은 아주 똑똑한 사람들도 칸트는 이해할 수 없다고 말하는가 하면, '비철학적인' 아주 단순한 수많은 일반인은 비밀스러운 여러 터널을 지나 이르게 된 칸트의 철학에서 오히려 최고의 위로와 가장 심오한 깨달음을 얻는 것이다. 칸트는 이렇게 말한다. "철학은 학습할 수 있는 것이 아니다. 수학, 물리학, 역사는 학습할 수 있지만, 철학은 그렇지 못하다. 다만 철학하기만큼은 학습할 수 있다." 그의 눈에 비친 '학습된' 철학은 철학이기를 포기하는 것과 같다. 그런 철학은 그저 '역사적' 지식일 뿐 철학적 지식은 되지 못한다.

　　그밖에도 내가 독자들에게 간청하고 싶은 것은 당장 몇 가지를 이해하지 못했다고 해서 조바심을 내지 말라는 것이다. 수많은 것이 나중에 가서야 분명해지게 될 때도 있기 때문이다. 따라서 예외적이지만 이번에는 그 텍스트를 두 번 읽으라고 권하고 싶은 것이다.

　　철학은 인식이다. 이는 아마도 철학자들이 늘 동의하는 유일한 명제일 것이다. 인식은 우리의 인식능력을 통해 이루어진다. 최근 철학에서 두 가지 주요경향이 형성되었다. 그것은 곧 감각주의(Sensualismus)와 합리주의(Rationalismus)다. 감각주의자들은 방점을 감각기능(Sinnesfunktion)에 두며, 합리주의자들은 오성기능(Verstandesfunktion)에 둔다. 감각과 오성의 공통적 활동을 우리는 '경험'이라고 부른다. 그런데 지금까지 철학자들은 감각기관의 보고, 그리고 그 성격과 신뢰성에 대한 오성의 추론들을 두고 시험·검토해왔지만, 경험 자체의 사실은 그저 주어진 것으로만 취급해왔다. 해명되지 않은 사실자료를 수용할 때 일어나는 일을 두고 일상생활에서처럼 비판 없이 사유과정이라고 부르곤 한다. 이런 의미에서 보면 지금까지의 모든 철학은 순진하고 경박했으며, 무비판적이고 독단적이었다. 칸트의 철학은 **비판적**이다. 그것은 합리주의자들과 감각주의자들의 핵심 쟁점에서 무당파적인 중재자이고자 하며, 전통적인 강단 형이상학에 대해서는 화학이 연금술과, 천문학이 점성술과 관계 맺을 때와 같은 태도를 취한다. 칸트는 문제를 훨씬 더 본질적인 것으로까지 밀고 나간다. 요컨대 그는 이렇게 묻는다. 경험은 도대체 어디서부터 오는가? 경험은 어떻게 가능한가? 인식 자체는 어떻게 인식되는가? 어떤 사태는 이를 발생하게 만들었던 모든 조건을 알게 될 때에만 인식할 수 있다. 칸트의 철학은 우리의 인식 작용에 선행하고 있는 것을 연구하기 때문에 그것은 '**초월적인 것**(transzendent)'과 혼동해서는 안 될 뿐 아니라 오히려 그 정반대를 의미하는 '**선험적인 것**(transzendental)'이라고 부를 수 있다. 선험적인 것은 모든 경험의 **이편**(diesseits)에 있으면서 경험에 **선행하는 것**(vorausgeht)을 의미하고, 초월적인 것은 모든 경험의 **저편**(jenseits)에 있으면서 경험을 **넘어서 있는 것**(hinausgeht)을 의미한다. 비판철학의 연구대상은 모든 경험으로부터 독립해 있는 이성이며, 이는 모든 경험에 앞서 거기에 있는 바처럼 경험의 단순한 능력으로서의 이성이다. 따라서 그것은 '순수' 이성을 의미한다. 순수이성의 세 가지 기본능력으로는 **감성**

(Sinnlichkeit) 혹은 직관의 능력, **오성**(Verstand) 혹은 개념의 능력, **이성**(Vernunft) ‒ 좁은 의미에서의 이성 ‒ 혹은 이념의 능력이 있다. 우리 이성의 활동을 통해 칸트가 '**현상**(Erscheinung)'이라고 부르는 바의 일이 일어난다. 곧 그것은 우리의 의식에 현상하는 바의 세계이지만 이런 현상에 기초를 이루는 것은 '**물 자체**(Ding an sich)'이다. 이 사물은 그것을 포착하는 우리의 방식과 무관하게 그 자체로 존재하며, 결코 우리가 인식할 수 없는 그런 것이다. 대체로 이러한 표현들은 불행하게도 선별된 것들이다. 인위적이고 현학적이며, 모호하고 난해하며, 곡해되기도 한다. 그래서 그 표현들은 좀 더 대중적인, 좀 더 손쉬운, 좀 더 명료한 표현들로 대체되었더라면 좋았을 것이다. 칸트 자신조차도 그 사용법에 대해 온전히 지배하진 못했다. 그래서 가끔 그는 물 자체를 '선험적 대상'으로 명명하는가 하면, 그것이 모든 경험의 저편에 놓여있기 때문에 그것을 또 '초월적 대상'이라고 부를 수밖에 없는 상황에 부닥치기도 한다. (실제로 형용모순(contradictio in adiecto)을 내포하는 이 같은 명칭을 사용하는 것이 대개 허용될 수밖에 없는 것은 우리의 의식에 대해 초월적인 그 어떤 것은 결코 우리의 대상일 수 없기 때문이다.)

칸트가 자신의 주저를 위해 선택한 이처럼 고리타분하고, 모호하며 지루한 표현방식에서 비롯된 이 같이 완고한 용어는 그의 철학을 연구하려는 수많은 사람을 겁줘 주저하게 했다. 하이네는 '회색의 무미건조한 포장지 스타일'이라고 하며, 쇼펜하우어는 '건조성의 극치'를 말하면서 이성비판의 어투를 두고 "명확하지 않고 모호하며, 불충분하고 때때로는 어둡기까지 하다"고 평가한다. 그러나 일반적으로 꼭 짚고 넘어가야 한다면 그것은 그 책들이 딱히 나쁘게 쓰인 것은 아니며, 어떤 예술적 야망을 품은 게 아니라 그저 사정상 쓰인 것일 뿐이라는 점이다. 문장들이 여러 겹으로 정연하게 잘 겹쳐져 있어서 읽으려면 긴 호흡과 강한 호흡이 필요하다. 칸트는 쇼펜하우어 계열의 고전적 산문 작가가 아니지만 유창하게, 쉽게, 매력적이게 심지어 흥미진진하게 썩 잘 표현할 줄 아는 탁월한 문장가였다. 2년간 그의 제자가 되었던 헤르더(Herder)는 그의 강의를 칭송했다. "그는 농담과 위트와 재치를 마음껏 부렸다. 그의 교수법은 가장 즐거운 교제였다." 그가 애호하는 작가는 세르반테스와 스위프트(Swift), 몽테뉴와 리히텐베르크였다. 그가 이성비판의 글을 쓰기 이전의 양식은 풍부한 사상에도 불구하고 명료하고 세련되었으며, 우아하면서도 유머가 넘쳤다. 그러나 『순수이성비판』과 더불어 그는 완전히 새로운 필법을 취한다. 항상 엄격하고 냉정한 자세로 사태에 임하며, 결코 보잘것없는 편리함을 선택하지 않고, 독자에 대한 일체의 배려도 배격한다. 여기서는 특정한 의도만 중요할 따름이다. 말하자면 한편으로 칸트는 자신의 대상에 흡족한 묘사를 부여하는 일은 그 대상을 고양하는 것으로 생각했으며, 다른 한편으로는 이 같은 형식을 통해 자신과 통속 철학자들 사이에 구분의 장벽을 쌓고 싶었던 것이다.

칸트 철학의 출발점은 흄에게서 찾을 수 있다. 우리가 기억하는 바, 흄은 인과관계를 의미하는 인과율(Kausalität) 이념이란 경험에서 유래하는 것이 아니라 선행사건에 뒤따른 우리의 사유에서 비롯된다고 주장했다. 말하자면 단지 **사건 후**(*post hoc*)에 근거해서 우리는 **사건의 원인**(*propter hoc*)을 임의로 만든다는 것이다. 이러한 사유과정을 칸트가 받아들이지만, 동시에 그는 훨씬 더 깊이 파고든다. 그가 확신하는 것은, 인과율 개념이 사물들 그 자체에 내포되어 있지 않은데, 그것은 개념이 모든 경험 이후에, 즉 **사후**(事後: *a posteriori*)에 사물들에 파고들기 때문이 아니라 개념은 모든 경험 이전에, 즉 **선험**(先驗: a priori)에서 우리에게서 형성되기 때문이고, 이 개념을 통해 경험 일반이 비로소 가능하게 되기 때문이며, 이 개념이 우리의 경험을 만들기 때문이다. 실체성(Substantialität) 개념의 경우에도 사정은 마찬가지다. 흄은 이 개념을 두고서도 주장하길, 이 개념은 바로 우리에 의해 어떤 속성들의 확고한 결합에 대한 단순한 관찰로, 그리고 여타의 범주로 혹은 칸트가 부르는 식의 '순수' 오성 개념으로 해명된다는 것이다. 순수 오성 개념은 경험과 독립해서 실존하며, 이 경험은 이 개념들을 통해서만 실존한다고 한다. 그런데 흄의 근본 오류는 그가 범주들을 경험으로부터 비로소 생겨나는 유개념(Gattungs-begriff)과 혼동한 점에 있다. 사실 유개념은 개별 대상들에서 유추되고 추상되는 것이다.

『순수이성비판』전체는 사실 이 같은 기본사유를 인식의 전 영역에 적용하는 것과 관련 있을 뿐이다. '선험적(apriorisch)' 인식형식을 살펴보면 다음과 같다. 첫째, 우리의 직관형식(Anschauungsform), 즉 공간과 시간이다. 우리의 기하학적·산술적 판단의 절대적 적합성 여부는 이 형식에 의존한다. 이 형식은 순수 수학이 어떻게 가능한가? 하는 물음에 답하는 '선험적 미학(transzendentale Ästhetik)'이 다룬다. 둘째, 우리의 사유형식, 곧 열두 범주 혹은 오성의 계보개념(Stamm-begriff)이 있다. 보편적인 오성 원리의 적합성 여부는 이 형식에 따른다. 이 형식은 순수 자연과학이 어떻게 가능한가? 하는 물음에 답하는 '선험적 분석학(transzendentale Analytik)'이 취급한다. 엄격한 필연성과 보편성은 모든 경험에 앞서 존재하는 순수 직관과 순수 개념에만 어울릴 뿐이다. 이것들은 인간의 영혼과 이의 원동력에서 생겨나기 때문이다. 반면 경험에서 길어내는 판단들은 언제나 '수취된',

'비교적인' 혹은 '귀납적인' 보편성을 취할 뿐이다. 이런 판단들에 입각해서는 이렇게만 말할 수 있을 따름이다. "지금까지 우리가 수많은 것을 지각해온 바에서 볼 때, 이런저런 규칙에는 예외가 없다." 분명한 것은 칸트가 이상의 관점에서 지금까지의 철학을 몽땅 거꾸로 뒤집어놓았다는 사실이다. 기존의 철학은 진리는 오직 경험에서만 획득될 수 있다고 가정하는 반면에 칸트는 모든 경험은 조건부 근사치의 진리만을 내포할 뿐이며, 절대적 진리는 경험에 앞서, 경험의 바깥에서 혹은 경험 없이 취해질 수 있다고 설명한다.

공간과 시간은 사물의 속성이 아니며, 외부세계에 대한 우리의 관찰에서 나오는 것도 아니다. 오히려 상황은 정반대이다. 즉, 우리가 외부세계라고 부르는 그것은 공간과 시간을 전제하고 있다. 사물들이 동시에 존재하거나 서로 잇달아 존재한다는 사실은 이미 시간을 전제로 하고 있다. 시간과 공간은 사물들이 현상하는 형식이다. 사물들은 이 형식에서 현상할 수밖에 없고, 이것이 없으면 사물들은 도무지 현상할 수가 없다. 물론 시간과 공간은 현상들과 떼어놓고 생각할 수가 없다. 반면 일체의 현상 없이도 시간과 공간을 멋지게 사유할 수 있는 노릇이다. 우리 경험의 모든 실제적인 대상 혹은 가능으로서의 대상도 이 같은 두 가지 직관형식의 지배를 받고 있다. 그러나 다른 한편 이 형식들에서 추론되는 것은 이러한 지배가 꼭 우리 경험의 범위만큼만 그 힘을 뻗는다는 사실이다. 곧 그 힘은 오직 인간의 경험 안에서만 절대적 타당성을 부여받는다. 우리가 **현실**(Wirklichkeit)이라고 부르는 그것, 즉 우리의 '감성'에 의해, 말하자면 모든 경험에 앞서는 순수직관의 선험적 아프리오리의 능력에 의해 산출되는 그런 직관적 세계는 사실 **현상**(Erscheinung)일 뿐이며, 사물들이 한갓 우리 의식의 현상으로서만 실존하게 되는 관념적 세계(ideale Welt)는 사물들이 그 자체의 모습대로 존재하지는 않으며, 따라서 칸트가 말하듯 '경험적 실재성(empirische Realität)'과 '선험적 관념성(transzendentale Idealität)'을 동시에 지니는 세계이다.

우리에게 먼저 무형의 감각들이 주어진다면, 우리의 '직관적 이성'은 이것들을 공간과 시간에 맞게 배열하며, 이를 통해 그것들은 현상들이 된다. 그러나 이 현상들은 재배열되고, 법칙에 따른 관계를 맺으려고 한다. 이러한 과제는 '사유하는 이성' 혹은 오성이 '순수 개념'의 도움을 빌려 해소한다. 이 순수 개념을 통해 현상들로부터 경험이 형성된다. 직관을 통해 대상들은 우리에게 주어질 뿐이고, 개념을 통해 비로소 사유된다. 개념 없는 직관은 맹목적이고 직관 없는 개념은 공허하다. 오성은 판단 능력이기 때문에 이 판단의 다양한 형식에서 범주들이 형성되며, 오성은 이 범주들을 수단으로 하여 세계를 개념 규정한다. 열두 범주가 있다. 칸트는 자신의 마음에 두었던 이 '범주목록'을 아주 세심하게 다듬어냈다. 그러나 우리는 이것에 좀 더 가까이서 천착하고 싶진 않다. 왜냐하면 그것은 그의 체계의 주요 사상을 건드리지도 않을뿐더러 논쟁의 여지도 없지 않은, 단지 재기 넘치는 스콜라적 유희 그 이상을 의미하지 않기 때문이다. 그도 그럴 것이 그것이 미치는 모든 개념이 칸트가 의미하는 '순수' 개념들이 아니기 때문이다. 특히 여기에는 칸트의 학문체계를 두고 파울젠(Paulsen)이 흔히 했던 예리한 논평이 적중하고 있다. "체계에서 보이는 근엄하고 엄숙한 수많은 부분은 크리스마스 시장에 전시된, 인공 장식물을 달고 있는 잣나무 가지들을 상당 부분 닮았다."

자연은
어떻게
가능한가?

훨씬 더 중요한 것이 있다면 그것은 칸트 철학의 중심으로서 직접적으로도 까다로워 보이는 '선험적 통각(transzendentale Apperzeption)'

이론이다. 우리가 들어온 바로는, 사물들은 공간의 병존(Nebeneinander des Raums)과 시간의 연속(Nacheinander der Zeit)에서뿐만 아니라 합법칙적·필연적 결합(Verknüpfung)에서도 우리에게 현상한다. 이 결합은 우리의 오성 개념을 통해 일어나며, 그 결과는 우리가 '경험'이라고 부르는 바의 것이다. 그러나 이 경험에서 사물들은 언제나 사실적 결합으로 우리에게 주어질 뿐 필연적 결합으로 나타나는 것은 아니다. 그러나 우리의 오성이 실현하는 이 결합 관계들은 엄격한 보편성과 필연성의 요청과 성격을 담고 그 모습을 드러낸다. 이는 어디에서 오는 것인가? 단순하다. **우리 자신**은 우리의 통일적인 관점, 즉 모든 경험에 앞서 있는 우리 통각의 선험적 통일을 통해 이러한 종합을 실현한다. 우리의 감각에 우선은 모호하게 착종된 다양성의 상태로만 주어진 세계가 우리 자의식의 통일을 통해 애초부터 통일로 통각(統覺)된다. 결과적으로 세계는 통일이며, 그것도 **필연적** 통일이다. 우리가 표상하는 세계가 항상 우리에게 동일한 세계로 현상한다는 사실은 우리의 '순수' 의식의 통일성과 불변성에 따라서만 설명될 수 있다. 이 '순수' 의식은 모든 세계에 앞서 존재하며, 따라서 그것은 '최고의 공리', 즉 인간 인식의 '근본능력(Radikalvermögen)'을 구성한다. 우리 자아의 통일성은 세계의 통일성의 진정한 근원이다. '자연'은 우리에게 객체이자 경험대상이고 의식내용이며 구체적으로 합법칙적으로 배열된 관계이다. 그도 그럴 것이 우리는 우리의 영혼 속에 이미 주어진 직관과 오성의 인식능력을 통해 자연을 이러한 '대상'으로서 미리 정립했기 때문이다. 칸트는 이렇게 말한다. "연관은 대상들에게 있지 않으며, 지각을 통해 대상들로부터 빌릴 수 있는 것이 아니라 오성의 한 작용일 뿐이다." 오성 자체는 선험적인 것(아프리오리)을 결합하는 능력일 따름이다. 우리의 오성은 칸트가 '생산적인 상상력'이라고 부르는 바의 능력 덕분에 자체 활동을 통해 특정한 결합, 특정한 법칙, 이른바 '자연법칙'을 자생적으로 산출한다. "오성은 자신의 법칙을 자연으로부터 길어내는 것이 아니라 오히려 이 법칙을 자연에 내린다." 이는 다음과 같은 질문에 대한 답이다. 자연은 어떻게 가능한가?

형이상학은 어떻게 가능한가?

이런 확신을 갖고 실천이성비판은 그 정점에 이르렀다. 이어서 이제 '선험적 변증법'이 등장한다. 그 주제에 대해서는 이미 우리가 간략히 언급한 바가 있다. 그것은 곧 지금까지의 신학과 우주론과 심리학에 대한 논박이자, 신과 영혼의 실존 및 인간 의지의 자유와 내세 삶의 실존을 논리학을 수단으로 해서 논증하려 한 학문적 분과들에 대한 논박이다. 선험적 변증법은 이렇게 묻는다. 형이상학은 어떻게 가능한가? 형이상학이 결코 우리 인식의 대상이 될 수 없는 초월적인 사물에 대해 다룬다면 그것은 학문으로서는 불가능하지만, 학문 이외에 다른 것이 가능하다면 그것은 인간에게 제기되는 무한한 과제로서만 그렇다. 신·영혼·자유·불멸은 증명될 수도 없고 논박할 수도 없는 '관념들'이다. 이것들은 신앙의 문제이다. 현상으로서, 즉 경험적 존재로서 인간은 인과법칙의 지배를 받는다. 물 자체로서, 즉 '예지적(intelligible)' 존재로서 인간은 자유로우며, 어떤 법칙에도 지배당하지 않고 다만 도덕적 '판단'에만 지배될 뿐이다. 이 같은 존재로서 인간은 자유롭게 그저 **사유할** 수 있을 따름이다. 우리의 이성은 인간은 자유로우며, 비물질적인 불멸의 영혼을 지니고 있다는 점, 그리고 최고의 지혜와 선의 존재가 세계를 지배한다는 점을 입증할 수 없다. 그러나 이성은 그렇게 해도 되고 또 그렇게 할 수밖에 없는 노릇이다. 그 형이상학적 기질 덕분에 세계와 인간을 **으레 그러려니 하는** 상태로 **바라볼** 수밖에 없다. 관념들은

범주들처럼 우리에게 법칙이 아니라 원칙과 방침만 제공한다. 그것
들은 '구성적' 원리들이 아니라 한갓 '규제적' 원리들일 뿐이며, 우
리 오성의 실제적 대상이 아니라 우리 이성의 이상적 목표이다. 이
이성은 관념들을 형성하는 능력일 뿐이라고 여겨지는 협의의 고차
원적 의미에서의 이성이다. 세계의 총체성(Totalität)에 대한 인식으로
서의 과학도 거기까진 도달하지 못했고 도달할 수도 없지만, 지칠
줄 모르고 추구해야 하는 우리 정신의 목표일 뿐이다. 그러므로 '관
념들'의 가치는 그 실현가능성에 있는 것이 아니라 그것들이 우리
사유와 행동 전체의 방향을 정립한다는 점에 있다. 신·자유·불
멸·과학의 완전한 왕국은 우리의 예지적 자아가 우리의 경험적 자
아에게 풀도록 남겨놓은 **과제**이다.

순수이성비판은 세 가지 물음을 제기하고 답변한다. 첫 번째 질
문은 이렇다. 순수 수학은 어떻게 가능한가? 그 답은 순수직관의
능력인 우리의 감성을 통해서로 정리된다. 순수직관의 능력은 우리
의 인상이나 (우리에게 주어진 유일한 것인) 감정을 공간과 시간의
배열로 현상하게 만든다. 두 번째 질문은 이렇다. 순수 자연과학은
어떻게 가능한가? 순수개념의 능력인 오성을 통해서라고 답한다.
이 능력은 범주들을 분류함으로써 현상들로부터 경험을 만들어낸
다. 세 번째 질문은 이렇다. 형이상학은 어떻게 가능한가? 경험에서
과학을 만들어내야 하는 무한한 과제를 부여받고 있는 관념들의 능
력인 우리의 이성을 통해서라고 답한다. 이상의 세 가지 질문을 압
축할 수 있는 총괄적 물음은 이렇다. 실재는 어떻게 형성되는가?
그 답은 순수이성에 의해서로 정리된다.

질문:		능력:		형식:		산물:	
순수 수학은 어떻게 가능한가?	감성			직관들	현상들		
순수 자연과학은 어떻게 가능한가?	오성	순수 이성		개념들	경험	경험적 실재	
형이상학은 어떻게 가능한가?	이성			관념들	…과학		

인간의 이성은 그 모든 능력을 발현할 때 겨우 형식을 부여하는 힘이 된다. 요컨대 공간과 시간, 범주들 및 관념들은 자체 내용과 접할 때 이 내용에 따라붙는 총괄 형식들이다. 우리 이성의 '소재 (Stoff)'는 감각들이다. 이에 대해서는 그것들이 우리에게 '자극을 준다'고만 말할 수 있을 따름이다. 이성이 총괄적 실재에 법칙들을 정함으로써 이 법칙들은 우리에게 범할 수 없는 것으로 통용되지만 단지 우리에게만 통용될 뿐이다. 세계가 실제로 어떠한가 하는 것은 그것을 파악하는 우리의 방식이 어떠하든 결코 예단할 수 없는 노릇이다. 그도 그럴 것이 우리의 의식에 들어와 있는 그 모든 것은 이미 현상이며, 선험적 관념성을 지니고 있기 때문이다. 단지 우리가 말할 수 있는 것은 이 현상들에는 무엇인가가 "기초를 이루고 있다"는 점, 그리고 사물들의 뒤편에, 즉 우리 경험능력의 저편에 아직 무엇인가가 있다는 점이다. 그것은 물 자체를 의미한다. 이 물 자체는 공간과 시간이라는 직관 형식에 속하지도 않고 실체성과 인과율이라는 사유 형식에도 속하지 않는다. 그것은 한계개념일 뿐이다. 즉 이는 우리 인식이 중단되는 한계를 나타낸다.

칸트는 자신을 코페르니쿠스에 비교한다. 사실 그의 이성비판은 지금까지의 세계상에 대한 완전한 전회를 의미한다. 그러나 실제 그의 전회는 코페르니쿠스의 그것과는 정반대가 된다. 코페르니쿠스는 지금까지 사람들은 지구가 우주의 중심점이며, 이 우주는 지구의 방향에 따라 운동을 하고 있다고 믿어왔지만 사실 지구는 태양과 거대한 천체를 도는 한 작은 별에 불과하고, 이 천체의 움직임에 따라 운동을 하고 있다고 말한다. 칸트는 이와 정반대로 말한다. 즉, 지금까지 사람들은 자신의 인식이 외부세계의 대상들이 움직이는 방향에 따라 운동을 하고 있다고 믿어왔지만, 사실은 세계 전체가 인간과 그의 인식을 따라 움직이고 이 인식을 통해 비로소 세계가 성립된다는 것이다. 그러나 그럼에도 이 두 체계에는 공통점들이 있다. 우리가 이 책 1권에서 지적한 것은 근대의 문턱에서 시작된 새로운 천문학이 지구를 극히 작은 빛의 반점으로 압축했으며, 우주를 어마어마한 거대차원으로 확장했지만 동시에 인간을 우주의 관찰자이자 그 비밀을 캐는 탐색가로 끌어올려놓았다는 점이다. 말하자면 한계가 있지만, 연구되지 않는 **마술적인** 우주를 대신하여 무한하지만 **수학적인**, 그래서 계산 가능한 우주가 들어선 것이다. 같은 방식으로 칸트는 인간을 한편으로는 무기력과 어둠의 나락으로 밀어뜨린다. 즉, 인간은 넘어설 수 없는 한계 때문에 '진정한 세계', 즉 '세계 자체(Welt an sich)'에 대한 인식에서 동떨어져 있다고 논박의 여지 없이 명확히 설명하고 있다. 그러나 동시에 인간을 '경험 세계'의 창조자이자 절대적 입법자로 만들어놓고 있다. 이 경험 세계의 범위가 어마어마하게 넓어 이제 인간은 더는 공포 속에서 떨지 않게 된다. 이처럼 이성비판은 인간 이성의 가장 깊은 패배와 최고의 승리를 지칭한다. 요컨대 인간은 우주에서 사라지는 한 작은 점에 불과하다. 그러나 바로 이 허무가 우주에 인간의 법칙을 새겨 넣게 한다.

『순수이성비판』의 마지막 장은 칸트의 두 번째 주저, 즉 첫 번째   실천이성의 우세

주저에 이어 7년 뒤에 나온 『실천이성비판』으로 가는 길목이 되기도 한다. 자유·불멸·신성과 같은 관념들은 우리의 경험을 넘어서기 때문에 이론의 길에서는 만날 수 없지만, 실천의 길에서는 우리가 우리의 도덕적 의지 덕분에 (객관적 확신은 아니지만) 그 같은 관념들을 주관적·개별적 확신으로, 즉 우리 신앙의 대상으로 삼음으로써 만날 수 있다는 것이다. 순수이성비판은 우리 인식의 법칙들에 대해 다루며, 실천이성비판은 우리 행위의 법칙들에 대해 다룬다. 우리 이론적 이성의 법칙들이 엄격한 필연성과 보편성만 취급할 뿐인 것은 이것들이 경험에서 길어지는 것이 아니라 경험에 앞서 있기 때문에 그렇듯, 우리의 실천 이성의 법칙들도 조건 없는 유효성을 요구할 수 있을 때는 그러한 것들이 경험에서 유도되지 않을 때, 즉 그것들이 그저 (우리 행위의 내용은 언제나 경험에서 비롯되기 때문에) 순수 형식적 성격을 담고 있을 때뿐이다.

이론적 이성이 현상세계에게 법칙들을 받아쓰게 하듯이, 실천적 이성은 스스로에게 도덕률을 제시한다. 이 도덕률은 이렇게 지시한다. "언제든 너의 의지의 격률이 동시에 보편적 입법의 원칙으로 작용할 수 있도록 행동하라!" 실천적 공리들은 어떤 조건들이 주어질 때만 타당할 뿐인 그런 규정들을 내포하기도 한다. 예컨대 당신이 어떤 분야에서 대가가 되기를 원한다면, 제때 연습을 충분히 해둬야만 한다. 이 경우 실천적 공리는 가설 명령(hypothetische Imperative)에 그친다. 또 한편 이 공리들은 모든 전제에서 독립된 무조건적인 효력을 발휘하기도 한다. 예컨대 남을 속여서는 안 된다. 이 경우 공리들은 **정언** 명령에 해당한다. 도덕률은 정언 명령이다. 이 정언 명령은 절대적이어서 무조건적이며, 그 어떤 전제에서도 독립적이다. 어디서든 항상 효력을 발휘하며, 모든 경험에 앞서며 어떤 경험적 증명도 필요치 않다. 설령 절대 충족되지 않더라도 효력을 발휘한다. "실제로 도덕은 우리가 어떻게 하면 행복해질 수 있는가 하는 규범이 아니라 우리가 마땅히 행복할 자격이 있다는 규범을 의미한다." 우리는 도덕률을 기호도가 아니라 의무감에서 관찰해야 한다. 왜냐하면 기호도에서 도덕률을 따른다면, 그것은 우리 자신을 위한 것일 뿐이기 때문이다. 여기서 우리는 칸트 도덕철학의 정상(頂上)에 이른 것이다. 이 정상은 그야말로 매서운 바람이 부는 절대 윤리학의 얼음봉우리다.

우리 속의 도덕률이 그것은 마땅히 해야 하는 일이라고 명령한다. 이 당위(Sollen)의 뒤를 가능(Können)이 따르기 마련이다. 그렇지 않으면, 당위의 요청은 터무니없는 꼴이 되고 말 것이다. 감각적 존재로서 우리는 자연의 필연성의 지배를 받지만, 도덕적 존재로서 우리는 자유롭다. 이런 맥락에서 형이상학의 관념들은 새로운 실재성을 획득하는 셈이다. 우리는 절대적인 도덕적 완성을 원할 수밖에 없다. 그런데 이러한 완성은 우리의 현세적 존재 시점에서는 결코 도달할 수 없기 때문에 우리의 도덕적 의식은 불멸을 요구할 수밖에 없는 것이다. 비슷한 이유에서 우리의 실천 이성은 신·자유·영혼의 실존을 요청할 수밖에 없다. 이 관념들은 이론적 이성의 공리(Axiom)가 아니라 실천적 이성이 요청하는 바의 것이다.

우리에게서 도덕률의 작용은 인간 자유의 가능성과 현실성의 증표이다. 우리의 도덕적 능력이 우리의 인식능력과 맺는 관계는 예지계(intelligible Welt)가 감각계(sinnliche Welt)와 맺는 그것과 같다. 곧 감각계는 예지계에 의존한다. 그래서 칸트는 실천적 이성이 이론적 이성에 앞선다고 말하는 것이다. 감각세계는 철저히 현상학적이며, 그것의 기초를 이루는 예지계의 현상이다. 우리 자신의 감각적 실존도 마찬가지다. 즉, 우리의 경험적 성격은 우리의 예지적 실존, 즉 우리의 도덕적 실존의 단순한 현상일 뿐이다. 그렇다면 우리의 도덕적 자아는 무엇인가? 그것은 곧 '물 자체'와 다름없다.

순수이성비판은 예지적 본성, 관념들, 물 자체는 인식될 수 없어 알 수 없고, 다만 '사유되고' 믿어질 따름이라고 설명한다. 그러나 실천이성비판은 그것들이 마땅히 사유되고 믿어질 수밖에 없으며, 우리 존재와 행위의 규범이 될 수밖에 없다고 설명한다. 우리의 사변적 이성에게는 그 관념들이 단순한 가능성, 바람직한 것, 이상, 가설을 의미하지만 우리의 실천적 이성에게는 현실이고 필연이며, 정언적 계명이다.

『실천이성비판』은 『순수이성비판』의 완성이고 정점이다. 전자가 없다면 후자는 토르소(Torso)이자 한갓 의문부호에 지나지 않을 것이다. 다만 이 두 작품에 대한 시기와 무지는 『파우스트』 1·2부 혹은 단테의 지옥과 천국이 그렇듯이 서로 유기적이고 필연적으로 연결된 이 두 저서에서 모순을 폭로하려고 덤벼들 수 있을 것이다. 이 두 경우 근본적으로 동일한 관찰방식과 방법에 의해 사유가 이끌려가고 있다. 칸트는 정언 명령을 두고서도 그것은 "이미 정서 속에 들어있다"고 설명한다. 도덕률도 자연법칙만큼 선험적이다. 우리의 선악 개념은 우리의 시·공간의 직관처럼 경험에서 비롯되는 것이 아니다. 인식하는 존재로서 인간은 외부세계의 입법자이며, 도덕적 존재로서 인간은 자기 자신의 입법자이다. 말하자면 한 몸에 입법자와 신하가 동거하는 셈이다. 그는 자신의 감각적 세계만큼이나 자신의 도덕적 세계도 구축하는 그런 인물이다. 우리의 이론적 이성은 세계를 직관적으로 배치되고 합법칙적으로 결합된 통일로 생각한다. 따라서 이 세계는 직관적이고 합법칙적이다. 우리의 실천적 이성은 인간을 자유롭고 도덕적인 존재로 간주하려고 한다. 따라서 인간은 도덕적이고 자유롭다.

여기서 칸트의 다른 글까지 파고드는 것은 단념할 수밖에 없고, 다만 칸트가 그의 세 번째 주저인 『판단력비판(*Kritik der Urteilskraft*)』에서 최초로 미의 본질에 대해 상세히 설득력 있게 규정했다는 점을 언급하는 정도로 한정하고자 한다. 사실 그의 규정 이후 비로소 학문으로서의 미학이 존재하게 되었다. 이때도 그가 확신한 것은 미(Schönheit)란 우리가 경험에서 길어낸 개념이 아니라 경험에 첨부한 **판단**이나 빈사(賓辭: Prädikat)라는 점이다. 요컨대 사물들이 미학적인 것이 아니라 그에 대한 우리의 표상들이 그렇다는 것이다.

이로써 그의 체계구조는 세 가지 주요 영역에서 완성된 셈이다. 칸트의 철학은 그 스스로 규명하듯 일종의 '목록'을 포함하고 있다. 그런데 이 목록은 언제 누구에 의해서든 보편성 및 필연성과 함께 **이론적으로 인식되고, 실천적으로 의도되며, 미학적으로 느끼게** 될 그런 것이다. 그의 철학이 도달한 결론으로는 진리는 우리 오성의 산물이고, 도덕은 우리 의지의 산물이며, 미는 우리 취향의 산물이다. 그의 철학이 매번 제출한 답변들은 자명한 만큼이나 놀랍기도 하다. 그의 답변들은, 이 같은 비교가 적절할지 모르지만, 흥미진진한 범죄 소설에서 독자조차도 알아낼 수 없었던 실마리가 풀리는 것과 같은 것을 연상시킨다. 실마리가 주어지니까 그것은 당연히 그럴 수밖에 없는 것으로 느껴지기도 한다. 여기에 이르기까지의 길은 극히 복잡하지만, 그 실마리들 자체는 몹시도 단순하다.

비판철학의 총괄적 결과를 두고 18세기의 가장 명민한 인물 중 한 사람인 수도원장 갈리아니(Galiani)는 이렇게 압축해서 말한다. "자연의 주사위가 변조되었다."⁴² 사실 이 사건은 충격적이다. 물론 제대로 느끼지 못하면 개념파악하기가 어렵다. 그러나 자체 분열적이고 산만하며 문제적이었던 당시의 모든 전형적 인물, 이를테면 베르테르와 루소, 심지어 칸트가 염두에 둔 사람으로부터 실로 고전적인 반듯한 직선이라는 인상이 시작된다. 그들은 완전히 기하학적 형태로 균형 잡힌 모양을 취하여 마치 제도 학교의 습자지에 그려진 '인간 모습의 전형'처럼 흠 잡을 데 없이 한눈에 들어오는 그림과 같은 인상을 준다. 당시 모든 것이 흔들리는 것 같았다. 칸트의 폭로는 외부 세계 전체를 정신의 단순한 그림자 속으로 집어던지는 것처럼 보였다. 그러나 오늘날 우리에게 그것은 세계상을 시간과 공간 및 인과율에 따라 멋지게 잘 배치한 것처럼 보이지 않는가! 그는 아이들에게 큼직한 선물상자를 들고 온 다정한 아저씨를 연상시킨다. 상자 속에는 아이들의 작은 세계를 이루는 온갖 대상이 가지런히 예쁘게 포장되어 있다. 가련한 베르테르도 오늘 우리에게는 부럽기 짝이 없는 영혼의 논리학자처럼 보인다. 그도 그럴 것이 그는 명확한 방향, 즉 절대적 목표가 있었기 때문이다. **연애**(Erotik) **자체**는 그에게 문제가 아니었다. 그런데 이는 마치 역사심리학적 법칙과 같아 보인다. 즉, 사람들은 새로운 확실한 기반을 잡을 때마다 지반이 흔들리고 있다고 생각하는 것이다. 이는 인간의 진보가 실제로 이루어지고 있다는 증거임에도, 이때는 진보가 원시상태처럼 여겨진다. 이 상태를 고도로 복잡한 18세기가 우리 눈에 내비췄던 것이다.

칸트 철학의
비판

이제 끝으로 칸트 철학에 대한 비판과 관련해서 보자면, 주지하

---

[42] 칸트의 주체철학에서 인간이 자연의 단순한 기록자가 아니라 오히려 자연이 주체의 '취미판단(Geschmacksurteil)'에 따라 해석된다는 뜻에서 기존의 자연 관점이 완전히 뒤바뀌게 되었음을 암시함.

다시피 비판이 도서관을 채울 정도이고, 전문연구기관의 대상이 되고 있다. 심지어 '칸트 문헌학(Kantphilologie)'까지 생겨났다. 물론 불확실해서 거의 전망이 없는 학문으로 보이지만 말이다. 왜냐하면 우리가 이미 강조했듯이 칸트가 용어를 사용할 때 결코 일관성 있게 명확한 것이 아니기 때문이다. 그의 연구 전체의 기본이 되는 어휘인 '이성'이라는 말은 우리의 인식 전체와 관념들의 능력 등을 거론할 때도 혼용해서 사용되기 때문에 까다로운 모순적 개념에 해당한다.

의미 있는 동시대인 중에 하만은 칸트를 적극적으로 반대했다. 그의 눈에 비친 칸트는 "난로 뒤에서 졸고 있는 잠보"에다 극단적 합리주의자요 수다쟁이요 투기업자일 뿐이었다. 이성비판에 대한 설득력 있는 이의를 최초로 제기하고 화두로 삼은 야코비는 칸트의 물 자체의 모순투성이인 역할을 예리하게 분석했다. 요컨대 물 자체는 우리의 현상계에 그 원인으로서 기초를 이루고, 그래서 그 자체로 인과율의 범주에 귀속될 수밖에 없지만, 다른 한편 이 인과율은 우리의 경험 저편에 위치하는 사물에는 통용될 수 없고 오직 현상들에만 통용될 수 있다는 것이다. 이로써 야코비는 인식 가능한 물 자체, 따라서 실재적인 물 자체를 전제로 하지 않고는 칸트의 체계 안으로 들어갈 수 없으며, 물 자체를 전제로 하고서는 그 속에 머물 수 없다고 말한다. "이런 전제와 더불어 그 속에 머문다는 것은 절대로 불가능한 일이다."

칸트의 현상론을 논박하는 여러 다른 시도는 대개 오해에 근거하고 있다. 예컨대 그들은 분과철학(Fachphilosophie)이 '객관 정신'이라고 부르는 것을 언제나 관념론에 대한 반론의 심급으로 끌어들였다. 즉, 법·도덕·테크닉·언어·과학·예술과 같이 지속적인 의미와 영향이 있는 초개인적인 창작물을 만들어내는 인간의 유적(類的)

활동(Gattungstätigkeit)을 거론하는 것이다. 이러한 것들은 우리의 주관으로부터 독립해 있는 실재성에 해당한다고 공공연히 떠든다. 그런데 여기에는 '객관성'과 '실재성'이 혼동되고 있다. 우리 인류의 의식 내에는 논박할 수 없이 명백한 객관성이 귀속될 수 있는 헤아릴 수 없을 만큼 많은 표상이 있다. 그래서 그 실재성은 뭐라 말할 가능성이 없을 만큼 명백하고, 그것을 두고 우리의 표상 저편에서 아직 그 효력을 발휘하는 어떤 것으로 이해하는 것이다. 철학적 관념론조차도 외부세계는 각개 주체의 자의(恣意)에 좌우되기에 그것은 순수 개별적 표상에 불과하다고 주장하진 않고, 오로지 외부세계는 오직 인간의 의식 안에 있어 증명할 수 있는 통각형식으로 우리에게 주어질 뿐이라고 주장한다. 이 통각형식은 현세적이고 인간 형태적인 것[43]이며 시·공간적인 형식 혹은 우리가 부르고 싶은 그 어떤 것이다. 그래서 그것은 주관적인 것이다. 그러나 이 경우 수용하는 주체를 염두에 둘 때 가변적인 개인적 지각을 가진 개별 인간이 아니라 인류의 근원에서 시작된, 그리고 우리가 억지를 부려 말한다면 인류의 태고부터 시작된 인류 전체의 표상활동(Vorstellungsleben)과 유적의식(Gattungsbewußtsein)이 통각형식에 해당한다고 말할 수 있다. 이 같은 우리의 직관형식은 얼핏 아주 역설적으로 들릴지 모르지만, 바로 그렇게 주관적인 만큼 가장 객관적인 것이다. 그도 그럴 것이 직관형식은 비록 우리의 기질과 성향의 정신적 조직화에만 적용될 뿐이지만, 바로 그 때문에 그러한 성질을 지닌 모든 존재에도 절대적으로 구속력을 갖기 때문이다. 우리가 추적할 수 있는 데까지 거슬러 올라가 접할 수 있는 인류조차도 자신의 모든 창조물, 그리고 무수

---

[43] Anthropomorphismus: 의인화, 의인관, 신인동형론이라고도 함.

한 개별자의 협력을 통해서만 가능했을 그런 창조물에서도 언제나 동일하게 영원히 회귀하는 통각형식의 지배를 받는다는 바로 이 사실 앞에서 자명해지는 것은 우리가 세계와 그 역사라고 부르는 그것은 오로지 현상의 성격을 갖는다는 점이다.

사람들은 목적이 상반되어도 선험철학(Transzendentalphilosophie)을 공격한다. 말하자면 공간과 시간의 직관형식이, 이와 관련하여 칸트가 주장한 보편타당성에도 어울리지 않는다는 점을 입증하거나 적어도 그렇게 보이게 만들려고 했다. 사실 우리가 머릿속에 떠올리는 공간이 유일하게 가능한 공간형식으로 표상된다는 것, 그리고 이 공간은 모든 우주의 존재에게도 공통된 것이어서 소위 천체에도 통하는 의미를 갖는다는 점은 더는 설명할 필요가 없는 분명한 사실이다. 이러한 우리의 공간표상, 이른바 유클리드적 공간표상은 두 점 사이를 잇는 가장 짧은 선은 직선이며, 따라서 공간에서 세 점만 있으면 하나의 평면을 만들 수 있다는 공리에 기초하고 있다. 그러나 이런 전제는 소위 인간적인 선입견일 뿐이다. 왜냐하면 자신들의 기하학의 원리는 곡선이라고 믿는 그런 완고한 존재자들이 있다고 얼마든지 생각할 수 있기 때문이다. 이런 피조물들은 구(球)의 세계 (Kugelwelt)에서 살고 싶어 할 것이며, 우리가 평면의 우리 세계에서 살 때처럼 그들도 아마 편히 느끼면서 편하게 지낼 것이다. 또한 2차원만을 알고 우리의 선험적 목록의 파편을 갖고서도 잘 살아가는 평면적인 존재들이 있을 수 있다고 이론적으로 얼마든지 상상할 수 있을 것이다. 다른 한편 심령술(Spiritismus)은 주지하다시피 4차원의 가정에 근거하고 있다. 특히 가우스(Gauß)와 리만(Riemann)이 '비유클리드적' 기하학에 관해 이룬 놀라운 연구를 근거로 사람들은 비판철학이 치명타를 입었다고 생각한다. 그러나 그 연구들은 비판철학을 반박하는 내용은 거의 없고 오히려 그것의 논리를 인정하는 형태를 취한다. 사실 칸트도 유클리드적 공간은 **우리의** 표상이며, 다만 우리의 이 표상은 우리에게만 유일하게 가능한 것이고, 따라서 필연적이며 다른 공간들은 우리가 **생각할 수** 있지만 표상할 수는 없는 것이라고 주장한다. 비유클리드적 기하학, 평면에서의 삶, 4차원적 세계를 직관적으로 표상할 수 있는 인간이 출현한다면 공간의 선험성(Apriotät)이라는 칸트의 학설은 마침내 논박될 것이다. 이와 아주 유사한 꼴은 아인슈타인이 획득한 비상한 발견으로도 이미 당하고 있다. 이 발견의 성과에서 명백한 것은, 시간은 다수 존재할 수 있으며, 공간의 모든 장소에 적용되는 절대적 시간이라는 표상은 인간의 허구라는 점이다. 이로써 많은 연구자는 선험철학이 지탱될 수 없게 되었다는 결론을 끌어냈다. 예컨대 프란츠 엑스너(Franz Exner)는 『자연과학의 물리학적 원리에 관한 강의』라는 자신의 탁월한 글에서 이렇게 말한다. "칸트가 주장하여 정립한 절대적 공간 및 시간 개념 가운데 우리에게 남은 것이 무엇인가 하고 우리가 자문한다면, 아무것도 없는 것과 마찬가지라고밖에 말할 수 없을 것이다." 그러나 아무튼 칸트가 이룬 신기원적 업적은 바로 그가 절대적 공간 및 시간 개념을 **파괴한** 점에 있다. 그의 전체 체계는 상대성이론을 선취한 것이며, 이 상대성이론은 칸트 자신도 함부로 할 수 없는 수단을 갖춘 그의 학문체계의 정밀과학의 토대를 놓는 것과 다름없다. 칸트의 경우 시간-표상은 상대적일 뿐만 아니라 우리의 이해능력을 넘어서는 별 의미가 없는 그런 어떤 것이기도 하다. '절대적 시간'을 우리는 결코 상상할 수 없다. 따라서 그것을 표상할 수 없다는 것은 말할 필요도 없는 것이다. 절대적 공간, 즉 무조건 곳곳에, 그러니까 우리의 통각과 독립적으로 존재하는 그런 공간

은 칸트의 이해로 보자면 현상하는 물 자체와 같은 것으로 난센스
에 해당한다.

　그러므로 칸트에 대한 비판을 두고 그 핵심에서는 공격할 수가
없다는 이야기는 그렇게 많이 말할 필요가 없다. 그러나 몇몇 세부
적인 것에서는 우리가 이미 몇 번 강조했듯이 모순과 모호함이 없
지는 않다. 특히 비판 대상의 핵심 개념인 현상과 물 자체가 그런
것이다.

　칸트는 자신의 이론적 철학에 대해 두 번 설명한 적이 있다. 먼저
는『순수이성비판』에서 그랬고, 다음으로는 2년 뒤『학문으로 등
장할 수 있는 장래의 모든 형이상학에 붙이는 프롤레고메나
(*Prolegomena zu einer jeden künftigen Metaphysik, die als Wissenschaft wird auftreten
können*)』라는 자신의 글에서 그랬다. 이 글에서 그는 본질적으로 아
주 간결한 형식, 이를테면 소위 관현악의 피아노독주 같은 형식을
빌려 자신의 학설을 강의했다. 우리가 우리의 경험 세계의 발생사를
칸트가『순수이성비판』에서 끼워놓은 **귀납적** 방식으로 추적하다보
면 우리 인상이나 느낌의 대상인 물질에서 직관이, 우리의 직관에서
경험이, 우리의 경험에서 (무한히 진리에 근접하는) 과학이 형성된
다는 것을 깨닫게 된다. 말하자면 우리의 인상은 모든 인식에서 불
가피한 전제조건으로서 주어질 수밖에 없다. 분명한 것은 우리가
표상의 도움을 빌려 우리의 현상계를, 개념의 도움을 빌려 우리의
경험 세계를, 관념의 도움을 빌려 우리의 도덕 세계를 만든다는 점
이다. 그러나 우리는 우리의 느낌을 만들지는 못한다. 우리가 산출
하는 모든 것은 형식이며, 이 형식들이 다루는 질료(Stoff)는 우리의
산물이 아니다. 이 질료가 1차적일 뿐이다. 그도 그럴 것이 이 질료
는 형식에 앞서 이미 거기에 있기 때문이다. 따라서 우리의 인식활
동에 기초를 이루는 것은 완전한 주관성의 성격을 우리로 하여금

배제하게 하는 어떤 객관적인 것이다. 한마디로, 칸트가 현상계의 관념성을 가르치지만 근본적으로 보자면 그것은 관념성이 아니다.

칸트가 『프롤레고메나』에서 했듯이, 이번엔 우리가 거꾸로 **연역적** 방향으로 이성비판의 길을 따라가 보면, 우리가 우리의 인식에서 관념과 개념 및 직관을 떼어내면 마지막으로 남는 것은, 칸트가 언제나 인식할 수 없고 표상할 수 없는 것으로 강조했지만 그 실재성과 실존을 두고서는 논박한 적이 없었던 바로 그 물 자체이다. 그러나 우리가 전혀 표상할 수 없는 이 물 자체에는 어떤 실재성이 어울릴 수 있는가? 어떤 대상이 온전히 일체의 경험능력 바깥에 있다면 당연히 그것을 두고서 **실제 상태가 어떤지** 말할 수 없다. 그렇다면 그것이 **존재하는지**도 말할 수 없다. 그래서 우리는 그 실존을 **알** 순 없고 다만 우리의 실천적 이성의 도움을 빌려 **믿을** 수 있을 뿐이다. 한마디로, 칸트가 물 자체의 실재성을 가르치지만 근본적으로 보면 그것은 실재성이 아닌 것이다.

이처럼 칸트의 체계는 관념론과 실재론, 주관론과 경험론 사이에 매달려 있다. 그것은 야코비가 중의성(Doppelcharakter)이라고 적절히 지칭한 바와 같이 '이중적'이다. 그래서 상반된 두 가지의 해석 오류가 나올 법하기도 하다. 이른바 극좌 편에 서서 그의 체계를 실재적 목적으로 오해하면 로크류의 수정된 감각주의를 목격할 것이며, 극우 편에 서서 그의 체계를 관념론적 목적으로 오해하면 버클리(Berkeley)의 급진적 유심론(Spiritualismus)과 혼동할 것이다.

이 모든 난제가 집중되는 소실점은 물 자체이다. 극히 영민하고 극히 심층적인 칸트주의자 가운데 한 사람인 살로몬 마이몬(Salomon Maimon)이 『순수이성비판』이 출간되고 나서 10년 뒤에 밝힌 바대로 물 자체는 인식할 수도 없고 인식하지 않을 수도 없는 그런 것이다.

요컨대 우리가 그것은 표상할 수 없다고 말한다면 그것에 대해 언급하는 것 자체가 불가능할 수밖에 없고, 표상할 수 있다고 말한다면 그것은 물 자체인 것이 중단되고 만다. 그래서 그것은 불가능한 개념, 실재하지 않는 것(Unding), 무(無: Nichts)를 의미한다. 그것은 칸트가 가르친 것처럼 x와 같은 것이 아니라 $\sqrt{-a}$와 같은 것이다.

선험철학을 완성하는 길은 딱 하나 있다. 그것은 물 자체를 해체하는 길이다. 이 과제는 **낭만주의 철학**이 제안하여 실현한다. 그러나 이 철학으로 눈길을 돌리기 전에 우리가 이 장(章)의 서두에서 이미 말한 바 있는 세 가지 주요 경향 중 하나인 세 번째 경향, 즉 고전주의를 먼저 고찰해야 할 것이다.

02
고대의 발견

어떤 근대적인 것도 고대와 비교할 수 없다. 신들을 잣대로 어떤 인간도
가늠해서는 안 될 일이다.   － 빌헬름 폰 훔볼트

그리스인들의 지혜는 완전히 동물적이다.   － 루터

그리스는 인류와 민족애의 요람이었다.   － 헤르더

인간성은 전혀 그리스적인 것이 아니어서 언어표현에서는 결코 그에 합당
한 말을 갖고 있지 못한 형편이다.   － 빌라모비츠

그리스풍, 그것이 뭘까? 오성과 절제와 명료성이겠지!   － 실러

그리스인들에게서 '아름다운 영혼', '황금률', 여타의 완전성 따위를 찾아
내려 하면서도, 나는 내 속에 품고 다녔던 심리학자의 힘을 빌려 나를 보호
한 어리석은 독일인이었다.   － 니체

정신과 육체의 건강함은 전적으로 오직 그리스인들에게서만 볼 수 있다.
반면 우리의 세계는 환자들이 득실대는 거대한 집이다.   － 뤼케르트

그리스 사람들의 전체 문화는 온통 히스테리로 둘러싸여 있었다. 그리스인
들은 미쳐 있었던 것이다.   － 바르

학술원 설립은 그리스 사람들의 영원한 명예로 남을 것이다.　　　－로체

그들의 정신에는 에둘러 표현된 특수한 사실들에서 보편적 진리에 이르는 유일하게 안전한 오솔길의 언덕을 올라가는 끈기 있는 특수성이 결핍되어 있다.　　　　　　　　　　　　　　　　　　　　－뒤부아 레몽

고대인들은 현세를 위해 살았으며, 그리스 사람들에게는 현세의 활동이 전부였다.　　　　　　　　　　　　　　　　　　　　－쿠르티우스

이상한 소문이 있다. 그리스인들은 고집불통으로 오직 현세만을 추구했다는 것이다! 그러나 정반대이다. 그리스인들만큼 내세를 그토록 노심초사한 민족도 없을 터다!　　　　　　　　　　　　　　　　　　－로데

정신적 기질이 그리스인들로 하여금 인생을 즐거운 산책으로 받아들이게 했다.　　　　　　　　　　　　　　　　　　　　　　－텐

우리가 다루는 것은 극도로 자신의 고통을 느끼고 의식할 수밖에 없는 민족이다.　　　　　　　　　　　　　　　　　　　　－부르크하르트

누구나 자신이 필요로 하거나 바라는 바의 것을, 특히 자기 자신을 고대인들에게서 찾아냈다.　　　　　　　　　　　　　－프리드리히 슐레겔

1755년 9월 24일 수요일, 삐죽 솟은 키에 올리브색 피부로 약간 늙어 보이며, 서두르지만 육중한 움직임에 학자 표정을 한 어떤 신사가 바이에른과 티롤을 거쳐 이탈리아로 가려고 드레스덴에서 특급마차를 탔다. 11월 18일, 그는 **포폴로 문**(porta del popolo)을 지나 로마로 들어갔고, 이로써 이 영원한 도시를 거의 점유하게 된다. 이 신사가 바로 프로이센의 문사 요한 요하임 빙켈만(Johann Joachim

특급마차를
탄 신사

Winkelmann)이다. 그는 고대 그리스 작품의 모방에 관한 작은 예술논문으로 전공자들 사이에서 대단한 호평을 받는 작가이다. 알프스를 넘어 로마로의 입성한 일은 근대문화사에서 가장 기억할만한 가치가 있는 사건 중 하나이다. 그것은 호엔슈타우펜가의 로마행이 독일의 정치와 종교의 역사에 그랬던 것과 꼭 마찬가지로 독일의 예술과 문학의 역사에 중요한 의미가 있다. 동시에 그것은 수십 년간 지배해 왔으면서도 지독히 특이하게도 보통의 발전궤도를 벗어나 숙명적 방황의 길을 걸었던 독일적 정신이 변화를 보이게 한 기점이 되기도 한다.

빙켈만은 직업이 고고학자, 역사학자이자 문헌학자, 미학자, 비평가이자 철학자, 박물관장, 문서관장 겸 도서관장, 통역사, 여행 안내자이자 감정가 등과 같이 다양하지만, 실제로 그의 학문적 이력이 시작한 것은 다름 아닌 학교장이자 교육자였다. 그는 독일 국민과 세계가 모셨던 가장 영향력이 높은 교원 가운데 한 사람이다. 또한 그는 가장 괴팍한 인물 가운데 한 사람이기도 하다. 요컨대 그는 모든 천성적인 선생이 그렇듯 자기 지식의 풍부함과 설득력의 차원에서 보면 아주 실용적이었으며, 그 지식의 왜곡된 일면성과 완고한 독단론 때문에 매우 유해하기도 했다.

여러 민족들 속에 살아 있는 천재

그리스인들만큼 광범위하고도 파란만장한 역사를 가진 민족도 없다. 그 까닭은 문자 그대로 그들 스스로 모든 것을 만들어냈던 그들 고유의 천재성에 있다. 천재와 인재(Talent) 사이의 가장 기본적인 차이 중 하나는 인재는 일의적(eindeutig)인 데 비해 천재는 다의적(vieldeutig)이라는 것이다. 이 다의성은 천재가 고스란히 반사하는 세계에 버금간다. 햄릿에 대한 소견이 수십 개나 되듯 향유하는 후세대의 가변적인 의식에 의해 그리스 문화에 대한 극도의 상이한 해석과 평가가 있었던 것이다. 모두가 틀리기도 하며, 또 모두가 옳기도 하다. 인류와 관련하여 그리스 문화가 갖는 평가할 수 없는 그 의미는 그 문화가 언제나 즐거운 마음으로 기꺼이 하려는 형식, 요컨대 어느 시대 어떤 인간이든 자신의 고유한 이상을 주조할 수 있는 아름다운 항아리, 이것을 형성할 수 있었던 점에 있다.

그런데 '이상'이란 무엇인가? 그것은 사람이 항상 마음에 품고 있지만 존재하지 않는 그런 것이다. 누구도 자신의 잠재의식에 품고 있지 않은 어떤 것도 자신의 이상으로 끌어올리지 않을 것이기 때문이다. 그러나 이미 현실화한 것도, 그리고 현실화**밖에 할 수 없는** 그런 것도 이상이 아닌 것은 마찬가지다. 이상은 우리의 자아(unser Ich)이자 동시에 우리의 비아(unser Nicht-Ich)이다. 그것은 우리의 보충적인 다른 한 상대 극으로서 우리 지구의 운행 전체에서 우리가 헛되지만 지칠 줄 모르고 추구하는 플라톤적인 다른 반쪽이다. 이상 속에서 자기 자신 못지않게 고차원적인 제2의 자아, 즉 자신의 보충적인 대극의 자아를 다시 찾아내려는 이 같이 상반된 경향은 끊임없이 서로 뒤섞이면서 모든 '관념론'의 심리작용을 거의 해결할 수 없는 문제로 만들어놓는다. 이 문제는 관찰자에게만큼은 갈등 그 이상의 문제로 의식되기도 한다. 예컨대 계몽주의는 고대인들에게서 한편으로는 순전히 18세기의 합리주의적인 대중철학자를 보는가 하면, 다른 한편으로는 그들의 자연성과 힘, 통일성과 단순성을 오성에 부합한 현재의 예술화와 단편화와 같은 것으로 칭송한다. 니체에게서 절정을 보인 부르크하르트 학파는 그리스인들을 비극적·낭만적 민족으로 보는 동시에 삶의 장인이자 힘을 향한 의지의 대가들로 간주하며, 그리스인들의 문화 전체를 낭만주의와 스스로 구분하려고 한 성공한 시도로 여긴다.

최초의 위대한 '고대의 부흥'은 이미 고대 시대에 이루어졌다. 말하자면 아우구스투스 황제의 '황금시대'에 말이다. 예술 분야에서 그때 이후 종종 반복된 요구, 즉 정평 있는 그리스 대가 작품의 모방을 통해 대가다움에 이르라는 요구가 그때 최초로 제기되었다. 그리하여 베르길리우스는 호메로스를 복제했고, 호라티우스는 아르킬로코스(Archilochos)와 아나크레온(Anakreon)을, 오비디우스(Ovidius)는 테오크리토스(Theocritos)를, 리비우스(Livius)는 투키디데스(Thucydides)를 복제했다. 그런데 이처럼 두 번째 손을 거쳐 나온 이들 저작에서 모든 것이 한껏 기교를 부린 듯한 인상을 줌으로써, 이 작품들은 그 창작자들이 생전에 이미 유파를 창설하여 밀랍인형처럼 같은 모델로 찍어낸 작품처럼 보였다. 하지만 로마 사람들이 모든 세기의 그리스 문학을 다소 무분별하게 베끼고, 자신들의 고유한 문화 단계에서 보면 알렉산더 시대 사람들에 바짝 다가서 있었음에도, 그들은 습관적으로 페리클레스 시대의 문헌만을 유일하게 권위 있는 것으로 취급했다. 동시에 그들은 건축술과 조형예술에서 세월의 덧없음을 내비치게 할 정도로까지 정련된 양식을 유일한 고전적 양식으로 규정하기까지 한다. 이런 규정은 그 같은 양식이 쉽게 수용됨으로써 가능했다. 그도 그럴 것이 당대에 탄생한 생생한 양식은 결코 고전적일 수 없기 때문이다.

이 같은 전통들은 일정한 변화를 보이면서 로마의 황제시대 전체를 지배해왔다. 그 뒤 카오스가 찾아오지만, 어느 정도 청명해지기 시작했을 때인 8세기 말엽, 카를 대제가 로마의 황제권력으로 옛 로마의 문화를 부흥시키려 한 카롤링거 르네상스가 제2의 거대한 르네상스로 이어졌다. 그의 바람은 아헨(Aachen)을 '기독교적인 아테네'로 만드는 것이었다. 그런데 그의 궁정은 거의 로마 사람 일색이었다. 이를테면 오비디우스와 베르길리우스, 살루스티우스와 수에 토니우스, 테렌티우스와 마르티알리스, 케사르와 키케로가 그들이 다. 귀족의 아들들이 라틴어 학교에 다니는 것을 의무화했고, 심지 어 황제는 한동안 라틴어를 공용어로 삼으려고까지 했다. 10세기 후반에 시작된 오토 왕조의 르네상스는 이전과 다소 구분되는 성격 을 지녔다. 오토 대제의 아들, 오토 2세는 그리스의 공주 테오파노 (Theophano)와 결혼을 했다. 게르만과 그리스가 맺은 이 동맹이 로마 세계의 신권정치를 꿈꿨던 오토 3세의 등극을 가능하게 했지만, 그 는 22살에 요절했다. 사실 그는 그 혈통과 이카로스(Ikaros)와 같은 그의 삶의 이력을 보면 에우포리온(Euphorion)을 상기시킨다. 그는 그 리스어를 완벽히 구사할 줄 알았고, 비잔틴식 의상과 예절을 선호 했으며, 그의 스승 게르베르트(Gerbert)처럼 학식이 풍부한 그 세기의 명인으로서 한 사람의 독일인으로서보다는 그리스인이자 로마인으 로 칭송되었다. 그러나 오토 왕조의 르네상스도 카롤링거 왕조의 르네상스와 마찬가지로 그리스 문학과 예술을 중부유럽의 시계(視 界)로 옮겨놓지는 못했다. 말하자면 저명한 작가들이 이 두 시대 동 안 완전히 라틴어의 영향 아래 있었던 것이다. 에케하르트(Ekkehard) 의 발타리의 노래[1]는 베르길리우스의 그늘 아래 놓여있고, 수녀 로 스비타(Roswitha)의 희곡들은 테렌티우스의 희극을 모범으로 삼고 있 으며, 아인하르트[2]의 『샤를마뉴의 생애(Vita Caroli Magni)』는 세부사항 까지 수에토니우스를 따르고 있다. 그리스 지성들의 경우는 기껏해 야 라틴어로 번역되는 정도에 그쳤다. 아일랜드 학자들만이 그리스

---

[1] Waltharilied: 라틴어로 쓰인 중세의 영웅서사시.
[2] Einhard(770년경~840): 프랑크 왕국의 역사가이자 궁정학자.

어를 조금 이해했을 뿐이며, 성 갈렌(Sankt Gallen) 수도원에서는 『그리스인 수도사(Ellinici fratres)』가 한동안 골동품으로 취급되었다. 그리스어로 된 문헌은 거의 모두 비잔틴 사람들을 통해서만 근세에 전수되었다.

근대의
르네상스　　이탈리아의 리나시타와 관련해서는 이미 이 책 1권에서 그것 역시 대체로 고대 로마 문화의 부흥이자 그 선조의 예술과 세계관으로의 귀의하려는 노력을 의미한다는 점, 그리고 고대를 선전한 최초의 위대한 선전가 페트라르카는 그리스어를 한마디도 몰랐으며, 그리스어는 나중에 피렌체의 플라톤 아카데미에서만 취급되었다는 점, 그리하여 사람들은 고대 전체 유산에서 형식적일 뿐만 아니라 잘못 이해되기까지 한 장식적 요소들만을 취했을 뿐이라는 점 등에 대해 지적한 바 있다. 차곡차곡 쌓아올린 건축 형태, 기계적으로 동화한 유창한 말투, 화려하지만 값싼 알레고리 따위가 그런 것이다. 사람들은 흔히 강조해서 이탈리아가 그리스보다 훨씬 더 고매한 모습을 취하고 있다고 설명하면서 그리스 연구에 두드러진 반감을 드러낸다. 인문주의자들의 이상은 후기 공화정의 '교양 있는' 로마인이었다. 그런데 후기 공화정 로마 문화는 정치·군사·농경 분야에서의 유능한 재능, 그리고 박식한 시풍과 수사학 및 철학을 흉내내고 싶어 하는 아류의 열정을 기반으로 세워졌다. 그것은 이미 약체화되어 분산되고 일그러진 로마 문화로서 자신의 과거를 빌려 현재의 모습을 연출하고 있는 모양새다. 반면에 르네상스가 구상한 그리스 문화는, 중세 때와 완전히 흡사할 만큼 로마 사람들을 거친 다음, 다시 한 번 자신의 시대를 관통해나가는 문화였다. 그러니까 그것은 3차 그리스 문화에 해당하는 셈이다.

　　이는 루이 14세 치하에서 일어난 고대로의 복귀 상황과 완전히 유사하다. 여기서는 라틴어 일색이었다. 라신 · 퓌제[3] · 푸생[4]이 그려내는 그리스인들은 그리스어 별명을 가진 로마인들이다.

1737년 이래 시작된, 파묻힌 고대 도시 헤르쿨라네움[5]과 1748년부터 진행된 폼페이(Pompeji) 유적 발굴, 그리고 법적으로 보호된 황무지 덕분에 수천 년간 보존되어왔으며 근대의 눈에 최초로 고대그리스 사원과 아주 똑같은 형태로 비친, 거의 같은 시기에 발견된 파에스툼(Paestum)과 아그리젠토(Agrigento) 유적에서 나온 '출토품들 (scavi)'도 그 발굴 장소가 이탈리아라는 영향 때문에 우선 로마인의 시선으로 바라본 것이다. 독일의 경우 18세기 전반기까지만 해도 고대그리스학(Hellenistik)이 신학의 전공과목이었다. 그러나 이렇게 권유된 그리스어도 어디까지나 신약성서를 읽을 수 있을 정도로만 학습되다가 이후 동방의 언어로 편성되고 만다. 호메로스와 헤로도토스, 아이스킬로스와 소포클레스를 여기저기서 읽을 수 있지만, 원전으로 읽지는 않았다. 많은 학자는 그들의 이름만 듣고서는 그들을 거의 알지 못했다. 빙켈만은 그리스 문학이 독일에서 거의 배척되었다고 말한다.

빙켈만과 같은 수호자 덕분에 이제 고대 그리스라는 현상이 과거라는 바다에서 마치 신비의 섬처럼 나타난다. 물론 그것은 착각을 일으키는 신기루와 같은 것이지만 동시대인들을 행복하게 해주는 눈부신 순수한 광채로 비친다.

빙켈만의 유명한 강령, 즉 모방할 수 없을진 모르지만 가능하다면 위대한 일이 될 법한 우리가 가야할 유일한 길은 그리스인을 모

---

3 P. Puget(1620~1694): 프랑스의 조각가 · 화가 · 건축가.
4 N. Poussin(1594~1665): 프랑스의 화가.
5 Herculaneum: 베수비오 근교의 로마 시대의 폐허도시.

방하는 것이라는 강령을 노리고 클롭슈토크는 다음과 같은 시를 읊조린다. "난 모방을 할 수가 없어. 비록 그대가 영원히 찬양하는 것이 언제나 오직 그리스일 뿐일지라도. 자신의 가슴에 창조의 화신을 품고서도 그리스인을 모방하고 있는 꼴이지 않은가! 그 그리스인도 알고 보면 **고안된** 것이니!" 실제로 사상가든 예술가든 자신과 자기 시대에 전시할 거리로써 그것이 아무리 위대한 것일지라도 모방하라고 충고하는 것만큼 더 큰 빈곤함을 드러내는 증표가 있을까? 그런데 빙켈만은 이념이 없고 상상력이 빈곤한 두뇌라기보다는 그리스인과 마찬가지로 발명의 천재였다. 그도 그럴 것이 그도 무엇인가를 고안해냈기 때문이다. 말하자면 그는 그리스인을 고안해냈던 것이다.

고전에 대한
어긋난 숙제

오늘날 우리가 알기로 고대는 고전적이지 않다. 그리스 문헌을 순진하게 문헌학적으로 읽지 않는 사람은 플라톤과 데모스테네스의 경우 고풍스러움이 멘델스존과 운라트 교수(Professor Unrat)의 경우보다 더 적다는 사실을 감지하게 될 것이며, 에우리피데스의 메데아(Medea)의 몸짓이 샤를로테 볼터[6]의 몸짓보다 분명 훨씬 덜 고전적이었음을 간파할 것이다. 소위 인문주의적 교양인들에게 고대의 흔적으로 남아 있는 것이라고는 생기 없는 몇 가지 연극적 소품뿐이다. 이를테면 키타라 · 페플로스[7] · 월계관 · 미르테[8] · 올리브 화환 따위가 그런 것들이다. 이 교양인들에게 그것은 마치 그리스의 헬레나에게 속없는 옷 한 벌 달랑 받아든 파우스트 꼴로 비친다. 그 외

---

[6] Charlotte Wolter(1834~1897): 오스트리아 출신 여배우.
[7] Peplos: 고대 그리스 여성들이 입었던 의상. 소매가 없는 직사각형의 주름진 긴 옷.
[8] Myrte: 일종의 은매화(銀梅花).

나머지는 구름뿐이다. 오늘날 우리는 태양의 눈을 가진 그리스인과 청동 이마를 한 로마인 따윈 없었다는 사실을, 그런 인간은 어떤 시대든 어떤 장소든 있다는 것이 얼토당토않다는 아주 단순한 근거에 입각해 알고 있다. 또한 우리는 독일 고전주의 대변자들의 미학과 역사관이 어디에 그 기원을 두고 있는지도 알고 있다. 그들은 그들에 앞서간 세대의 가르침과 모범에서 그것들을 취한 것이다. 그런데 그 앞선 세대는 육체 및 정신이 영양실조에 걸려 있던 석사들의 세대이자 발육부진의 책벌레들과 기형적으로 성장한 예술 현학자들의 세대였다. 이들은 먼지투성이의 비좁은 통로로 연결된 도서관과 집무실, 어두침침한 빛에 텁텁한 공기로 채워진 지방의 비좁은 골목길을 들락날락했으며, 독일 바로크의 구불구불 좁게 휘어들어가는 길목이 있는 미니어처 세계의 우중충한 삶을 살았다. 오늘날 우리는 고대가 아니라 **바로 이** 세계를 역사적 세계로 느끼고 있다. 이 세계는 벌레 먹은 고풍에 도로를 포장한 목재와 어유등(魚油燈) 냄새를 풍기며, 단백질이 결핍된 음식을 먹어 빈혈 증세를 드러내고, 뻣뻣한 지적 호사를 내비치면서 도도하게 쌓아올린 고유명사들과 도서목록들을 내밀며 깊이와 무게를 덧보태려는 이상한 감동을 자아내는 태도를 취하고 있다. 장식을 없애려는 의지와 고전적 단순함을 찬양하려는 태도에도 불구하고 곳곳에서 가두리 장식을 목격하게 된다. 빛나는 모범으로 선포한 그토록 유명한 말, 즉 '고대인들의 단순성(Einfachheit der Alten)'을 도대체 어떻게 이해해야 하는가? 이 말은 독일 가정교사이자 학교장이자 여행 안내자가 내보인 정신적·육체적 무욕이 빚어낸 부득이한 결과일 뿐 아니겠는가! 다행히도 고대인들, 말하자면 그리스인들과 로마인들은 '단순'하지 않았고 헤아릴 수 없을 정도로 복잡하고 까다로웠다. 특히 **후기** 고대 사람들이 더 그랬다. 반면에 가까스로 정신적인 삶에 대해 다시 각성한 근대 사람들은 질 낮은 몇몇 석고 모형과 헤진 고전 주해 텍스트들을 그리스인들로 착각하여 자신들이 짜낸 그리스 문화의 캐리커처와 인형들을 그리스 그 자체로 혼동하는 것이 아니겠는가! 가장 예민하고 가장 활발한 수용력과 비만일 정도로 발달한 관찰 재능과 같은 대단히 뛰어난 속성을 지닌 민족이, 자신들의 눈으로 사물을 보는 데 아직 익숙지 않고 자신들의 전체 세계상을 다른 사람들의 판단에 대한 판단과 설명 및 책의 발췌에서 취하는 일군의 사람들에게 새로이 발견되고 '이해되었던' 것이 아닌가!

그런데 가장 그로테스크한 점은 그 영향에 있다. 꼭 그것은 편집 망상증이 있긴 하지만 아주 유능한 김나지움의 어떤 선생이 재능 있고 지적 호기심이 많아 그야말로 왕성하게 활동하는 학생들로 이루어진 교실로 들어서서 자신의 수업을 통해 그들의 정신을 퇴행적인 이상한 방향으로 강제로 몰아갈 때의 모습과 같은 양상이다. 이같은 방향에서 고전주의 문학 일체가 **아틀리에 문학**(Atelierdichtung)으로 변했다. 요컨대 고전 대가들의 희곡·소설·시·논문에는 작은 창문들, 방 분위기, 인공적인 실내장식 조명, 굵은 선과 흐릿한 색상이 주로 등장한다. 모든 것이 협소하고, 비상환기구가 딸려 있지만 가려져 있어 어두침침한 골방 분위기를 풍겼다. 이 모든 것이 자신들의 진열품으로, 혹은 조각기둥과 그림으로 옥외에 전시하거나 설치한 그리스인들, 자신들의 수사법을 거리로 끌어내고, 자신들의 정치적 집회와 공판, 신의 숭배와 연극공연을 절대로 폐쇄적인 공간에서 거행하지 않은 그리스인들, 특히 **외광노출을 즐기는 사람들**(Pleinairmensch)이었던 바로 그 그리스인들을 모방한 것이란 말인가!

가장 강력한 독일적 기질을 드러낸 인물 중 한 사람인 실러, 그리고 자신의 삶·사유·형상화 일체를 유기적으로 드러냈던 괴테, 애초 자신들의 내면적 기질에 따라 자연주의로 귀결될 운명이었던 독일 조각과 회화의 모든 세대, 심지어 반고전주의적 낭만파의 지도자들, 이들 모두는 고전주의적 숙제를 떠맡았다. 그리고 사실을 있는 그대로 보려는 수천 개의 눈을 가진 아들인 나폴레옹도 제국 황제로서 유약을 바른 공허한 제정시대 예술양식을 유럽으로 확산시키는 일보다 더 급하게 서두른 것은 없었다.

'고전적인'
그리스인

이상과 같은 고대의 관점을 우리가 믿는다면, 그리스와 로마 사람들이 주로 한 일이 무엇인지 알려면 빙켈만만 부지런히 읽으면 될 것 같다. 마치 루소의 자연의 아이들이 『사회계약론』을 외울 때처럼 말이다. 특히 '고대로 돌아가자'는 말은 순수한 양과 배율의 세계, 빛의 질서와 간단한 조망, 자기한계와 단순성을 통해, 기획·관계·관점을 헷갈리게 하는 다양성과 불규칙한 무형성이 일으키는 문제들을 피해 안식과 회복을 구하려는 심층적 필요에 따른 궁극적 노력으로 이해할 수 있다. 의고전주의는 근대 인간의 불안에서 태동한 것이다.

이때 또 한편 가장 눈여겨볼만한 것은 자의적이지 못한 일종의 자기반어로서 고대의 이상을 사람들이 알렉산더 양식, 이를테면 과장된 감상적인 문학적 형태로 변한 그리스적 바로크의 조형예술에서 구했다는 점이다. 말하자면 일찍이 친숙했던 그런 것을 본능적으로 찾아내려 한 것이다. 고대의 이상인 그리스의 데카당스는 더 이상 존재하지 않는 그리스 정신으로서 헬레니즘의 본질을 가장 압축해주는 표현이다. 그것은 실로 의고전주의적 이론의 무의식적인 핵을 이룬다고 할 수 있다. 그리스 예술의 '개화'인 양 빙켈만의 저작들이 벨베데레(Belvedere) 궁전의 아폴로와 헤라클레스, 그리고 니오베(Niobe)의 자식들처럼 출현했다. 사실 이들은 난숙하여 시들고 이미 약간 곪기까지 한 헬레니즘적인 창작의 결과물들이기도 했다. 무엇보다 당시 '그리스 예술'하면 누구든 즉각적으로 당연히 라오콘(Laokoon)을 떠올렸다. 이 예술은 연출적인 오성예술(Verstandeskunst)로서 웅장한 만큼 냉혹한 걸작이다. 그것은 야수성과 감수성, 차가운 계산과 압도적인 기교가 혼합된 형태로, 빛나는 하강기에만 출현하곤 한다.

그러나 다행히 뜻밖에도 사람들은 그 작품들에서 그리스 **생활**과 연관 지어 어떤 여지도 없는 '고귀한 단순성과 고요한 위대성'이라는 이상을 추상화해냈다. 그도 그럴 것이 5세기 초까지 그리스 문화는 아주 뻣뻣하고 무뚝뚝한 사제의 성격을 지녔던 것으로서 고딕양식이라고 말해도 무방할 정도였기 때문이다. 요컨대 예술과 문학은 경건하고도 건조하여 선사시대의 분위기를 연출했으며, 남자들은 금란을 짜 넣은 뻣뻣한 긴 겉옷에 조잡한 장신구를 걸치고 변발에 꼰 수염을 하고 다녔으며, 여자들은 헤어스타일을 시뇽(Chignon)과 꼬불꼬불한 긴 머리 모양을 했다. 그러나 그 세기 말에 그리스의 발전 속도가 빨랐던 만큼 벌써 국가·사회·의상·철학·극장을 지배한 것은 완연한 자연주의였고, 바로 다음의 1세기 동안에는 이미 알렉산더 양식이 지배하기 시작한다. 도대체 '고전적 그리스'에 합당한 여지가 그 어디에 있는가? 그럼에도 이 같은 착시를 일으킬 수 있었던 원인에 대해서는 우리가 좀 더 꼼꼼히 따져봐야 할 것이다. 요컨대 그 원인들은 건축술과 조각술에서 건물과 조각이 죽은 무채색이었으리라는 잘못된 가정, 그리고 조형예술에 채색을 곁들이는 것과 비슷한 역할을 해온 반주 음악을 시문학에서 빼버린 것, 산문에서조차 개성적인 음의 억양과 박자 및 '은어'가 소멸하게 내버려둔 것과 관계가 있다. 일반적으로, 그 같은 허구는 우선 신성화하면서 고양시키고, 집중화하면서 원근법적으로 거리감을 짧게 하려는 한 가지 현상이며, 둘째로 그것은 자신의 특색을 낯선 실체에 새겨 넣은 결과이고, 셋째로 삶의 회복·보강·전환에 그 최고의 기능을 두는 예술작품과 실제의 삶을 혼동한 결과로 빚어진 것이기도 하다. 그러나 그럼에도 불구하고 편견이 없는 이에게는 그 수많은 특색에서 완전히 달라진 기질의 본질이 포착되는, 그 같은 그리스인에 대한 표상이 어떻게 형성될 수 있었을까 하는 문제는 여전히 수수께끼로 남아 있다. 이는 플라톤의 대화, 철학자의 전기들, 웅변가들, 테오프라스토스(Theophrastos)의 '인물들', 고대·중세·근대의 모든 희극, 그리고 세계에서 가장 요란하고 가장 혼란스러운 스캔들을 가장 많이 일으킨 세계인 그리스 전체의 역사를 떠올리기만 해도 쉽게 이해할 수 있다.

물론 고대 그리스가 실제로 어땠는지 정확히 그려낼 순 없지만 18세기가 상상하는 그런 식의 것은 **아니었다**고 확실히 말할 수 있을 것 같다. 오히려 그리스는 다채롭고 혼합적이며, 예민하고도 현란했으며, 자제심이 없고 소란스러운 만큼 전혀 사려 깊지도 않았다. 요컨대 그리스의 중심 아테네는 그야말로 그림 같은 자연을 그려 넣은 그림물감 상자[9]와 같아 보인다. 자연을 의도적으로 부각하는 매혹적인 장난감 상자와 같은 그 도시는 고대 이후 다시 목격된 적이 없고, 유감스럽게도 사람들이 모방하려고 시도한 적도 없지만, 실물 크기에 재미있게 채색된 취향 가득한 석조 인형과 노래하는 인형, 요란할 만큼 화려하게 도금된 거대한 입상, 빛나는 파이앙스

'낭만적인'
그리스인

---

[9]　다채로운 아테네를 비유한 상징적 표현.

도자기, 앙증맞은 장식품과 귀여운 테라코타 조각품 등으로 채워져 있다. 사람들은 이 모든 것을 즐겼다. 그들은 자신들의 신체 단련과 웅변 연습, 예술과 연애뿐만 아니라 학문과 철학, 법률과 국민경제, 국가와 전쟁, 심지어 신들까지도 갖고 놀았다. 언제나 움직임과 감정을 동시에 내보이면서 말을 굉장히 빨리 했다. 그 모양은 이미 고전성의 표상을 지양(Aufheben)한 듯했다. 그러나 그럼에도 억양과 발음, 어순과 문장 구조에서는 대단한 정교함을 드러내 보였다. 연극 같은 그들의 삶은 발레 · 인형놀이 · 민속음악이 혼합되어 있었지만 그 실제 내용은 일상의 의회정치였다. 그 부인들은 실내 장식의 소품에 불과했고, 그들의 철학자는 별난 게으름뱅이이자 허풍선이였으며, 그들의 종교는 사육제에 그 기원을 두면서 격투와 경주, 행진과 연회를 열기 위한 핑계였다.

그리스인은 자신의 본성이라고 할 수 있는 그 과대한 공상 때문에 아주 노골적으로 **위선**을 떨고 **고뇌**할 운명을 타고난 듯했다. 그래서 이 행태—그리스 민족 **특유**의 위선적 행태라고 해도 무방할 듯한데—를 두고서 몇몇 기인이 늘 헛되긴 했지만 아주 소심한 형태로나마 싸움을 벌였다. 개별적 · 사회적 윤리학은 속세를 등진 몇몇 철학자만이 염두에 두었을 뿐 대부분은 안중에도 두지 않았다. 김나지움 학생들이 그리스 작가들에 대해 하나도 이해하지 못한다는 사실을 전혀 모르지 않고서는, 그들에 대한 읽을거리를 아예 수업에서 뺄 뿐만 아니라 개별적으로는 그것을 극히 비도덕적인 것으로 취급해서 금기시할 리가 없을 터이다. 그러나 성인들에게는 그리스인들이 순전히 미학적으로 평가되어 멋진 맹수로, 혹은 극중 인물에 대해 잘 모르면서도 독창적 성격 묘사가 나타난다고 경탄하는 연극적인 인물들로 비친다. 이외에도 페리클레스 시대만 해도 아테네 보통 사람들의 생각에 침윤된 그리스 문화는 선동적인 농담, 전략적인 정론(政論), 스포츠 장광설 따위로 이루어진 것처럼 보인다.

낭만적인 것은 병적이며, 고전적인 것은 건강한 것이라는 유명한 격언은 괴테에게서 연원한다. 이 테제가 올바른 것인가 하는 문제에 천착할 필요도 없이 아마 이렇게 말해도 무방할 듯싶다. 즉, 그리스 사람들은 자신들의 생활과 이 생활의 모든 표현 및 제도에서는 낭만적이고 병적이었지만 그들의 문학과 사유 면에서는 고전적이면서 건강했다고 말이다. 그럴 수밖에 없었다. 그렇지 않았다면 즉각 몰락을 경험했을 법한 철학과 낭만적인 예술의 사치를 부릴 수 없었을 것이다. 이는 우리가 이미 앞에서 설명한 바 있듯이 그들의 생산활동이 삶과 맺는 관계는 긍정이 부정과 맺는 관계와 흡사하다. 만성적 질병에 시달리면서 극도로 예민하고도 감성적이었던 니체가 초인의 이상을 내세운 것에 반해, 건강하고 유복했지만 아주 이기적이었던 쇼펜하우어가 의지를 부정하는 염세주의 철학을 가르쳤으며, 리하르트 바그너와 같은 강인한 감각주의자는 유심론(Spiritualismus)을 설파했고, 루소는 원시적인 것과 전원적인 것, 말하자면 '멋진 것'에 열광한 것이 결코 우연이 아니다. 어쩌면 세기말을 그 시대 예술을 잣대로 해서만 평가하려는 사람은 입센과 마테를링크, 알텐베르크[10]와 게오르게[11], 크노프[12]와 클림트[13]에게서 기

---

[10] P. Altenberg(1859~1919): 오스트리아 작가로 인상주의적 스케치풍의 산문을 잘 썼으며 작품에는 기지가 넘치고 문명비평적인 요소가 풍부함.

[11] S. George(1868~1933): 현대 독일시의 원천을 만든 독일의 서정시인.

[12] F. Khnopff(1858~1921): 벨기에 출신의 대표적인 상징주의 화가.

[13] Gustav Klimt(1862~1918): 오스트리아 화가. 아르누보 계열의 장식적인 양식을 선호하면서 전통적인 미술에 대항해 '빈 분리파'를 결성함. 관능적인 여성 이미지와 찬란한 황금빛, 화려한 색채를 특징으로 하고 성(性)과 사랑,

술 관료주의와 투기세력, 제국주의와 군국주의의 시대라고는 거의 추론할 수 없을지도 모른다. 이는 **절제의 미덕**(Sophrosyne)이라는 그리스적 이상, 즉 중용의 지혜, 명료한 정신과 억제된 정열을 대할 때와 아주 유사한 꼴이다. 그들이 그 같은 미덕에 대해 그토록 많이 말한 것은 사실 그것을 가지고 있지 못했기 때문이다. 고대 및 근대의 모든 민족을 포함하여 실제로 자신들이 지니고 있던 취향을 두고서는 별로 화두로 삼지 않았다.

소크라테스
주의

연대기적 차원이든 정신적 차원이든 그리스 역사의 중심에는 자신의 동향인들에게 몇 가지 용무에 대해 말할 수밖에 없었던 소크라테스라는 불가사의한 인물이 서 있다. 주지하다시피 니체는 그를 전형적인 퇴폐주의자(Decadent)로 여겼을 뿐만 아니라 심지어 범죄자로까지 간주했으며, 그의 변증법에서 천민의 르상티망이 승리하고 있다고 보았다. 이미 90년이나 앞서 칼라일[14]은 더 정확한 정보도 없이 오로지 자기 자신의 천재적 본능에만 기대어, 항상 논리화하는 소크라테스에게서 진정한 그리스 정신의 붕괴가 체현되고 있다는 견해를 피력했다. 그리고 알렉산더 모슈코프스키[15]는 아주 재미있는 소논문인 「바보 소크라테스(Sokrates der Idiot)」에서 그를 '착한 얼간이(braver Trottel)'로만이 아니라 반향언어장애가 있는 바보 같은 언어학 선생이자 말장난꾼으로까지 취급했다. 반면 18세기는 그를 끊임없이 지혜와 도량을 뿜어내면서 열변을 토해내는 퀘이커 교도로 만들어놓았을 뿐만 아니라 그를 두고 그리스도와 비교하기까지 했다. 또 어떤 이들은 그를 칸트와 나란히 놓기도 하는데, 이는 터무니없

죽음에 대한 알레고리로 많은 사람을 매혹시킴.
[14] Th. Carlyle(1795~1881): 영국의 역사가이자 수필가.
[15] Alexander Moszkowski(1851~1934): 독일의 작가이자 풍자시인.

는 일이다. 그도 그럴 것이 이성비판은 지금까지의 모든 것을 내려다보면서 내동댕이치는 막강한 정신의 전복적인 실천을 뜻하지만 소크라테스주의는 이오니아 자연철학이 지닌 장엄한 우주의 판타지를 두고 모호한 통찰에 대한 일상적 사유 실천의 승리를 의미할 따름이기 때문이다. 이들 모두는 대단히 이질적인 관점들을 니체가 이미 지적한 하나의 공통분모로 수렴시켰던 것이다. 니체는 이렇게 말한다. "하나의 선택만 있을 뿐이다. 그것은 곧 좌절하거나 아니면 터무니없을 만큼 이성적이게 되는 것이다." 소크라테스가 추구한 것은 그리스적이지 않은 두 가지 속성, 이를테면 이성과 미덕을 설파함으로써 그리스를 구제하려 한 것, 그 이상도 그 이하도 아니다. 그런데 그가 자신의 도덕 논문을 선별된 반어 형식으로 포장하려는 멋진 취향을 가진 점에서는 늘 그리스인으로 남아 있었던 셈이다. 곧 그 반어 형식은 소크라테스의 유명한 말, 즉 "너 자신을 알라!"라는 의미로 통한다. 이는 자신에게 결핍된 것, 즉 중용과 겸손, 자기억제와 자아비판을 깨닫고, 이를 자신을 구원할 상극으로 여겨 그것들을 취하도록 애쓰라는 뜻이다. 그러나 소크라테스는 아테네로 통했고, 아테네는 그리스로, 그리스는 세계로 통했다. 따라서 소크라테스는 고대문화에 대한 자기인식을 의미한다. 말하자면 그를 보면 고대문화가 보인다는 것이다. 오싹한 일이다. **그리스 사람들이 이러한 거울을 참아낼 수 없었기 때문에 그것을 깨어버린** 것은 이해할만하다.

　그리스의 예술도 소크라테스의 정신을 풍긴다. 요컨대 그 시대 예술을 두고 말할 때 사람들은 고요한 명료함과 고귀한 자기 정화의 상이 우리가 상상하고 싶어 하는 수준까지는 아니더라도 뚜렷한 명암의 대조현상을 내비친다는 식으로 평가하곤 했다. 그러나 애초부터 그리스의 다채로움에 정통한 사람이라면 그리스적 고전성이라는 환영은 아예 터무니없는 말이 될 터다. 하지만 결국 그것을 찾아낸 이후 사람들이 수세기 동안 열광적으로 모방한 이른바 무채색의 사원과 입상들은 근대의 표상활동으로 이미 정착될 정도였다. 지금은 우리가 당시의 채색 방식에 대해 알고 있지만, 근대까지만 해도 잘 몰랐던 것이다. 지금도 좀 큰 도시에 남아 있는 수십 개의 기념비와 관공서가 무색의 모습을 취하고 있는 것은 고대의 무채색 방식을 잘못 수용한 까닭이며, 일상을 목격하는 가운데 근대의 인식을 깨게 한다. 부자연스러울 뿐만 아니라 부당하기까지 한 그 같은 관점에 사로잡힌 행태는 그리스 예술에 대한 그릇된 지식 때문인 백색의 입상을 그리스 사람들의 실제 입상이라고 내놓고, 그리스인들은 다색의 입상을 두고 유감이라고 했을 것이라고 믿기까지 했다. 예컨대 프리드리히 테오도르 피셔(Friedrich Theodor Vischer)는 규모의 방대함과 내용의 풍부함에서 오늘날까지도 탁월한 기본서로 통하는 자신의 저술 『미학』에서 이렇게 말한다. "뭔가를 암시하는 것만으로 만족치 않고 고정된 형식을 모방하고 여기에 색채를 가미하는 일 일체를 조형예술의 순수 개념은 원칙적으로 배제했다. (…) 하여간 수준 높은 완벽한 어떤 예술, 이를테면 생생한 물체가 보여주듯 색의 조화를 구현하는 예술이 (…) 조각품에 색을 입혀왔다고 한다면, 이는 특정한 예술사적 환경을 해명해주는 셈이다." 그리스인들의 경우 다색 처리가 '어떤 암시' 작용이 일어나도록 남겨놓은 여지를 묵살하게 만들었다는 것이다. "이런 판단을 우리는 고정된 형식을 예술의 멋진 완성으로 이해하는 그리스 사람들이 지닌 천부적인 순수한 눈길에 의존해서만 희생시킬 수는 없는 일이다. (…) 우리는 다른 타개책을 모색하고 있다. 그것은 그리스의 희곡과 대조해보는 일이다. 희곡과 순수 몸짓 희극에는 음악과 노래와 춤이 오늘 우리가 모범으로 받아들이기에는 불가능한 방식으로 결합되어 있다. (…) 위대한 비극작가들은 우리에게도 위대한 인물들로 남아 있긴 마찬가지다. 물론 우리는 그들이 그 같은 예술적 결합의 의미에 따라 창작활동을 한 점을 더 이상 모방할 수는 없는 노릇이다. 우리가 아이스킬로스와 소포클레스로부터 존속해온 것, 이를테면 서창과 노래, 합창 행진의 춤을 뺀 순수 문학적 미를 즐기면서 우리의 시문학으로 전유하고 있듯이, 우리는 위대한 조각가들의 작품에서 색채를 벗겨냈다. 마치 그들에게 색채는 예술사의 특정한 순간에만 정초한 덧없는 백분처럼 그리스 신전의 경우와 마찬가지로 풍상에 지워진 것이다." 색상이 그리스 조각에서 덧없는 구성요소였다는 식의 특별한 연역과는 완전히 별도로 바람과 비가 색상을 지워 없앨 수도 있었기 때문에, 이상의 설명은 숙명적인 외관의 손상과 왜곡이 있듯, 의고전주의가 그리스 예술에서 취한 것은 방혈과 단조로움이 아닌가 하는 매우 교훈적인 성격도 담고 있다. 사실 의고전주의는 그리스 예술에서 색감을 지워 없앴다. 문학의 경우에서도 마찬가지다. 유일하게 남아 있는 가곡 텍스트를 이해하기 어렵게 독자적인 어떤 것으로 취급했기 때문에 시문학의 경우도 생기 없는 창백한 대리석 잔해만 손에 들려진 꼴이다.

그러나 그리스인들은 나무와 돌에도 색을 칠하지 않고 그냥 내버려둔 **근대적 야만**과는 아주 멀었다. 그들은 대단히 자연적이면서 매우 예술적인 감성에서 출발하여 그들 손에 주어진 것은 모두 알록달록하게 물들여 놓았다. 우리의 백색 조각과 건축은 그들 눈에는 색맹을 위한 예술로 비칠지도 모른다. 당연히 그들은 눈두덩에도 조심스럽게 화장을 했으며, 혹은 보석과 수정이나 이와 유사한 것들을 박아 화려하게 꾸미길 좋아했다. 그리스의 기념비를 비판이라고는 모르고 고스란히 모방하려 한 것이 어느 정도였는지는 다음과 같은 기이한 사실이 잘 보여준다. 요컨대 사람들은 그 흔적이라고는 당장 보이지 않기 때문에 지고의 정신적 표현 기관 일체를 없애려 했던 이상한 풍습을 취한 것이 아닌가! 창백한 석고의 뺨에, 눈동자도 없고 세상을 보는 시선도 없는 모양을 취하고 있는 '그리스적 두상'은 근대 독일 인문주의를 가장 잘 웅변해주는 상징이다.

그리스의
조각

그 같은 고대의 조각상은 대단히 호화로운 인상을 풍길 수밖에 없었다. 대리석은 우선 기름과 왁스로 된 장밋빛 혹은 갈색의 착색제를 문질러 입혀, 살아 있는 따뜻한 살색 빛이 감돌게 했다. 이로써 좋은 재료를 망쳐놓았다는 예술사가의 비난은 별로 시선을 끌지 못하고 있다. 그리스 사람들은 대리석을 어떻게 취급해야 할지 잘 알고 그것을 확실히 돋보이게 했을 뿐이다. 이 문제에서만큼은 그들을 신뢰해도 될 법하다. 입술은 붉게, 머리카락은 검거나 노랗게, 혹은 금속의 황금빛으로 물들인 것이다. 의상은 흰색을 그대로 살려두었지만, 테두리만큼은 색을 넣거나 안쪽과 바깥쪽은 서로 다른 색채를 띠게 했다. 투구와 투구 창, 문장과 방패, 장신구와 샌들은 금속으로 만들었고, 도금하길 좋아했다. 화가가 늘 조각가인 것은 아니었다. 예컨대 프락시텔레스(Praxiteles)의 입상 하면 화가로서 대단한 명성을 날린 니키아스(Nikias)가 거명되곤 하는 것이다. 페이디아스(Phidias)의 허물어진 제우스 동상과 올림피아 신전의 거대 입상들과 같이 상아 도금기술로 처리된 작품들도 엄청나게 다채롭다. 그 기본 재질은 목재이며, 상아 덩어리는 빼어난 기술적 처리를 통해 아주 탄력 있는 얇은 판으로 가공되어 흡사 칠을 입힐 때와 꼭 마찬가지로 골격에 밀착되었다. 상아는 본래 그 천연 빛깔 덕분에 살색에 가까운 만큼 쉽게 삼투되기도 했다. 의상과 휘장은 알록달록 색칠한 금박으로 만들어졌고, 머리카락과 수염은 상이한 분위기의 금빛 도금을 했으며, 눈에는 번쩍이는 보석을 박았다. 사원은 부조의 띠 장식과 박공의 삼각 벽면 형태를 취하고서 주석 병정들처럼 예쁘게 색칠되어 있다. 그 기초 지면은 푸른빛이나 붉은빛이 감돌며, '물방울 장식'과 유사 장식들도 도금처리 되었다. 원주들의 '소용돌이 모양'과 지붕의 낙수 홈통은 다채로운 색으로 칠해졌다. 그것은 오늘날 우리 시대의 에나멜 칠하기와 같은 형태다. 구멍이 숭숭한 석회석으로 지어진 아크로폴리스의 오래된 아테나신전 헤카톰페돈(Hekatompedon)은 480년 페르시아 사람들에 의해 파괴되어, 80년대에야 비로소 소위 '페르시아의 폐물(Perserschutt)'로 다시 조명을 받기 시작한 것인데, 그곳의 남성 입상들은 검푸른 빛의 머리카락과 수염, 풀빛의 눈과 붉은빛의 신체를 하고 있기까지 하다. 그런데 한결같게 색칠한 부조는 고대 어느 시대에서든 그림의 한 변종에 불과한 것으로 취급되었다.

눈부신 햇살, 짙푸른 하늘, 주홍빛 산맥, 유황색 암벽들, 청록색 나무들과 수백 가지 뉘앙스를 풍기면서 변화하는 바다색을 대면한 그리스인들은 이미 태어날 때부터 다채로운 색채를 가장 좋아하고 가장 탐닉하는 민족이 될 수밖에 없는 기질을 갖게 되었다. 그들의 시적·철학적 상상력도 언제나 풍부하고도 강렬한 색채의 환경을 먹고 살았으며, 그들은 의상에서도 뚜렷이 대비되는 화려한 색채, 이를테면 짙은 보라색과 담청색, 진한 노란색과 선홍색을 선호했다. 반짝이는 백색조차 그들에겐 색의 성격이 있었던 것이다.

우리가 아주 부정확하게만 들어온 그리스 사람들의 회화를 두고 말하자면 그것은 다행이라고 말해도 무방할 법하다. 왜냐하면 근대 유럽의 예술에서 그것을 모범으로 취한 것을 간과할 수 없기 때문이다. 그들의 회화는 5세기 한가운데까지 엄격히 양식화한 성격을 전수해온 것처럼 보이며, 부조가 정교하게 다듬어진 일종의 그림이었다고 한다면, 회화는 반대로 일종의 2차원적인 색채 조각이었던 것처럼 보인다. 희곡의 경우와 꼭 마찬가지로 이 같은 연관성의 근본 원인은 한편으로는 기술 발전의 부진성과 보수성에, 다른 한편으로는 종교적 제식의 경향에 있다. 전성기를 5세기 중엽까지 포괄하는 폴리그노토스[16]의 프레스코 양식 그림은 어떤 투영법과 명암법을 몰랐을 뿐만 아니라 모형 뜨기 기술도 몰랐고, 색채 스케치 기법 이외에 아무것도 제공하지 않았다. 그는 원근법에 대해 아무것도 몰라 후면 배경을 겹쳐진 것으로 나타냈다. 그 세기 중엽 이후, 말하자면 펠로폰네소스 전쟁 초기에야 비로소 아가타르코스(Agatharchos)가 원근법적인 무대 회화에 적용한 '배경 도법(Skenographie)'을 고안했다. 이 무대 회화는 자신의 집을 이 같은 그림들로 장식하게 한 알키비아데스(Alkibiades)를 통해 크게 유행했다. 거의 같은 시기에 아폴로도로스(Apollodoros)가 활약했는데, 그는 '음영화가'로 불린다. 그도 그럴 것이 그는 최초로 채광 환경을 제대로 관찰하여 그것을 자신의 그림으로 표현했기 때문이다. 아폴로도로스의 동시대 청년들인 제욱시스(Zeuxis)와 파라시오스(Parrhasios)는 이미 공공연한 환영(幻影)화가로 통했다. 제욱시스는 자신이 그린 열매로 새들을 유혹했지만, 파라시오스는 자신이 그린 커튼으로 제욱시스를 유혹했다는 유명한 이야기가 비록 고안된 것이라 해도, 이는 사람들이 이들 두 예술가를 얼마나 신뢰했는지를 잘 웅변해준다. 제욱시스의 경우 역

---

[16] Polygnotos(BC. 475년 경~447년 경): 고대 그리스의 화가.

시 최초로 발가벗은 여인을 그렸는데, 이 누드 그림은 한 세대 뒤에 가면 조각으로 표현된다. 여기서 우리는 앞서 여러 번 강조한 법칙을 다시 목격하게 된다. 그것은 곧 발전 국면에서 회화가 조각을 앞선다는 법칙이다. 그러므로 그리스의 조각은 표현력의 수준에서 페리클레스 시대의 유복자인 셈이다. 소피스트 철학과 에우리피데스에 부합하는 것은 페이디아스와 미론(Myron)과 폴리클레이토스(Polcleitos)가 아니라 스코파스(Skopas)와 프락시텔레스와 뤼시프(Lysipp)다. 4세기 초, 템페라화법(Temperamalerei)이 '석고 가공법(Enkaustik)'으로 넘어갔다. 이 가공법은 납색을 이용함으로써 훨씬 더 밝은 광택을 내게 하는 세련미를 취했다. 이는 고대 예술의 발전에서 유화가 근대에서 한 것과 거의 같은 역할을 했다. 그 세기의 말에 이미 완전히 근대적인 경향들이 유행하기 시작한다. 알렉산드리아에는 잡동사니와 외설적인 것을 그리는 화가로 구성된 유파가 생겨났다.

알렉산드리아 양식(Alexandrinismus)은 그리스풍의 전통적 그림 일체를 전도시키는 데에 가장 적합했다. 사람들은 꼭 최면술에 걸린 듯 언제나 페리클레스 시대를 응시했기 때문에 2000년 동안 그리스 문화의 그 같은 발전단계를 간과한 모양이다. 요컨대 그런 발전단계를 '쇠퇴'로 취급하거나 아예 존재하지 않은 것으로 다루었던 것이다. 심지어 '알렉산드리아 기질'이라는 말을 모욕적인 장르개념으로 습관상 폄훼하기까지 했다. 어떤 교수나 문사가 이 어휘를 끄집어낼 때면, 문제는 생동감 없고 모방적이며, 기계적이고 인위적이며, 전문가연하지만 창조적이지 못한, 간단히 말해 꼭 자기 자신과 같은 정신적 혹은 예술적 경향이라고 말하고 싶어 한다. 그런데 다른 수많은 경우와 마찬가지로 그 개념도 현재성을 갖게 된다. 자신의 고유한 본질을 드러내진 못했지만 다른 모든 것을 무성하게 만들기는 했다.

실로 그리스도 탄생 전 마지막 3세기(좀 더 정확히 말하면, 세 번째 세기)를 포괄하는 알렉산드리아 시대에 그리스인들의 민족적 재능이 가장 정교하고도 가장 풍부하게 전개된다. 그리스 문화가 마침내 세계 문화로 등극한다. 그것은 고대의 모든 문명 지대로 확산되어, 이 시·공간에서 - 우리가 특별히 그리스적인 것으로 간주하곤 하는 - 기민하고도 예리한, 다면적인 자유로운 정신을 완전하게 발전시킨다. 알렉산드리아 시대에 대한 좀 더 강렬해진 관심이 각성한 때가 겨우 몇 세기 전인 데에는 충분히 그럴싸한 이기적인 이유가 있었다. 요컨대 그 시대는 우리 시대와 많은 유사성을 갖고 있었던 것이다.

직업인과
사해동포주의
신민의 출현

본래의 그리스적인 표상은 직업이라는 것을 안중에 두지 않았으며, 단지 모든 것의 이상적인 통일과 모든 것을 구현하는 '육체적·정신적 완성'에 대한 요구만 담고 있었다. 그래서 전문가 기질은 속물적인 것으로 통했다. 그리스인이 그런 기질을 아예 증오한 것은 그것이 못나게도 **한 가지** 특색만을 발굴함으로써 신체와 정신을 불구로 만들기 때문이다. 4세기가 저물 즈음에 갑자기 고대문화권 안에서 지금까지의 의미로 보면 그리스적이지 않은 일련의 새로운 유형이 지배하기 시작한다. 이를테면 직업적인 예술가와 같은 명장, 직업적인 운동선수로서의 경기자, 직업군인으로서의 장교, 직업공무원과 같은 관료, 직업정치가와 같은 외교관, 직업학자인 교수, 직업작가인 문사가 등장했다. 이제 직업작가는 이전의 대상성, 즉 익명성과는 반대로 '작가'로서의 자신인 나(Ich)를 표기하기 시작했다. 지금까지의 비극 및 희극 문학의 표현이 중세 수난극이 그러했듯 시민 전체의 관심사였던 반면에, 이제는 연극전문학교, 이른바 '디오니소스적인 예술가 연합'이 생겨났다. 정치 영역에서는 제국주의와 이의 대용물인 사해동포주의가 출현한다. 선호된 통치형태는 절대주의였지만, 그것은 계몽된 절대주의였다. 안티고노스 고나타스(Antigonos Gonatas)는 꼭 프리드리히 대왕 시대를 연상시키는 듯, 왕권을 영예로운 종노릇(ἔνδοξος δουλεία)이라고 규정한다. 세습 영주들은 **독지가**(Euergetes)나 **구세주**(Soter)라는 별명을 갖길 좋아했다. 그밖에도 사람들은 철학 학파의 수장, 이를테면 에피쿠로스와 같은 인물을 존경하고 싶어 했다. 외관상의 지배형식은 거대 왕조가 취하는 통치 방식의 전형적 기구를 포함한다. 여기에는 추밀원, 궁정예법, 공식 회의, 지령, 칙령, 상비군, 황제 폐하라는 호칭, 국왕의 운명과 함께한다는 충성서약 등이 포함된다. '신민'과 '사인(私人)'이라는 새로운 개념들이 생겨난다. 그런데 사인은 항상 그렇듯 예측할 수 없는 민주정체에서보다 오히려 제한 없는 군주정체 아래서 더 많은 사적인 자유와 안정을 누리게 된다. 인간성이라는 감정이 여명처럼 비치기 시작한 것도 완전히 새로운 것이다. 교전에서도 원시적이긴 하지만 일종의 국제법을 인정하기에 이르며, 거의 낭만적인 기사도 정신이 드물지 않게 보일 수도 있고, 노예제도의 운명과 심지어 그것의 타당성에 대해 고민하기 시작한다. 노예제도에 맞서 노동하는 **자유로운** 대중프롤레타리아트 개념을 형성하기도 한다. 폴리스에서 개별자는 자신을 작은 특수공동체의 부분이자 가지이고 기관으로만 여겼다. 말하자면 공동체를 자신의 전부로 본 것이다. 이제 스토아학파의 의미에서 진정한 국가는 코스모스라고 설명하기에 이른다. 그리하여 시민과 가장의 의무를 견유학파 철학자의 시선으로 바라보기 시작한다. 이 견유학파적인 철학자 상을 두고서 몇 세기 뒤에 에픽테토스(Epiktetos)는 극히 간명하게 설명한다. "견유학파의 왕권

관점은 그것을 위해 처자식을 버릴 수 있을 정도다. 그는 모든 사람을 왕의 자식들로 취급한다. 그렇다면 코흘리개 아이 한 쌍을 낳는 것이야말로 인류에게 실로 가장 위대한 자선을 베푸는 일 아니겠는가? 전체를 위해 누가 더 많은 업적을 행했던가? 50명의 무능한 아이들을 낳은 프리아모스(Priamos)인가, 아니면 호메로스인가? 내게 이렇게 물을지도 모르겠다. 견유학파도 정치적 활동에 가담할 것인가? 참 바보 같은 질문이다. 그도 그럴 것이 그 자신의 과제보다 훨씬 더 중대한 정치적 과제가 있을 수 있기 때문이지 않은가? 아테네 사람이든 코린트 사람이든 로마 사람이든 상관없이 모든 사람과 상의해야 하는 것이 그의 의무라면 아테네 사람들을 앞에 두고 세금과 소득에 대해 연설해야 하지 않겠는가? 세금과 소득, 전쟁과 평화가 아니라면 행운과 불운, 행복과 불행, 노예근성과 자유에 대해 말할 수밖에 없지 않은가?"

헬레니즘
시대의
대도시 문화

역시 사해동포주의의 원인과 결과도 이전의 세계가 그때까지 목격한 바가 없는 세계경제의 탐욕스러운 확장을 드러낸다. 알렉산더 대왕의 정벌은 동양 교역의 길을 텄다. 인도와 페르시아와 중국에서 그때까지 알려지지 않은 고급스러운 물건들이 가득 들어왔다. 지금까지 겁을 먹고 해안에만 매달린 것에서 벗어나 광활한 바다로 모험적으로 진출하기 시작했다. 페르시아를 모범으로 삼아 제국의 도로가 건설되었다. 이 도로는 수많은 대상행렬을 위한 교역의 길이었다. 그때까지의 고대에는 알려지지 않은 호텔문화가 번창하기 시작한다. 알렉산드리아의 막강한 중앙은행을 위시한 수많은 은행이 설립되었고, 거상들과 선주 및 하주들이 넓은 카르텔을 조성했다. 심지어 세계박람회가 열리기까지 했다. 이집트가 경험에 근거하여 수천 년 동안 도입한 정비된 조세제도가 어리둥절해하는 인류에게 그물로 드리워졌다. 모든 것에는 상표와 가격과 세금이 붙었다. 특별히 전문화한 길드조직이 발전한다. 거친 빵과 부드러운 빵을 만드는 제빵사, 돼지 백정과 소 도축업자, 광주리와 매트 세공업자도 있었다. 엔지니어들이 전쟁에서 중요한 역할을 하기 시작했다. 곳곳에서 노포(弩砲)와 투석기, 개량된 대포를 이용했으며, 도시의 약탈자로서 일명 **폴리오르케테스**(*Poliorketes*)로 불리는 데메트리오스(Demetrios) 왕은 유명한 '도시정복자(Stadteroberin)'라는 철갑병기를 건조케 했다. 이 병기는 9층으로 이루어진 50m 높이에 바퀴로 굴렀으며, 탱크 모양으로 철갑을 둘렀고, 수백 명의 남자가 수많은 돌덩이와 각목, 납탄과 불화살로 무장하여 모든 목표를 정확히 타격할 수 있었다. 전쟁과 무역 용도로 거대한 배가 건조되었으며, 오늘날과 마찬가지로 적재 톤수를 높이기 위한 경쟁심이 치열했다. 히에론(Hieron) 왕의 대형 여객선 '시라코시아(Syrakosia)'호는 해군 300명과 선원 600명을 태웠을 뿐만 아니라 거기에 부합하는 수만큼의 살롱과 욕실, 포탑과 화포를 장착하고 있었다. 코끼리도 일종의 대포 같은 역할을 하기도 했다. 그래서 예컨대 셀레우코스(Seleukos) 1세는 아파메아(Apamea)에 코끼리를 500마리 정도 두고 있었다. 새로운 저택과 중심가들이 고만고만한 외관을 취했으며, 도로는 합리적 계산에 따라 직선으로 뻗고 직각으로 나뉘었다. 그 모양과 규모가 우리의 근대 대도시를 방불케 할 정도로 발전했다. 공공건물의 형태도 매머드 모양을 취했다. 이를테면 로도스(Rhodos)의 거대한 입상은 그 높이가 32m이고, 할리카르나소스(Halikarnassos)에 있는 마우솔로스(Mausolos) 왕의 능은 44m이며, 파로스(Pharos) 섬의 8층짜리 등대는 그 높이가 무려 160m에 이른다. 이는 근대의 거대 입상과 비교해보면 자못 흥미롭다. 뉴욕에 있는 자유의 여신상은 그 주춧돌까지 포함해도 93m밖에 되지 않는다.

　문학에서도 대량생산이 이루어지지만, 개별 작품의 경우 거의 과장될 만큼 작은 규모를 선호한다. 알렉산더 대왕 시대 가장 저명한 시인 중 한 사람인 칼리마코스(Kallimachos)는 이렇게 말한다. "큰 책은 큰 해악이다." 분명 예술을 위한 예술이라는 관념이 생겨난다. 이 관념은 선정적인 것과 정제된 것, 비교(秘敎)적인 것과 복합적인 것, '기묘한 것'과 인공적으로 고풍스러운 것을 선호하여 일종의 로코코 감성을 불러일으킨다. 서정 문학은 루소식의 전원시에 탐닉하며, 회화는 풍경을 찾아내도 양쪽 모두 자신의 정취를 죽은 자연에 새겨 넣는 근대적 주관주의라고는 전혀 몰랐다는 점에서 여전히 고대에 머문 셈이다. 그래서 아직은 '분위기'를 창조하진 못한다. 반면에 아주 뚜렷한 자연주의가 이미 지배하기 시작한다. 극장에서는 분장에서만큼이나 대화에서도 우아하게 풍속극의 유형을 창조한 메난드로스(Menandros)가 풍자와 감성의 혼합을 성취하는 개가를 올렸다. 이런 혼합은 우리 앞 세기의 프랑스인들이 돋보일 정도로 능숙하게 처리한 방식이다. 메난드로스의 경우에도 우선 고급 매춘부가 중심에 위치하며, 황금을 쏟아내듯 번쩍이는 재담이 냉정하게 구성된 줄거리의 공허함을 가려준다. 무엇보다 눈이 부시게 하는 현란한 수사법은 무대만 아니라 역사기술과 조형예술마저 장악하며, 심지어 일상생활에까지 침투한다. 우선 건축술이 그것을 대변한다. 조각이 장르적 성격을 가지면서 탁월한 기술을 통해 현실에 가장 충실한 형태를 취하여 돋보일 정도로 빛을 발산한다. 소위 더 새로운 아테네풍의 열광적 송가가 우리 시대에서만큼이나 혹평을 받으면서 표제음악(Progammusik)의 길을 걸었다. 이미 보드빌 예술가[17]가 활동했으며, 코스(Kos) 출신 헤론다스(Herondas)는 자신의 『몸짓광대(*Mimiamben*)』를 통해 해학적인 민중생활에서 취한 패러디와 리얼리즘이 뒤섞인 카바레 장면을 그려냈다. 그러나 가장 인기 많은 문학적 형식은 우리 시대의 문예란에 거의 비견될 법한 반박문이었다.

헬레니즘 시대의 최고 명성은 과학에 있다. '과학적인 인간'이라는 개념은 아리스토텔레스로부터 유래하는데, 그의 스승 플라톤은 아리스토텔레스를 두고 약간 경멸조로 '독자(讀者)'라고 불렀다. '아티스트'와 전문가의 기술에서 그렇듯, 문학에서도 일종의 분파를 형성하면서 은어(隱語)와 비학(秘學)을 공유하고 있는 '교양인'이 등장하기 마련이다. 일련의 전공 부문이 당시에 최초로 정립되었다. 사모트라케(Samothrake) 섬의 아리스타르코스(Aristarchos)는 비판적 언어학의 기초를 닦았으며, 메세네(Messene)의 디카이아르코스(Dikai-archos)는 자신의 저서『그리스의 생활(*βίος Ἑλλάδος*)』에서 문화사에 관해 기술했고, 사모스(Samos) 섬 출신 두리스(Duris)는 예술사를 펴냈으며, 그리고 폴리비오스(Polybios)는 실용적인 역사학을, 테오프라스토스(Theophrastos)는 식물의 생물학을, 페르게(Perge) 출신 아폴로니오스(Apollonios)는 삼각법(Trigonometrie)과 무한량 학설을 세웠다. 유클리드(Euklid)는 자신의『원론(*Elementen*)』을 통해 기하학의 고전적 교과서만 펴냈을 뿐만 아니라 최초로 광학을 빛의 전파 이론으로, 반사광학을 빛의 반사 이론으로 체계화하기도 했다. 한편 아르키메데스(Archimedes)는 원주의 공식을 세우고, 지구의 구조를 밝혔으며, 지레 작용의 이론을 정립하고, 이에 기초하여 도르래 장치를 고안했으며, 자신에게 특별한 의미를 부여하게 한 아르키메데스의 기본 원리를

---

[17] Varietékünstler: 노래·춤·곡예 따위 버라이어티 쇼를 연출하는 예술가.

창안하기도 했다. 외과 의술과 약리학, 그리고 범죄자들을 이용한 생체해부에 따른 해부학, 동물원, 골동품 수집, 백과전서, 대형 도서관 등의 토대도 마련되었다. 간단히 말해 우리가 교양이라고 부르는 그런 신기한 일은 오늘날까지도 남아있는 상피병증이 있었던 것이다. 이미 당시에도 상당히 정확한 별자리표가 있었으며, 태양과 달의 흑점을 추정하기도 했다. 250년경에 사모스의 아리스타르코스는 지구가 자체의 축을 중심으로 자전하면서, 움직이지 않은 채 우주의 중심을 이루는 태양의 둘레를 돌고 있다고 가르쳤다. 거의 같은 시기에 지구의 모양에 대해 아주 잘 알고 있던 지리학자 에라토스테네스(Eratosthenes)는 이베리아(스페인)에서 인도에 도달하는 것이 가능하다고 해석했다. 크테시비오스(Ktesibios)는 압축한 공기를 통해 작은 화포에서 발사체를 발사하려는 생각 끝에 기압을 발견한다. 알렉산드리아의 헤론(Heron)은 성수(聖水) 자동선반과 문의 자동개폐장치를 포함해서 요금 자동표시기가 달린 마차뿐만 아니라 나선압착기와 자동 두레박, 그리고 증기압의 추진력이 빛을 볼 수 있는 자일궤도도 고안했다.

헬레니즘
시대의
허무주의 당시 출현한 것이 하나 더 있다. 그것은 여성해방이다. 여왕들이 역사를 만들어 나갔고, 여성 철학자들과 여류소설가들이 문학을 다루었으며, 이제 남성 시인들은 거꾸로 여성들을 위해서 글을 쓰기 시작한다. 여성의 영혼이 발굴되고, 이와 더불어 감성적인 사랑도 발견하게 된다. 당시 '부인(Dame)'이라는 용어가 고안되었다. 이 부인은 자유롭게 활동하고, 모든 분야에 참가하면서 스포츠도 하기 시작한다. 그 시대는 바야흐로 '교태'와 '호의'와 '유행'이 무엇인지 경험해나갔다. 부인들의 손에 입을 맞추었으며, 불행한 사랑에서 사력을 다해 벗어나는 일에 대해 아주 진지하게 생각했다. 당시 제2의 거대 권력이 부상하는데, 그것은 곧 문서이다. 사람들은 모든 것을 글로써 말을 하고, 가능한 한 형식상의 문서로 말하는 데 익숙해 있었다. 과도하게 문명화한 여성적 특색으로 나타난 것이 수염을 기르지 않는 행세다. 이는 당시 보편적인 현상이었다. 이런 유행을 따르지 않은 셀레우코스(Seleucid) 시대의 남자라면 으레 사람들의 눈에 띄어 수염 있는 남자(Πώγων)라는 별명을 얻기 마련이었다.

사람들은 즐길 수 있는 정신적 향유거리라면 세계의 대상 무엇에서든 샅샅이 뒤졌으며, 이 같은 향유의 과도한 취미에 취해 결국 포만감과 권태와 나른함에 젖었다. 이처럼 민감하면서도 활동적이며, 모든 것을 알고 싶어 하는 인성을 짓누른 것은 거대한 납덩이처럼 무거운 허무주의(Nihilismus)였다. "고통과 기쁨을 더는 느끼지 않을 때, 영혼의 겨울이 해동된다." 에피쿠로스의 이 말은 그 시대 정서의 공식을 잘 보여주는 셈이다. 당시 지배적인 철학의 세 가지 체계는 서로 격렬하게 논쟁을 벌였지만, 모두가 그 같은 지점으로 합류한 것만큼은 하나같았다. 겉모습만 달랐을 뿐이다. 즉, 평정(Ataraxie)에 대한 에피쿠로스의 찬양과 스토아학파의 무감정(Apathie) 이념, 그리고 판단 유보(ἐποχή)에 대한 회의주의적 요청은 근본적으로 같은 것을 의도하고 있다. 이렇듯 거창한 모양으로 출현한 것은 고대의 문화인을 전염병처럼 엄습한 보편적 권태감이었다. 그것은 아주 외딴 어느 지방에서 새로운 유의 한 신인(神人)이 태어나는 그 어느 날까지 지속된다. 그는 주피터나 여호와의 아들이 아니라 진짜 신의 아들로서 철학에 대해선 플라톤보다 더 많이 이해하며, 정복에 대해선 알렉산더보다 더 많이 알고서 인류를 구원한다.

새로운 신에 대한 엄청난 기대를 갖고 있었던 알렉산드리아 시대가 일종의 기독교 문화로 통하는 현관을 형성한 것일 뿐이기 때문

그리스의
음악성

에 우리가 그 시대를 좀 더 쉽게 이해하는 것일지도 모른다. 그러나 ─ 그것에 대해 우리가 착각해서는 안 될 일이지만 ─ 기독교 이전의 그 민족들의 **궁극적** 정신의 뿌리에 대해 우리는 잘 알지 못한다. 헤르만 그림[18]은 자신의 탁월한 괴테 전기에서 이렇게 말한다. "그리스인의 기질이 보여주는 이국적인 것을 우리는 결코 극복하지 못했다. 아무튼 아메리카에서 완전히 백인화한 혼혈아가 흑인의 후예라는 결정적 징표는 손톱의 달 모양이 까맣게 남아 있는 것이라는 이야기가 있다. 이는 호메로스와 플라톤, 심지어 아리스토텔레스와 투키디데스가 우리에게 그렇게 친숙하게 비칠 때와 같은 이치이다. 손톱의 작은 달 모양은 그리스 사람들의 혈관으로 마지막 한 방울을 흘려보낸 신들의 피를 의미하는 이코르(Ichor)와 같은 것을 연상시킨다." 우리에게 그리스 사람들은 완전히 **이국적인 민족**이다. 지금도 이 사실에 대해 우리가 제대로 충분히 이해하지 못했다는 점은 선량하게도 우리가 섣부른 자만심에서 우리의 학교 운영에 대해 너무 쉽게 믿는 풍조에서 잘 드러난다. 수세기 전부터 학교 운영은 하나도 세련되지도 못하고 심리학적으로도 아무 재능이 없으면서 그저 단어의 음절이나 꼬치꼬치 따지는 그런 사람들의 손에 맡겨져 왔다. 항시 슈펭글러(Spengler)의 『서구의 몰락(Untergang des Abendlandes)』과 같이 지축을 흔드는 작품은 고대로부터 우리를 갈라놓는 절망적인 간극을 볼 수 있는 눈을 수많은 사람으로 하여금 뜨게 하기 마련이다.

그리스 문화의 이 같은 원칙적 독특성을 두고 그 상을 거칠게나

---

[18] Herman F. Grimm(1828~1901): 독일의 예술사가. 독일 동화 수집가로 널리 알려진 그림 형제 중 빌헬름 카를 그림(Wilhelm Carl Grimm)의 아들.

마 그려내 보려 한다면, 우선 그 뛰어난 음악적 성격에서부터 출발해야 할 것이다. 왜냐하면 그리스 생활의 중심에 서 있는 것은 조형예술이 아니라 음악이기 때문이다. 가수는 신에게서 직접 영감을 받는 인물로 통한다. 역으로 모든 기도는 노래가 된다. 군사업무까지도 음악에 의존한다. 음악은 전술적 단결에서 가장 강력한 무기로 간주되었다. 피리를 부는 사람은 해전에서와 마찬가지로 보병 공격에서도 가장 중요한 인물이었다. 나그네에게 길을 안내해주는 주상(柱像)들은 6운각의 시구로 그 길의 방향을 알려주는 내용을 새기고 있다. 좋은 의도에서 이 같은 풍습을 부활시키려는 태도를 두고 고리타분하고도 우스꽝스러운 스노비즘(Snobbism)이라고 말하기도 한다. 그러나 그리스인들은 진부한 일상생활의 대상들에서도 운율을 지각했다. 음악은 그리스 사람들의 영혼을 지배하는 그런 힘이어서 사람들은 치료를 목적으로 음악을 활용하기도 했다. 피타고라스는 노래로 환자를 치료했으며, 플루타르코스는 병에 시달리는 가운데 신탁에 치료제를 간청하면서 응답을 받는 아르고스(Argos) 출신의 한 소녀에 관해 이야기한다. 이에 따르면 이 소녀는 뮤즈 신들에게 봉사하는 일에 헌신한다. 신탁의 충고를 따르는 가운데 원기를 회복하여 여군의 선봉에 서서 스파르타 군대의 습격을 패퇴시킨 일명 펠로폰네소스의 잔 다르크가 될 정도였다. 사람들은 노랫가락이 망자도 지배하는 힘이 있다고 믿었다. 그래서 유족들은 무덤 속에 향유 단지를 함께 묻고 피리연주로 망자의 혼백을 달래려 했다. 그러나 생전의 음악은 기본적으로 몸에 율동적인 단련이 되는 체조가 신체에 갖는 것과 같은 교육적 의미를 정신에 갖는다. 그리스인은 음률이 깃든 영혼만이 건강하고 강인하며 지혜롭고 아름다울 수 있다고 철석같이 확신했다. 플라톤은 국가에 대해 쓴 자신의 글에서 추한 모습과 나쁜 예법은 리듬 및 조화의 결핍과 친화관계가 있다고 말한다. 육체적·정신적 완성이라는 이상이 구현되는 신체 및 예법 태도상 아름다운 인간, 멋지게 정비된 국가, 완전한 우주는 교향곡의 형태로 제시된다. **노모스**(*Nomos*)는 법이자 멜로디를 의미한다. 모든 폴리스는 적어도 하나의 실내악으로 **여겨졌다**. 그래서 음악의 혁신자는 **정치적** 혁명가로 간주된다. 사원과 그것에 딸린 모든 부분, 이를테면 원주와 석재 평상과 지붕 등이 정확히 리듬을 갖고 있으며, 박공의 삼각 벽면은 솟구쳤다가 내려앉는 시의 선율처럼 운율의 조화로움을 취하는 구조형식을 하고 있다. 비극의 구조에서도 음악적 기하학이 지배한다. 사건 전개가 균형 감각 있게 오르락내리락하며, 여기에 보조를 맞춰 대화도 변화무쌍하게 이루어진다. 그림도 개연성에 부합하도록 중심을 두고 기복이 있게 구성되었다. 잊어서는 안 될 것은 모든 시인은 우선 작곡가였다는 점이다. 노래는 실제로 노래였다. 튀르테오스(Tyrtäos)와 핀다로스(Pindaros), 알카이오스(Alkaios)와 사포(Sappho)가 **노래했다**. 새로운 시인은 문자의 의미 그대로 받아들이면 무엇보다 새로운 **억양**의 발명가였다. 서사시도 본래 노래로 불렸지만, 나중에는 통속극 형식으로 낭송되었다. 수사학자들조차도 우리에겐 지극히 낯선 방식인, 말하자면 로마 시대까지도 존속한 세코레치타티보(Sekkorezitativ)의 방식으로 어떤 것을 낭송한 것이다. 세 명의 위대한 비극작가도 특히 **소리의 시인**(Tondichter)으로 유명하며, 음악극의 용감한 개혁가였던 에우리피데스는 격렬하게 적대감을 샀는가 하면 또 동시에 감격스럽게 칭송을 받으며 복제되기도 했다. 그는 리하르트 바그너가 한 것과 흡사한 역할을 했다. 비극은 무대장치, 텍스트, 몸짓, 노래와 춤으로 구성되면서 음악으로 집약된 일종의 '종합예술작품'이었다. 물론 이때 우리가 떠올리는 것은 근대 오페라가 그렇듯 압도적인 대규모의 오케스트라가 아니라 우리의 개념에서 보자면 그 기악 편성이 빈약하기 짝이 없을 만큼 극히 단순한 **내면적** 리듬이다. 그리스의 음악예술에서는 현악기라고는 몰랐으며, 트럼펫은 신호를 보내는 용도로만 쓰였다. 주로 성악이 기본이었다. 성악은 악기를 협주로만 이용하고 거의 등장시키지 않아 솔로 연주로 이용하는 일은 아주 드물었다. 비극의 오케스트라 전체를 구성하는 것은 한 명의 키타라 연주자와 두 명의 피리 연주자였다. 그러나 그리스 음악은 무엇보다 다성 합창을 거부했다. 합창은 언제나 같은 음으로만 노래했다. 솔리스트의 공연은 낭송 서사시와 합창을 동반한 대창(對唱), 듀엣과 독백의 아리아 사이를 따라 움직인다. 모든 분야에서 그리스적이지 않은 새로운 정신이 지배하기 시작하는 헬레니즘 시대에야 비로소 배우들은 더는 노래를 부르지 않는다. 합창은 막간극의 경우에만 들어가게 지정한다. 실러가 『메시나의 신부(Die Braut von Messina)』에서 그랬고 오늘날까지도 늘 간간이 시도되고 있듯이, '대화합창'으로서의 합창을 같은 음으로 말하게 하는 것은 예술적으로나 심리학적으로 난센스에 해당하는 일이다. 앞에서 말했듯이, 색채가 그리스 사람들의 건축 및 조각 작품들과 떼어놓을 수 없듯이 음악은 시적인 작품들과 떼어놓곤 말할 수가 없다. 그러나 그럼에도 그렇게 하면 **대화체의 가극 극본** (das gesprochene Libretto)을 희곡의 이상으로 고양하는 것과 같은 이상한 짓을 범하게 될 것이다.

　돋보이지만 유례없는 그 같은 음악성은 그리스의 언어에서도 나타난다. 그것은 곧 그 언어의 생생함과 정교함, 응용력과 선율적 성격, 다채로움과 풍부함, 탄력성과 유연성, 특히 고상한 대중성에서 (이 또한 어떤 의미에서 보면 음악적 요소 덕분인데, 그도 그럴 것이

그리스의
언어

선율의 세계는 누구에게든 직접 통할 수 있기 때문인데) 확인된다. 그리스어는 우선 지고한 학문적 · 철학적 문제를 다룸에도 불구하고 외국어는 거의 사용하지 않았으며, 동시에 이해하기 어려운 가장 추상적인 것을 마음껏 포착하는 능력을 입체적으로 발휘하여, 가장 순수한 개념들을 감각적 이해력으로 드러내고, 말 그대로 가장 완전한 플라톤적 의미에서 **직관적 이념**(geschaute Ideen) 속을 파고들었다. 그뿐만 아니라 그리스어에 적잖은 고유한 특성이 되는 형식들도 상당히 풍부하다. 이를테면 원망법(願望法), 부정의 과거사(Aorist), 이중적인 동사 파생 형용사, 수동과 능동의 중간태, 양수(兩數)가 그런 것들이다. 특히 마지막 두 형식은 감탄스러울 만큼 섬세한 면이 있다. 그도 그럴 것이 **자신을 위해**(für sich) 행하는 것이 타자를 위한 것뿐만 아니라 타자가 어떤 사람과 함께 하는 것과도 본질적으로 매우 다르며, **둘이서**(zu zweit) 하는 것은 여러 사람과 함께 혹은 혼자하는 것과는 결정적으로 다른 성격을 지니기 때문이다. 모든 시제와 화법을 관통하는 이 같은 형태에는 그리스의 생활에서 성애(性愛)가 한 중요한 역할이 아마 결정적이었던 것 같다. 덧붙여 말하자면, 어디에서도 볼 수 없는 수많은 불변화사를 통해 말에 연관관계와 세분화, 특정성과 분위기를 더할 뿐 아니라 유희적인 유동적 반어와 같은 정의할 수 없는 요소를 담는다. 그런데 표현의 이 같은 부드러운 채색화는 극도의 예리한 사색과 가장 감성적인 언어감정을 통해서만 번역될 수 있는 것은 아니다. 물론 모든 문장성분의 구성을 그저 단어 그대로 옮겨놓는 데다가 거칠고 고풍스럽게 재현하는 것으로, 이를테면 "실로, 너의 주장이 당연히 여기서 지금 어느 정도 맞는 말인 것 같다"는 식의 이상한 문장으로 만족하는 일상의 언어학적 해설이 제대로 온당하게 취급받진 못했다.

아무튼 그리스인들이 언어를 음악적 현상으로 보았다는 사실은 그들이 틀린 발음과 강세, 혹은 수많은 일화에 기록된 그릇된 어순에 대해 격렬한 반감을 드러냈다는 점에서 확인된다. 이는 이탈리아 청중의 경우 가창 오류에 대해서만 청각의 민감성을 보인 것과 대조가 되는 점이다. 그러므로 이 같은 음악적 현상은 그리스 '양식들'의 신비에 해당한다고 할 수 있다. 말하자면 이 양식들은 수세기에 걸쳐 신체기관으로 체계화된 청각과 시각을 통해 극도의 감수성과 판별력으로 훈련된 것이다.

그리스의
성애

방금 위에서 우리는 그리스의 존재방식에서 성애가 취한 중심 역할에 대해 언급했다. 그러나 이때 근대나 중세의 연애감정을 떠올려서는 안 될 일이다. 왜냐하면 두 가지 근본적인 차이가 있기 때문이다. 첫째는 감상성이 결핍되어 있다는 점이다. 물론 이런 감성부재(Unsentimentales)를 순박함이라고 할 수 있느냐고 의심해볼 수 있다. 프로이트는 자신의 논문 「성적 방황(Sexuelle Abirrungen)」에서 이렇게 말한다. "고대 세계의 성생활과 우리 시대의 그것 사이의 결정적 차이는 바로 고대인들은 충동(Trieb) 자체에 강세를 두는 반면에 우리는 충동의 대상에 강세를 두는 점에 있다. 고대인들은 충동을 즐기면서 열등한 대상도 기꺼이 고상하게 만들 태도를 보인 반면에, 우리는 충동 활동 그 자체는 별것 아닌 것으로 평가하며 단지 대상의 장점을 보면서 그것을 용인할 따름이다." 이는 어째서 고대에는 '불행한 사랑'이 병리학적인 현상으로만 비칠 뿐이었는지에 대한 의문을 풀 (그리스 사람들은 불행한 사랑이 닥치면 꼭 우리가 전염병을 대할 때처럼 그것을 기이한 일로 취급했던 것인데) 열쇠가 될 수 있다. 그도 그럴 것이 불행한 사랑은 필연코 특정한 대상과 관계하기 때문이다. 반면 '충동'은 실패도 좌절도 모른다. 그래서 '불행한 사랑'이라는 콤플렉스로 합류할 이 같은 두 가지 원천은 아예 존재하지 않는 것이다.

그런데 이보다 훨씬 더 중요한 것은 그리스인들의 성애는 거의 오로지 동성애와 결합해 있다는 사실이다. 그들은 동성애를 위해 분명 광적일 만큼 대단히 우아한 신체를 다듬는 일을 책임감으로 즐겼다. 신체 단련은 항상 체조연습, 승마, 격투, 육상, 투척놀이 등을 통해 이루어졌다. 이때 동양인이 그들에게 끼친 영향도 중요하다. 하여튼 그들의 남색(男色) 기질은 선례가 없을 만큼 강렬하고도 광범위했다. 도리스인들의 경우를 두고 말하면, 스파르타와 크레타에서 남색은 바로 공공교육의 한 부분을 이루었다. 아테네에서는 성폭행이나 유아강간의 경우에만 시민의 공민권을 박탈하는 벌이 있었다. 이는 정상적 성행위를 우습게 보던 곳에서도 마찬가지였다. 그곳엔 공창(公娼)이 있었지만, 그들에겐 세금을 부과했다. 서로 연애를 하고 있던 두 소년 하르모디오스(Harmodios)와 아리스토게이톤(Aristogeiton)이 아테네의 독재자 히파르코스(Hipparchos)를 살해했을 때 이들은 바로 영웅적 영예를 얻었다. 일찍이 낚아챈 총아 헤파이스티온(Hephästion)과 알렉산더의 관계도 정취가 있는 것으로 여겨졌다. 알렉산더 대왕의 후계자들이 거주하는 궁정에서는 남색 기질을 좋아하지 않았다. 그 이유는 도덕성의 문제가 아니라 남성 결사체 뒤에는 늘 음모가 도사리고 있다고 의심했기 때문이다. 결투가 있을 때 연인 사이는 최고의 전투적 가치를 발휘했다. 이른바 그들은 가장 작은 전술 단위를 구성한 셈이다. 최강의 그리스 군대로 명성을 날린 그 유명한 테베의 '성스러운 군단'은 순전히 동성애자들로만 구성되었다. 솔론(Solon)에서 알키비아데스까지 이르는 사이의 거의 모든 탁월한 그리스인은 남색가였으며, 그뿐만 아니라 여러 신과 영웅들, 이를테면 아폴론과 포세이돈, 헤라클레스와 가니메데(Ganymede) 등도 동성애자들로 통한다. 그러나 가장 결정적인 것은 그리스 예술과 철학이 대개 이 같은 현상을 경이롭게 감싸고 있다는 사실이다. 체념할 나이에 접어든 핀다로스는 이렇게 노래한다. "사랑을 해야 할 적절한 시기에 꽃을 꺾어야 한다, 젊은 시절에! 그러나 테오크세니우스(Theoxenius)의 빛나는 눈을 보고도 연모에 빠지지 않는 사람의 심장은 강철의 차가운 불꽃에 연마된 까만 심장이다. 그러나 아프로디테는 그런 그를 경멸할지니! 아니면 그는 전력을 다해 돈을 갈구하거나 여자에 대한 욕망에 자신의 가슴을 갖다 바치면서 이리저리 쉼 없이 떠돌아다닌다. 그러나 나는 소년의 젊은 아름다운 신체를 볼 때면, 마치 신성한 꿀벌들의 밀랍이 뜨거운 열기에 녹아내리듯 의지의 여신(θεᾶς ἕκατι) 주변에서 쓰러지고 만다." 여기서 시선을 끄는 것은 (그리스 사람들과 특히 고대 테베의 귀족들이 경멸한) 돈에 대한 욕망을 포함하여 여성에 대한 사랑이 별 의미가 없는 것으로 취급된다는 것이다. 아프로디테조차 소년에 대한 사랑의 여신으로 통하는 것이 아닌가! 당연히 핀다로스에 비견되는 여성은 사포다. 그녀도 고백하지 못한 소녀에 대한 사랑 때문에 비탄에 잠겨 아프로디테에게 도움을 요청하는 기도를 하면서 신부의 달콤한 목소리와 사랑스러운 웃음소리를 들을 때 남자가 보이는 무심한 차가운 태도를 자기 자신의 격정과는 대조적인 것으로 그려낸다. "심장이 뛰고 말이 나오지 않으며, 살갗이 화끈거린다. 눈이 뜨이지 않으며 귀가 윙윙댄다. 땀이 흘러내리고 전율이 내 몸을 휘감는다. 나는 빛바랜 건초처럼 죽은 사람 같다." 유명한 '플라토닉 러브'도 이 말의 사용법을 제대로 취하면 초감각적인 숭고한 사랑을 뜻하지만, 그것은 오로지 동성애일 뿐이다. 파우사니아스(Pausanias)는 『향연(Symposion)』

에서 이렇게 말한다. "사랑의 여신이 둘 있다. 그래서 에로스의 형식도 두 가지다. 현세적 아프로디테의 에로스는 현세적이고 곳곳에 있으며, 세속적이고 우연적이다. 보통 사람들은 모두 이 같은 에로스를 신봉한다. (…) 이 현세적 아프로디테의 탄생에 남자와 여자가 관계한다. 그런데 고상한 사랑은 천상의 아프로디테로부터 유래한다. 천상의 아프로디테는 남자의 자유로운 창조물이다. 그래서 이 같은 사랑에 감동한 모든 청소년과 남자들은 그리움을 가슴 가득 담고 자기 자신의 성인 남성성을 추구한다. 이들은 더 강한 자연과 더 고상한 감정을 좋아한다." 스토아주의자들은 존재 속의 사소한 것들을 뜻하는 수많은 **아디아포라**(Adiaphora) 속에 성의 구별도 포함한다. 그런데 이는 별로 얘기되지 않은 일이다. 사실 그리스 사람들에겐 성의 구별이 사소한 일이 아니라 중요했다. 그들에겐 남성이 여성보다 훨씬 더 큰 의미가 있었다. 사랑의 온갖 수반 현상, 이를테면 황홀, 질투, 예속, 사랑의 대상에 대한 미화 같은 것들은 소년에 대한 사랑의 형태에서만 가능할 따름이었다. 반면에 부인은 아이를 낳는 자 혹은 결혼지참금을 가져오는 자, 또는 단순한 성적 대상인 창녀일 뿐이다. 에우리피데스가 처음으로 여성을 심리학적인 문제로서 드러낸다. 하지만 그도 여성을 사랑의 열정의 객체로서가 아니라 거의 언제나 주체로서만 묘사한다. 그러나 같은 성의 남성 파트너의 경우와 유사한 증상으로 어떤 여성과 사랑에 빠진 이는 우리가 들은 바처럼 이미 전혀 다른 눈으로 성생활을 보기 시작한 알렉산더의 시대에만 해도 신성으로 화를 입어 눈이 먼 연모자로 통했다.

그리스의 비도덕성   그리스 제도에 뿌리내린 이 같은 도착증이 대부분의 근대 비평가가 보기에 '악덕'으로 비쳤다면, 실로 의심의 여지가 없는 것은 그리스의 민족성 역시 거의 모든 악한 특성, 우리의 감각에서 보자면 비도덕적인 특성들을 모아놓은 하나의 진정한 견본철일 수 있다는 점이다. 이를 두고서는 그리스인들의 **체질적인 비도덕성**(konstitutionelle Amoralität)이라고 말하는 것이 가장 적확할 것 같다. 소포클레스의 작품에 등장하는 오이디푸스는 테세우스에게 이렇게 말한다. "나는 우리의 경우와 마찬가지로 세상 어디에서도 경건함을 목격하지 못했으며, 온화한 사유방식도 거짓을 삼가는 일도 보지 못했다." 이는 그저 낡은 상황을 두고 한 말인지 아니면 현재 상황을 염두에 둔 것인지는 알 수 없지만, 아무튼 그것은 아테네와 그리스 사람들의 반인격적 속성과 동시에 자발적이지 못한 그들의 성격을 말해주는 셈이다. 요컨대 그들에게는 고유한 인품과 부덕함에 대한 인식이 결여되어 있었다. 이런 일에 별로 엄격하지 않았던 고대 전체에서 그들의 호전성과 비방 욕구, 소유욕과 매수, 공명심과 허영심, 게으름과 경박함, 복수심과 음험함, 질투와 고약함 따위는 널리 악명 높게 알려져 있다. 그런데 특히 발달한 것은 그들의 거짓된 태도와 잔혹성이다. 원로 키루스(Cyrus)도 좋았던 옛 시절의 그리스인들에 대해 이렇게 말했다. "거짓 맹세로 서로를 속이기 위해 도시 한가운데에 광장을 두고 모인 그 사람들이 나는 두렵지 않았다." 플라톤은 어떤 소송에서든 적어도 거짓맹세가 작동했다고 고발한다. 그도 그럴 것이 소송 당사자 양측은 이미 거짓 맹세할 각오가 서 있었기 때문이다. 신 중 가장 높은 신분을 갖고 있었던 제우스조차도 거짓 맹세를 수없이 했던 것이다. 그리스에서는 인간성이라고는 찾아볼 수가 없었다. 인간성의 최초 미약한 움직임은 곧 헬레니즘 정신의 와해를 나타낸다. 그런데 최초 근대인들이 자칭 인문주의자라고 하면서도 또다시 의식적으로 고대에 손을 뻗고, 오늘날까지도 고대를 다루는 연구를 좀 더 인간적인 것을 뜻하는 **후마니오라**(*humaniora*)라고 부르는 것은 문화사의 기막힌 아이러니라 아니할 수 없는 것이다. 사실 그리스에는 비인간성의 풍습이 하도 끔찍해서 여타 야만 민족에게조차도 드물지 않게 혐오를 일으킬 정도였다. 이는 정복된 도시들의 운명을 떠올리면 금방 이해된다. 그리스 자체 도시들의 운명도 그랬듯이, 대개 모든 영토가 가장 야만적인 방식으로 황폐해지고, 모든 집이 화염에 내려앉았으며, 남자들은 살해되고, 여자와 아이들은 노예로 팔려나가거나 모든 주민의 손목이 잘려나가기도 했다. 노예들의 사역에 대해 생각해봐도 사정은 마찬가지다. 노예들은 흔히 평생 쇠사슬에 묶인 채 채석장이나 광산에서 노역하고, 그 주인이 허용하면 법정에 증인으로 출석하여 고문을 당하기도 했다. 피정복 원주민을 정기적으로 반복해서 살해한 악명 높은 **크립티아**(*Krypteia*)로 널리 알려진 스파르타식 바르톨로메오의 밤을 떠올려 봐도 마찬가지다. 그리스인의 도덕적 광기에서 독특한 것은 그들의 경우 도덕적으로 비난받아야 할 짓에 부합하는 특정한 어휘가 없었다는 점이다. 그도 그럴 것이 그리스어 τὸ κακός는 나쁜 짓(das Böse)과 악한 짓(das Übel)을 의미하며, ὁ κακός는 **악**(*pravus*)과 **불운**(*miser*)을 나타내고, ὁ πονηρός는 부덕한 사람(der Lasterhafte)과 불행한 사람(der Unglückliche)을 의미하기 때문이다. 그리스인들은 성격이 **나쁜** 사람과 사정이 **좋지 않은** 사람을 구분하지 않고 윤리적인 비행을 생활에서 겪는 수많은 재난에 간단히 포함시켰다. 뻔뻔함도 그저 **운명**(*Heimarmene*)의 신이 친 장난일 뿐이다. 이 장난은 변덕스러운 편파성과 질투의 복수심을 가진 신들의 놀이이다. 이 신들에는 맹목적으로 관장하는 뻔뻔한 필연의 여신 **아난케**(*Ananke*), 모든 것을 오래전에 미리 정해놓은 무정한 신 **모이라**(*Moira*), 선대의 행위에 대해 보복하는 보복의 신 **알라스토르**(*Alastor*), 저주가 따라붙게 하는 잘 알려지지 않은 신 **아고스**(*Agos*) 등이 포함된다. 이들 신을 가장 잘 이해할 수 있는 것은 그들의 그렇고 그런 활동이나 여타 질병처럼 불운으로 통하는 강렬한 열정의 행각에서다. 이런 그리스인들의 여신은 무작위로 기회를 나눠주는 **티케**(*Tyche*)로서 장난과 운명의 여신 **포르투나** (*fortuna*)와도 같다.

니체는 이 같은 그리스인들을 두고 '고대사에서 만나는 국가의 익살광대들'이라고 불렀다. 사실 극단적일 정도로 '일관되게' 희화화되기도 하는 인간 공동체의 가능한 거의 모든 형태는 이 같은 국가의 익살광대들을 통해 경험하기도 하며 또 논박되기도 한다. 이와 관련해서는 우선 귀족정치를 말할 수 있다. 호메로스의 경우 '귀족'만 있을 뿐이다. 민중은 말 못하는 장식물이자 공허한 배경화면에 불과하다. 다음으로 전제정치가 있다. 그런데 이는 **짐이 곧 국가다** (*l'état c'est moi*)라는 절대주의지만 절대 권력의 최후 보루처럼 보이는 부르봉 왕가의 절대주의와 같은 것이 아니라 널리 퍼져 있는 예법과 극복하기 어려운 성직계급을 인정한 그런 전제정치였다. 스파르타에서는 엄격히 통일된 생활방식, 규정에 따른 향연, 교육의 배타적 국유화, 여성의 완전한 평등화, 음주 및 외국 여행의 금지, 철제 '임시 화폐'의 발행, 은 소유에 대한 형벌로 사형선고와 같은 제도들을 두고 있었다. 끝으로 극단적인 민주정치가 있었다. 이는 의회주의나 보통·평등 선거권과 같은 것이 아니라 그저 주민 전체가 참여하는 요란한 군중투표만 인정했을 따름이다. 적어도 이론상 전체 인민회의를 통해 구성되는 배심재판소가 입법뿐만 아니라 그때그때의 법집행도 관장했으며, 공무원은 추첨으로 선발되었고, 10년 동안 벌어진 교전도 최고사령부에서 매일 교체되어 선발된 전략가들에게 위임되었다! 이 같은 일은 벌통같이 기묘하게 형성된 폴리스 형태에서나 있을 법한 일이라고 생각할 수 있다. 이런 폴리스 형태는 애초부터, 그리고 점차 가중된 모양새로 온갖 유의 계급적 판결, 소수파의 억압, 당파적 음모와 '애국적' 억압에 대한 구실이 될 뿐이었다. 헤로도토스(Herodotos)가 민주주의에서는 다수가 전체로 통한다고 말했을 때 이미 간파한 것처럼 온갖 민주정체에 대한 그 같은 사고의 오류가 그리스에서는 모든 것을 집어삼키는 민족적 망상으로까지 고양되었던 것이다. 이 같은 전개 과정은 데마고그 (Demagog)라는 말의 의미변화의 특성을 읽게 해준다. 언어 습관에서 보면 데마고그는 가장 천박한 천민들에게 영향을 줄 수 있는 온갖 수단을 동원하여 민중의 어떤 지도자를 민중을 유혹하는 이로 만들어놓는 자이다. 우리가 적어도 이상적인 요청으로 인정할만한 진실에 대한 사랑이 근대의 경우 명예심이 그랬듯이 그리스인에게는 결핍되어 있었고, 그래서 '명예훼손'과 '진실증명'과 같은 개념들도 아예 없었기 때문에, 경솔한 일을 범한 사람도 공직에 나갈 수 있었고, 아니면 다른 방식으로 하여 이목을 끌 수도 있었다. 이를테면 그가 좋은 일을 했든 의심스러운 일을 했든 상관없이 단지 일한 그 사실만으로 가장 치욕적인 비방과 배신과 모략에 더하여 온갖 유의 사적·공적인 능욕에 희생되는 것도 그저 자연스럽고도 자명한 일로 여겨졌으며, 특히 이런 코미디의 능숙한 비방기술에 무방비 상태로 내맡겨졌다. 이에 비해 오늘 우리 시대의 풍자작가나 선동기자들, 혹은 실화작가들은 전혀 해롭지 않은 이들로 비친다. 평민 투표를 통해 어떤 임의의 시민이라도 추방할 수 있는 **도편추방**(陶片追放: *Ostrakismos*)은 분명 (그 자체로 모호한 개념인) 국사범과 무신론자뿐만 아니라 거의 대개 '걸출한 인물들'도 노린 수작이었다. 이 제도는 아주 탁월한 수많은 그리스인을 쓰러뜨리거나 미리 도주하게 했다. 이는 알키비아데스(Alkibiades)처럼 처세술에 능한 인물, 혹은 아리스토텔레스와 같은 다작의 학구파, 프로타고라스와 같이 빛나는 유명 사상가나 아낙사고라스와 같이 조용하지만 위대한 연구자에게도 적용되었다. 한번은 괴테가 이렇게 말한다. "인류에게 유능함보다 더 필요한 것은 없으며, 이것 이상으로 이득을 얻을 수 있는 것도 없다." 확실히 예술을 통해 인간 신체의 규준을 제시한 그리스인들은 인간정신의 규준 문제에서도 모범적이었다. 그들은 인간본성의 이 같은 기본사실조차도 **고전적으로** 표현했다. 인간이 여하한 정신적 우월함에 대해 취한 입장을 그들은 갖고 있었다. "우리는 그대 천재가 필요하지만 그대가 우리에겐 버겁다네. 그러나 페이디아스(Phidias)만큼 위대한 예술가가 되고자 한다면 그건 실로 그대의 무례함 때문일 것이다. 그리고 테미스토클레스(Themistokles)만큼 뛰어난 장수가 되고자 하는 것도 그대의 무례함 때문일 것이며, 아리스티데스(Aristides)만큼 의롭고자 한다면 그것도 그대의 무례함 때문일 것이며, 소크라테스만큼 지혜롭고자 한다면 그것 역시 그대의 무례함 때문일 것이다. 그도 그럴 것이 우리는 그럴 수 없기 때문이다. 민중이자 대중이고 평균이자 일상인인 우리는 실로 그처럼 중대한 인물일 수가 없는 노릇이다. 그대들의 행위 하나하나가 우리에게는 모욕처럼 보인다. 왜냐하면 그 모든 행위는 우리 모두에게보다 그대들에게 미와 아량과 오성이 더 많이 집약되어 있다는 사실을 늘 새롭게 우리에게 증명해 보여주기 때문이다. 우리는 그대들 없이 일을 해나갈 수가 없다는 사실도 잘 알고 있다. 그러나 이 사실이 우리가 견뎌내야 할 꼭 그만큼의 기간에 견뎌내게 될 바로 그 필요악이 그대들에게 있다는 점을 우리가 보는 것을 방해하진 못한다." 이런 식으로 그리스인들은 생각했으며, 그렇게 분명하고 명료하진 않지만 모든 시대와 모든 민족, 특히 모든 민본주의도 그런 식으로 생각해왔다.

그리스 국가에서 생활이란 근대적 개념에서 보면 정말이지 참아내기 어려운 것이었다. 자코뱅파 치하 혹은 오늘날의 러시아에서 목격된 공포는 그리스의 그것에 비교하면 아무것도 아닐 수도 있다. 우선 우리는 강탈과 패전 혹은 형벌로 노예가 될 가능성이 누구에게나 있었다는 점을 고려할 수밖에 없다. 사실 이 같은 일은 플라톤과 디오게네스와 같이 탁월한 사람들에게도 일어났다. 그러니 자유민도 결코 자유롭지 못했고, 오히려 변덕스러운 천민들의 잠재적인 위협과 이른바 '보호관찰기간'의 일상적 상황을 노린 욕심 많은 밀고자의 항시적 위협에 시달렸다. 정신활동에 관한 한, 저속한 코미디 같은 국가 차원의 검열은 없었지만, 훨씬 더 억압적이고 경직된 내밀한 검열이 있었다. 그것은 곧 전통이다. 이 전통은 시인과 조형예술가에게 형식과 소재의 선택에 가장 까다로운 장애로 작용했다. 그런데 철학자와 연구자는 무신론 때문에 언제든 고발될 위험이 따랐다. 페리클레스 시대 가장 의미 있는 세 명의 사상가, 이를테면 소크라테스와 프로타고라스, 그리고 아낙사고라스가 신성모독 재판(Asebieprozeß)의 희생양이 되었다. 아낙사고라스는 태양이 이글거리는 하나의 돌에 불과하다고 가르쳤기 때문에 재판에 넘겨졌다. 물론 이 같은 이교도들을 박해하는 일을 자신의 활동과업으로 삼은 직업 사제 같은 것은 없었다. 그러나 그럴 필요가 없었던 것은 국가가 철저히 종교기관으로서 그런 기능을 잘 발휘했기 때문이다. 그래서 행복한 그리스인들은 국교(國敎) 같은 것을 둘 필요가 없었다는 자유 역사가들의 발언은 아주 빗나간 얘기일 뿐이다. 그들의 교회는 국가라고 할 수 있다. 그것은 가장 미신적이면서도 가장 편협하고 가장 지배적인 욕구로 들끓는 종교 중 하나인 셈이다. 덧붙이면 그들은 델포이의 신탁소를 통해 교회와 아주 유사한 제도를 뒀던 것이다.

물론 그들도 이름 없는 지류와 저류에 불과하긴 했지만 신학이 있었다. 오랫동안 제대로 주목받지 못한 오르페우스(Orpheus)와 디오니소스(Dionysos), 혹은 크토니오스(Chthonios) 식의 종교가 있었다. 물론 이 종교가 주목받지 못한 것은 그것이 정통이 아니었기 때문이다. 비록 완전히 다른 모양으로 변하긴 했지만, 그것은 그리스 정신의 가장 심오한 생활표현 가운데 하나로서 가톨릭에서 신비주의가, 루터파에서 경건주의가, 이스라엘의 신앙에서 예언종교가 했던 것과 유사한 역할을 했다. 600년경 트라키아 지방의 바코스(Bakchos)는 '낯선 신'(θεὸς ξενικός)으로 그리스인들에게 출현했으며, 그리스인들은 이 신을 두고 디오니소스라고 불렀다. 550년경에는 트라키아 지방의 가수 오르페우스에서 유래하는 오르페우스 종파가 생겨났다. 500년경 피타고라스가 헤라클레스와 엠페도클레스를 거쳐 플라톤과 플로티노스에 이르기까지 그리스 전체의 사상을 어두운 그림자처럼 수반해온 오르페우스의 지혜를 전파했다. 이 모든 교리가 갖는 공통된 것은 금욕적·유심론적 특성을 띤다는 점이다. 요컨대 신체는 영혼의 묘이고, 흙은 한 차원 높은 생명을 준비하는 단계이며, 인간은 신성(神性)과 신비적 결합을 이루는 '신격화'를 통해 구원을 받을 수 있다는 사상이 지배적이었다. 이 같은 경향과 멀고도 가까운 것이 엘레우시스의 비교 의식(die eleusinschen Mysterien)이다. 이 의식은 그 연금술사들로 하여금 좀 더 긴밀한 비밀을 예견케 했다. 말하자면 삶에서는 풍요를, 죽음에서는 하데스(Hades)에게서의 해방을 말했다. 그리스인들은 하데스(황천)가 있는 것으로 믿었지만 그들의 종교가 가르치는 그대로 믿진 않았다. 그러나 아무튼 하데스는 그 어둠과 고요 때문에 그리스인들을 특별히 불안하게 만들었으며, 햇볕이 작열하고 과도한 추문이 넘치는 그들의 현세적 존재에 견주어 봐도 그것은 아주 특이한 것이었다.

비록 그들의 비교적 교리가 분명 소수 엘리트에 국한된 것이긴 하지만, 그 신비한 몸놀림에는 어떤 진정한 종교성의 확실한 맹아가 보인다. 그러나 올림포스 종교를 두고 말하자면 그것은 형식적 허구화이고 공허한 예배의식이며, 악마와 유령에 대한 유치한 공포로써 사실상 무신론적이다. 어째서 걸핏하면 사람들이 그리스인들은 '경건'했다고 그렇게 목청 높여 칭찬할 수 있었는지 이해할 수 없는 일이다. 하여간 비록 얇고 불안정하긴 했지만, 생활 전체가 종교에 기초를 두고 있었다. 이를테면 행정 · 법률 · 전쟁 · 무역, 심지어 성애와 사교, 스포츠와 연극, 이 모든 것도 신들의 정실 정책의 영향 아래 있어서 일종의 영원한 예배의식의 형식을 취했다. 그러나 바로 이런 상황은 신앙을 가볍고 세속적이게 하여 종교적이지 않게 만들었다. 게다가 오펜바흐(Offenbach)의 작품에 나오는 신들에 대한 특유한 캐리커처를 이미 애초 그리스 사람들은 제대로 믿지도 않았다. 신이 고안됐다는 감정이 널리 지배했다. 호메로스와 헤시오도스(Hesiodos)가 그리스인들에게 "마침내 어제 혹은 그저께" 그들의 신통기(神統記: Theogonie)를 마련해주었고, 신들에게는 "그 형상에 부합하는 이름과 직위와 품격"을 부여했다는 헤로도토스의 유명한 주장은 **우리의** 감각에서 보면 무신론적이다. 반면에 피타고라스 추종자들은 호메로스가 자신이 확산시켰을 경박한 우화들 때문에 하계에서 형벌을 받을 것이 틀림없다고 가르쳤다. 헤라클레이토스는 자신의 동향인들을 두고 이렇게 말한다. "이들은 누구든 집과 대화를 나눌 수 있는 것처럼 조형물에게 기도를 했다." 철학자 크세노파네스

(Xenophanes)는 이렇게 시를 읊었다. "소와 사자가 인간처럼 손을 갖고 있어 그림을 그리고 조각을 할 수 있다면, 이 동물들은 자신의 형상에 따라 신을 창조하려 했을 터다. 말은 말의 신을, 황소는 황소의 신을 창조했을 것이다." 이는 그리스의 '중세'가 들려주는 세 유형의 목소리인 셈이다. 그러나 페리클레스 시대 이후로 신들에 대한 조롱 혹은 그 존재에 대한 의심이 바로 시대정신으로 유행하기 시작했다. 프로타고라스는 자신의 책 『신들에 대하여(Περὶ θεῶν)』의 첫머리에서 이렇게 썼다. "신들에 대해 말하자면 그들이 존재하는지 존재하지 않는지 나는 탐구할 수 없다." 사람들이 디오게네스에게 천국에는 어떤 일이 있느냐고 물었을 때, 그는 이렇게 대답한다. "나는 천국에 있지 않았네." 에피쿠로스는 신들에 대해 세간에 많이 회자되는 다음과 같은 말을 했다. "신들은 인간들에게 마음을 쓰지 않는다. 게다가 행복하지도 않다." 그러나 이 같은 주장에서 간파되듯, 그는 신들의 실존을 부정하진 않으며, 오히려 관례적인 형식으로 신들의 문제에 헌신했다. 이는 그가 고대 유물론의 가장 탁월한 대표자 가운데 한 사람이었던 만큼 이목을 끌었다. 이와 유사한 관점은 이른바 '최신 아카데미'라는 플라톤학파가 드러냈다. 요컨대 신이 존재하지 않는 것이 가능한 만큼 신이 존재하는 것도 그만큼 가능한 것이고, 따라서 사람들이 신들의 출현을 고집하기도 하고 숭배하기까지 하기 마련이라는 것이다. 이는 그리스 교양인들의 특별한 관점이기도 했지만 사실 그리스 민중의 관점이기도 했다. 말하자면 신들의 존재와 그 활동도 증명되지 않는다는 것이다. "알 수 없다"는 것은 유심론적 현상들을 두고 오늘날 수많은 사람이 취하는 것과 거의 같은 입장이다. 그러나 헬레니즘 시대 신학적 합리주의는 일부분 이미 19세기가 또다시 드러냈던 것과 아주 유사한 형

식들을 취한 셈이다. 고대의 다비드 프리드리히 슈트라우스(David Friedrich Strauß)가 바로 에우헤메로스(Euhemeros)다. 에우헤메로스는 올림포스의 신들은 태고에 공을 쌓은 인간들이며, 후에 사람들이 그들을 신격화했다고 가르쳤다. 그리고 스토아학파 철학자들은 신화학의 표상들 일체를 자연적인 힘을 알레고리화한 것이라고 설명한다. 단지 에우헤메로스 설의 이면은 그 후계자들이 자신을 신으로 선전하기 시작한 것임을 의미할 따름이라고 한다. 이미 아테네 시민들은 도시의 정복자 데메트리오스에게 축제의 노래를 바쳐 부른 것이다. 그들은 그 노래가 세련된 비잔티움 정신의 산물인지 아니면 순박한 견유주의의 산물인지 제대로 알지도 못했다. "가장 아름답고 가장 사랑스러운 신들이 이 도시에 머물고 있으니, 이 얼마나 멋진가! 이제 축제 덕분에 우리는 데메테르(Demeter)와 데메트리오스를 동시에 만날 수 있는 것이 아닌가! 데메테르는 코레(Kore)의 아주 불가사의한 일을 보여주기 위해 왔고, 데메트리오스는 신에게나 어울릴 법한 멋진 자애로운 모습으로 환하게 웃고 있지 않은가! 강력한 포세이돈과 아프로디테의 아들인 그대, 만수무강하시라! 그도 그럴 것이 여타 신들은 너무 멀리 가 있거나 귀가 어둡거나 존재하지 않거나 우리에 대해 아예 아랑곳하지 않기 때문이다. 그런데 우리는 그대를 나무나 돌이 아니라 실제로 바라보며 그대를 숭배하느니!"

　시인들의 비판은 대개 신들이 부당하게 돌아가는 세상 꼴을 불구경하듯 그냥 바라보고만 있다고 비난하는 것으로 한정되었다. 이미 6세기 중엽에 테오그니스[19]는 이렇게 묻는다. "후안무치한 악한이

---

[19]　Theognis: BC 6세기 말부터 5세기 초까지 아테네 근처 메가라에서 활동한 시인.

풍요로 포식하며 사는 반면에 정당한 사람이 굶주림에 시달리며 죽어가는 것을 목격한다면 누가 신들에 대해 존경심을 갖겠는가?" 진정한 신앙으로 충만해 있던 아이스킬로스의 작품에서도 프로메테우스가 자신에게 부당한 폭군인 전능한 제우스에게 가장 끔찍한 일에 대해 반문한다. 왜 이 티탄족(Titane)이 그토록 흉악하게 고통을 당해야만 하는가? 단지 그 이유는 그가 "인간을 너무 사랑했기" 때문이라는 것이다. 이 같은 비극에서 가장 큰 비애를 드러내는 장면은 아무리 보수적인 기본 정서에서 보더라도 인간을 전혀 행복하게 **하려** 하지 않는 신들의 질투와 관련된 것이다. 이 점은 소포클레스의 경우에 더욱 명확히 드러난다. 그는 『오이디푸스(Ödipus)』에서 코러스를 통해 이렇게 노래하게 한다. "이 같은 시대에서 인간은 사악함에서 어떻게 자신의 고유한 마음을 지켜내겠는가? 그 같은 행동이 명예를 가져다준다면 우리는 신들 앞에서 춤이라도 추지 않겠는가?" 그러나 에우리피데스는 이미 소피스트였다. 그에게 운명은 신들의 분노도 사랑도 아니며, 운명의 신 모이라나 유사 악령의 장난이 아니라 인간 자체와 관련된 일이다. 그의 세계관을 단 하나의 문장으로 요약하고 싶다면, 고대의 가장 위대한 의사였던 그의 동시대인 히포크라테스(Hippokrates)를 염두에 두고 쓴 간결한 표현을 선택하면 될 것이다. "모든 것은 신적이며, 모든 것은 인간적이다." 그밖에도 그의 관점은 이렇게 표현된다. "신들이 죄를 범한다면, 신들은 없는 것이다." 그러나 그가 인간들에 의해 창조되고 지배되는 세계를 바라볼 때는 깊은 체념에 사로잡혀 있다. "세상이 이렇게 똑같은 모양으로 돌아가니 나는 오늘도 약을 먹고 내일도 약을 먹는 것이 나을 것 같다. 믿음과 소망이 죽어 있어 내 영혼은 황망한 상태다."

이로써 우리는 그리스의 '염세주의' 문제로 눈을 돌리기에 이르렀다. 그리스의 민족적 성격에는 겉으로 봐도 완전히 서로 다른 두 가지 기본성향이 있다. 그 하나는 '경쾌함'이다. 그것은 이미 고대 민족들에게서 쉽게 볼 수 있는 장난기 어린 경박함과 감각에 취한 현세주의 같은 것이다(이는 인사 형식에서 벌써 드러난다. 고대 그리스에서는 '즐겨라'는 뜻의 "*chaire*"를 외친 반면에 강함과 건강이 가장 중요했던 로마 사람들은 인사를 할 때 "*vale*", 혹은 "*salve*"라고 말했다). 다른 하나는 심각한 우울증과 의심이다. 이는 변증법적이고 시적으로 표현될 뿐만 아니라 **삶으로 경험되기**도 한다. 요컨대 그것은 마치 부드러운 색감이나 향료처럼 그들의 삶 전체에 삼투해 있던 것이다. 이처럼 두 가지 기본성향이 결정적인 현실 감각으로 뿌리를 내리고 있었다. 아무튼 그리스인들은 거의 완전히 **이** 세상에 기반을 두고 있었고(그들에게 저편은 모호하고 근본적으로 비현실적인 저승을 의미하며, 육체의 사멸과 영혼의 변화에 대한 오르페우스 교파적 설교는 그리스 문화 전체 내에서 아주 이질적인 독특함으로 작용할 뿐인데), 따라서 주어진 현실을 즐길 대로 즐겼다. 그러나 예리하고도 실천적인 관찰자로서 그들은 존재의 고통과 불완전성도 그야말로 솔직한 시선으로 간파했다. 그들은 경험주의자였다. 그래서 그들은 염세주의자이기도 했다. 삶이 어떤 것인지 알았던 것이다. 그것은 힘이 들고, 예측할 수 없으며, 거의 생각할 수 없는 사건들로 들끓었다. 그러나 그 외의 경우 그들은 전혀 진지하지 않은, 말하자면 예술적인 인간이었다. 그래서 세계를 긍정하는 그들의 리얼리즘도 나중에 로마인들이 취한 그런 조야한 긴밀성과 따분한 대상성이나 답답한 진부성을 담아내지 않았으며, 세계를 고발하는 그들의 염세주의도 인도인들에게서 목격되는 궁극의 심연에서 영혼을 부여잡는 그런 형이상학적 힘을 내보이지 않았던 것이다.

'태어나지 않는 것(μὴ ψῦναι)'이 최선이라는 서글픈 지혜가 재치 있는 수많은 변이형태를 거치면서 그리스의 사상 전체를 관통한다. 이미 『일리아스』에서는 숨 쉬고 운동하는 모든 것 가운데 인간만큼 더 비참한 것은 없다고 얘기한다. 헤라클레스는 그 시대를 두고 통찰력 있게 말한다. 말하자면 그 시대는 판 위에서 놀이를 하는 어린아이와 같다는 것이다. "그런데 이 아이는 왕의 폭력을 행사하고 있다." 탈레스는 '어린이에 대한 사랑'이 그를 독신으로 머물게 했다고 설명한다. 태연하게 환한 미소를 짓는 소크라테스조차도 '고르기아스(Gorgias)'의 목소리를 빌려 이렇게 외친다. "**삶은 공포니라**(δεινὸς ὁ βίος)!" 아리스토텔레스는 좀 더 자연과학적으로 표현한다. "인간이란 무엇인가? 그것은 약점의 기념비이고 순간의 노획물이며 우연의 장난이다. 그 나머지는 잡담이고 분노이다." 메난드로스는 이렇게 말한다. "일찌감치 인생의 큰 장터를 떠나는 사람이 가장 행복하다." 또 한 번은 이렇게 말한다. "만일 신께서 당신이 죽은 뒤에 당신에게 새 생명을 약속한다면, 당신은 다른 모든 것으로, 심지어 당나귀로 태어나더라도 다시 인간으로 태어나길 바라는 것보다는 차라리 나을 것이다." 그의 동시대인이었던 철학자 헤게시아스(Hegesias)는 강연을 통해 사람들에게 자살을 권유했다고 한다. 그래서 그는 자살선동가(πεισιϑάνατος)라는 별명을 얻었다. 그로부터 죽음과 관련된 하나의 글이 나오게 되었는데, 그것은 『굶어죽기(ὁ ἀποκαρτερῶν)』라는 제목을 달고 있다. 이 말이 보편적으로 세간에 널리 통한 그리스어의 전문 학술 용어였다는 것은 매우 이색적인 일이다. 이 용어를 독일어로 옮기려면 단어가 아니라 문장으로 옮길 수밖에 없다. "더는 생명을 지속하지 않으려는 사람은 굶어서 죽으려고 한다."

그러나 호메로스의 작품에서도 그리스인이 운명의 저울에 올려
놓는 균형추와 관련된 얘기를 언급하는 일을 목격하게 된다. 알키노
오스(Alkinoos)가 오디세우스에게 이렇게 말한다. "트로이에서 아르
게이아 사람들이 어떤 운명을 맞이하게 되었는지 그대가 이해한다
면, 도대체 뭣 때문에 그렇게 통곡하며 슬픔을 가슴에 담고 있는지
우리에게 말해 보라. 어쨌든 그건 신들의 작품 아닌가. 신들은 후세
에 노래로 남게 하려고 인간들에게 그 같은 몰락의 운명을 잣고 있
는 것이다." 아낙사고라스는 사람들은 태어나지 않는 것보다 태어
나는 것을 더 선호하는 것처럼 보이며, 출생하자마자 벌써 천국을
바라보며 세계구조의 전체 질서를 간파하는 것 같다고 말한다. 다른
어떤 민족보다 그리스인들이 더 잘 깨달은 형상화와 관찰의 쾌감,
노래하고 인식하는 데서 오는 쾌락이 현존재의 모든 고통을 상쇄했
던 것이다. 노래가 될 수 있는 파멸은 더 이상 파멸이 아니었다. 요
컨대 시선을 끌 수 있는 세계라면 나쁠 수 없다는 식이다.

그리스의
관념론

그렇다. 그리스인들은 분명 '관념론자들'이다. 그것은 아마도 괴
테만이 이해했지만 역시 잘못 이해했을 법한 아주 특수한 차원의
것으로서, 근대와는 아주 다른 의미에서의 관념론과 관련된 것이다.
그도 그럴 것이 괴테는 이 특징을 그리스에서 유일하게 지배하는
특징으로 이해했기 때문이다. 우리는 이 책의 어디쯤에선가 모든 프
랑스 사람은 데카르트의 선천적 제자라는 점을 보여주려 한 바 있다.
같은 의미에서 모든 그리스 사람은 플라톤의 선천적 제자라고 말해
도 무방할 것 같다. 플라톤의 관점에서 이데아는 **원상**(παραδείγματα)과
전형에 해당하며, 현세의 현상들은 이 원상을 **모방**(μιμήματα)과 모사
로 형태화한 것이다. 그리하여 어떤 대상의 '아름다움'으로서 우리

를 사로잡는 것이 있다면 그것은 다름 아니라 그 영원한 원상에 대한 우리 영혼의 어렴풋한 **기억**(ἀνάμνησις)이다. 말하자면 영혼은 아름다움이 출생하기 이전에 이미 그 원상을 간취한 적이 있었던 셈이다. 이렇듯 관념은 개념과는 전혀 다른 것이다. 우리가 관념에 대한 인식, 좀 더 정확히 하면 관념에 대한 예감에 이르는 길은 추상화가 아니라 직관을 통해서다. 두 번째로 영향력이 높았던 그리스의 사상가 아리스토텔레스도 이 같은 문제의 내용을 약간 차이가 있긴 하지만 본질적으로는 유사하게 파악한다. 그의 경우 **형식**(μορφή)은 본질적으로는 이데아에서 유래하는 **에이도스**(*Eidos*)와 동일하며, **힐레**(*Hyle*) 또는 질료(Materie)는 형식의 **가능태**(δύναμις)를, 그리고 형식은 질료의 **실현**(ἐνέργεια)을 의미한다. 실제로 힐레는 건축용 목재, 즉 원료를 뜻한다. 아리스토텔레스도 목수의 활동을 예로 하여 에이도스의 의미를 해명한다. 이에 따르면, 에이도스는 집의 개념이다. 여기서는 형식이 먼저 있다. 말하자면 형식이 집을 제작한다. 이에 대해서는 아리스토텔레스가 아주 명확히 설명한다. 이데아, 즉 보편자가 **실제로 제1자**(πρότερον ψύσει)이고, 개별자는 단지 **우리에 대해 제1자**(πρότερον πρὸς ἡμᾶς)일 뿐이라는 것이다. 플라톤과 아리스토텔레스에게서 공통적인 점은 이데아가 우선한다는 확신이다. 이데아는 자연이 실제로 원하지만 완벽히 성취하지는 못하는 모든 사물의 고전적 모델이다. 무엇보다 플라톤의 경우 이데아는 완전히 구체적인 것을 의미한다. 앞 장에서 우리는 괴테가 『원형식물(Urpflanze)』에서 유사한 구상을 한 것으로 기억한다. 그리스인들이 조각에서 형상화한 아름다운 인간의 전범은 원형식물에 다소 부합했다. 그리스인들은 자신들의 비극 예술에서도 바로 그렇게 느꼈다. 니체는 『비극의 탄생(*Die Geburt der Tragödie*)』에서 이렇게 말한다. "나는 모든 개별자가 개별자로서 희극적이어서 비극적이지 않다고 도대체 누가 주장할 수 있을지 모르겠다. 여기서 추론할 수 있다면, 그것은 그리스인들이 개별자 일반이 비극의 무대에 등장하는 것을 용납할 수 없었다는 점이다." 개별화되고, 관념 그 이상으로 형상화되며, 온갖 감각의 마스크를 쓰는 연극예술은 그리스인들에게 고양된 것이 아니라 오히려 우스꽝스러우면서 품위도 없고 불경스러운 것으로 비쳤다. 그도 그럴 것이 여기서도 종교적 원리가 작동했기 때문이다. 요컨대 연극무대가 종교적 원리에 의존했던 것이다. 알프레트 보임러(Alfred Bäumler)는 바흐오펜[20] 선집에 붙인, 아주 예리하게 파고들면서 여러 면에서 완전히 새로운 관점을 개시하는 서문에서 다음과 같이 말한다. "아가멤논 · 오레스테스 · 오이디푸스 · 아이아스(Ajas) · 안티고네를 실제로 이해하려면 일상생활 현상들에 대한 모든 사유는 내려놓아야만 한다. 실제로 비극의 무대에서 우리 앞에 출현하는 것은 **환영들**(Schatten)이다. 이 주인공들은 골목길에서 데려온 것이 아니라 무덤에서 주문을 외어 불러낸 것이다. (…) 경험 일체, 말하자면 리얼리즘에 대한 어떠한 사유도 아득히 멀기만 할 뿐이다. 그리스 비극의 표현형식은 실물보다 훨씬 크게 그려진 태곳적 영웅들에 대한 기성의 표상에 의해서뿐만 아니라 상당 부분 망자들에 대한 경외심에 의해 결정되기도 했다." 이제야 우리가 이해할 수 있게 된 것이다. 요컨대 비극의 주인공들이 무덤에서 나왔기 때문에 현대의 방식에 따라 "생생하게 묘사될" 수 없다는 사실을 말이다. 또 그들은 종교적 예식의 내용을 형성했기 때문에 보편적 상징으로만 이해될

---

[20] J. J. Bachofen(1815~1887): 스위스의 법률가이자 인류학자. 『모성의 권리(Das Mutterrecht)』로 유명함.

수 있을 따름이다. 이런 맥락에서 보면 고대의 유형예술로부터 ‘심리학’과 성격묘사로의 전이현상도 이해가 간다. 이 전환은 에우리피데스의 **비종교성**(Irreligiosität) 현상, 프로타고라스의 기분전환 토론법, 그리고 신비로움을 경멸하는 알키비아데스의 연극적 대안으로 나타난다.

그리스인들은 – 이는 이들의 플라톤주의 및 음악성과도 관련이 있는 것인데 – 사물들의 분류·구분·배율과 같은 **기하학**에 대한 타고난 안목은 물론이고, 모든 것에서 신비로운 형태와 기본구도 및 건축양식, 내적 구조와 도식 및 도표를 읽어내는 비범한 재능을 겸비하고 있었다. 그들은 탁월한 소묘 재능의 기질이 있었다. 그들의 신경망은 인상주의자들의 그것과는 정반대였다. **그라페인**(Graph-ein)은 쓰다와 그리다를 동시에 의미한다. 그들은 어정쩡한 색, 흐릿한 빛, 점진적인 탈색, 교묘한 환영작용에 대한 식별력이 없었다. 보존된 그림에 대한 설명이나 시적인 자연묘사에서 분명 추론할 수 있는 것은 그들이 입체적 원근법을 전혀 몰랐다는 점이다. 애초 그들은 그 나라 자연 전체에 의해 그처럼 뚜렷한 윤곽을 드러내게 되어 있었다. 말하자면 그들은 수정같이 맑고 청명한 하늘, 윤곽이 뚜렷한 산맥, 굵은 선으로 구분되는 수많은 해안을 접한 것이다. 아테네를 두고 보자면 구름이 태양을 가리는 경우는 연중 평균 25일에 불과하다. 호메로스의 작품에서 모든 사건은 가장 환한 대낮에 일어난다. 그런데 호메로스에게 밤은 자신이 알고 있는 한 가장 혐오스러운 대상이다. 근대의 감정활동에서 대단히 중요한 역할을 한 안개 낀 날, 가을 정조, 저녁노을, 달빛과 같은 시적 정서에 대한 어떤 감각기관도 그는 갖고 있지 않았다. 게다가 그는 온종일 야외에서 시간을 보냈다. 사람들은 그가 활동하면서 창조한 그 모든 것, 이를테면 그의 드라마와 사원, 항아리와 조각품, 연설과 노래, 향연과 토론에 그리스의 풍경을 말없이 덧댈 수밖에 없었다. 그 역시도 본능적으로든 의식적으로든 항상 그리스 풍경을 끌어들였으며, 모든 것을 풍경과 함께 세련된 문체로 엮어냈다.

중도의 민족

아직 덧보탤 얘기가 더 있다. 요컨대 그리스인들의 경우 모든 관계와 차원이 단순·명료하여 파악하기 쉽고, 그래서 제한적이고 투명하며 파악 가능하다는 점이다. 그래서 현존하는 문화는 전체로 조망하고 개관할 수 있었다. 예술적·학문적 전통은 길지도 않았고 방대하지도 않았다. 그 경험 권역은 채 12세대도 되지 않는다. 마주하는 두 개의 해안과 그 사이에 놓인 바다가 있다. 이 바다는 작은 섬들로 연결되며, 남쪽 크레타 섬에서 끝나기 때문에 거대한 내륙호에 가까운 편이다. 그래서 단일한 동·식물계를 구성했다고 할 수 있다. 향토성이 짙은 이 반도에서 길쭉한 모양의 협소한 지형과 험준한 산맥이 비교적 작은 중심지들을 형성하게 했다. 여행의 지루함과 어려움, 그리고 그 위험성도 이 같은 조건에서 기인하며, 고대 민족들의 의심 많은 폐쇄성도 애초 그 같은 지평의 분명한 한계에서 비롯되었다. 그들의 경우 모든 것은 말 그대로 **구체적**이었다. 모든 것은 유착되어 있고, 가장 협소한 공간으로 집약되며, 가능하다면 작은 형태로 압출되었다. 이런 상황은 그들로 하여금 모든 생활을 입체적·예술적 형식으로 생생하게 표현할 가능성을 열어주었다. 반대로 오늘날의 경우 그런 상황에서 예술가가 되는 것은 거의 불가능하다. 지난 50년간 가장 강렬한 시적 표현이 물리적으로 협소한 스칸디나비아와 정신적으로 협소한 러시아에서 발산된 것은 우연이 아니다. 그리스의 국가 개념도 18세기에 아른거린 것과 같은 그런 모호한 철학적 이념과도 무관하고, 우리 시대가 떠드는 것처럼 거대한 민족들과 함께 대륙 전체에 걸쳐 작동한 범민족주의와 제국주의와도 무관하며, 근대 전체가 그랬고 이미 중세와 로마의 황제시대가 좋아한 것처럼 복잡한 법리학적 추론의 대상도 아니다. 그것은 그저 단순히 당시의 폴리스를 의미한다. 그것은 파악하기가 아주 쉽고, 손에 잡히는 대상적 형상, 즉 하나의 작은 도시를 나타낸다. 그것은 확실한 경계를 갖고 확고하게 안착한 형태로서 단일한 군사적 · 종교적 · 정치적 · 경제적 구심을 갖추고 있다. 말하자면 하나의 성채, 하나의 신전, 하나의 광장, 하나의 항구를 두고 있었다. 현대의 차원에서 보면 아테네는 아담한 규모의 상업 요충지이고 스파르타는 산골마을이며, 테베는 좀 더 큰 고을이고 올림피아는 작은 오버아머가우[21]에 불과하다. 이들 장소는 모든 사회적 · 정신적 차이를 유발할 수 있을 만큼 충분히 팽창되어 있었지만, 그 모든 거주민 사이에 상호작용과 가장 내밀한 알력이 일어나기에는 너무 비좁았다. 그리스 시대로 국한하는 한 그 반도는 거의 오스트리아 연방국가의 대륙영역만큼 넓고 베를린의 주민 수만큼 거주민도 많았던 셈이다. 최남단의 구릉지 테나론(Tänaron)에서 최북단 올림포스에 이르는 거리는 직항로로 베를린과 빈 사이의 그것에 상응하며, 오늘날 비행기를 타고도 서너 시간 걸릴 만큼 멀다. 그리스 역시 '세계대전'을 치렀다. 그것은 30년 전쟁만큼이나 오래 끌었지만 그 추이와 목표가 아주 단순하고 분명했던 펠로폰네소스 전쟁이다. 요컨대 이 전쟁은 반도를 차지하기 위해 아테네와 스파르타 사이에 벌어진 파란만장한 싸움이었던 반면에 30년 전쟁은 우리가 살펴보았듯이 첨예하게 치닫는 외교, 얽히고설킨 군사작전과 절망적일 만

---

[21] Oberammergau: 독일 남부 바이에른 주의 작은 도시.

큼 불명료한 영토분쟁으로 풀 수 없는 난맥을 형성하고 있었다. 그 것은 종교적 · 사회적 · 정치적 운동이 아니라 카오스 자체였다. 그리스인들은 북방 민족들을 기준으로 그 겉모습을 가늠해보면 키가 작은 편이지만 대신 균형이 아주 잘 잡혀 있다. 이는 극히 끈질기게 의식적으로 실행해온 보건 체육의 오랜 전통 덕분이다. 확실히 그들의 신체도 극도로 발달한 공예기술의 산물이다. 그들의 손을 거치면 모든 것이 잘 구축되었다. 그들의 생활양식은 거의 빈약할 정도로 소박했다. 풍미가 넘치는 몇 점의 토기와 정교하게 다듬은 나무 궤짝들만으로도 그들은 생활 사치품으로 여기며 만족해했다. 생선 몇 마리와 각소금 몇 낱, 무화과와 올리브 열매 몇 개가 그들의 일상적 식사였다. 물과 포도주를 3대 2 비율로 섞어 마시는 정도만 해도 이미 사치로 통했다. 매사를 관장하는 것은 도덕적 동기가 아니라 미학적 동기에서 유발되는 절약 정신이었다. 이 정신은 건축양식, 시적 동기, 개념 및 형상 등에서도 발휘된다. 그들에게는 근대적인 **불투명함**(Undeutlichkeit)이나 과잉에서 빚어지는 **투명함**(Überdeutlichkeit)이라고는 없다. 꼴사납게 큰 것을 만들어낸다는 것을 안중에 두지 않았고, 그런 일이라고는 거의 몰랐던 그들의 범그리스적 축제와 놀이에는 오늘날 모든 공공기관이 필히 내거는 비예술적인 천박한 플래카드 양식이라고는 없었다. 아마 이 독특한 절제 정신이야말로 그리스 문화의 핵심 현상이라고 할 수 있을 것 같다. 그런데 이 현상은 그때 이후로 다시는 출현하지 않았다. 18세기에 '소박', 품위, 영혼의 정결로 오해되었던 그리스의 단순성(Einfachheit)은 사실 생활감정이 간소하게 구분되고 시계(視界)가 확실하게 한정된 것과 관련되었을 뿐이다. 이 같은 단순성은 그리스의 생활형식(Lebensform)에서 굴절 없는 굵고 명료한 선을 낳게 했다. 그들이야말로 진정 **중도의**

민족(Das Volk der Mitte)이었다. 이렇듯 널리 알려진 그들의 신중함과 자제와 중용 사랑이 그들로 하여금 매사 잘 하는 일로써 중간 규모의 크기, 요컨대 자연에 적합한 실물 크기를 추구하게 만들었다.

그런데 빙켈만이 조화로운 그리스인이라는 그의 구상으로 엄청난 성공을 거둘 수 있었던 것은 위대한 역사적 작용에 언제나 필수 조건으로 작동하는 어떤 강인한 인물과 강렬한 시대적 요구가 서로 어우러졌기 때문이다. 덧붙이면 우리가 이 책 1권 가운데 종교개혁에 관해 다룬 장에서 이미 간략히 짚었듯이, 그는 근대의 선창자와는 거리가 멀고, 오히려 쇠락하는 시대의 마지막 전형이었다. 말하자면 루터가 최후의 위대한 수도승이었고, 비스마르크가 최후의 위대한 융커였듯이, 그는 최후의 위대한 인문주의자였던 것이다.

사람들은 대개 창조적인 인물을 말할 때 끊임없이 발전을 도모하면서도 결론을 끌어내지 않고 언제든 포기를 선언할 줄 아는 사람으로 이해하곤 한다. 그런데 빙켈만의 경우 일찍이 생산적인 활동을 한 가장 숙련된 사람 가운데 한 사람이었다는 점에서만 보더라도 주목할만한 인물이다. 그는 자신이 좋아한 백색의 대리석 동상처럼 시작부터 거기에 서 있었다. 그 동상은 차갑고 맑고 분명한 선을 하고 있다. 그는 깊이 파고들고, 폭넓게 뻗고, 잘 정돈하는 사상가의 활동의 궁극적인 꽉 찬 결실로서 마침내 그가 산출한 모든 것을 잘 이해했다고 말할 수 있을 것 같다. 그것은 이른바 그가 학술적 권위를 통해 깨달아야 했던 것을 실제로 알기도 전에 그랬던 것이다. 걸출한 인물은 누구나 항상 단 하나의 연령기를 구현한다는 테제를 세울 수 있을 법하다. 이 연령기는 평생 고정되는 모양이다. 대중이 실러를 두고서는 영원한 청년으로, 루이 14세를 두고서는 항상 태양왕으로, 쇼펜하우어는 단지 노신사로만 떠올리곤 한다는

마지막
인문주의자

점에서 완전히 제대로 된 본성을 좇고 있다고 볼 수 있다. 청년 쇼펜하우어, 늙어가는 실러, 백발의 루이 14세는 실로 우리의 의식 속에 존재하지 않는다. 이제 빙켈만을 두고 말하자면, 그는 평생 나이 50에 머물렀다.

빙켈만이 예술과 그 역사에 접근하는 방법은 (비록 우리가 그에 관해 한 줄도 읽은 적이 없다 해도) 오늘날 우리에게 너무 친숙해서 우리는 그 방법이 본래 그 시대의 것이라는 사실을 대개 까마득히 잊어버린다. 한마디로, 빙켈만은 개념의 타당한 의미대로 한다면 최초의 고고학자인 셈이다. 그는 고대에 대한 성실한 연구자이자 전문가이다. 그에게는 엄청난 지식이 자체 목적이 아니라 과거로 파고드는 기관이다. 어떤 세부적인 것도 항상 제대로 해명하지 않고는 자신의 시선에서 놓치는 법이 없었다. 그는 예술에서 아주 중대한 역할을 하는 수공업적 전통과 기술의 문제를 두고 자신의 이해득실을 따지는 행태를 아주 못마땅하게 여겼다. 그가 한편으로 고대의 작가들에게서 고대 조각품과의 관계를 탐구한 최초의 연구자 가운데 한 사람이었다면, 또 다른 한편으론 고대의 텍스트처럼 고대 예술의 유품을 탐독하는 데 익숙한 최초의 인물이었다. 이때 그는 정확히 축소 복사하고, 세밀하게 검토하면서 조심스럽게 결합하는 문헌학자의 눈을 하고 있었다. 그런데 여기서 그가 잊지 않은 것은 중대한 연관관계들이다. 요컨대 그는 예술을 그 성격이 토양 · 기후 · 양생 · 환경에 의해 결정되는 작물로 간주한다. 이는 거의 텐 (Taine)이 말하는 환경설의 의미를 이미 취하고 있는 셈이다. 그는 예술의 역사를 아직 견고한 채로 버티고 서 있는 '앞선' 양식에서 '위대한' 양식, 이를테면 실로 이상적이고 '아름답고', 유행하는 화려한 양식을 거쳐 '몰락'의 양식, 즉 모방과 기교의 양식으로 움직이는 일련의 전형적인 발전의 부침으로 파악한다. 이 모든 것을 그는 하나하나 재치 있는 언어로 표현한다. 이 언어는 고상한 몰취미성과 의미심장한 그 간결성 때문에 실로 아테네풍의 산문을 연상시키며, 약 10년 어린 레싱의 탄력 있는 자극성과 매혹적인 비약성에 견주어보면 고전적으로 비친다. 말하자면 전혀 인상주의적이지 않은 것이다.

그의 주저, 『고대 예술사(Geschichte der Kunst des Altertums)』는 겉으로 보기엔 역사서이지만 실제로는 고대의 조형미술품을 취하고 근대의 예술을 배척하면서 고대로의 조건 없는 귀의를 촉구하는 미학서다. 빙켈만에게는 예술이 실로 단 하나만 있는데, 그것은 바로 조각이다. 그도 그럴 것이 그가 회화를 인정할 때는 그것이 일종의 조각을 위한 스케치일 때일 뿐이기 때문이다. 요컨대 스케치란 "예술가의 주안점"과 관계하며, 그래서 "소묘는 화가에게 1차·2차·3차적인 일이고", "색채와 빛과 음영은 회화를 고상한 윤곽만큼 값진 것으로 되진 못하게 한다." 역사적 발전에서도 "소묘의 변화들"이 가장 중요한 계기를 이룬다. 아무튼 이 같은 예술의 스파르타 정신, 즉 당시 믿었던 바처럼 깔끔한 선, 순수한 백색, 절제된 장식에 대한 도리스식 숭배도 생명을 소진하는 변종된 바로크양식에 대한 시대적 반동으로 이해할 수밖에 없다. 18세기에는 단지 몇 안 되는 사람만이 이 같은 반동적인, 근본적으로 비예술적인 순수주의에 반대하는 목소리를 냈다. 특히 헤르더가 분개하면서 이렇게 물었다. "화가, 그래 화가는 존재해서 안 된다고? 붓으로 조각을 해야 한다고?" 하인제(Heinse)는 단호히 설명한다. "소묘는 비율을 쉽게 찾아내기 위한 필요악일 뿐이며, 채색은 목적으로서 예술의 시작과 끝을 의미한다." 반면에 레싱은 유화물감으로 그림을 그릴 예술은 차라리 고안되지 않았으면 하는 소망을 밝히기도 한다. 게오르크 포르스터는 『라인 강 하류 풍경(*Ansichten vom Niederrhein*)』에서 다음과 같이 주장함으로써 일반적인 견해를 공식화한다. "형식에 반하는 색은 무엇인가?"

동성애의
미학

그러나 조각에서조차도 빙켈만은 인간의 아름다움에 대한 표현만을 인정하려 했다. 좀 더 정확히 말하면 남성적 아름다움만 인정했다. 보통 그가 미에 대해 말할 때는 의식적이든 무의식적이든 늘 남성미만을 염두에 두었다. 언젠가 그가 여성미에 대해 말했을 때도 강조한 것은 어디까지나 여성의 신체에서 볼 수 있는 소년티가 나는 특징들이었다. 저지 지역 사람들은 그에게 공포였다. 그 이유는 우선 그들의 색채주의 때문이다. 그들의 모습에서 이성애가 그렇게 두드러져 보이기 때문인 모양이다. 특히 가슴과 골반과 같은 여성성의 특징을 그는 결코 아름다운 것으로 부각하지 않는다. 말하자면 그의 기질은 분명 동성애적이다. 그가 평생 유지해온 아름다운 모습의 젊은이들과의 우정 관계는 분명 애정의 성격을 띠었다. 그러나 그는 이 같은 관계를 꼭 소크라테스와 마찬가지로 언제나 순수한 정신적 관계로 고양한 것처럼 보인다. 그의 감성의 이런 괴팍한 성질이 그의 비극적 종말의 원인이었던 것이 틀림없다. 그도 그럴 것이 이 괴팍성을 통해서만, 그가 기념주화 몇 닢 때문에 트리에스테(Trieste)에서 자신을 살해하게 될 평범하지만 교양 없는 그런 인물도 아주 가깝게 사귀었다는 사실을 이해할 수 있게 하기 때문이다. 그 밖에도 그는 그리스인들에게서 배운 그런 대담한 솔직성이 담긴 그자신의 독특한 성격을 전혀 감추지 않았다. 예컨대 그는 한 지인에게 이렇게 편지를 썼다. "내가 어떤 소녀와 사랑에 빠질 것 같다고 말하면 믿으시겠습니까? 그 아이는 극장에서 만난 적 있는 12살배기 무용수랍니다. (…) 어떤 일이 있어도 난 불성실하진 않을 겁니다." 또 한 번은 이렇게 말한다. "나는 우리의 성(性)과 같이 허약한 성에서 이토록 고상한 아름다움이 있을 것이라고는 알지 못했다. 우리도 갖고 있지 않은 아름다움을 도대체 여자라고 갖고 있을까? (…) 내가 달리 생각했다면 미에 관한 내 논문이 지금 상태처럼 되진 않았을 것이다." 그는 자신의 예술관과 자신의 성벽 사이의 관계를 두고 다음과 같은 말로 더욱 분명하게 밝힌다. "내가 밝힌 것은 오로지 여성성의 아름다움에만 주목하고, 우리 성에 들어있는 아름다움에 대해서는 별로, 혹은 전혀 감동을 받지 않는 사람들은 예술에서 미적 감성이 약하거나 평범해서 생동감을 취하지 못한다는 점이다." 이는 빙켈만 자신이 제공한 그의 미학의 심리학적 열쇠가 되는 셈이다. 동성애적 시선은 우선 전체 모습, 공간용적, 윤곽, 선의 아름다움, 조각을 향한다. 동성애적인 눈에는 용해될 형식과 퇴색될 빛깔에 대한 감성이나 순수 회화적 인상이 들어오지 않는다. 사실 '의고전주의'라는 고정관념도 좀 더 밝은 데서 들여다보면 독일 어느 지방 한 골동품 연구자의 성적 도착증에서 비롯된 것임을 알 수 있다.

빙켈만이 근대의 예술 전체를 어떻게 생각했던가는 그의 글 곳곳에서 명확히 드러나는데, 그가 오해의 여지가 없을 만큼 가장 분명히 밝힌 곳은 자신의 친구 우덴(Uden)에게 보낸 한 편지에서다. "근대인들은 우리가 보기에 최고의 미를 성취한 고대인들에 비하면 당나귀들이다. 베르니니(Bernini)는 근대인 가운데 최고의 당나귀다." 다만 자신의 친구 멩스만은 예외로 한다. 그는 자신의 예술사에서 멩스를 두고 이렇게 말한다. "고대의 인물들을 상대로 기술한 모든 아름다움의 정수는 스페인 및 폴란드 왕실 최초의 궁정화가이자 당대의 가장 위대한 예술가이고, 그다음 시대에도 아마 최고의 예술가일 안톤 라파엘 멩스(Anton Raphael Mengs) 선생의 불멸의 작품에 담겨 있다. 그 정수는 흡사 불사조처럼 라파엘 멩스의 최초 작품에서 되살아났다. 그것은 예술을 통해 세상에 미를 가르치고, 예술을 통해 인간의 힘이 가장 높이 비상할 수 있도록 하기 위한 것이다." 이론서를 통해서도 자신의 예술에 천착하는 멩스는 '화가철학자(Malerphilosoph)'로 불렸고, 수십 년 동안 유럽에서 유행한 화랑 필경사들의 합리적·학술적인 '교양' 회화의 아버지가 되었다. 본질적으로 그의 신조는 예술이 자연의 물질들을 마음껏 선택할 수 있고, 그 물질들을 개조할 때 결코 우연에 맡기지 않기 때문에 예술은 자연을 능가한다고 보는 점, 따라서 예술은 모든 완전성을 **하나의 형태**에 통일해야만 한다는 점에 있다. 그것은 윤곽에서는 통일성, 형태에서는 위대함, 공간에서는 자유, 뼈대에서는 아름다움, 가슴에는 힘, 다리에는 경쾌함, 어깨와 팔에서는 강인함, 이마와 미간에서는 반듯함, 양 눈 사이에서는 이성, 뺨에서는 건강함, 입에서는 사랑스러움을 취하게 했다. "이런 식으로 고대인들은 예술을 다뤄왔다." 그러니까 화가는 세세한 부분에서 가장 좋고 가장 값비싼 것들을 찾아 모으고, 견본에 따라 그것들을 구성하는 것 말고 달리 할 일이 없었다. 우리는 이미 이 책 1권에서 산치오 라파엘로(Sanzio Raffaello)가 자신과 이름이 같은 이 사람[22]과 유사한 이론을 갖고 있었다는 사실에 대해 살펴본 바가 있다. 그러나 그는 자신의 천재성과 혈통 덕분에 그 이론의 취약한 결과를 모면하게 되었다. 하지만 라파엘 멩스의 경우 이 두 가지 방패막이가 없었다. 설상가상으로 그는 기교에서도 공허하기 짝이 없는 절충주의를 이상적인 것으로 설명하

---

[22] 라파엘 멩스를 가리킴.

면서, 라파엘로의 선과 티치아노(Tiziano)의 색과 코레조(Correggio)의 기품을 고대의 단순함과 결합할 것을 독려했다. 그리하여 그의 화법 아래서 따분하기 그지없게 박식하고 죽도록 지겨운 군상화(Gruppengemälde)가 생겨났다. 이 군상화는 구성에서도 생생한 형상의 양식에 비추어 볼 때 순전히 형식적이고 허구적인 형태를 취하면서 인간 존재를 대신하여 고대의 입상들을 평범하게 재생산하는 데 그치고 있었다. 물론 그에게 최고의 예술양식은 알레고리였다. 이 점에서도 그는 말 잘 듣는 빙켈만의 제자일 뿐이었다. 빙켈만은 이렇게 말한다. "진실은 그 자체로 사랑할만한 것이어서 그것이 우화의 옷을 빌려 입을 땐 좋은 느낌을 주고 더욱 강한 인상을 풍기게 된다. 아이들에겐 극히 제한적인 오성을 담고 있는 것이 우화이며, 좀 더 성숙한 성인들에게 그것은 알레고리이다. (…) 어떤 그림에서 기대치 않은 것을 찾아내면 낼수록 그만큼 더 감동을 받게 되며, 이 두 가지는 알레고리를 통해 보존된다." 이 화가의 화풍이 요구하는 것은 "오성에 취해" 있어야 한다는 것이다. 멩스는 이러한 처방을 다양한 방식으로 따랐다.

그리스 숭배가 거의 60년대와 더불어 시작되지만, 유행병의 성격을 띠고 유럽에 보편적으로 확산한 것은 한 세대 뒤에나 가서였다. 영국에서는 두 명의 화가, 즉 제임스 스튜어트(James Stuart)와 니콜라스 레베트(Nicolas Revett)가 『아테네의 유물들(Antiquities of Athens)』이라는 화려한 출판물을 통해 범상치 않은 영향력을 발휘했다. 독일에서는 학문적 공헌이 큰 괴팅겐의 문헌학자 크리스티안 고트로프 하이네(Christian Gottlob Heyne)가 1767년 이후로 〈고대, 특히 그리스와 로마 예술의 고고학〉에 대해 강의를 하기 시작했다. 거의 같은 시기에 빌란트가 고대 그리스를 소재로 장편의 연재소설을 쓰기 시작한다. 그가 직접 이 소설에 대해 설명하면서 그 정취를 빙켈만으로부터 빌린 것이라고 말했다. 레싱은『아가톤 이야기(Geschichte des Agathon)』를 고전적 취향이 담긴 최초의 독일 소설로 평가하며, 괴테는『시와 진실(Dichtung und Wahrheit)』에서 자신은『무자리온(Musarion)』을 통해 고대를 다시금 새롭고도 생생하게 목격한 것 같다고 설명한다. 글루크도 헬레니즘 문화를 파악하는 것뿐만 아니라 장식에 대한 적개심과 윤곽에 대한 호감을 드러내는 데서도 천생 빙켈만의 제자다. 그는『알체스테』의 서문에서 이렇게 말한다. "나는 음악에 진정한 과제를 되찾아 주고 싶었다. 불필요한 과도한 장식 때문에 줄거리의 흐름을 방해하거나 약화시키지 않도록 음악은 그 표현을 통해 시에 도움이 되도록 해야 한다. 음악은 - 구상이 잘 된 올바른 그림의 경우에서 대조적인 명암과 색채가 그렇듯 - 윤곽을 변화시키지 않은 채 형상에 생기를 불어넣어야 한다고 나는 생각한다." 빙켈만 이론의 최면 아래서 천부적 재능을 타고난 젊은 아스무스 카르스텐스[23]는 사람들이 지금까지 예비 작업으로만 활용한 것을 양식으로 끌어올려, 붓을 아예 버리고 색채 없는 그림을 그릴 생각을 했다. 그것은 오로지 연필이나 펜, 혹은 검은 초크로만 그리고 가볍게 조색만 하는 '소묘'를 말한다. 이것은 이른바 무채색의 그리스 조각품을 **2차원적인** 조형예술로 옮겨 그것을 종이에서 얻은 백색의 입체적 표현처럼 실제로 돋보이게 했다. 그는 자신이 스케치하려 한 인물들에 대해서도 미리 그 모형을 떠놓기를 좋아했다. 이처럼 눈에 띄는 실험적인 사고형태는 카르스텐스와 그의 동시대인들이 스케치를 기술적 장난이나 예술가의 괴벽으로 보지 않고, 회화를 능가하고 그것을 배

---

[23] Asmus Jacob Carstens(1754~1798): 덴마크 출신 독일 화가.

제하기에 적합한 합법적이고 가치가 충분한 회화의 대용품으로 보는 데 있다. 초상화의 경우는 그 정도까지 될 수가 없었다. 주지하다시피 이 분야 최초의 여성 예술가로서 높이 평가받은 안젤리카 카우프만[24]은 여성 주문 고객들을 시빌레(Sibylle)나 여성 바쿠스 혹은 뮤즈의 모습으로 그려주는 것에 만족했다. 프랑스에서는 앙시앵 레짐(ancien régime)의 마지막 10년 사이에 고대의 취미를 엄격히 따라 억지로 단순화한 직선적인 양식이 유행했다. 그곳에서 이 양식은 (벌써 1760년 무렵에 등장한 것이긴 하지만) **루이 16세풍**(Louis Seize)으로 불렸으며, 다른 나라로는 '변발'로 전파되었다. 한 세대 동안 대수도원 원장 바르텔레미(Barthélémy)는 자신의 작품 『청년 아나카르시스의 그리스 여행(Voyage du jeune Anacharsis en Grèce)』에 매진했다. 그리스 생활의 전체 모습을 최초로 그려낸 이 작품은 1788년에 출간되었다. 탑처럼 삐죽 솟아오른 조발(調髪)을 대신하여 '**디아나풍**(à la Diane)'의 헤어스타일이 등장했다. 가재도구와 장신구 및 식기, 심지어 코담뱃갑까지도 '**그리스풍**' 일색이었다. 마리 앙투아네트는 트리아농(Trianon)에서 하프를 연주하면서 월계관에다 그리스 복장을 했다. 유명한 여류화가 비제 르브룅(Vigée-Lebrun)이 열었던 만찬회에 비제 르브룅 자신은 페플로스[25] 복장의 아스파샤(Aspasia), 수도원장 바르텔레미는 키톤[26] 복장의 음유시인, 큐비에(Cubières) 출신의 신사는 도금된 칠현금을 손에 든 멤논(Memnon)의 모습으로 나타났다. 사람들은

---

[24] Angelika Kauffmann(1741~1807): 스위스 출신 여류화가. 로코코풍의 섬세함과 신고전주의적 양식을 결합하여 개성 있는 작품을 남겼음. 괴테와 빙켈만 등의 초상화를 그리기도 함.
[25] Peplos: 고대 그리스의 여자용 긴 원피스. 소매가 없는 사각 모양의 주름진 긴 옷.
[26] Chiton: 고대 그리스 시대 남녀가 입었던 긴 의복.

긴 의자에서 쉬었으며, 꽃병으로 음료를 마셨고, 노예 복장을 한 소년들에게 식사 시중을 받았다. 목격자의 증언에 따르면, "모든 게 진짜 그리스의 모습 그대로였다." 공원 어디에서든 고대풍의 묘지와 능묘들, 유골단지와 관, 눈물 항아리와 수의가 눈에 띈다. 비애와 죽음의 이 같은 상징적 경향이 동시에 보여주는 것은 미래의 음울한 예감이 수많은 것에서 살아 숨을 쉬고 있다는 점이었다.

속 좁은 도량에 유치한 내용을 담은 채 비굴하게 끈적대는 정신의 소유자 루이 16세는 결코 미래에 어울리지 않는 그런 인물이었다. 그는 오로지 자신의 성을 축조하는 일과 사냥에만 관심이 있었다. 1789년 7월 14일, 그는 단 한 발도 쏘지 못했다. 대신 그는 자신이 대단히 성실하게 규칙적으로 수행한 일을 자신의 일기에 썼다. 그런데 그것은 **아무것도 아닌 것**(Rien)이었다. 이런 기록은 그의 인생 전체를 채우고 있는 치명적일 만큼 순진무구한 수많은 오류 가운데 하나일 뿐이다. 그도 그럴 것이 그날 파리의 군중이 바스티유 감옥을 습격했기 때문이다. 이때 그들은 일곱 명의 포로도 의기양양하게 풀어줬다. 이 가운데 한 명은 정신박약으로, 또 한 명은 그 가족들의 간청에 의해, 네 명은 지폐를 위조한 죄목으로 구금되어 있었던 것이다. 감옥 보초들의 머리가 창에 찔린 채 시내로 끌려다녔다. 군중은 '민중의 지배'를 선포했다. 이 사건을 알리러 밤늦게 달려온 리앙쿠르(Liancourt) 공작에게 왕은 잠이 덜 깬 상태에서 당황해하며 이렇게 말한다. "맙소사, 이건 폭동이야!" "아닙니다, 폐하." 공작이 대꾸했다. "이건 혁명입니다."

03
제국

인생에서 실제로 의미 있는 것을 행하는 사람은
누구든 혁명가로 시작한다. 그러나 그럼에도 혁명들은
폭군의 멍에를 단 한 번도 떨쳐내지 못했다.
그저 그것을 또 다른 이의 어깨 위로 옮겨놓았을 뿐이다.
— 쇼

때로는 진동하는 불티를 통해 흐릿하게 빛나고, 때로는 습기와 등대
어둠에 완전히 파묻힌, 우리가 세계사라고 부르는 바보스러운 인간
들의 거대한 행렬을 따라 말끔하게 정리된 눈부신 화랑이 전개된다.
이 화랑에는 거만한 프로필에 개성 있는 인물들이 즐비하게 전시되
어 있다. 이 인물들은 그들의 벽감에 동요 없이 고독하게 좌정하고
있어, 얼핏 봐도 그들 아래 서 있는 흐릿한 군상에게는 낯설어 보이
지만, 망망한 군중의 해류를 건널 때 방향을 잡을 수 있게 해주는
빛나는 등대의 모습을 취한다. 그들은 이른바 위대한 인간들이다.
그중에 위대한 남성들이란 누구인가? 대답하기 어려운 질문이다.
그런데 대답하기가 더 어려운 질문이 하나 더 있다. 그 정의를 정의
할 수 없는 것이라고 역설적으로밖에 말할 수 없는 그러한 남성은
어떻게 만들어지는가?

대답하기 어렵든 그렇지 않든, 아무튼 그들은 존재한다. 이는 절대로 부정할 수 없는 일이다. 그들은 존재했고, 앞으로도 존재할 것이다. 이만큼 확신이 가는 확신성도 별로 없다. 그들이 그렇게 변하여 현재의 그 모습이 되게 하는 그런 과정은 인간의 집단정신이라는 어두운 갱도에서 내밀하게 작동하기 때문에 우리는 그 과정에 골몰하는 대신 그 결과를 확인하는 것으로 만족하고자 한다. 결과는 비록 극히 기이하긴 해도 아주 명료하기 때문이다. 이 같은 인간들은 다른 모든 것과 마찬가지로 여전히 어제의 그들과 동일하다. 그들은 지구에 있는 종의 거대한 유기체 안에서 움직이는 개체이자 개별 피조물이고 세포들이며, 수백만의 집합 안에 들어있는 단위들이다. 그런데 그들은 갑자기 하나의 완전한 유(類)가 되었다. 그것은 플라톤의 이데아이며 새롭게 발견된 요소이고, 인류의 사전에 새롭게 기록되는 어휘이다. 어제까지만 해도 알루미늄(Aluminium)이 없었고, 그래서 사람들은 알루미늄이 무엇인지 몰랐다. 오늘날은 누구든 그것을 알고 있고, 누구든 그것에 대해 알아야만 하기 때문에 이제부터는 이 새로운 단어나 *Al*이라는 기호를 고려할 수밖에 없다. 요컨대 *Al*이라는 이 두 활자만큼 실제적인 것은 아무것도 없는 것이다. 어떤 사람이든 꼭 이와 유사한 과정을 통해 다른 사람들의 눈에 천재가 된다. 어떤 개인이 밤 사이에 개념이 되어버린 것이 아닌가! 이는 탄생만큼이나 위대한 신비이거나 자연의 기적 같은 또 다른 창조인 셈이다. 범인(凡人)의 조야한 지력은 소크라테스나 루터, 혹은 케사르와 같은 인물들의 핵심에 대해 거의 알지 못하며, 그 가운데 일면적이거나 그릇된 표상을 가질 수 있다. 물론 그는 그 가운데 어떤 것을 알기도 하며, 어떤 이미지를 자신의 가슴에 품기도 한다. 그에게 그들은 마치 일상의 생필품에 붙인 이름과도 같다. 그렇다면 그는 다른 물건에 대해서는 더 많이 아는가? 설탕이나 빛의 개념에 대해서도 셰익스피어와 칸트 개념에 대해 아는 꼭 그만큼만 알 따름이다. 그러나 그는 그 모두가 다 필요하다. 환원되고 부정확하며 틀리기도 하지만 그에게 그것들은 세상 형편을 제대로 알고 좀 더 똑똑해지기 위한 수단들이다. 자연의 힘이 드러나는 그 순간, 즉 인간의 의식에 의해 인식되는 순간 그것에 대한 어휘도 생겨난다. 대개 딱 들어맞지 않고 우연한 어휘가 될지라도 말이다. 물론 어휘가 문제인 것은 아니다. 가장 단순한 사람의 사고력에서라도 전기나 비스마르크라는 개념을 지워 없애려고 해볼 수는 있을 것이다. 그러나 둘 모두 불가능하다. 그는 거의 이 어휘들을 갖고 태어나는 것이나 다를 바가 없기 때문이다. 이 단어들은 불식간 그의 입술 언저리에 맴돌기 마련이다. 어휘들이 있는 것은 바로 거기에 부합하는 실제적인 진정한 사물들이 있기 때문이다. 이 같은 개념들을 갖고 있지 않다면 그것은 동료들과 공유할 의사소통의 일부를 빼앗기는 꼴이 된다. 이 경우 부분적인 농아가 되고 만다. 그러므로 제대로 한번 해명해보려는 용기를 가질 수 있어야 한다. 사람은 자신이 개념이 되는 그 순간 위대해지는 것이다.

우리가 화두로 삼고 있는 그 시대는 개념의 쌍을 이루는 인간의 말을 풍부하게 만들어냈다. 예컨대 괴테와 나폴레옹이 그렇다. 이들은 근대 세계가 배출한 관찰의 가장 위대한 천재요 행동의 가장 위대한 천재다. 어디선가 빌란트가 한번 말했듯이, 전자는 문학의 세계에서 그렇고 후자는 정치 세계에서 그렇다. 에머슨은 그들을 "괴테 혹은 작가", "나폴레옹 혹은 세계의 인간" 하는 식으로 자신이 명시하는 "인류의 여섯 대표자"에 포함시킨다. 그리고 칼라일은 그들을 자신의 여섯 '영웅' 그룹에 넣는다. 여기서 괴테는 **'문인으로서**

영웅'이고 나폴레옹은 '**왕으로서 영웅**'이다. 그들에게 공통적인 것은 자신을 성장시킨 혁명에 충실하지 않았다는 점이다. 나폴레옹은 케사르주의를 통해, 괴테는 의고전주의를 통해 그랬던 것이다. 이 두 경향에는 가장 포괄적인 의미에서 제국으로 부를만한 문화 콤플렉스(Kulturkomplex)가 함유되어 있다. 그런데 그들이 이처럼 퇴행적인 행보를 취한 것은 불가피했던 모양이다. 괴테 스스로 말했듯이, "가장 위대한 사람들은 어떤 약점을 통해 자신들의 세기와 항상 관계를 맺는다."

혁명

프랑스 혁명을 얘기할 때 대개 들을 수 있는 소리는 혁명의 위대한 역사적 의미는 혁명이 절대주의의 지배, 즉 교회와 특권층의 지배에서 사회를 구제하면서 프랑스의 해방과 유럽의 해방에 기여했다는 점에 있다는 것이다. '인권' 선언으로부터 정신적인 자립, 시민의 자체 입법, 규제 없는 경제적 경쟁의 시대가 열린다. 일종의 해방운동이 파리 혁명에서 개시되었다는 것이 의심의 여지 없는 말이지만, 입헌주의·자유주의·사회주의 등과 같이 온갖 유사한 19세기의 조류도 그 같은 하나의 원천에서 발원했으리라는 관점은 오류이자 오도이다. 혁명이 시민계급에게 결정적 승리를 취하게 했다. 그러나 그것은 초기에만 그랬을 뿐이다. 이후 혁명은 민중에게 결정적 승리를 가져오게 했다. 혁명이 절대주의를 전복시킨 것이다. 그러나 그건 오래 가지 못했다. 절대주의가 1973년 6월 2일에 국민공회와 코뮌의 독재로 다시 복귀한다. 심지어 그것은 1794년 4월 1일에 개인 독재, 즉 로베스피에르의 독재로 변했다. 형식적으로가 아니라 실제로 그랬다. 그리고 그 절대주의는 브뤼메르 18일에 나폴레옹의 쿠데타를 통해서 형식적으로도 그랬고 실제로도 그랬다. 혁명은 세습왕권, 귀족의 지배, 성직자의 통치와 같은 낡은 형태를 종국적으로 와해시키지도 못했다. 죽은 것으로 선언된 이 세력들이 이미 최초 황제제국 치하에서, 그리고 루이 18세와 샤를 10세의 왕정복고의 상황에서 부분적으로 소생한 것이다. 평등을 프랑스 혁명은 실현하지도 **못했다.** 프랑스 혁명은 또 다른, 훨씬 더 사악한 형태의 불평등을 초래했다. 그것은 곧 자본주의가 야기하는 형태의 불평등이다. 자유도 프랑스 혁명은 실현하지 **못했다.** 프랑스 혁명은 앙시앵 레짐처럼 편협하고 잔혹하며 이기적인 정신적 검열을 취했다. 다만 이번에는 자유라는 이름으로 가혹한 수많은 기구를 동원하여 그랬던 것이다. 혁명은 누구에게나 이렇게 물었다. 이 같은 자유에 찬성하는가? 아주 분명한 답을 내놓지 않으면, 혁명은 더 이상 체포영장이 아니라 단두대로 응수했다. 이전엔 없었던 일이다. 터키의 술탄이나 아라비아 권역의 회교국 군주의 지배 아래서도, 그리고 러시아의 대공들과 스페인의 종교재판관들의 지배 아래서도 이처럼 '자유의 전사인 헌법' 아래서만큼 부자유도 없었던 것이다. 그도 그럴 것이 사형이 이렇듯 일련의 교육·정화·관용·침묵 따위와 같은 수동적인 특성을 띤 적이 예전에는 없었기 때문이다. 이때의 삶은 그저 단순한 삶일 뿐이다. 혁명의 선도적인 세 가지 구호, **박애**(fraternité)·**자유**(liberté)·**평등**(égalité) 가운데 첫 번째 구호는 정치적 실천에서 그야말로 사소하기 짝이 없는 것조차 하나 시작할 수 없는 공허한 오페라의 문구나 다를 바 없으며, 나머지 둘은 서로 결합될 수 없는 모순을 담고 있다. 왜냐하면 평등은 자유를 무효화하고 자유는 평등을 무효화하기 때문이다. 모든 사람이 동일하게 보이고, 그래서 같은 권리 및 의무와 같은 생활방식을 따라야 한다면, 그는 더 이상 자유롭지 않은 것이다. 그리고 모든 사람이 각자의 개성에 따라 막힘없이 자신의 뜻을 펼쳐나가도 된다면, 더 이상 평등하지도 않은 것이다.

그러나 그럼에도 불구하고 프랑스 혁명이 국가권력과 신하, 정부와 백성 사이의 관계를 이른바 좀 더 느슨하게 만드는 데 크게 기여했다. 겉으로 보기에는 똑같지만, 이 양쪽의 결합은 프랑스 혁명을 통해 훨씬 더 느슨해지면서 해체하기가 훨씬 더 용이해지기도 했다. 그때 이후로 대개 가벼운 충격으로도 전반적인 분열을 야기하기에 충분했던 것이다. 유럽 국가들은 흡사 '자유로운 과격파'를 거느리는 일종의 탄화수소처럼 만족을 모르는 결합을 이루고 있는 듯했다. 이후 이 자유로운 과격파는 늘 새로운 친화력을 발휘함으로써 기존의 결합성을 바꾸거나 해체할 각오가 되어 있어 국가조직의 잠재적 위협이 되었다.

극단의 민족

괴테는 이렇게 말한다. "프랑스 민족은 극단의 민족이다. 말하자면 한도라고는 모르는 것이다. 이 민족은 그 역사에서 성 바르톨로메오의 밤의 대학살과 이성의 축제, 루이 14세의 전횡과 과격 공화파의 방자함을 함께 선보인, 세계에서 유일한 민족이다." 프랑스 사람들을 오락가락하게 하는 이 양극단은 소심함(Pedanterie)과 바보스러움(Narrheit)이라고 말할 수 있다. 이 둘은 동일한 근성에 뿌리를 내리고 있다. 그런데 이 같은 프랑스 사람들의 본질을 간단하게 - 혹은 압축해서 - 표현하고 싶다면, 현실에 대한 감각의 현저한 결핍이라고 말해도 무방할 법하다.

소심함과 바보스러움은 서로 대립하는 것이 아니라 현실에 대한 동일한 관계의 상이한 수준차일 뿐이다. 소인배는 일종의 길들여진 바보이고, 바보는 일종의 야생화한 소인배인 셈이다. 이 둘의 공통점은 생활에 대해 일면적이고 불완전한, 따라서 그릇된 관점에 있다. 이들은 이른바 한란계에서 그저 서로 반대되는 위치에 자리를 잡고 있을 따름이다. 소인배는 빙점에 있고, 바보는 비등점에 있는 것이다.

일단 프랑스 사람들의 민족성을 그 가장 본질적인 생활의 표현과 연관하여 편견 없이 관찰해보면, 드러나는 그 일반적인 기본 특성은 당연히 민족정신의 최고 창작활동에서 소심함을 감탄스러울 정도의 형식 지배로 끌어올린 사실임을 목격하게 될 것이다. 그들은 언어도 무엇보다 연설하고 쓰기에 적합하도록 만들었다. 이 언어로는 나쁘게 표현하는 것이 가능하지 않다. 그래서 글을 쓸 때는 구체적이고 아름다운 프랑스어로 쓰든지 아니면 완전히 모호하고 우스꽝스럽고 부조리한 언어, 말하자면 프랑스어가 아닌 언어로 쓸 수밖에 없는 선택만 주어진다. 그들은 모호하고 불투명하며 복잡한 형태로 표현하기가 불가능한 그런 고전적인 비극을 산출한 것이다. 그들의 철학용어로는 비논리적이고 모호하게 생각하는 것이 가능하지 않다. 지금까지 그들은 가장 미세한 부분까지 중앙에 집중하는 행정을 고안한 이들이었다. 이런 체계가 없었더라면 총괄적 수준의 혁명은 생각할 수가 없었을 터이다. 그도 그럴 것이 그런 체계만이 기계의 핵심 조정 장치를 우연히 손에 잡은 사람이면 누구든 프랑스 전역을 통괄하는 무조건적인 명령자가 될 수 있게 했기 때문이다. 그래서 2,500만 주민을 두고 있던 그 나라가 처음에는 아무 활동도 하지 않고 통치 능력도 없는 귀족의 과두정치에, 다음으로 머리가 텅 빈 한줌의 법률적 공리주의자들에게, 그리고 여기에 이어 히스테릭한 비적 떼들에게, 그리고는 도둑 같은 한 무리의 자본가들에게, 그리고 마지막으로는 천재적인 정복자의 두뇌와 의지에 지배되었던 것이다. 가장 위대했던 그들의 시대, 이를테면 유럽에서 정치뿐만 아니라 정신의 차원에서도 지배세력이 되었던 루이 14세 치하에서도 그들은 기념비적 양식이랍시고 소심한 창작물만을 산출한 것이다. 고지식한 궁정시, 궁정회화, 궁정철학이 그런 것이다. 방법론·조직론·수학·체계·법칙·명료함(clarté)과 같은 것은 늘 프랑스인들의 주요 강점으로 작용했다. 이는 독일인들의 경우와는 정반대가 되는 것인데, 독일인들의 본질은 도모하면서 망설이고, 더듬으면서 원심을 그리는 꼴을 취한다. 그러나 바로 이 점이 항구적인 발전력과 재생력의 원천이 되기도 한다. 말하자면 독일인들은 소심하게 준비하진 않는다. 이것이 그들의 장점으로 작용한다.

그런데 소심함이 어떤 상황 때문에 갑자기 현실에 부딪혀 이 현실과 실제로 씨름해야 할 때, 무슨 일이 일어날까? 소심함은 현실과 경험에 비추어 뒤집힌 세계상, 이를테면 그릇된 감성, 비뚤어진 개념들, 전망이 불투명한 형상들을 수정할까? 그렇지 않다. 선택을 해야 할 때 오히려 그것은 현실을 **능욕하려고** 든다. 그것은 자신이 잘못된 온도계를 들고 있으니 이 온도계의 상태만 바꾸면 될 것이라고는 말하지 않는다. 이런 시점에 이르면 무해한 소인이 위험한 바보로 바뀐다.

이런 식으로 이 화려하면서도 무시무시한 리바이어던이 세계로 뛰어들었던 것이다. 신비로우면서도 가공할만한 이 괴물은 6년 동안 피로 물든 자신의 용 비늘 몸뚱이를 유럽에서 가장 번창하던 그 나라 위로 굴리면서 탐욕의 발톱으로 수천의 사람과 주택을 할퀴어 분쇄했다.

에너지 발산
의 도식

그런데 우리는 다음과 같은 질문에 좀 더 정확한 답을 모색할 수밖에 없다. 도대체 실로 어떻게 그런 혁명이 일어나게 되는가? 사태 자체로 보면, 그렇게 기이하고도 모순적인 현상은 거의 있을 수 없다. 왜냐하면 사람들의 경우, 그것도 짐짓 '가장 계몽된' 사람들에게 당국에 대한 신념만큼 더 확고하게 뿌리를 내린 것도 없기 때문이다. 무신론자는 교회를 한갓 회관으로만 여긴다. 그런데 담배 피우는 것이 금지되지 않은 곳에서도 담배를 피우지 않아야겠다는 생각이 들까? 오늘날 우리 가운데 누가 밀림에서 우연히 빌헬름 황제를 만나게 된다면 자기도 모르게 모자를 벗고 머리를 조아리지 않겠는가? 우리의 경험과 우리의 논리학과 우리의 교양은 수많은 '선입견'을 무시할 수 있게 하지만, 우리의 신경과 우리의 감각과 우리의 근육은 오랜 표상들에 확고하게 붙잡혀 있는 것이다. 새로운 것이란 두뇌에 의해 신체의 여타 부분으로 금세 전파되지는 않는다고 한다. 그것이 몸에 퍼지는 데는 종종 여러 세대가 걸리기도 한다. 우리는 수많은 사물을 두고 우리의 오성에 근거해 그것들의 존재를 믿지 않는다고 생각하지만, 우리 몸의 기관은 여전히 그 존재를 믿고 있다. 확실히 기관이 더 강한 편이다. 그런데 이런 일이 이른바 생각하는 집단에게서 나날이 목격되는 것이라면, 전적으로 본능에 의존해 살아가는 민중의 경우 더 말해 뭐하겠는가! 프랑스에서도 그 같은 수많은 사물이 급진적인 여론변화를 몰고 오는 데에 특히 불리하게 작용했다. 여론변화는 그 세기 말엽에 이르러서야 불현듯 이루어졌다. 프랑스의 군주정만큼 더 인정된 군주정도 없으며, 수백만에게 무제한적으로 명령한 지배자의 권리도 프랑스보다 더 절망적인 곳도 없었다. 로마의 어떤 군주도, 그리고 이집트의 어떤 천왕도, 페르시아의 어떤 샤(Schah)도, 타타르의 어떤 칸(Khan)도 일찍이 '프랑스의 국왕'만큼 자신의 절대적 통치권에 대해 이해를 얻은 적이 없었다. 그런데 이 같은 이해는, 격세유전도 공허한 궁정관습도, 과대망상에서 비롯된 것이 아니라 국민 전체의 이해에 근거를 뒀던 것이다. 국왕은 자신의 정열을 해소하면서 결점들을 내보이고, 심지어 패륜까지 일삼으면서 과오에 과오를 쌓았다. 이에 대해 모르는 사람은 아무도 없었지만, 왕은 인간의 법칙과 판단력 너머의 지구 밖 치외법권 지역에 서 있는 더 높은 존재이고, 이 세상의 잣대로 그 궤도를 가늠하는 것 자체가 어리석을 뿐인 빛나는 하나의 천체라고 생각하는 것을 누구도 막진 못했다. 무엇보다 태양왕(Le Roi soleil)은 그 실존이 그저 자명할 만큼 태양에 비유되었다. 그의 반점 때문에 그가 필요 없다거나 폐위되어야 마땅할 것으로 생각하는 사람은 아무도 없었다. 그런데 이 모든 왕 가운데 가장 얌전한 왕이 갑자기 국민들의 열화와 같은 동의로 단두대로 보내진 것이 아닌가? 이제는 누구도 그를 공민의 왕이라고 부르지 않게 된다. 무관심한 구경꾼이라도 점차 뚜렷이 목도하게 될 사실은, 고명한 프랑스 국민이 광분하게 된 시점이 프랑스 혁명 이전인지 이후인지, 혹은 온건한 천성을 소유한 선량한 뚱보 이웃을 신적 존재처럼 존경했을 때인지 아니면 자기 선조들이 가졌던 가장 순수하고 가장 심오하고 가장 고결했던 감정을 망각하고서 광기의 발작으로 자신의 가장 고결한 성품을 능멸하게 된 그 순간인지 알 수 없다는 점이다.

이 눈여겨볼 민중사적 현상인 '혁명'은 우리가 이 현상에 직접 관여했다고 해서 우리에게 특별히 분명해지는 것도 아니다. 이는 언뜻 보면 이상하게 비친다. 그러나 기본적으로는 극히 자연스러울 따름이다. 그도 그럴 것이 동시대인이라 할지라도 역사적 사건을 전체로써가 아니라 항상 부분으로써만 볼 뿐이기 때문이다. 그것은 흡사 비정기적으로 출간되고 가끔 중간이 아예 빠져 임의로 엮은 소설을 접하는 것과 같다. 게다가 시간을 표상할 때의 거리는 공간을 표상할 때와는 다른 의미를, 즉 그 반대의 의미를 갖기 마련이다. 말하자면 시간의 표상은 거리를 축소하는 것이 아니라 반대로 확대경과 같은 역할을 하는 것이다. 이를 통해 특정한 시대 간격을 두고 우리가 관찰하는 운동들도 그 동시대인이 경험하지 못하는 명료성을 획득하게 되는 것이다. 아무튼 이 운동들은 실제 그랬던 것보다 훨씬 더 빨리 우리에게 현상하기도 하며, 이는 그 이해를 쉽게 하기도 한다. 우리가 현미경을 통해 물방울을 관찰해보면 미생물이 엄청나게 빠른 속도로 이리저리 움직이는 것을 볼 수 있다. 사실 이 미생물들은 이렇게 보는 것처럼 그렇게 민첩하진 않다. 심지어 그것들은 아주 느리고 더디게 움직인다. 그러나 현미경이 그 미생물들을 몇백 배 이상으로 확대했기 때문에 그 운동들도 몇 백 배 이상으로 빠르게 보이는 것이다. 역사 관찰의 문제도 이와 유사하다. 어떤 발전이 멀리 떨어져 있으면 있을수록 우리가 항시 휴대하고 다니는 시간의 현미경 안에서 그것은 그만큼 더 빨리 펼쳐지는 것처럼 보인다. 예컨대 이집트 역사는 프로이센의 역사보다 우리에게 더 멀리 있는 것처럼 보이지도 않는다. 우리는 자신의 나라를 변덕스러운 요행으로 통치한 일군의 지배자를 보는 듯한 인상을 받는다. 그러나 그럼에도 이집트 역사는 프로이센에 비하면 적어도 열 배 이상 복잡하다. 하지만 시간 현미경을 통해 보면 그것은 우리에게 한 손에 잡힐 만큼 명확하고 쉽게 조망할 수 있는 문제가 된다. 여기에 어째서 우리가 현재보다 과거에 대해 훨씬 더 많이 이해할 수 있는지에 대한 진정한 이유가 있는 것이다. 흔히 주장하듯이 그 이유는 우리가 과거에 대해 정신적 거리를 취함으로써 좀 더 객관적으로 그것을 판단할 수 있다는 점에 있지 않다. 그도 그럴 것이 과거가 우리에게서 정신적으로 아주 멀리 떨어져 있다는 것이 오히려 우리에겐 과거를 이해할 수 **없는** 원인이 될지도 모르기 때문이다.

만일 우리가 지금 유럽의 혁명을 어쩔 도리 없이 대면하고 있다

면, 기껏 위안으로 삼을 수 있는 것은 프랑스 혁명을 동시대인들은
물론이고 가장 현명한 이들도 제대로 이해하지 못했다는 점일 뿐이
다. 아무도 혁명이 굴러오는 소리를 듣지 못했으며, 아무도 혁명의
내밀한 떨림을 미리 감지하지 못했다. 프리드리히 대왕은 혁명이
발발하기 바로 직전에 사망했기 때문에 혁명을 목격하지 못했다.
프랑스와 프랑스 사람들에 대해 관찰하고 기록하는 것을 가장 선호
하는 부류의 기행작가였던 유명한 여행가 아서 영[1]은 삼부회 소집
직후에 프랑스를 떠났다. 물론 임박한 혁명이 귀족과 성직자들의
특권을 증대시킬 것이라는 억측을 내놓긴 한다. 그리고 빌란트는
『독일 메르쿠어(*Der Teutsche Merkur*)』에서 "18세기 말엽이라면 아무리
잘 봐줘도 한낱 허튼소리를 지껄이는 한 세계시민의 꿈으로만 치부
될 법했을" 그 많은 일이 19세기 말엽에 이르면 현실이 되어 있을
것이라는 희망을 드러내기도 한다. 우리는 볼테르가 모든 상황에
대한 희망적인 개혁을 얼마나 목가적인 풍경으로 구상했던가를 들
은 바 있다. 루소도 폭력적인 전복을 염두에 두진 않았다.

우리의 문제에 답을 찾으려고 할 때 모든 역사연구의 공리로까지
고양된 다음과 같은 원리를 특히 고수해야 한다고 나는 생각한다.
요컨대 의미 있는 역사적 사건이 언제 시작되었는가에 대해선 누구
도 확언할 수 없는 일이다. 반면에 그것이 언제 시작되진 **않았는지**
에 대해선 항상 어느 정도 확신할 수 있다. 말하자면 역사가 발동하

---

[1] Arthur Young(1741~1820): 영국 런던 출생. 18세기 말 농업 혁명기에 영국
과 프랑스 각지의 농업사정을 시찰하고 여행기 등의 저서를 출판하여 명성
을 얻었음. 특히 농업근대화의 본질을 포착하여 농업기술 개선과 새로운 경
영방법 보급에 힘씀. 대표작으로는 『농민의 연중행사(The Farmer's
Calendar)』(1771), 『아일랜드 여행(A Tour in Ireland)』(1780), 『프랑스 여행
(Travels in France)』(1792) 등이 있음.

는 정확한 시점은 알 수 없는 노릇이다. 이로써 확실히 결론을 내린다면, 예컨대 30년 전쟁은 1618년에, 세계대전은 1914년에, 종교개혁은 1517년에 시작된 것이 아니다. 프라하 습격 사건, 오스트리아 왕위계승자 살해, 비텐베르크 반박문, 이 세 사건은 구금 장치의 걸쇠가 해제된 것, 니트로글리세린 통에 강한 일격이 가해진 것, 기관차 밸브가 개방된 것과 거의 같은 의미를 지닌다. 열차는 여러 시간 급행으로 달려 사람들에게 많은 화물을 날라주며, 물건들을 멀리 떨어진 다른 지역으로 실어 나른다. 이처럼 중요한 작업 능력의 진정한 원인은 밸브에서 약간의 증기가 뿜어져 나오는 것에서 찾을 순 없다. 물론 특유의 인과관계가 있긴 하다. 요컨대 밸브 개방은 이제 뒤따를 복잡하고 광대한 모든 운동을 일으킬 수 있는 유일한 힘이다. 다시 말해 기관차는 특정한 구조를 갖추고 있으며, 이 구조가 가동된다는 것은 기관차의 메커니즘이 에너지 방출의 특정한 형식에 반응한 것일 뿐이라는 것을 의미한다. 혁명도 거의 언제나 이와 동일한, 단지 약간의 변주만 있을 뿐인 **에너지 발산의 도식**(Auslösungsschema)을 갖는다.

이 도식은 말하자면 두 가지로 분류될 만큼 아주 간단하다. 요컨대 군대가 제대로 움직이지 않을 때 혁명이 발생하며, 인민이 먹을 것을 얻지 못할 때 군대가 제대로 움직이지 않는다. 이것이 거의 모든 혁명의 직접적인 원인이 된다는 것은 어떤 이데올로기적 색채 없이도 말할 수 있다.

그런데 대개 교과서는 채울 수 없는 자유에 대한 인민의 갈망을 거대한 혁명의 원인으로 설명한다. 그러나 이는 분명 선택지에 있는 모든 오답 중 가장 잘못된 답이다. 인민은 결코 자유를 갈망하지 않는다. 그 첫 번째 이유는 인민은 자유에 대한 어떤 개념도 갖고

민주주의와 자유

있지 않기 때문이다. 두 번째 이유로는 인민은 자유로써 아무것도 시작할 수 없기 때문이다. 말하자면 자유는 인간 가운데 두 계급, 즉 이른바 특권층과 철학자들에게만 가치 있을 뿐이다. 전자는 자유를 편리하게 혹은 유용하게 사용할 줄 아는 재능을 한 세대 동안의 훈련을 통해 애써 얻게 된다. 반면에 후자는 항상 어디에서든, 이를테면 생활의 여하한 상황과 어떤 지배형식에서도 자유롭다. 그러나 양육을 통해서도 철학을 통해서도 자유로운 상태에 들어서지 못하는 대다수 사람은 자신과 내부 규율의 수천 가지 강제조처에 의해 조종되지 않으면 위로할 길 없는 권태로움에 빠지기 마련이다. 부두 노동자, 점원, 체조 교사, 혹은 집배원에게 자신의 시간과 자신의 여자를 마음껏 다룰 여유를 주면 우울증에 빠지거나 건달이 되곤 한다. 그런데 훨씬 더 중요한 것이 있다. 요컨대 사람들이 대개 망각하고 있는 것은 소위 자유로운 정부형태가 거의 언제나 개개인을 훨씬 덜 자유롭게 만든다는 사실이다. 17세기와 18세기의 절대주의 치하에서 시민은 하찮기 짝이 없는 것으로 평가받은 반면, 그의 사생활은 오늘날 우리의 개념으로써는 거의 이해할 수 없을 정도로 방해받지 않는 안락하고 평화로운 상태를 누렸다. 19세기 입헌군주정 아래서 시민은 정치적 권리를 얻었지만 동시에 일반 병역의무를 졌다. 그러나 이는 분명 이전 시대 어떤 전제주의 치하에서보다 훨씬 더 광범위하고 심각한 노예제도인 셈이다. 그도 그럴 것이 교도소장의 처분권과 규율수단을 부여받은 자들의 명령에 3년 동안 복종하고, 그 뒤 몇 년 동안 때마다 몇 주간씩 익숙지 않은 힘든 강제노역을 하라는 요구보다 더 개인의 자유를 침해하는 감성적 암살기도도 없기 때문이다. 물론 입헌군주정도 일이 진행되어가는 과정에서 훨씬 더 자유로운 국가형태로 변할 여지를 마련하곤 한다. 폭군은 완전히 폐위되고, 국민이 주권을 행사한다. 그러나 거의 언제나 이런 국면이 가져온 결과는 교도소 성격이 지금까지 군복무 기간에만 있었던 생활에서 이제는 그 성격이 평생 강요된다는 점이다. 자유로운 인민정부는 하여간 모든 것에 관여한다. 이를테면 이 정부는 사람이 살 공간의 넓이와 요리할 콩알의 수까지 지정한다. 전기 사용 시간, 장화의 수요, 일의 추진방식을 통제하며, 가능하면 출산까지도 통제한다. 인간 사회를 하나의 기숙사로 만들려는 자발적 혹은 비자발적인 이상을 갖고 있다. 이의 가장 적실한 증거는 바로 자코뱅파의 통치가 보여주는 셈이다. 민주적인 국가형태만큼 어리석음과 폭력을 많이 드러낼 수 있는 국가형태도 없을 터다. 그도 그럴 것이 이 국가형태만이 자신의 무오류성, 신성함, 무조건적인 합법성에 대한 **유기적** 확신을 갖고 있기 때문이다. 최고로 절대주의적인 군주정체조차도 수백 가지 제동장치가 있다. 말하자면 군주의 개인적인 책임의식(이는 민주정체 아래서는 늘 파악되지 않는 '국민의 뜻'으로 돌리는 것인데), 궁정의 도당들, 교회, 고문들과 내신들, 모든 군주 주변에 불가피하게 형성되는 '정부부처' 따위가 있는 것이다. 게다가 개별 군주마다 이론상 항상 가능한 폐위에 대한 공포를 갖고 있었다. 그러나 '주권 인민'의 정부는 비열한 순환논법을 통해 어떠한 자체 억제에서도 면제된다. 이 정부는 집단의지이기 때문에 올바르며, 올바르기 때문에 집단의지로 통한다.

그런데 비록 인민이 자유에 대한 감성이 별로 없다 해도 불의에 대한 감성만큼은 매우 풍부하다. 그래서 혁명이 발생하는 데는 – 이는 우리가 보충설명 해야겠지만 – 인민이 먹을 것이 없는 것만으로는 충분치 않으며, 상황이 달라질 수 있다는 감성도 있어야만 한다. 간단히 말해 혁명에는 – 혁명을 완수하려면 – 어떤 사유가 필요하며, 아니면 오히려 대중이 고유한 사유를 포착할 수 없을 때는 바이닝거가 '헤니데(Henide)'라고 명명한 바의 것이 필요하다. 이는 사태에 대해 아직 명료하지 않고 흐릿하지만 예감에 상당히 적중하는 감정과 같은 것인데, (일종의 광폭 테두리나 레이스와 같은 것으로서) 반쯤 무의식적인 어떤 인상들을 동반한다. 혁명 직전에는 언제나 인민들 사이에 일종의 사유의 테, 말하자면 엄청난 부당함, 사회적 부채와 권리 배분에서 부당한 비율과 보편적 불평등에 대한 사유의 테가 넓혀지는 것이다. 이 같은 파장은 몇 년, 심하면 수백 년 동안 은밀히 지속될 수도 있다. 그래서 어떤 정치가도 그 파장이 어느 날 표면으로 터져 나올지 확신할 수 없는 노릇 아닌가! 정신적·도덕적 생활에서도 에너지 보존과 같은 법칙이 있다. 우리의 윤리적 코스모스에서 소멸되는 것이란 아무것도 없다. 그래서 눈으로 거의 볼 수 없는 경미한 불의들도 모이게 되면 흡사 현미경에 비친 잔돌 더미마냥 지형을 바꿀 만큼의 엄청난 양의 암초와 산이 되기도 한다. 부르봉 왕가 사람들은 영예로운 왕에서 멋진 게으름뱅이로 점차 변하면서, 억압을 받아 즐거움이라곤 모르고 영양실조에 걸린 채 동물처럼 일하는 수백만의 사람을 희생양으로 삼아 궁궐을 황금과 유리로 장식한 유흥가로 만들었던 것이다. 오직 이 유흥가는 화려하게 기교를 부리며 사치를 좇는 무익한 소수 사람의 문화에만 기여했을 뿐이다. 인민들은 이 모든 것을 정상적인 것으로 보는 듯했지만, 어느 날 어마어마한 충격이 있었고, 값비싼 유리집이 수천 조각으로 파괴되었다. 합스부르크 왕가는 유럽 한가운데서 수세기 동안 통치해왔다. 이 통치는 독단과 이기와 편협성에서 지금까지의 역사에서 그 선례를 찾을 수 없으며, 역시 그 신조는 간단하고 편리한 것에 입각해 있다. 그것은 곧 모든 인민이 신에게서 부여받은 단일한 운명이란 지배를 받는 것에 있다는 것이었다. 이런 신조를 제 민족의 인민들은 수백 년 동안 짐짓 인정하는 듯했다. 그러나 어느 날 인민들은 한목소리로 그 신조가 완전히 날조된 것으로 참을 수 없는 것일뿐더러 신에게서 내려온 것도 아니며 오히려 그것은 지옥의 신조라고 선언한 것이다. 따라서 이렇게 말해도 무방할 듯하다. 즉, 모든 혁명은 어떤 공공연한 불의가 인간의 어떤 정신에서 인식으로 전환되는 순간을 그 출생의 시간으로 갖는다는 점이다. 그 최초의 빛줄기는 비록 극히 보잘것없는 속도이긴 해도 여타 세상의 빛과 꼭 마찬가지로 확실히 불가항력적으로 전파된다. 그러나 모든 혁명은 반혁명의 맹아도 자체에 배태하고 있다. 이 맹아는 혁명이 정의의 궤도를 벗어날 때 그 모습을 드러낸다. 그런데 혁명은 늘 그렇게 궤도를 이탈하는 모양이다. 처음에 혁명은 사람이 지상에서 할 수 있는 최선의 일은 모든 생활영역, 이를테면 공적인 영역과 사적인 영역, 정신적 영역과 실천적 영역에서 모든 타인의 이해관계에 경의를 보내는 일이라는 사실을 사람들이 간파하게 되는 순간에 일어난다. 이때 비로소 안정된 사회형식과 같은 것이 가능하게 된다. 이 사회형식이 우파로 정립되는가 아니면 좌파로 정립되는가, 절대주의적인가 아니면 스파르타쿠스식인가 하는 문제는 바로 사람들이 이용하는 두건과 식사도구만큼이나 중요할 수 있다.

프랑스 혁명은 인상적인 수많은 특성 외에도 특히 눈에 띄는 면모를 지니고 있다. 대개 혁명은 일종의 무의미한 파괴자이고 야생동물과 같으며, 전율을 일으키게 하는 흉측한 괴물과 같다. 죽은 말, 허물어진 집, 약탈당한 상점, 공중으로 폭발한 다리, 검게 그을리고 찢어진 인간의 신체 들이 연상된다. 그러나 우리에게 프랑스 혁명은 비록 무서운 느낌이 들어도 흉측하게 비치진 않는다. 말하자면 프랑

환등기

스 혁명은 우리에게 일종의 황홀한 마성(魔性)의 요소를 지니고 있는 것처럼 보인다. 이로써 혁명이란 언제나 생생한 모습으로 드러나기 마련인 광분하는 욕망과 광기의 카오스에서 미학적 현상으로 변모하는 것이 아닐까?

여기에는 두 가지 원인이 있다고 생각된다. 우선 일반적인 원인이 있다. 모든 사건은 일단 역사적인 것으로 되자마자, 즉 합당한 거리감이 조성되자마자 우리에 의해 어느 정도 예술적인 현상으로 가치를 부여받게 된다. 이는 오늘날 우리가 소위 모든 예술적 향유의 주요 전제 가운데 하나인 사심 없는 마음으로 그 사건들을 바라보기 때문만은 아니다. 그것은 여하튼 거리를 취함으로써 사물을 미화하는 특성 때문이기도 하다. 언뜻 들으면 아마 역설적으로 들릴지도 모르겠다. 요컨대 우리가 사태에서 멀리 떨어져 있으면 있을수록 사태는 우리에게 그만큼 더 심층적으로 영향을 미치고, 우리로 하여금 그만큼 더 미학적인 분위기를 풍기게 만드는 것이다. 우리에게는 식물이 동물보다 더 시적이며, 아이가 어른보다 더 시적이고, 죽은 자가 산 자보다 시적인 것으로 비친다. 당연히 과거의 경우도 마찬가지다. 특이하게도 벌써 우리 자신의 과거도 반 낭만적인 성격을 갖는다. 우리는 과거의 경험이 비록 고통스러운 것일지라도 언제나 시샘하듯 그 과거를 떠올리며, 삶은 과거 그때가 더 아름답다고 생각한다. 바로 이렇듯 늘 경험은 픽션보다 현실성이 훨씬 미미한 편이다. 역사가 우리에게 전해준 사건들은 보고·묘사·사유된다. 말하자면 상상으로 표현되는 것이다. 그러나 우리가 동시대인으로 함께 경험하는 사건들은 그저 실제적일 뿐이다. 과거의 사건들은 창작의 옷을 빌려 입고 우리에게 다가오기 때문에 향기가 있어 정신을 황홀하게 만드는 작용을 일으킨다. 이러한 작용력은 현실이 아니라 항상 문학에서 뿜어져 나온다. 우리가 어떤 사건을 같이 경험할 경우, 이 사건이 유발할 수 있는 깊은 정신적 인상 사이로 세부적인 내용이 가득 찬 일상이 헤집고 다니면서 그 같은 환상 작용을 날려 보낸다. 근접한 것은 너무 크고, 구체적인 것은 너무 코앞에 있어 우리는 사태를 어느 정도만 파악할 수 있을 뿐이다. 신비로운 원격 작용을 일으키는 환영은 파괴된다. **옛날의**(was war) 어떤 것이 **지금의** (was ist) 어떤 것보다 항상 우리에게 더 깊은 영향을 미치는 법이다.

프랑스 혁명의 특수성 중 아직 덧붙일 것이 하나 더 남아 있다. 그것은 아주 단순한 것으로서 그 혁명이 프랑스풍이라는 점이다. 말하자면 프랑스 사람들은 모든 것, 이를테면 신·사랑·자유·명예·일상 등과 같은 소재에서 통속 드라마와 시즌소설(Saisonroman)을 만들어내는 역설적이고도 신비로운 재능을 겸비하고 있다. 그들은 모든 것을 미학적으로 각색하고 모든 것에 멋진 효과를 불러일으키는 장식을 더할 줄 안다. 당시 자유로웠던 충동들이 보인 깜짝 놀랄 흉포함이 책 먼지와 담배 연기에 침울하게 흐릿해진 유럽에 빛나는 구경거리를 제공했다. 곧 유럽은 화려한 무지개 빛깔로 하늘을 붉게 수놓은 번쩍이는 불꽃놀이에 화들짝 놀라 나른한 오후의 감성에서 깨어난 것이다.

메르시에[2]는 왕의 처형문제를 결정할 1793년 1월 16일 국민공회 소집에 관한 보고에서 이렇게 논평한다. "모든 것이 빛의 장난이다." 이는 시사하는 바가 아주 많은 문장이다. 프랑스 혁명 그 자체는 환등기로 비추는 도깨비 그림자 연극처럼 수많은 사람에게 영향을 미쳤다. 바로 이 마술적 분위기를 칼라일보다 더 압축적이고도

---

[2] Louis-Sébastien Mercier(1740~1814): 프랑스 극작가이자 평론가.

암시적으로 옮겨놓은 이는 없었다. 그의 작품『프랑스 혁명(*French Revolution*)』에서는 이상야릇한 그림자 모양, 섬뜩하게 낚아채가는 형태, 다소 2차원적인 세계와 같은 것이 살아있는 듯해서 악몽 같은 모든 사건이 생동감을 취하고 있다.

덧붙인다면 형식을 라틴식으로 기묘하게 완성한 방식이 있다. 모든 것이 이를 연출한다. 포악한 살인자와 광인 무리의 노골적인 말투와 연설, 팸플릿과 선언이 항시 예술작품으로 표현되었다. 이러한 것들은 기껏 몇 문장에 줄만 쳐졌을 뿐 하나도 손대지 않은 채 연극 작품으로 번안되었던 것이다. 예컨대 로베스피에르는 자신이 전능한 인물이나 되는 듯한 감정으로 회의를 소집하는 뻔뻔함을 내보인다. "누가 감히 나를 탄핵하는가?" 루베(Louvet)가 일어나 앞으로 천천히 네 걸음 걸어나가 그를 쏘아보면서 이렇게 대꾸한다. "내가 한다! 바로 내가 로베스피에르 너를 탄핵하는 거다!" 당통의 경우도 있다. 그는 사형당하기 직전에 이렇게 외친다. "아, 내가 사랑하는 당신, 당신을 이렇게 혼자 남겨두고 떠나야 하다니!" 그러나 곧바로 자신의 말을 끊는다. "망할 놈의 당통! 약하게 보이지 마, 당통!" 그리고 자코뱅파의 통치방식에 대해 카미유 데물랭[3]이『르 비 코르들리에 (Le Vieux Cordelier)』지(誌)를 빌려 행한 유명한 고발이 있다. 이 고발에서 화려하게 잘 나가던 자코뱅파의 통치는 카인츠(Kainz)에게 하나의 구경거리일 따름이다.(카인츠는 로마 황제들 치하의 상황에 대해 말하고 있는 체하지만, 그것은 당연히 현재를 염두에 둔 것이다)

---

[3] Camille Desmoulins(1760~1794): 프랑스 혁명기의 산악파 언론인이자 정치가. 로베스피에르보다 당통의 온건노선을 지향함. 1794년 4월 당통과 함께 단두대에서 처형됨.

"당시는 발언하는 것만 해도 국사범죄가 되었다. 그때부터 단순한 한탄과 눈빛을 범죄로 둔갑시키는 데는 한 가지 조처만으로도 충분했다. 크레무티우스 코르두스(Cremutius Cordus)는 브루투스와 카시우스(Cassius)가 마지막 로마인이라고 말했다고 해서 당장 반혁명분자로 몰린 것이다. 마메르쿠스 스카우루스(Mamercus Scaurus)는 얼마든지 이중의 의미를 부여할 수 있는데도 비극적인 장면을 시로 표현했다고 해서 반혁명분자로 몰렸다. 토르콰투스 실라누스(Torquatus Silanus)는 사치했다고 해서 반혁명 범죄를 저지른 것이 되었다. 집정관 카시우스 게미누스(Cassius Geminus)의 경우 그 시대의 불행을 한탄한 것이 반혁명 범죄가 되었다. 왜냐하면 그것은 곧 정부를 고발했음을 의미하기 때문이다. 카시우스의 한 후손은 자기 증조부의 사진을 집에 둔 죄로 반혁명 분자가 되었고, 겔리우스 푸르카(Gellius Furca)의 미망인은 자기 남편의 처형을 겪고 슬피 울었다고 반혁명분자로 몰렸다.

모든 것이 폭군의 분노를 샀다. 백성의 호의를 샀던가? 그는 영주들의 연적이었다. 의심스럽다. – 아니면 반대로 백성의 호의를 기피하여 골방생활을 했던가? 이 같은 은둔생활은 정치에 무관심했다는 뜻이다. 의심스럽다. – 부유했던가? 백성을 기부금으로 유혹할 수 있었다고 한다. 의심스럽다. – 아니면 가난했던가? 무산자계급처럼 아무 사업도 하지 않았다! 의심스럽다. – 암울하고 우울한 존재였던가? 공공사업이 잘 돌아가서 우울했다고! 의심스럽다. – 날이 좋은데 배가 아팠던가? 영주가 형편이 좋지 않아 즐거웠다고! 의심스럽다. – 품행이 엄격하고 도덕적이었던가? 궁정을 경멸하려 했다. 의심스럽다. – 철학자, 연설가, 시인이었던가? 정권보다 더 큰 명성을 취하길 원했다. 의심스럽다. – 야전사령관으로 승리를 구가했던가? 자신의 재능 때문에 오히려 그만큼 더 위험했을 뿐이다. 의심스럽고, 의심스러우며, 의심스럽다."

혁명재판에서 이름과 나이와 주소를 물었을 때 당통은 이렇게 대답한다. "내 나이는 서른다섯이오. 이름은 세계사의 만신전(萬神殿)에 등록되어 있고, 내 집은 곧 사라져 없어질 것이오." 카미유 데물랭은 또 이렇게 대답한다. "내 나이는 과격 공화당원 예수와 동갑이오. 혁명가로서는 위험천만한 나이지요." 실제 그는 서른넷이었지만 실감나게 나이를 약간 고쳤다. 그의 동료 피고였던 에로 드 세셀(Hérault de Séchelles)이 단두대에서 그를 포옹하려 했을 때 당통은 단두대에서 잘린 사람들의 머리가 담겨 있는 자루를 가리키며 이렇게 말한다. "친구여, 저기 우리의 장수들이 서로 키스하려 하네." 이는 진정 막간극의 한 종결 장면으로서 뒤마[4]와 사르두[5]가 가장 잘나가던 시절에도 거의 생각지 못한 **이야기 속 장면**(scénes à faire)과 같다.

비극의
오페레타 그 사이에 매우 감상적인 멜로드라마가 연출된다. 화가 다비드(David)는 국민공회에서 이렇게 설명한다. "아름다운 정부 치하에서는 부인들이 통증 없이 출산합니다." 국민공회의 위원인 페리(Ferry)는 한 전단을 통해 자신이 감독하는 단위의 농민들에게 인사를 전한다. "귀하신 자연의 동료 여러분!" 그리고 다음과 같이 권고하는 말로 마무리 짓는다. "선량한 시민은 초대해야 할 것입니다. 그래야 농촌의 추수 축제가 제대로 때깔 나는 감성적 성격을 취할 수 있을 것입니다." 9월 학살 이후 출간된 문예지 『메르퀴르 드 프랑스(Mercure de France)』 제1호는 그 첫머리에 「나의 새 카나리아의 혼령에 바쳐(An die Manen meines Kanarienvogels)」라는 한 송가를 실었다.

요컨대 영원한 자유 축제와 거창하기 그지없는 양식의 행렬, 이

---

[4] Alexandre Dumas fils(1824~1895): 프랑스의 극작가이자 소설가.
[5] Victorien Sardou(1831~1908): 프랑스의 극작가.

를테면 요란한 장식을 걸친 단역, 대도구와 상징적인 소도구들, 예컨대 석고상과 판지와 양철 등에 들인 사치스러운 낭비를 관찰해보면 프랑스 혁명은 흡사 프랑스 인민들이 일종의 비극의 오페레타로 구상한 것처럼 보인다. 그것은 악취미를 빼닮았다. 어느 날 120살 된 농부가 국민입법회의에 참석하여 보편적인 감동어린 목소리로 공화주의의 감정을 표현한다. 그리고 또 아나카르시스 클루츠(Anacharsis Cloots)가 '인류의 대표자들', 이를테면 긴 수염을 한 갈데아인들(Chaldäaern), 변발의 중국인들, 갈색 빛 피부의 에티오피아인들, 터키인들, 타타르족 사람들, 그리스인들과 메소포타미아 사람들을 동반하여 등장한다. 이들은 혁명에 인사를 전하러 온 것이다. 물론 사실은 인간의 화목이라는 이름으로 분장한 엑스트라들로서 교묘하게 분장한 선량한 파리 사람들에게 축하의 인사를 전하기 위한 것이었다. 새로운 자유의 첫 기념일인 1793년 8월 10일 다비드가 수집한 온갖 거대한 모조품으로 구상한 국민 축제가 열렸다. 거창한 자코뱅파의 붉은 모자로 치장한 '자유', 곤봉을 휘두르는 거구의 헤라클레스 모습을 한 '인민', 가슴에서 물을 뿜는 초등신대의 여자 모습을 한 '자연'이 축제의 분위기를 돋웠다. 동시에 3000마리의 새가 목에 쪽지를 달고 사방으로 날아오르게 했다. "우리는 자유다. 우리를 본받아라!" 혁명은 이처럼 끔찍한 모양으로 진행되는 가운데서도 여전히 프랑스의 정신 같은 것을 유지하고 있었다. 남자와 여자들이 한데 묶여 물속에 던져졌다. 즉 '변절한 성직자들'을 태운 **'공화파의 결혼**(mariage républicain)'이라는 선박을 침몰시켰던 것이다. 이를 사람들은 '수직 유배(vertikale Deportation)'라고 부른다. **'9월의 학살자**(septembriser)'라는 어휘는 정확하고도 함축적이면서 과학적인 말이다. 이 모든 일에서 100여 년간의 정신교육을 통해 모든 인민의

의식에 습성으로 굳어진 힘, 즉 명쾌하게 분류하는 형태화의 힘이 나타난다. 그것은 언제나 적재적소에 거의 자동으로 파고들 만큼 단련된 예술적 광학의 힘이기도 하다.

아무튼 죽음처럼 강한 삶은 인정사정 볼 것 없이 계속 진행되며, 프랑스 사람들의 유쾌한 기질은 어떤 것으로도 손상시킬 수가 없었다. 9월 학살이 자행되는 기간에도 파리에서는 극장 23곳에서 연극이 공연되었던 것이다. 왕의 생사를 결정할 회의 소집을 앞두고서 하는 행태도 꼭 연극을 공연하는 것 같다. 메르시에는 이렇게 말한다. "산악당 보초들이 오페라 공연장 특별석의 안내원 행세를 한다." 남자들은 여자들에게 얼음과 캔디로 대접했고, 여자들은 카드와 바늘을 몸에 지니고 다니면서 때마다 맞다/아니다(Ja/Nein)를 표시했다. 이웃한 모든 커피집에서는 경쟁이 작동했다. 나중에 '시민의 왕'으로 통하는 루이 필립(Louis Philippe)의 아버지이자 '**평등파**(*Égalité*)'로 분류되며 루이 15세의 섭정 오를레앙 공작의 증손이기도 하면서 혁명의 시대가 배출한 아마 가장 위대한 악동일 오를레앙 공작 필립은 처형 직전에 아침 식사로 굴 2다스, 갈비 2대접, 적포도주 1병을 거뜬히 소비하고서 녹색의 연미복, 밝은색 누비조끼, 무두질한 사슴 가죽의 노란색 바지, 목이 접히는 새 장화와 같은 최신 유행복장으로 세밀하게 몸단장을 한 채 단두대에 올랐다. 적지 않은 부인들이 단두대로 가는 길에서도 얼굴에 분을 바르고 솔질을 했다.

간단히 말해 도덕적 교의나 정치적 배경을 깔지 않고 살핀다면, **대혁명**(*grande révolution*)은 모순 가득하기로 둘째가라면 서러울 프랑스 인민이 그 전체 역사에서 드러낸 가장 강력하고 가장 완벽한 표현일 뿐이다. 프랑스 인민은 삶의 열정적 쾌감을 긍정하는가 하면 마성의 허무주의적 파괴력을 갖고 있으며, 그 기본성격을 바꿀 줄 모르고 개별적 생활표현은 가능하기가 어렵다. 광적이면서 도시풍이며, 영웅적이면서 경박하고, 냉정하면서도 흥분에 들끓고, 터무니없을 정도까지 낭만적이면서도 아둔할 정도로까지 유물론적이다. 생각할 수 있는 모든 나쁜 것을 다 붙여 말해도 무방하다면 그들은 고지식하고 거칠며, 편협하면서 허영심이 있고, 다혈질적이면서 물욕이 강하며 종종 악마처럼 심술궂기도 하다. 다만 그들이 애초부터 따분한 사람들이었다는 것만큼은 속단할 수 없는 일이다.

프랑스 혁명사

이제 우리는 프랑스 혁명의 노정과 주요 사건을 짤막하게 회고하고자 한다. 이는 그 운동의 성격을 좀 더 밀착해서 알아보기 위한 것이다. 프랑스 혁명의 가장 근본적인 동기는 엄청난 궁핍과 임박한 국가부도였다. 아마 구제책으로 유일하게 가능한 것은 재정장관이자 국민경제학자로서도 중요한 역할을 했던 튀르고[6]가 국왕에게 제안했던 개혁 프로그램을 이행하는 것뿐이었을 듯하다. 이 개혁 프로그램은 곡물거래의 자유, 동업조합과 길드의 폐지, 모든 부동산에 대한 토지세의 공평한 할당 등을 포함한다. 그러나 튀르고는 자신의 해임을 받아들이고는 다음과 같이 예고하면서 왕과 작별했다. "간신들에게 놀아나는 왕들의 운명은 찰스 1세에게 해당하는 일입니다." 혁명이 터졌을 때 프랑스 인구는 대략 2,500만 정도 되었으며, 그 가운데 2,100만이 – 이런 표현이 허용될지 모르겠지만 – 농업으로 먹고 살았다. 그들이 전체 조세부담을 져야 했기 때문에 농업이 별 벌이가 되지 못할 수밖에 없었다. 게다가 1789년으로 넘어가는 1788년의 겨울은 혹독한 추위와 저조한 수확 때문에도 더욱 나기가 힘겨웠다. 사치스러운 궁정과 굶주린 인민이 공통으로 빈곤에 직면

---

[6] A. R. J. Turgot(1727~1781): 프랑스의 정치가이자 경제학자.

하여 할 수 있는 것이라고는 3/4세기 동안 회합한 적이 없는 삼부회를 베르사유에 다시 소집하는 일뿐이었다. 1789년 5월 5일에 삼부회가 개최되었다. 6월 17일에 벌써 제3신분 대표자들이 아베 시에예스(Abbé Sieyés)의 제안에 따라 스스로를 유일한 **국민의회**(assemblée nationale)라고 선언하면서 다른 두 신분에겐 그저 참관 자격만을 주었다. 이에 대해 의전 최고 책임자인 데 브레제(de Brézé)가 왕의 이름으로 회의 해산을 명령하자 미라보가 이렇게 응수한다. "그대의 왕께 전하시오, 우리는 지금 국민의 명령을 집행하고 있는 중이며, 총검의 힘만을 믿고 따를 것이라고 말이오." 3일 뒤에 체육관에서 국민의회 의원들은 자신의 나라에 헌법을 마련하기 전에는 해산하지 않을 것이라고 맹세했다. 이로써 절대군주정과 귀족지배 폐기가 이론상 처음으로 표현되었던 것이다. 그러고 나서 7월 14일, 왕권과 귀족정치에 대한 인민의 실제 승리가 성취된다. 같은 날, 바스티유 감옥의 탈취와 파괴가 있었다. 이는 그저 상징적 의미가 있는 소요 사태였지만, 중요한 것은 이 사태가 진행되는 과정에서 왕실 근위대가 인민의 손에 넘어감으로써 프랑스 전역에 걸쳐 봉기의 신호탄이 되었다는 점이다. 이때부터 전국에 군사력을 갖춘 기관으로서의 국민군과 인민 정치세력의 중심체로서의 지역위원회가 생겨났다. 8월 4일, '악용된 바르톨로메오 밤'에 바야흐로 입법기관으로서 **제헌국민회의**(assemblée nationale constituante)라고 부르는 국민의회가 봉건제도 일체 폐기와 공평한 조세제도 도입 및 모든 시민의 공직 진출을 허용하는 입법을 의결했다. 몇 주 뒤, 라파예트의 발의로 '인권 선언'이 공표되었다. 여기엔 보편적 평등, 개인의 자유, 재산의 보호, 억압에 대한 저항, 인민주권 등의 내용이 담겨 있다. 10월 6일, 왕과 국민의회는 파리의 민중봉기로 파리로 이주를 강요받았다. 1790년은 또 다른 변화를 가져왔다. 귀족계급 폐지, 배심재판 도입, 그리고 "프랑스를 가톨릭교회에서 벗어나게 하라"는 미라보의 표어에 따른 교회재산 몰수, 헌법에 맹세하게 하는 시민 성직 법안 도입 등이 그러한 것이다. 1791년 4월, 왕이 외국으로 도피하려고 결심했지만 바렌(Varennes)에서 체포되어 되돌려 보내졌다. 9월 30일, 제헌의회가 10월 1일 **입법국민회의**(*assemblée nationale législative*)로 전환하기 위해 그 활동을 마무리했다. 이 회의의 핵심 두 정파는 (밀회 장소로 이용한 쾨양파(Feuillant) 수도원의 이름을 딴) 입헌-군주정의 쾨양파와 (가장 뛰어난 구성원들이 지롱드(Gironde) 지역 출신이었던) 시민-공화정의 지롱드파이다. 그러나 실제 정치적 힘은 원외 세력들, 특히 자코뱅파와 여론이 갖고 있었다. 군중은 여론을 등에 업고 소리로 의원들을 제압하고 위협적인 시위로 공포정치를 펼쳤던 것이다. 1792년 4월, 지롱드파는 국왕으로 하여금 이미 오래전부터 적대적 태도를 취해온 오스트리아를 상대로 선전포고를 하도록 강요했다. 6월 20일, 노호한 군중이 '검은 바지 차림으로 행군대열'을 갖추고 튈르리 궁전으로 밀고 갔지만, 창문을 통해 모습을 드러낸 왕에게 붉은 모자를 쓸 것을 강요하면서 잠시 물러났다. 이에 대해 보나파르트(Buonaparte)라는 이름의 한 젊은 장교가 자신의 모국어로 "이런 멍청이들!"하고 중얼거렸다. 그 사이에 프로이센은 오스트리아와 동맹을 체결했으며, 연합군 최고사령관인 브라운슈바이크(Braunschweig) 공작은 7월 말에 대단히 현명치 못한 협박으로 포고했다. 그가 왕에게 재가를 받은 것으로 사람들이 알고 있었던 그 조처는 튈르리 궁전을 향한 2차 돌격의 핵심 계기 가운데 하나가 됐다. 이 돌격이 8월 10일에 성공한다. 성을 지키던 스위스 용병 출신 근위대가 패배하게 되며, 국왕은 직위해제 된 채 포로로서 사원에 감금된다. 그 결과로 이어진 '9월 학살'에서 구속된 3000명의 '혐의자들'이 간단한 심문 끝에 폭도들에게 인도됐고, 이들은 그들을 잔인한 방식으로 죽인다. 이 과정을 겪으면서 푀양파가 뒤로 완전히 밀려나며, 9월 22일 입법회의를 대신하여 막강한 절대적 권력을 쥔 의회인 **국민공회**(convention nationale)에서 지롱드파가 우파를 형성했고, 좀 더 높은 곳에 있는 의석을 차지했다고 해서 그 이름을 얻게 된 **산악파**(les montagnards) 구성원들은 급진민주 좌파를 형성했다. 그러나 핵심 권력은 또다시 원외 기구인 '공안위원회'의 수중에 들어간다. 공안위원회는 마음만 먹으면 어떤 시민이든 기소할 수 있었기에 항시적인 공포로 국민공회를 유지했던 셈이다. 그 사이에 내·외적 곤궁 상태가 가중된다. 1792년 가을에 이미 생필품이 너무 부족해 상테르(Santerre)가 모든 시민은 우선 1주일에 2일은 감자로 연명하고, 그래도 안 되면 그다음에는 자신의 개를 잡도록 해야 한다고 제안할 정도였다. 브라운슈바이크 공작이 롱위(Longwy)와 베르됭(Verdun) 요새를 점령했다. 이로써 공화정이 실패한 것처럼 보였다. 그러나 공화정은 아라곤 숲 4개의 길목을 점거하고서 적의 프랑스 진입을 저지한 뒤무리에(Dumouriez) 장군의 결단력과 능숙함 덕분에 구제된다. 그는 국방장관에게 이렇게 편지를 쓴다. "그랑프리(Grandpré)와 이슬레트(Islettes)에 펼친 진영은 프랑스의 테르모필레[7]라고 할 수 있습니다만, 저는 레오니다스[8]보다 운이 더 좋을 것 같습니다." 아무 의미도

---

[7] Thermopylae: 그리스 중부 칼리드로몬 산괴와 말리아코스 만 사이의 동해안에 있는 좁은 고개로 아테네 북서쪽 약 136km에 위치한 군사 요충지. BC 480년 페르시아의 2차 침략 때 치열한 교전이 벌어져 페르시아 군대가 치명상을 입었던 곳임.

[8] Leonidas: BC 480년경 스파르타 왕. 친위대 용사 300명을 이끌고 페르시아와 테르모필레에서 전설적인 전투를 벌이다 장렬하게 전사한 일로 유명함.

없는 충돌이 일어났던 발미(Valmy) 전투의 세계사적 패배, 무서운 이질 전염병, 불충분한 식량보급과 계속된 장마로 난처해진 연합군은 퇴각할 수밖에 없었다. 1793년 1월 21일에 루이 16세가 참수된다. 그해 내내 "공포의 테러가 의사일정에 올라 있었다." 배심원과 항소가 없는 긴급조치로서의 혁명재판이 모든 사회계층을 포함한 '혐의자들'에 대해 광분했던 것이다. 왕당파의 방데(Vendée) 봉기는 9개월간의 전투 끝에 유혈진압된다. 지롱드파의 우두머리들이 6월 2일에 체포되어 몇 달 뒤 단두대에서 이슬로 사라진다. 이로써 제3신분에 대한 중우(衆愚) 정치의 승리가 결정적이게 된다. 그해 말엽 국민공회는 가톨릭의 예배를 이성의 숭배로 대체할 것을 결의한다. 다만 이때도, 이렇게 표현해도 무방하다면, 온건 급진파인 '당통파'와 극단적 혁명가들인 '에베르파'는 여전히 활동했다. 로베스피에르는 먼저 에베르파들을 단두대로 보내고, 열흘 뒤인 1794년 4월 3일(혹은 공화파 달력으로는 혁명력 2년 제르미날 14일)에 당통파들을 단두대로 보냈다. 이로써 혁명은 정점에 이르며, 곧 퇴락으로 접어든다. 로베스피에르가 7월 27일(테르미도르 9일)에 실각하고, 바로 다음 날 처형된다. 국민공회 안에 이제 다시 산악당의 두 분파, 즉 (과격한) '공안위원회'와 (온건한) '테르미도르 세력'이 대립한다. 1795년 5월 20일(프레리알 1일), 군중봉기의 완전한 패배는 자코뱅파의 지배에 마침표를 찍게 된다. 모든 집행권이 5부서로 나뉜 집정내각에 위임되며, 국민공회는 해산된다. 이로써 중간계층이 다시 정권을 잡게 되며, 이제 '공포정치가들'은 예전의 '귀족관료들'과 마찬가지로 탄압을 받는다. 이 두 개념은 악의에 비례해서 거의 모든 시민이 포함될 만큼 공히 모호한 것이다. 다만 이제는 단두대를 유배가 대신할 뿐이다. 그러는 사이에 혁명의 물결은 프랑스 국경을 넘어갔다. 이 물결에 벨기에와 라인 강 연안의 나라들이 정복되었다가는 다시 회복되는가 하면 또다시 정복되곤 한다. 네덜란드가 '해방'되어 바타비아(Batavia) 공화정이 선포된다. 1795년 4월 바젤 평화협정은 프랑스 영토를 라인 강 좌안으로 정한다. 같은 해에 칸트의 '철학 초고'가 『영구평화론(Zum ewigen Frieden)』으로 출간되었다. 여기서 그는 제 민족들 사이의 영원한 평화가 실현되게 할 '예비 항목들'을 확립했다. 그러나 바젤 평화협정은 20년 세계전쟁의 서막일 뿐이었다.

미라보

혁명이 진정 국면에 들어간 사이에 출현한 가장 의미 있는 인물은 미라보 백작이었다. 그는 눈에 띌 만큼 키가 크고 어깨가 딱 벌어진 채 부은 듯 4각의 몸 형태에 심한 종창 흉터가 있는 두상, 분칠하지 않은 곱슬머리로 숱이 빽빽한 사자갈기 모양을 한 헤어스타일, 여기에 큰 단추를 단 의상과 버클이 달린 구두로 맵시를 내고 있어서, 그 외모는 상피병을 온몸에 두른 듯 이상할 정도로 낯설고 인상적이다. 스탈 부인은 이렇게 말한다. "그의 용모 일체가 흡사 불규칙하고 무한한 힘의 화신처럼 보인다." 샤토브리앙(Chateaubriand)의 말에 따르면 그의 용모에는 교만과 악덕과 천재성이 묻어있다. 그의 눈은 번뜩이며, 목소리는 우레 같고, 의회연설은 때론 관솔 같고 때론 억수같이 쏟아지는 소나기와 분출하는 화산, 또는 행진교향곡과 같다. 연설할 때 그는 교묘하게 구분하고 최대한 세련되게 변조하며, 억제되어 있지만 최대의 효과를 일으킬 몸짓을 곁들인다. 그가 꼭 거대한 바위덩어리처럼 격정과 분노가 포효하는 바다 한가운데 서 있을 땐 어떤 환호와 항변도 그를 동요시킬 수 없었다. 루이 블랑(Louis Blanc)은 말한다. "국민의회에는 네 번째 당이 있다. 이 당은 한 남자이며, 이 남자는 미라보다." 유감스럽게도 미라보는 거의 언제나 **한** 남자만으로 대변되는 그런 당을 조직했다. 이 당은 능력과 지식, 유능과 지성을 겸비한 조직이다. 물론 그 역시 프리드리히 대왕이나 비스마르크, 나폴레옹이나 케사르처럼 현실적인 정치적 천재는 아니었다. 그저 타고난 열정적인 힘을 지니고 있을 뿐이었다. 그러나 프랑스 혁명을 흔히 말하듯 천재지변이라고 부른다면, 그는 결실 있는 의미심장한 사건이기도 하지만, 그저 파괴할 줄만 아는 목적 없는 맹목적인 어리석은 사건이기도 하다.

어떤 사람이 주어진 상황을 파악하고 그것을 처리할 줄 아는 능력을 구비했다면 그것은 늘 창조적 재능의 징표가 된다. 그 같은 사람이 미라보였다. 학식이 높은 지롱드파에서 짐승 같은 에베르에 이르기까지 다른 모든 사람은 '이론'을 겸비했다. 그러나 미라보는 그렇지 않았다. 그는 영민하고 실천적이다. 그래서 그는 모든 당파를 능가한다. 그는 정해진 바의 것을 멀리하여 학자들처럼 교의를 추구하지 않았고, 대중처럼 구호를 좇지도 않았다. 그는 자코뱅파가 전쟁을 원하지 않았을 때 자코뱅파에 **동의**했다. 왜냐하면 전쟁은 곧 무정부 상태의 승리를 의미할 뿐이라는 사실을 알았기 때문이다. 그리고 그는 자코뱅파가 과격한 민주정체를 요구했을 때 자코뱅파에 **반대**했다. 왜냐하면 그 같은 민주정체 역시 무정부 상태로 귀결될 것이라는 점을 알았기 때문이다. 그는 왕이 파리로 이주하는 것에도 반대했다. 그렇게 할 경우 왕은 위험한 방식으로 인민의 손에 넘겨질 것이라는 사실을 간파했기 때문이다. 그리고 왕이 국경선 근처로 가는 것에도 반대했다. 이 또한 왕이 위험한 방식으로 인민을 유혹할 수 있다는 점을 그가 알았기 때문이다. 그는 봉건파와 공화파, 클럽의 조직원들과 망명자들을 단숨에 물리쳤다. 이는 얼핏 보면 대단히 모순적인 경향이지만, 실제로 이 모든 경향은 단 하나의 거창한 목적에 수렴한다. 그것은 곧 구제할 길 없는 카오스를 미연에 방지하고, 민족 번영의 촉진과 사회질서의 확립에 그 내용과 정당성이 있다고 여기는 시대에 부합하는 현대적 군주정체를 실현하는 것에 있었다.

물론 그는 궁정에서 상당한 금액을 뇌물로 받는 것도 부끄럽게 생각지 않았다. 그렇다고 해서 그가 궁정에 매수되었다고는 말할 수 없다. 그도 그럴 것이 그는 어떤 뇌물도 스스로 분명하게 그어놓은 선에서 단 1인치도 자신을 떼어놓을 수 없다는 점을 알았기 때문이다. 그는 확실한 프랑스인이었기 때문에 군주정체의 확실한 옹호자일 수밖에 없었다. "이 나라와 이 민족에 대해 잘 아는 똑똑한 시민이라면 결코 공화주의 헌법을 원하지 않을 것이다. 그들은 프랑스가 지형학적 성격에 따라 군주정체의 성향을 지닐 수밖에 없다는 점도 잘 알고 있을 것이다." 이로써 그가 공공연히 염두에 둔 것은 '정신적 지형학의 상태'와 관계된 것이다. 그의 프로그램 전모는 다음과 같은 말에 내포되어 있다. "나는 질서 회복을 원하지만, 그것은 낡은 질서의 회복을 의미하는 것이 아니다." 그는 국왕이 혁명의 선두에 서서 인민과 손을 잡고 봉건주의와 교회에 대하여 공동의 승리를 취하는 현장을 목격하고 싶었던 것이다. 이 운동이 지나치게 비대해진 형태로 치닫고 있다고 간파했을 때, 그는 자코뱅파 지도급을 내각에 등용할 것을 권고했다. 사실 이는 그들을 유해한 상태에 두지 않을 수 있는 유일한 가능성이었을지도 모른다. 그러나 유감스럽게도 그는 때이른 1791년에 죽고 말았다. 물론 좀 더 오래 살았다 하더라도 사태 진행을 중단시키진 못했을 수 있다. 그도 그럴 것이 왕이 결단력도 너무 취약했고 너무 아둔하기까지 했으며, 게다가 바보스러운 아내와 납득하기 어려운 왕당파의 영향을 지나치게 받고 있어서 그를 터놓고 신뢰했을 리가 만무하기 때문이다.

당시에, 유럽에서 수많은 찬탄과 경악을 불러일으킨 흥미진진한
악한소설이 펼쳐진다. 여기엔 세 명의 주인공이 등장한다. 첫 번째 주인공은 지하에 사는 미쳐버린 쥐, 장 폴 마라(Jean Paul Marat)다. 사회적 배수장치가 고장이 나면 시궁창에서 쥐가 튀어나와 미친 듯이 모든 것을 갉아먹을 가능성이 있다는 점을 보여주기 위한 것이 마라의 등장 배경이다. 시궁창에서 나온 쥐는 더럽고 광기가 어려 있으며, 뒤틀린 모양에 매독성을 지니고 있어서 바르게 성장하여 감성이 넘치고 뒤틀리지도 않은 채 매독성도 없는 모든 이에 대해선 끝도 없는 증오로 들끓는다. 그는 혁명 무뢰한의 대표이다. 말하자면 유곽의 선술집과 폐허가 된 공장, 숲 구석진 곳과 땅 구멍 등에서 갑자기 튀쳐나온 지하 은둔자들의 대표인 셈이다. 두 번째 주인공은 조르주 자크 당통(Georges Jacques Danton)이다. 그는 일종의 '고상한 강도'이자 못생긴 카를 모어(Karl Moor)의 복사판이기도 하다. 마마자국에 불도그 상을 한 얼굴, 윙윙 울리는 목소리, 향락을 즐기는 강인한 활력 때문에 그는 '천민의 미라보'로 불리기도 한다. 실제로 그는 길들여지지 않은 불도그처럼 잔인함과 선량함, 우둔함과 지성이 교차하는 인물이다. 세 번째 주인공은 막시밀리안 로베스피에르다. 그는 악마같은 교장으로서 정상적인 상황에서 취한 자신의 독재를 관습의 문제로 돌리고는, 자신의 독재행각을 관습적 오성, 중학교의 고급 교양 내지는 성적이 중간 정도인 노력과 학생의 방정한 품행에 해당하는 일이라고 평가하기까지 한다. 학창시절 이미 그는 수석 학생이었다. 그리고 어느 시대 어느 나라에서든 수석 학생이 되었을 지도 모른다. 처음에는 실제로 무면허 변호사였고, 그러고는 관청 공무원으로서 회계원이었거나 경찰 앞잡이였다. 그는 다만 그런 수

석 학생이 될 수 있는 그런 시대와 그런 나라에서만 그렇게 될 수 있었다. 요컨대 그는 자코뱅파 프랑스에서나 독재자가 될 수 있었던 것이다.

이성과 미덕
의 지배

자코뱅 당은 유일하게 위대한 루소다. 추적 망상과 추적 광기에 광신적이면서 위선적이고, 미사여구에 능숙하면서 교조적이며, 연기력이 풍부하면서 짐짓 감성적이다. 그런데 이제 과열된 르상티망의 이처럼 흐릿한 환등(Phantasmagorie)과 아주 현실적인 실재로서 단두대가 한패가 된다. 그 손도끼는 우연을 통해서도 피하지 못한 모든 사람을 정확히 맞혔다. 여기에는 가톨릭 신도들도 포함된다. 그도 그럴 것이 그들은 너무 지나치게 믿었기 때문이다. 그리고 무신론자들도 포함된다. 그들은 너무 믿지 않았기 때문이다. 당통파도 있다. 이들은 너무 많이 활동하려 한다는 것을 자코뱅파가 알았기 때문이다. 에베르파도 있다. 이들은 너무 활동을 하지 않으려 한다는 것 역시 자코뱅파가 알았기 때문이다. '국왕 살해자' 바레르(Barère)가 나중에 아주 분명하게 말했듯이, "자신의 머리가 날아가지 않으려면 자기 이웃의 머리를 날려 보낼" 수밖에 없었다. 혁명의 가장 열정적인 추종자 가운데 한 사람이었던 게오르크 포르스터(Georg Forster)가 혁명이 진정 국면에 접어든 사이에 이미 예언한 바가 실현된다. "아마 모든 폭정 중 가장 엄혹할 폭정인 이성의 폭정이 여전히 세상을 대면하고 있다. (…) 어떤 대상이 고상하면 고상할수록, 그리고 빼어나면 빼어날수록, 그 대상의 악용은 그만큼 더 악마적이게 된다. 화재와 범람, 불과 물의 유해한 작용은 이성이 야기할 재해에 비하면 아무것도 아니다." 이성의 절대주의와 나란히 미덕의 지배도 동시에 자리 잡는다. 로베스피에르는 자신이 이해한 바에 대해선 추호도 의심하지 않는다. 요컨대 "무산자계급만이 미덕이 있고 현명하여 통치할 자격이 있다"는 것이며, "부자들과 혁명의 적대자들, 그리고 악한들은 모두 한통속일 뿐이다." 국민의회가 선포한 가장 중요한 인권은 생명과 재산을 보호하는 것과 억압에 대하여 저항하는 것이었다. 물론 이 억압이 반동의 어두운 세력들, 이를테면 왕족과 귀족과 교회로부터만 나올 수 있는 것이라면, 이 세력들에 대한 저항도 허용될 수밖에 없다는 암묵적인 전제를 깔고 있다. 주권 인민은 억압할 **수가** 없고, 따라서 그의 의지에 역행하는 행위는 가장 중대한 국사범죄가 된다는 것이다. 이런 국사범죄를 예방하거나 아예 미연에 방지하는 것이 '공안위원회'의 과제였다. 물론 이 공안위원회는 비록 그 실체를 아직 세상에 드러내진 않았지만, 혁명 적대자들의 근시안적 눈에는 오히려 생명과 재산 일체를 확실히 조직적으로 위험하게 만드는 분자로 비칠 뿐이었다.

그러나 혁명에 기꺼이 복무할 자세에 덕성까지 겸비한 현인들도 혁명의 의미와 그 의도를 곡해할 위험에 항상 노출되어 있었다. 그도 그럴 것이 다른 건물보다 월등히 높이 솟아 있는 스트라스부르 대성당이 공화주의와는 너무 거리가 있다고 해서 이 성당의 철거를 요구하고, 라부아지에가 다른 모든 시민 동료보다 화학에 대해 훨씬 더 많이 알고 있어, 형제애와는 거리가 멀다고 해서 그를 단두대로 보내고, 심지어 동화에서조차 금발의 공주를 더 이상 용납지 않고 그저 "혁명 지폐에 등장하는 인물의 머릿결을 한 미인"만을 용인하는 엄격한 이성의 지배 아래서, 귀족정치의 냄새를 풍기기는 아주 쉬웠기 때문이다. 어떤 하녀가 "한 목사의 집에서 봉사했다는 혐의를 받고" 구금되더라도 그것은 완전히 정상으로 처리된다. 그것이 고작 혐의에 불과한 일인데도 말이다. 다수의 개인에게 체포영장을 단호한 조처의 계기로 제시할 때는 철저히 논리적이다. "그들은 정신을 소유하고 있어서 해로운 영향을 미칠 수도 있다." 과거 상습적인 도둑이었지만 이제는 시민군의 총대장인 앙리오(Henriot)가 130명을 체포할 때 다음과 같은 말로 그 이유를 제시한다. "이 사람들은 결코 과격공화파 당원들이 아닙니다. 왜냐하면 그들은 너무 뚱뚱하고 기름기가 흐르기 때문입니다." 그리고 여섯 살배기 어린애가 "애국정신을 내보이지 않았다"고 해서 그의 자유를 잃게 되었다는 말에서는 참으로 불안하기 짝이 없다. 똑같은 일이 한 상인에게도 그대로 적용된다. 그것은 그가 시청 공무원들에게 "안녕하세요, **주인 나리들!**"이라고 인사했기 때문이다. 만일 "항상 귀족정치를 옹호했다"고 해서 구속될 위험에 처한 어떤 구두장이가 있다면, 우리는 그에게 뭐라고 인사말을 붙일 수 있을까?

덕성이 풍부했던 로베스피에르가 스스로 제사장 역할을 맡게 되었을 때, 이성에 대한 물질만능주의식 숭배를 폐지하고 **지고한 존재**(être suprême)에 대한 공공연한 숭배를 명령했지만, 이 신과 지나치게 관계를 맺는 것은 권장할만한 일이 못 되었다. 미사나 설교 때 그저 단순한 청중으로만 참석하는 이도 생명을 잃게 되고, 종부성사 중에 체포된 이는 현장 사살로 단두대에서의 죽음을 모면하는 행운이 따랐다.

종교적 평등에 경제적 평등을 더하기 위해 이성은 지금까지 군주의 종복들이 단지 어리석어서 혹은 화풀이하기에 바빠서 이용해본 적이 없었던 아주 단순한 수단이 무엇인지 알고 있었다. 그것은 곧 모든 시민의 소득을 '필요' 절반과 '잉여' 절반으로 나누는 것이다. 앞의 절반은 한 사람당 연간 1000프랑을 배분하는 것이며, 뒤의 절반은 그 총액이 9000프랑이 넘는다면 1/4이나 1/3, 혹은 전체를 국가가 취하는 것이다. 물론 피상적인 관찰자에게는 이 제도가 두 가지 사소한 결함을 가지고 있는 것처럼 보일 것이다. 아마 이런 의문이 들지도 모른다. 이를테면 영리충동(Erwerbstrieb)에서 더 이상 만족할만한 계기를 찾지 못할 때, 많은 시민이 최고의 노동력을 투입하겠는가? 그리고 아무리 뛰어난 공화주의자라 할지라도 **필요** 절반만을 소유하려 하지 않는 시민이 많지 않겠는가? 그러나 이런 의문은 이상적인 공화국에서는 그 같은 가능성을 염려할 필요가 없다는 점을 망각한 것이다. 왜냐하면 영리충동의 자리에 온통 애국정신이 들어서기 때문이다. 그리고 성실한 시민들이 최소 소득으로 만족치 않으려고 할 때는 귀족적 배신행위가 일어날 수 있지만, 이는 곧 지워 없앨 수밖에 없는 대상이다. 아무튼 후손에게 모든 유산이 똑같이 분배되고 서자들도 법적으로 동등한 대우를 받을 수 있게 하는 법령도 자유는 아니라 할지라도 평등을 지키는 데는 기여한다. 그뿐만 아니라 국가가 모든 의상, 모든 식품과 음료, 모든 조명 및 청소와 난방 재료의 최고 가격을 결정하면서, 더 많이 공급하거나 요구하는 이는 누구든 유폐시킨다. 상품 생산은 국영 업체들이 떠맡으며, 여기서는 함께 일하는 수공업자들이 상품 수에 따른 보수로가 아니라 일당을 받고 일을 한다. 일당을 받고 일한다고 해서 능률이 떨어지진 않는다. 프롤레타리아트 각자가 품성이 좋으며, 자격이 있건 없건 이미 훌륭한 공화주의자로서 훌륭한 노동자이기 때문에 상품의 질을 저하시키지도 않는다는 것이다. 그러나 유감스럽게도 중앙정부의 지시를 따르려 하지 않는 무뢰한이 늘 있기 마련이고, 민주주의의 승리에도 불구하고 농민은 매우 우직한 면모를 드러내기 때문에 국민공회는 정의의 메뚜기 떼로서 지방에 내려앉을 위원들을 파견한다. 그런데 인민의지의 집행자들인 이 위원들에게 빠지지 않는 것은 6두 마차, 넘치는 향응, 악사들, 희극배우들, 기쁨조들,

그리고 그들 공화주의의 사명 수행을 위한 여타 편의이다. 반동적인 시골 인민은 무도한 군주정 치하에서나 꼭 같이 나무뿌리로 연명하지만, 공직자들이 먹는 하얀 빵, 이른바 '위원용 빵(Kommissärbrot)'은 태양왕조차 물리치지 않았을 법한 특선 우량품이다. 그러나 그나마 가장 정의로운 사람도 가끔 자선을 베풀기 마련이듯, 위원들은 혐의자들이 개전의 정을 보이면서 그들에게 내민 몸값을 물리치지 않는다. 또한 그들은 수많은 반혁명적 가치, 이를테면 토지, 가구, 호화로운 마차, 자유를 위한 장식품을 건지는 일에서도 성공을 거둔다. 요컨대 그들은 이것들을 강제경매에 부치고는 경매 공동 신청자들을 겁주어 헐값에 사들인 것이다. 그러고는 그들은 이렇게 주장한다. "이 물건들이 애국자들의 수중에 떨어지는 것보다 더 좋은 일이 있을까요?"

아시냐

이런 원칙들에서 생겨났을 법한 마지막 조처, 말하자면 사유재산의 완전한 폐지를 그러나 자코뱅주의는 실현하지 못했다. 오히려 그러한 조처는 혁명이 이미 하향곡선을 그릴 즈음에야 겨우 시도된다. 우리는 **"개인의 재산은 노예제의 원인이다"**라는 구호에 입각한 바뵈프(Babeuf)가 꾸민 1796년의 중대한 음모에 대해 말하고 있는 것이다. 그 프로그램은 무엇보다 로베스피에르를 훨씬 능가하는 일이다. 그도 그럴 것이 그것은 다음과 같이 명령하기 때문이다. 이를테면 모든 시민은 똑같은 옷을 입고, 동일한 가구를 소유해야 하며, 모든 아이는 그 정신적 재능과 관계없이 똑같은 교육을 받도록 된 하나의 큰 교육기관에서 양육되어야 한다는 것이다. 예술활동 및 연구활동은 누구든 쉽게 접근할 수 있는 것으로 제한된다. 모든 대도시는 해체되어야 한다고 했다. 왜냐하면 대도시는 공공생활의 질병이기 때문이라는 것이다. 바뵈프는 산악당과 연결되어 있었으며,

파리 노동자계급과 상당수의 군부를 배후에 두고 있었지만, 그의 계획은 배신으로 실패에 그치고 말았다.

바뵈프가 사형을 집행할 때 돈을 사용하지 못하게 함으로써 화폐 제도를 없애려 한 반면에 혁명은 동일한 목적을 아시냐[9]라는 지폐 를 도입함으로써 성취한다. 아시냐는 정부가 발행한 토지신용 증권 이자 성직자와 귀족에게서 '국유화한' 재산에 대한 저당증서이다. 그런데 이 지폐는 공정시세의 강제조정에도 불구하고 그 가치가 급 속히 하락하여, 금화 1루이도르(Louisdor)가 1795년 5월에 400프랑의 아시냐로 거래되던 것이 1796년 5월에는 19,000프랑의 아시냐로 거 래됐다. 몇 달 뒤 한 신문은 만일 그 같은 45,000프랑의 화폐를 신문 지와 교환하면 큰방 하나를 가장 저렴하게 도배할 수 있을 것이라 고 보도했다. 자유는 프랑스를 구빈원과 황무지로 바꾸어놓았다. 토 지의 절반이 경작되지 않은 채 방치되었고, 인구의 상당수가 실직 상태에 놓였으며, 국도와 운하, 댐과 항구가 허물어졌고, 위생 · 치 안 · 학교수업 · 도로조명이 사라져 메로빙거(Merovinger) 시대로 돌 아갔다. 파리 사람들은 파리 근교에서 늑대들이 출현하는 것을 목격 했다.

웰스[10]는 자신의 유토피아 소설 중 하나에서 재치 있게 구상한 기계를 발명한 한 '시간여행자'에 대해 묘사한다. 이 여행자는 그

시간여행자

---

[9] Assignat: 프랑스 혁명기에 발행된 불환지폐(不換紙幣). 아시냐란 본래 '할 당하다' 혹은 '지정하다'라는 뜻의 'assigner'에서 나온 말로, 프랑스 혁명 직후인 1789년 12월 프랑스 정부가 재정 궁핍을 해결하려고 수도원과 귀족 에게서 몰수한 토지를 담보로 5%의 이자 아시냐 공채(公債) 4억 리브르를 발행했다. 이것이 역사상 유명한 '불환지폐'의 시발이 되었다.

[10] H. G. Wells(1866~1946): 영국의 소설가이자 문명비평가. 처녀작 『타임머신 (The Time Machine)』(1895)이라는 공상소설로 유명함.

기계장치를 타고 시간여행을 떠날 수 있다. 먼저 그는 아득히 동떨어진 천 년 후의 미래로 여행한다. 그곳에서 그는 황당하게도 인류가 두 종으로 분열된 사실을 목격하게 된다. 그 하나가 **엘로이**(*Eloi*)족이다. 이들은 지속적인 무위(無爲)를 통해 극히 빼어난 미모를 취하지만 동시에 정신적 수준은 어린아이 같다. 다른 한 인종은 **몰록**(*Morlock*)족이다. 이들은 손을 놀리는 일 없이 끝없이 수작업을 함으로써 원숭이처럼 동굴에 사는 동물이 되어 흡사 바보같이 일만 하는 기계를 닮았다. 확실히 서로 대조되는 것은 몰록족이 가끔 무장하지 않은 엘로이족을 기습하여 잡아먹는 모습에서 드러난다. 이와 유사한 상황이 프랑스 혁명기에 벌어졌다. 그런데 웰스의 소설에는 이 같은 상황을 즉각 장악할 수 있는 한 인물이 존재한다. 요컨대 그는 시간여행자 자신이다. 그에게는 이처럼 퇴화한 두 인종을 신하로 삼는 일이 어렵지 않았다. 엘로이족은 사랑의 호의를 통해, 몰록족은 에너지를 통해, 그리고 양쪽 모두에는 우월한 정신적인 힘을 통해, 말하자면 그들로서는 이해할 수 없고, 그래서 공포를 느끼게 만드는 이성이라는 수단을 이용하여 그렇게 했다. 이 같은 역할을 프랑스에서는 나폴레옹이 한 셈이다. 브뤼메르 18일의 쿠데타는 총재정부(總裁政府: Direktorium)를 무너뜨리고 통령정부(統領政府: Konsularregierung)를 세웠다. 물론 이 통령정부는 입헌군주정 그 이상은 아니었다. 1799년 12월 15일, 나폴레옹은 이렇게 공포한다. "혁명은 끝났다."

혁명 곡선 　혁명의 노정을 다시 한 번 되돌아보면 그것은 하나의 깔끔한 포물선을 그릴 수 있을 만큼 완벽히 규칙성을 띠고 있다는 사실을 간파할 수 있다.

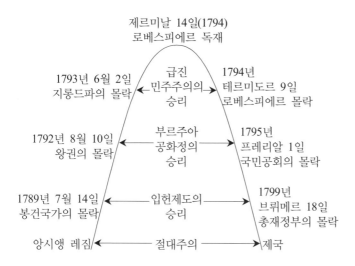

마치 보이지 않는 철필로 미리 혁명 곡선의 공식을 세워놓은 듯하다. 말하자면 혁명 곡선이 이 공식에 따라 현실로 구성된 것처럼 보이는 것이다. 이는 프랑스 민족의 성인으로 통하는 데카르트가 프랑스 인민의 불같은 일상적 성미를 표현할 때와 꼭 같아 보인다.

1789년 7월 14일 바스티유 감옥 습격을 통해 앙시앵 레짐은 붕괴하며 국민의회의 통치로 해체된다. 이는 곧 봉건주의에 대한 입헌제도의 승리와 같은 의미를 갖는다. 1792년 8월 10일, 튈르리 궁전 습격으로 왕권이 중단된다. 이는 입헌군주정에 대한 공화정의 승리를 의미한다. 1793년 6월 2일, 지롱드파 지도부 체포는 곧 '산악당'의 독재가 개시되었음을 알리는 것이며, 동시에 그것은 부르주아 민주주의에 대한 프롤레타리아트 민주주의의 승리를 의미하기도 한다. 제르미날 14일(1794)에 감행된 당통파 처형과 더불어 혁명은 로베스피에르 독재 아래 정점에 이른다. 이때부터 혁명은 하향 국면에 접어든다. 그 각 단계는 상승 국면 때의 그것들과 정확히 일치한다. 테르미도르 9일(1794), 국민공회는 급진 민주주의의 대표로서

로베스피에르에게 승리를 거둔다. 이는 로베스피에르가 1793년 6월 2일에 온건 민주주의에 대해 승리를 거둔 것과 비슷하다. **프레리알 1일**(1795), 제3신분의 공화정이 1792년 8월 10일에 왕권을 상대로 승리한 것처럼 자코뱅파를 물리친다. **브뤼메르 19일**(1799), 입헌군주정이 1789년 7월 14일에 낡은 봉건국가를 물리쳤을 때처럼 총재정부에 대하여 승리를 취한다. 그리고 부르봉 왕가의 절대주의에서 폭발한 혁명이 제국의 절대주의로 마무리된다.

'질러 씨'　　이렇듯, 이미 1793년에 역사를 염두에 둔 한 두뇌가 예언한 바의 것이 그대로 실현되었던 셈이다. 그 예언에 따르면, 공화주의 헌법이 무정부주의 상태로 넘어갈 것이며, 조만간 한 강력한 사나이가 출현하여 프랑스뿐만 아니라 아마 유럽의 꽤 넓은 지역에서도 군주가 될 것이라고 했다. 이 예언은 프랑스 공화정의 한 명예시민에게서 연원한다. 말하자면 9월 학살이 있기 직전인 1792년 늦여름, 『세계의 모니터(Moniteur universel)』는 "질러(Giller) 씨라고 하는 독일의 한 저널리스트"가 국민의회로부터 프랑스 시투아앵[11]이라는 명예를 얻게 되었다고 보도했다. 여타 언론은 그 이름을 **지슬러**(Gisler), **질러스**(Gillers), **쉴러**(Schyler) 등으로 고쳤다. 그런데 '**질러 씨**(Monsieur Giller)'라는 호칭은 1798년 3월, 그의 명예증서 수령 때에야 들어가게 되었다. 사실 혼란스럽지만 은밀한 논리로 채워진 혁명의 분위기를 오직 청년 실러의 드라마만이 담아냈던 것이다. 앞서 우리는 당통을 카를 모어에 비유한 바가 있다. 그런데 혁명 물결에 등장하는 여타 주역의 면모도 실러의 작품세계에서 볼 수 있는 인물들을 연상시킨

---

[11] Citoyen: 어떤 역사적 사건을 단순히 수동적 자세로 지켜보는 사람을 보통의 시민(citizen)이라고 한다면 사건에 직접 개입해서 능동적으로 적극 간섭하는 주체를 두고 부르는 말로 citoyen이라고 함.

다. 요컨대 로베스피에르와 생쥐스트[12]의 차가운 악마적 논법은 프란츠 모어를 연상시키며, 마라와 에베르의 독살스러운 르상티망은 부름(Wurm)을 상기시킨다. 그리고 롤랑(Roland)의 말 많은 고상한 공화주의는 베리나(Verrina)를 연상시키며, 감성이 풍부하지만 약간 일그러진 표정을 한 그의 아내 롤랑 부인은 아말리아(Amalia)를 연상시킨다. (물론 현실은 문학을 종종 훨씬 앞질러 가는 모양이다. 예컨대 실러조차 생각지 못한, 파렴치하기 짝이 없는 '조서 장면'이 하나 있다. 말하자면 에베르가 여덟 살배기 왕자에게 왕비가 그와 성관계를 맺었다는 것에 책임을 묻는 내용의 조서에 사인을 하도록 했던 것이다.)

역시 프랑스의 명예시민이 된 클롭슈토크는 프랑스를 '갈리아'라고 쓰고 있는 다소 고지식한 한 시에서 혁명을 찬양하기에 급급했다. 그 양식은 나중에 바이에른의 루트비히 1세가 아주 능숙하게 취급한 바의 것이다. 이런 양식을 빌어 클롭슈토크는 혁명을 "지금까지 꿈꿔본 적이 없는, 에너지를 북돋우는 새로운 태양"이라고 찬양한다. 슐뢰츠(Schlözer)와 요한네스 뮐러(Johannes Müller), 횔덜린(Hölderlin)과 장 파울(Jean Paul), 빌란트와 헤르더, 슈바르트(Schubart)와 클링거(Klinger), 심지어 청년 겐츠(Gentz)와 달베르크(Dalberg) 남작, 그리고 일찍이 칸트와 피히테(Fichte)가 공공연히 혹은 사적으로 혁명에 지지를 표명했던 것이다. 단지 이플란트(Iffland)와 코체부(Kotzebue)만 유치한 방식으로 패러디하여 글을 썼을 뿐이다. 그러나 결국 거의 모든 교양인은 실러의 감성을 공유했다. 실러는 왕이 처형된 바로 직후에 쾨르너에게 이렇게 편지를 썼다. "보름 전부터 나는 더 이상

---

[12] Saint-Just(1767~1794): 프랑스 혁명의 지도자.

프랑스 신문을 읽을 수 없었네. 꼴사나운 박피공의 머슴들이 너무 역겹다네."

　그 시점의 독일 사람들은 아직도 수공업과 가내공업 및 농업에 전적으로 의존하고 있었다. 모든 것, 그것도 꼭 필요한 만큼인 모든 것이 개별 주택단지 내에서 생산되었다. 이는 곧 협소한 시계(視界), 영혼의 폐쇄성, 정신적 게으름을, 전제로 할 뿐만 아니라 작동하게 하는 원인이기도 하다. 대신 따뜻한 친밀성과 정신활동의 고상한 자족성의 근거가 되기도 한다. 인구의 3/4이 고스란히 시골에 살았으며, 대다수 도시도 큰 마을이나 농업도시에 불과했다. 파리와 런던, 혹은 로마와 같은 그런 대도시는 아예 없었다. 게다가 자동기계 같은 것은 없었으며, 고작 있는 것이라고는 그 같은 기계 비슷한 도구였다. 말하자면 정밀하고 생산성이 높으며 가격이 저렴한 상품의 생산 같은 것은 없었으며, 멀리까지 통하는 가볍고 빠른 교통수단도 없었다. 대규모 투자, 수송, 세계무역, 정치적 상황 등의 불안정성 때문에 사람들은 소규모의 토지소유와 소규모의 무역이라는 확실한 안정성을 택했다. 이 안정성은 판로의 확실성, 경쟁의 부재, 고객 필요의 단순성과 생산력의 단조로움에 근거했다. 이 같은 고객 필요는 '노동하는' 계층 사이에도 오늘날 어디에서든 좀처럼 목격하기 어려운 관조와 여유로움의 분위기를 조성했다. 이후 시대와는 정반대로 당시 평범한 부르주아 여성은 대개 남자보다 더 활동적이었지만, 정신적인 일에 대해서는 거의 무관심했다. 반면에 남자들은 자신이 마음껏 쓸 수 있는 자유로운 시간이 많았으므로 교양의 모든 문제를 다룰 때 오늘날 사람들보다 훨씬 더 고차원적인 수준에서 관여할 수 있었다. 게다가 오늘날의 우리 생활에서는 요양할 시간까지 파고들어 가득 채운 온갖 소음이 당시에는 상대적으로 적어 기분

전환이나 오락거리 같은 것도 그만큼 적었다. 일상에서 큰 뉴스거리와 대중 집회도 없었다. 매시간 쏟아지는 영상 뉴스나 청음 소식 같은 것도 없었고, 15분이 멀다 하고 울려대는 전화벨 소리, 우리의 삶을 짧게 연타하는 긴급 유무선 및 라디오 뉴스와 같은 것도 없었다. 당시 사람들은 오늘날 같았으면 방해받았을 법한 생활형식을 통해 엉뚱하게 생각하고 공상하게 하는 짓, 이를테면 내면을 향한 추상적 활동을 하게끔 부추김을 받았다. 이런 정신적 상황에서 독일 문학의 고전시대가 열린 것이다. 다른 나라의 경우 이때는 땀 흘리면서 열심히 달려가고 있던 시기이다. 예컨대 영국은 금괴와 후추 자루를 들고 숨을 헐떡였고, 미국은 오늘날의 것처럼 황량한 거대 트러스트로 변신하기 시작했으며, 프랑스는 정신병동과 살인자 무덤이 되어가는 동안, 독일은 원기를 회복할 건강한 잠을 태평스럽게 자고 있었다. 물론 이렇게 자면서 멋진 꿈은 꾸지 않았겠는가!

한 꼬마 아가씨가 한번은 내게 이렇게 물었다. "사실 실제로 거장들이 살았던가요?" 시사하는 바가 참으로 많은 어린아이의 말이다. 사실 거장들은 모범을 좇는 속물세계가 왜곡하여 맥 빠진 차가운 수사로 빈틈없이 가리기 때문에, 우리의 기억에 그저 비현실적인 공허한 전설의 인물로서 유령처럼 비치는 것이다. 그들은 우리의 의식에서 더 이상 하인 루프레히트[13]나 왕 드로셀바르트[14]보다 더 현실성도 개별성도 없는 셈이다.

해방전쟁(Befreiungskrieg)은 실러의 잠언을 빌어 체육협회를 위한 격

거장들이
살았던가요?

---

[13] Ruprecht: 그림 형제(Brüder Grimm)가 모은 동화집에서 하인으로 등장하는 인물을 말함.
[14] Drosselbart: 그림 형제의 동화집에 등장하는 왕. '지빠귀 턱수염 왕'으로 번역되기도 함.

언을 만들어내기도 했다. 그리하여 실러는 '민족시인'이 된 동시에, 모든 일을 제쳐놓고 골방에 처박혀 자신의 시상에만 몰두하는 천진난만한 문학청년의 전형이 되기도 했다. 그의 최초 기명 전기작가였던 의자매 카롤리네 폰 볼초겐(Karoline von Wolzogen)은 '이상적인 실러'를 창작하는 데 주요 공적을 세웠다. 카롤리네는 당시 유행한 바처럼 감수성 많은 블루스타킹[15] 여성의 한 사람이었다. 또한 동시에 자신의 의형제와 평생 불행한 사랑에 빠졌던 여성이다. 그러므로 실러에 가장 정통한 여성 전문가 가운데 한 사람이 그에 관해 아주 친숙한 가장 왜곡된 상을 그려냈다고 말할 수 있다. 이때부터 '도매상 할인'이나 '신문광고'와 같은 일을 할 때 누구든 실러를 끌어들였다고 해서 뭐 그리 놀랄 일이겠는가! 아니면 실러가 주근깨에 아주 긴 코를 하고 있었다, 실러가 믿기지 않을 정도로 흔들거리는 팔과 X자형 다리를 하고 있었다, 실러가 슈바벤 지방색이 물씬 풍기는 말투로 말했으며, 줄담배를 피우면서 계속 훌쩍거렸고, 상당히 많은 양의 샴페인을 마셨다, 실러는 그의 드라마 초안 여백에 예상 수입을 따져본 숫자를 써 놓았다고들 말한다고 해서 뭐 그리 놀랄 일인가!

실러는 공허한 축제극의 덫에 영혼을 잃어버릴 운명이었고, 바로 그런 까닭에 괴테보다 더 심할 정도로 희생양이 되었다. 그도 그럴 것이 그는 모든 시대를 통틀어 누구 못지않게 더 통속적인 작가였기 때문이다. 헤르만 그림은 괴테를 두고 자신의 『강독(Vorlesungen)』에서 이렇게 말한다. "발미의 포성이 울려 퍼질 때 그가 한 발의

---

15 Bluestocking: 18세기 유럽, 특히 런던의 사교계에서 문학에 취미를 가진 여성들이 푸른 스타킹을 신고 살롱에 모인 데서 유래함.

탄환에 말에서 떨어졌더라면, 아니면 당시 포로로 끌려갔다면, 그의 절친한 친구들은 아마도 바이런 경의 경우처럼 그의 손실에 대해 유감을 표했겠지만, 그는 자신의 문학적 명성에 필요한 조처를 하였다. 그래서 사람들은 이보다 더 멋진 일을 할 수 있었을까 하고 의심할 정도였다." 1787년과 1790년 사이에 괴셴(Göschen)식 분책(分冊) 방식에 따라 8권으로 묶은 괴테 '전집'이 출간되었다. 약 600여 명이 주문 예약했다. 낱권 판본의 매상이 훨씬 더 저조했다. 『클라비고(Clavigo)』가 17부, 『괴츠(Götz)』가 20부, 『이피게니에(Iphigenie)』가 312부, 심지어 『베르테르』도 겨우 262부 팔려나갔을 뿐이다. 출판업자는 총 기획에서 1,700탈러 이상의 손해를 봤다. 반면에 『발렌슈타인』 초판은 이미 두 달 사이에 3,500부 팔려나갔다. 물론 독일 안 도시 두 곳에서는 재판에 들어가기도 했다. 한편 실러의 경우를 두고서도 그가 '권위 있는' 부류에게서 상응한 평가를 받았으리라 생각해서는 안 될 것이다. 1798년 예나 대학에서 그는 철학 명예교수로 정식 임명되었다. 그에게 이 사실을 통보하는 서류에는 정교수 교수회가 그와 좀 더 밀착되어 있다고 생각하는 것을 명예로 여긴다고 적혀 있다. 그러나 좀 더 숙고해보면 그것은 약간 과장된 표현이라는 것을 알 수 있다. 말하자면 사람들은 그런 명예로부터 '큰 재미'를 본 셈이다. 이 둘도 없는 단짝에 대한 독일의 일반 여론을 가장 효과적으로 잠재울 수 있었던 인물은 베를린의 동판조각가 클라스(Clas)였다. 그는 이 둘과 함께 코체부와 이플란트를 한 장의 판화에 담았다. 이 판화는 은화 12그로셴짜리로 잘 팔려 나갔다.

독일 시민들이 경건한 태도를 보이면서까지 자신들의 탁자 위에 그 공허한 석고상으로 세워둔 바로 그 두 남자의 현실적 의미는 도대체 무엇일까? 그들은 자신들의 인생을 **살았으며**, 그것도 **전형적**

형태로 살았다. 여기에 그들 활동의 모든 것이 담겨 있다.

그 한 사람의 인생은 노동·근면·노동 이외에 아무것도 아니다. 잠시도 쉬지 않고 언제나 계속 위로, 위로 전진해갔다. 이는 그의 존재 의미이다. 그의 정신적·육체적 기관 일체가 거대한 발전기일 따름이다. 중단 없이 에너지를 비축했다간 방전하고 다시 충전한다. 이런 식으로 그는 헐떡이면서 달려가고, 지칠 줄 모르는 주자로서 마지막에 녹초가 될 때까지 달리다가 쓰러진다.

다른 한 사람의 인생은 성장·발전·성장 이외에 아무것도 아니다. 소리 없는 '부가 성장'을 통해 늘 새로운 곁가지를 뻗으면서 규칙적인 각을 이루는 투명한 형태로 천천히 성장하는 크리스털처럼 그도 그렇게 성장했다. 임의로 떼어내거나 덧붙일 것도, 속도를 늦추거나 촉진시킬 것도 없었다. 인간으로서 가능한 만큼의 큰 높이와 부피에 이르렀을 때 그는 죽었다. 더 이상 새로운 크리스털을 **만들지 않고 멈추어 선 채** 예리한 빛을 발산한다. 그것은 반사되는 확실한 면모를 지니고서 수세기 동안 볼 수 있는 불후의 인간적인 예술 작품으로 남아 있다.

입체화 능력 　괴테는 자신의 『금언과 성찰(*Maximen und Reflexionen*)』에서 이렇게 말한다. "**입체화 능력**(*Panoramic Ability*)은 내가 어떻게 감사해야 할지 모를 영국의 한 비평가 덕분이다." 사실 그의 '장인 정신'은 이를 적절하게 보여주는 것이라고 할 수 있다. 그는 파노라마의 영혼, 즉 사물을 입체적으로 볼 수 있는 정신의 눈을 갖고 있었다. 말하자면 사물을 풍부하면서도 또렷하게, 음영을 드리운 원근법적인 형태로 보는 것이다. 그리고 그는 풍속을 누구나 이해할 수 있게 백과사전식으로 나열하는 재능을 겸비하고 있었다. 그러나 바로 이러한 놀라운 재능 때문에 사람들은 그의 본질을 하나의 공식으로 표현할 수가 없었다.

가끔 우리는 그가 특별한 인물이라고 생각한다. 그러나 동시에 우리는 그가 그러한 인물과는 정반대에 위치한다는 점도 인정할 수밖에 없다. 그런 까닭에 사람들은 "괴테 본성의 모순들"을 두고서 그렇게도 많은 말을 하고 있는 것이다. 그러나 바로 그는 생각할 수 있는 모든 모순에서 가장 자유로운 본성을 지니고 있었다. 그도 그럴 것이 그는 우리가 운명이라고 부르는 바의 것과 모순에 빠진 적이 없으며, 그의 환경과 그의 상황, 세상 형편과 자기 자신과도 결코 대립하지 않았기 때문이다. 그는 문학청년처럼 열광적이며, 관료처럼 냉정하고, 막무가내일성 싶을 정도로 천재적 에너지가 넘치며, 아첨꾼이 아닌가 싶을 만큼 격식을 차렸다. 경건주의와 무신론이 겹쳤고, 독일적이면서도 사해동포적이고, 신비주의자이면서 유물론자이며, 자유정신이면서 반동이다. 열정에 자신을 온통 맡기는 불같은 연애꾼이자 온통 자신에게만 집중하는 나밖에 모르는 차가운 인간이다. 그는 전부이다. 왜냐하면 삶이 전부이기 때문이다. 그는 내부 및 외부 세계 일체를 어두운 힘들이 솟아올랐다가는 사라지고, 서로 합쳤다가는 다시 분리되는 신비로운 실험실로 간주한다. 그리고 자기 자신은 이 같은 마술의 장난을 방해하지 않고 침묵으로 지켜보면서 가끔 그에 대해 보고하는 일 이외에 아무것도 떠맡지 않은 수동적 관객으로 취급한다. 그러므로 그가 세상을 살아간 노정 자체는 하나의 서사시라고 부를만하다. 이 서사시는 지금까지 세상에 나타난 가장 완벽한 최고의 서사시 가운데 하나라고 할 수 있다.

반면 실러는 **연극적** 기관이었다. 그의 전기(傳記)는 한 편의 실러 드라마다. 요컨대 그는 벌써 청년기에 매우 인상적인 연기를 펼친다. 그것은 걸작으로서 팽팽한 긴장감과 매력을 선보인다. 이어 숨막히는 템포에 온갖 격렬한 갈등을 끊임없이 드러낸다. 다만 열변을

연극의
사령탑

토하는 듯한 철학에 의해 간혹 여기저기서 긴장된 갈등 장면이 끊기긴 하지만, 강력한 비극적 파국에 이르기까지 극적 긴장감은 극도로 높아지고 그 과정의 정점에서 초가 녹듯 허물어진다. 그는 죽어 세계문학의 가장 인상 깊은 제1막이라고 할 수 있는 『데메트리우스』의 토르소를 유산으로 남겼다.

그런데 그가 죽었을 때, 실러 드라마가 부단히 꼬리를 물고 공연되었다. 그의 사후명성의 역사가 시작된 셈이다. 이때도 모든 것이 비약적이고 과장된 어법으로 진행된다. 그의 연극작품이 흡사 어제 갓 나온 각본이나 되는 듯이, 언제나 그의 이름을 둘러싸고 찬·반 논쟁이 또다시 붙었다. 그의 작품의 성공과 실패가 마치 행복과 순간의 성좌, 정서와 시류의 문제가 되는 것과 같은 일이 허다했다. 그를 두고 꼭 살아 있는 사람을 두고 하듯 논쟁을 벌였다. 결코 의견의 일치를 보지 못한다. 그는 국가에 위태로운 인물인가 하면 인민의 구원자이며, 가장 고상한 시문학의 정전이자 거친 연극조의 표본이고, 지고한 윤리적 이상의 설교자이며 공허하고도 진부한 이념세계의 대변자이기도 하다. 그러나 그럼에도 그는 지속적인 것과 한갓 시사적인 것을 냉정히 즉물적으로 최종 구분하도록 과거의 업적과 인간을 공평한 심급절차에 세우는 역사의 정련 과정을 밟지 않으므로 그 자신이 부단히 부침을 겪을 수밖에 없는 상황에 놓이게 된 것이다. 말하자면 그는 세계와 함께하면서도 맞서는 식으로 뒤죽박죽 엉켜 있었다. 이는 오늘날도 마찬가지다. 아마 그는 결코 항구적인 현실의 문화재가 되진 못할 것이다. 그는 늘 열정을 촉발시켜 인간의 머리와 가슴에 극단을 지펴내기 때문이다. 어쩌면 이것이 그의 역사적 사명일지도 모른다. 그것은 곧 연극적 사명이다.

한번은 실러가 쾨르너에게 이렇게 썼다. "실제로 나는 내 재능에 따른 고유한 드라마를 만들어냈다네. 내 재능이 어떤 탁월함을 내게 허용한 것이 있다면 그것은 바로 나 자신의 것이기 때문이지. 내가 자연스러운 드라마의 길을 택하려고 할 때, 나는 괴테와 앞선 시대의 다른 수많은 작가가 나를 능가한 그 우월성이 아주 생생하게 살아 있음을 느낀다네. 그렇다고 해서 내가 겁먹는 것은 아니라네. 왜냐하면 그렇고 그런 많은 재능이나 필요조건이 내게 결핍되어 있다고 느끼면 느낄수록 그만큼 더 나는, 그런 결핍에도 불구하고 지금의 나로서 여기까지 나를 데려온 그런 재능의 현실성과 강점에 대해 확신하기 때문이라네. 만일 한 측면의 멋진 재능이 없었더라면 다른 한 측면의 중대한 결핍을 실제로 일어난 사실처럼 그렇게 커버할 순 없었을 것이고, 예민한 사람들에게 그토록 영향을 끼칠 수도 없었을 것이라네."

실러가 자신의 창작 전체를 조직한 그 특별한 기본적 재능은 연극적 재능이었다. 그의 문학에 살아 숨 쉬는 것은 현실세계가 아니라 자유롭게 구상된 다른 세계, 즉 연극세계다. 이 세계는 자체 심리학, 자체 윤리학, 자체 논리학을 겸비한 완전한 왕국을 형성하고 있다. 흡사 그 세계는 스스로 세운 법칙을 따르는 동화의 세계 같다. 이 같은 제2의 현실을 빈틈없는 관계로 완벽히 구상하려면 설령 일상의 감각과는 다르더라도 현실적 감각**도** 지녀야만 할 것이다. 이런 세계에서 실러는 경탄할만한 야전사령관의 눈을 갖고서 모든 것을 내려다보면서 명령·배치·감독하는 자유로운 전제군주였다. 그는 연극의 절대적인 사령탑이었다. 그는 독재자처럼 모든 현상을 자신의 연극체계에 편성했다. 형상화의 자연스러움에서는 괴테와 여타 적지 않은 작가가 그를 능가했다. 뚜렷한 차이는 괴테가 자신의 작중 인물들을 완벽히 묘사하면서 모든 차원에서, 말하자면 비본질적인 면모까지도 그려낸다는 점에 있다. 이 인물들은 자체의 고유한 삶을 살아가는 점에서 극장 입구에 거대하게 그려진 것 같은 실러의 인물들과는 대조된다. 실러는 항상 자신이 필요로 하는 것만을 보여줬다. 말하자면 늘 단면만을 보여준 것이다. 그는 등장인물의 성격을 그저 단순하게 부여하진 않았다. 모든 것은 전체 틀에서 그의 목표만을 성취하게 했다. 괴테는 현실의 인간을 만들어냈던 반면에 실러는 허구의 인물을 만들어냈던 셈이다. 이는 문제가 바로 연극작품이 아니라고 한다면, 실러의 결정적 결점이 되기도 한다. 그러나 이 경우 관객을 향한 무대 배경에만 대도구를 그려 넣는다거나, 상체만 보이는 배우가 전체 복장을 하지 않은 문제와 같은 그런 결핍이 아니다. 실러의 드라마에는 무대의 공간성, 즉 그 공간이 3차원을 전제하고 있지만 세 벽을 둔 그런 무대의 공간성을 염두에 두지 않은 경우는 거의 없다. 아무튼 괴테는 더 이상 극장을 위해서 작품을 쓰지 않았으며, 그의 인간과 사건을 네 벽으로 이루어진 현실의 방과 사방에서 빛이 뿜어져 나오는 현실의 자연에 옮겨놓았다. 간단히 말해 무대 뒤에서 보더라도 실망하지 않을 수 있는 생생한 세계로 옮겨놓은 것이다. 그의 인물들은 마치 그들뿐인 것처럼 그들 사이에서 서로서로 대화를 나눈다. 그런데 바로 이 점이 그가 전혀 다른 측면, 즉 차원을 넘어서는 그 성격 덕분에, 우리가 바로 앞 두 장(章) 전에서 언급한 바 있는 질풍노도의 극작가들과 달랐던 이유이다. 질풍노도 작가들은 차원이 너무 협소했고, 괴테에게는 공간의 벽이 굉장히 넓었던 것이다.

썩은 사과의 파토스 주지하다시피 실러는 글을 쓸 때 썩은 사과 냄새를 맡고 영감을 얻었다고 한다. 이제 (이것으로 적어도 품위가 떨어진다고 말할 수는 없겠지만) 그가 사건을 전개하는 과정과 그 형상화의 파토스를 두고 말하자면, 그의 파토스는 그 같은 분위기를 먹고 살았다고 말할 수 있다. 그 격정은 실로 순수했지만 절대 신선하지는 않았다. 그것은 코를 '찌르는 자극'이었다. 말하자면 지속적으로 썩어가는 것이 풍기는, 불쾌한 동시에 매력적인 냄새다. 그것은 곧 연극적인 퇴폐취미다.

예컨대『돈 카를로스(Don Carlos)』의 바우에르바흐(Bauerbach) 초고에서 드러나는 기술적인 고민, 이를테면 "갈등－꼬여있는 갈등들－의 묶음에 적절해 보이는 해소, 그러나 모든 갈등을 더욱 꼬이게 하는 해소"에 대한 고민이, 괴테의 구상에서는 결코 볼 수 없지만 실러가 마지막 날까지 집착한 일이다. 그가 꼭 배역연습을 할 때의 여느 배우처럼 드러나지 않게 은밀히 내보인 수많은 예비노트 가운데는 예컨대『데메트리우스』와 관계하여 다음과 같이 스케치한 것들이 있다. "피해야 할 것은 이 같은 장면에서는 이미 제국의회에서 일어난 일이 반복되지 않게 하는 것이다." "기대 이상의 성공을 거두려면 극으로 막을 내리게 해야 한다." "이 장면이 오를레앙의 처녀의 대관행렬과 일치하지 않도록 하려면 완전히 다르게 시작할 뿐만 아니라 완전히 상이하게 진행되게 해야 할 것이다." 오랜 기간 그는 데메트리우스와 워벡(Warbeck) 사이를 오락가락했다. 말하자면 영국 역사에서 얻은 소재와 아주 유사한 소재를 붙들고 있었던 것이다. 최종 결심을 하기 전에 그는 다시 한 번 더 세세한 목록을 짜면서까지 찬·반을 따졌다. 이렇게 메모한 것이다. "워벡에 찬성. 행복한 결말. 소재의 대중성. 주인공의 이해관계. 데뷔 역." 이는 그야말로 연극적인 현실정치가의 관점에서나 나올 법한 일이다.

괴테는 배우에 대해 거의 염두에 두지 않는 반면에 실러는 연기지침에서 무대배경과 연기자를 가만두지 않는 천재적인 무대감독의 기질을 발휘한다. 예컨대 언제나 무대효과가 풍부하도록 모티머(Mortimer)를 등장시키는 장면을 제일 먼저 생각해볼 수 있다. "폴레의 조카인 모티머가 안으로 들어와서는 여왕에게 인사말 몇 마디 나누지도 않고 폴레에게로 곧장 다가가 이렇게 말한다. '사람들이 숙부님을 찾고 계십니다.' 그러고는 똑같은 방식으로 그곳에서 물러난다." 그리고 또 생각해 볼 수 있는 장면은 드라마 전체를 요약해 보여주는 인상 깊은 연기인데, 그것은 『오를레앙의 처녀』에서 오를레앙 지역이 처한 위험천만한 상황에 대해 베르트랑이 보고할 때 처녀가 보이는 무언의 연기이다. "잔이 예민하게 경청하고서는 투구를 쓴다." 그리고 『빌헬름 텔』의 제3막 첫 장면의 정취 넘치는 결말을 떠올려 볼 수도 있다. "헤드비히는 안마당 문 곁으로 가서는 떠나가는 사람들을 한참 바라본다." 또한 『데메트리우스』에서 보이는 연극에 어울리는 독창적 허구를 생각해볼 수도 있다. "그러고 나서 그런 식으로 입장을 표현함으로써 그는 의회에 동석하고 있다고 가정한 청중과 의원 상당수를 안중에 두었지만, 왕좌만큼은 단념하지 않는다." 이 모든 경우와 여러 다른 경우에서도 실러는 꼭 감독의 단상에 앉아있는 것처럼 보인다. 심지어 그의 산문 저작에서도 그는 연극인으로 남아 있다. 여기서도 그는 독자보다 청중을 더 많이 염두에 둔 셈이다. 리하르트 페스테르(Richard Fester)가 아주 적절히 지적하듯이, 특정한 어휘와 문장성분에 빗금을 친 모양은 "감독으로서 해야 할 메모의 의미를 필요에 따라 강조하는 지침으로" 보인다.

통속물의 천재 결과적으로 의고전주의의 쇄도는 그의 예술적 발전에서 실로 하나의 비극적 계기를 형성하기에 이른다. 이에 대해서는 규명할 필요도 없을 만큼 그는 자신의 기질과 그 형상화 방식 일체와 가장 심각하게 대립하는 경향으로 내몰렸다. 주지하다시피 이 점에서 괴테가 책임이 없는 것은 아니다. 물론 주요 책임은 그 시대에 있다. 그러나 덧붙여야 할 것은 괴테가 이 모든 운동을 강화하고 첨예하게 몰아가면서 더욱 고조시켰고, 암시적인 등장인물에 비중을 두는 독보적인 창작방식을 통해 결국 이 운동을 신성하게 만들었다는 점이다. 물론 이 같은 그릇된 방향정립이 괴테 자신에게는 가장 해를 적게 입혔지만, 다른 사람들에게는 그 전범을 좇는 것이 그만큼 더 숙명적이게 했다. 그러나 근본적으로 그는 그 어떤 것으로도 손상을 입지 않았다. 그도 그럴 것이 그는 좋은 것과 나쁜 것, 귀한 것과 천한 것, 낯선 것과 친숙한 것, 이 모든 것을 자신의 유기구조에 동화(同化)하는 소재로 합체했기 때문이다. 물론 그 자신도 언제나 바로 이 동화의 소재를 통해 변한다는 것이다. 그것은 인간의 신체가 스스로의 몸에 들어오는 온갖 다양한 식료품에서 항상 같은 세포의 물질을 구성하게 되는 것과 같은 이치다. 이렇듯 괴테는 결국 이 모든 것으로부터 괴테를 형성했으며, 이렇듯 그의 성장에서 아무것도 그를 방해할 순 없었다. 그러나 이 방면에서 그가 독보적인 존재였지만 실러는 다르게 반응했다. 한편으로 그는 대단히 강력하고도 독재적인 존재였고, 다른 한편으로는 대단히 헌신적이고도 민감한 존재였다. 그의 천성은 감동을 주면서 감동을 받기도 하고, 다른 모든 것이 자신과 관계 맺게 한다. 한 번은 어떤 이념에 감동을 받아 전적으로 그것을 따르면서 그 이념이 어떤 대상과 관계를 맺고 활용되기까지 안절부절못했다. 요컨대 괴테는 새로운 생각과 연상과 이미지, 그리고 중요한 정신이 떠오를 경우 이것들을 점유하려 한 반면에 실러는 이것들에 자신을 맡기려 했다.

실러의 의고전주의는 『메시나의 신부』에서 정점에 도달한다. 여

기서는 모든 것이 흐릿하며 공허한 은색 톤에 색채가 약하고, 고풍
스러우며 궁중 연극으로서, 동물들조차도 의미가 있을 만큼 나른한
그런 시대의 무미건조하고도 창백해 보이는 '장대한 풍경'을 연상
시킨다. 발렌슈타인도 개성보다 파토스를 더 많이 가졌던 당시 의원
들을 그린 추상적인 초상화를 다소 상기시킨다. 발렌슈타인은 항상
몰래 리고[16]의 입상을 곁에 두었던 것이다. 당시는 이 입상을 두지
않은 정치가는 생각할 수가 없었다.『빌헬름 텔』에서조차도 '나무
잎사귀 문양'이 상당히 자주 등장한다. 그러나 그럼에도 실러의 '고
전주의'란 그가 자신의 드라마를 시류에 맞도록 구성하려고 입힌
번들거리는 광택에 불과하다는 점도 간파된다. 이미 1801년에 그는
쾨르너에게 이렇게 썼다. "단장격(Jambus) 형식이 연극적 효과를 증
대시키지 못하고 종종 표현에 방해되기도 한다네." 그는『발렌슈타
인』뿐만 아니라『돈 카를로스』도 애초 산문 형식으로 쓰고 싶었다.
실제로『돈 카를로스』는 그가 세심하게 신경을 써서 펴낸 산문 판
본으로 여러 번 무대에 올려졌다. 그러나『발렌슈타인』의 경우 고
대의 숙명 개념에 대한 의고전주의적 곡해 때문에 심한 손상을 입
었다. 이 같은 '층위'는 연극 천재의 극히 기발한 착상에서 기인한
다. 요컨대 주인공이 등장하진 않고, 그래서 지속적으로 가장 인상
깊은 효과를 일으키게 하는 그런 비극의 서막을 쓰려는 생각은 부
득이한 것인 만큼 해볼만한 일이었다. 그런데 비극을 두고 말하자면
단지 파국만을 보여주려는 생각, 이를테면 장구하고도 풍부하면서
감동적인 하나의 전사(前史)가 주인공에게 드리우는 최후의 짙은 그
림자 역시 철저히 연극적인 구상이긴 하다. 그러나 이 같은 테크닉

---

[16] Hyacinthe Rigaud(1659~1743): 바로크 시대 프랑스의 초상화가.

이 효과를 발휘하려면 전념을 다해 그 구상이 다듬어져야 한다. 실러는 자신의 눈앞에 범례로서 아른거린 『오이디푸스』가 한 비극의 **마지막 막**에 불과하다는 점을 망각했다. 그런데 『발렌슈타인』은 7500개 시행의 11막으로 구성되어 있다. 『돈 카를로스』도 유사한 상피병을 앓았다. 이 작품에서 유사 드라마를 끌어낸다면(이는 보이는 바처럼 성물 절취와 같은 일이 아니다. 그도 그럴 것이 본래 실러 자신도 플랑드르를 경험하지 않고도 자유와 익살을 구성했기 때문이다), 그것은 아마 실러만이 구성할 수 있었던 것처럼 박진감 · 템포 · 긴장으로 가득 찬 빼어난 음모극일 것이다. 실러 비평가 중 가장 혹독한 비평가로 손꼽히는 오토 루트비히(Otto Ludwig)조차도 그 같은 드라마 구성은 탁월한 면모라고 인정하면서, 실러는 스크리브[17]와 그 학파의 가장 인상적이고도 교훈적인 공공연한 모범이 된다고 지적한 바 있다.

이는 사실 유럽 연극사에서 실러가 갖는 고유한 의미라고 할 수 있다. 그는 통속물의 가장 위대한 천재 가운데 한 사람이었다. 우리는 이러한 특색을 경멸적인 의미로 악용하고 싶은 것이 아니라 오히려 이 장르의 최첨단을 입센과 셰익스피어, 도스토옙스키와 발자크에게서도 볼 수 있다는 점을 확인하고 싶은 것이다. 실러는 본성적으로 '부정한 술수', 이를테면 술책과 대응술책, 음모와 간계를 문학적으로 형상화하는 것을 열정적으로 편애했고, 그래서 그의 상상력은 거의 전적으로 공포소설의 분위기에 맴돌았다. 청년기의 드라마는 오직 이런 경향만을 좇았다. 그 통속적 맹아는 그 시기 드라마의 파국 장면들이 강제적이지 않은 방식으로 자연스럽게 이루어

---

[17] A. E. Scribe(1791~1861): 프랑스의 극작가. 300편 이상의 작품을 썼음.

지는 점에서 드러난다. 우리가 두 장 앞에서 본 바, 『군도』와 『피에스코』는 성공에 아무 지장 없이 여러 번 '해피엔드'의 방식으로 무대를 장식했으며, 실러 자신조차도 만하임 공연을 위해 마지막 장면을 수정했다. 『간계와 사랑』도 마지막 순간에 재판장이 해독제를 들고 나타나 구원을 받은 두 연인에게 뉘우치는 마음으로 자신의 축복을 빌어주는 판본이 공연되었다. 실러는 『돈 카를로스』의 산문조 판본을 만들기 위해 결론을 또다시 개작했다. 요컨대 카를로스는 체포되는 순간 검으로 자결하고, 필립은 그의 주검 앞에 절망한 채 쓰러진다.

세계문학에서 가장 탁월한 통속소설 가운데 하나를 꼽는다면 그것은 아마 『유령을 본 사람(Geisterseher)』일 것이다. 그 첫 단편(斷編)이 『탈리아(Thalia)』라는 제목으로 1787년에 선을 보였고, 그 초판이 1789년에 출간되었다. 우리는 실러가 그 작품을 미완의 유고로 남겼을 것이라는 널리 확산된 가정에 동의하지 않는다. 왜냐하면 실러는 극도로 복잡하게 얽힌 소재에 능통하지 않았기 때문이다. 그 같은 일은 그의 평소 작업방식에 위배되었다. 그의 평소 작업방식은 늘 확실하게 세부항목으로 나눈 총괄계획에 따라 움직였다. 항상 여운을 남긴 채 진행되어야 하고, 그래서 미리 정확히 수립되어야만 하는 추리소설을 쓰는 여느 작가라도 완성을 어렵게 만드는 그처럼 복잡한 일은 있음 직하지 않은 것이다. 분명 실러는 그 속편을 단념했을 것이다. 그도 그럴 것이 그 사이에 그는 대가가 되어 있었기 때문이다. 그러나 통속물에 대한 그의 은밀한 경향은 죽을 때까지 유지되었다. 『발렌슈타인』이 완성된 직후인 1799년에 그는 한동안 독살과 어린이 유괴, 장물취득과 같은 범죄 드라마, 이를테면 1805년까지 그를 심취케 한 『나르본 혹은 보육원의 아이들(Narbonne oder *die Kinder des Hauses*)』, 그리고 규모를 좀 더 크게 잡은 같은 식의 주제, 예컨대 『경찰(*Die Polizei*)』을 구상했다. "경찰의 관찰 대상인 파리가 그 전모를 드러내게 하고, 그 주제를 남김없이 길어낼 수 있게 해야 한다. 경찰도 완전하게 그려내고 모든 주요 사건을 선보이게 할 것 이다. (…) 수많은 가족이 연루되어 지독히 복잡하게 얽혀 있고, 그 래서 항상 계속되는 조사를 통해 재구성되지만 늘 새롭게 드러나게 될 그런 범죄가 형상화의 주요 대상이다. 그것은 자신의 가지들을 다른 나무의 가지와 끊임없이 엉키게 하는 어떤 큰 나무에 비교될 수 있다. 이 나무를 파내려면 주변 전체를 파헤쳐야 한다. 이와 같은 방식으로 파리 전체를 파헤치다보면 악행과 부패 따위를 포함한 실 존의 온갖 형태가 하나하나 밝혀지게 될 것이다." 특히 경감의 접견 실에서 연기가 이루어지고 큰 기계의 모든 톱니바퀴가 가동되는 장 면을 보여주는 제1막은 확실히 실러만이 쓸 수 있을 법한 흥미를 유발하는 다채로움과 긴장감으로 채워진 한 폭의 풍속화 같다. 이와 관련하여 헤르만 헤트너(Hermann Hettner)는 자신의 아주 옹골찬 『18세 기 문학사(*Literaturgeschichte des achtzehnten Jahrhunderts*)』에서 이렇게 말한 다. "누가 실러를 파리의 비밀을 폭로하는 외젠 쉬(Eugén Sue)의 이웃 으로 보는가? 미의 수호신은 실러로 하여금 그 같은 구상을 하지 못하도록 막았다." 실로 독일이 자신의 그 강렬한 재능으로 다른 민족을 능가하기에 충분한 자격이 있는 그런 드라마를 산출하지 못 한 책임은 바로 그처럼 경고하는 미의 수호신에게 있는 셈이다.

　바로 이 수호신은 헤트너와 여러 다른 문학사가가 입이 마르도록 칭찬하는 두 단짝의 결속도 관장했다. 주지하다시피 괴테와 실러가 처음에는 서로 반감이 있었다. 실러는 괴테가 "가식을 부리는 듯 지나칠 정도로 자연에 집착한다"고 분개하면서 이렇게 설명한다.

단짝의 결속

"대체로 그의 표상방식은 너무 감각적이어서 내게는 너무 빤해 보인다." 그러고는 마침내 역시 쾨르너에게 꾸밈없이 편지를 썼다. "이 인간, 이 괴테가 언젠가 한 번은 내 길에 방해가 되기도 했다네." 괴테는 자신이 실러를 두고 예나 대학 교수로 추천하면서 쓴 '가장 부드러운 추천서'에서 실러는 "글을 통해 자신의 명성을 얻었다"고 칭찬할 줄밖에 몰랐지만, 나중엔 완전히 노골적으로 이렇게 표현한다. "나는 실러가 미웠다." 괴테가 실러와 함께 작업을 한 그 시절을 조용히 회고할 때 무엇을 생각했는지는 실러가 죽은 뒤 대략 20년 뒤인 1824년 10월에 첼터(Zelter)에게 쓴 그의 편지가 말해준다. "나는 1794년부터 1805년까지 실러와 주고받은 내 편지를 편집하고 있네. (…) 이때 신기한 느낌을 받는 것은 마치 내가 그 당시를 경험하고 있다는 생각이 들기 때문이라네. 그러나 실로 교훈적인 것은 목표를 억지로 정한 두 사람이 지나친 내적인 활동을 통해, 그리고 외부의 자극과 방해 때문에 자신들의 시간을 낭비하게 되는 상황이네. 이런 상황에서는 근본적으로 어떤 힘과 경향과 의도도 온전히 그 가치를 발현할 수 없는 노릇이라네."

괴테와 실러는 둘이서 10년간 공동의 작업을 해나갔다. 그 작업의 결과 가운데 하나가 바이마르 극장과 짧은 격언시들로 이루어진 크세니엔(Xenien)이다. 그들의 노력 끝에 형성된 이른바 '바이마르 학회(Weimarer Schule)'는 여러 보고서로 미루어 보건대, 연극공연의 가공할 형식을 독일에 확산시킨 것이 틀림없다. 그 형식은 오늘날 별로 경의를 품지 않고서 사람들이 '궁정연극'이라고 말하는 그런 양식의 첨단에 서 있었던 형식이다. 괴테의 기본원칙은 이랬다. "배우가 늘 염두에 둬야 할 것은 자신은 관객을 위해 존재한다는 점이다." 따라서 배우는 마치 제3자가 없다는 듯이 '왜곡된 자연성'에 따라 연기를 해서는 안 될 일이라고 한다. 그 자체로서는 부당하지 않은 이 원칙이 그러나 곧이곧대로 받아들여질 경우 납득하기 어려운 방식으로 과장된 표현이 될 수도 있다. 말하자면 연기자들은 연기할 때 항상 우아하게 반원만을 그려야 하고, 뒤쪽을 향해 말해서는 안되며, 관객에게 등을 보여서도 안 되고, 보여준대도 겨우 측면만을 허용해야 한다는 식이다. 세련된 강연 방식을 강조하고 있는 것이다. 배우의 개성과 인물의 성격을 지워 없앨 계산으로 발음을 지나칠 정도로 또박또박 끊어서 하게 하는 것, 그리고 아름다움의 절정으로 여긴 노래조의 낭독 방식, 간단히 말해 이는 연기술을 단순한 암송과 몇몇 대표적인 배우를 모방한 고정된 몸짓으로 환원하는 꼴이다. 그 결과 배우에게 대사를 읽어주는 장소로서 괴테와 실러가 직접 지도한 프롬프트는 상당히 넓은 공간을 차지했다. 물론 이 둘은 흔히 대부분의 시인처럼 비참한 낭독자들이었다. 이 때문에 실러의 경우 여러 번 그의 작품의 성공을 위험에 빠트릴 정도였다. 예컨대 만하임 공연에서 그가 『피에스코』를 너무 엉터리로 읽었기 때문에 엄청난 기대를 품고 온 관객들조차도 2막이 끝나자 모두 자리를 박차고 떠나버린 것이다. 무대 감독이었던 마이어(Meyer)는 어떤 사람이 『군도』를 썼고, 실러가 그것을 자신의 이름으로 출판한 것이 아닐까 하고 슈트라이허(Streicher)[18]에게 물었다. 그도 그럴 것이 『피에스코』는 그 감독이 지금까지 들어본 것 중 최악이었기 때문이다. 칼프(Kalb) 부인도 마찬가지였다. 『돈 카를로스』가 낭독된 직후 그 부인은 웃으면서 실러에게 이렇게 말한다. "존경하는 실러 선생님! 이건 선생님이 지금까지 보여준 것 중 최악이랍니다." 그의 명

---

[18] A. Streicher(1761~1833): 독일의 피아니스트이자 작곡가.

성이 정상에 이르렀던 1801년『오를레앙의 처녀』도 역시 그랬다. 배우 하인리히 슈미트(Heinrich Schmidt)의 보고에 따르면『오를레앙의 처녀』는 거의 아무런 영향도 못 미쳤거나 아니면 많은 이에게 '마취성' 효과를 일으켰을 뿐이다. 그런데 실러는 평생 자신을 자기 작품의 최고 해석자로 여겼고, 한때 청년시절엔 배우가 되려 한 적까지도 있었다.

『크세니엔』과 관련해서 말하자면, 그 대부분이 예나 시절의 협력 중에 생겨난 것으로 보이는데, 그때 그 방에 아마 당시 독일로서 취할 수 있었던 지혜와 지식, 취향, 시대정신, 언어구사력, 심리학 등이 모두 모였던 것 같다. 그런데 그 결과는 널리 알려진 바다. 요컨대 동시대인들이 거의 한목소리로 그것을 기피했던 것이다. 주도적인 잡지들, 이를테면『에어랑엔 교양 신문(Die Erlanger gelehrten Zeitungen)』,『새로운 독일 일반 문고(Die Neue allgemeine deutsche Bibliothek)』,『고지 독일 일반 문학신문(Die Oberdeutsche allgemeine Literaturzeitung)』, 그리고 라이하르트(Reichardt)가 발행한『독일(Deutschland)』과 빌란트의『독일 메르쿠어』와 함께 여타 거의 모든 간행물도 그것을 두고 다소 냉혹한 태도를 보이면서 거의 실패한 것으로 취급했다. 일반적 평가는 포스가 발행한 잡지,『코즈모폴리턴(Kosmopolit)』이 가장 명료하게 내렸다. 이 잡지는『크세니엔』을 두고 "그 방식이 완전히 새로운 현상"이라고 소개하는 발행자의 광고를 놓고 이렇게 질문한다. "400여 편의 짤막한 시, 요컨대 (⋯) 정선된 세련되고 기지 넘치는 위트로써, 그리고 품위 있고 후덕한 즐거움의 가치를 지닌 **선물**로써 관객에게 제시되긴 하지만, 상당 부분이 따분하거나 악의적이고, 피상적이며 무의미할뿐더러 거의 전부가 진정한 시적인 가치라고는 하나도 없는 (⋯) 그런 시들을 대면한 순간, 그 방식을 놓고 눈여겨볼만한 새로운 현상이라고 누가 감히 서슴없이 말할 수 있겠는 가?" 그리고 9개월 뒤, 전체를 다시 한 번 요약하면서 여전히 만족 스럽지 못한 점을 지적한다. "짧은 시편들에 대해 말하는 그 모든 목소리 가운데 어느 하나도 그 시편들에 찬동하지 않았다." 다음 세대의 문학교사들조차 그 시편들에 감격하는 일을 자제했다. 그도 그럴 것이 그들은 원시적인 산술에서 출발했기 때문이다. 요컨대 두 작가가 각자 탁월한 작품을 창작한다면, 그들이 공동으로 만들 어낸 것은 두 배로 가치가 있을 것이라는 식이다.

대척자

한번은 헤벨(Hebbel)이 자신의 일기장에서 이렇게 말했다. "괴테라 고 하면 내 인상에 떠오르는 게 별로 없다. 그만큼 나는 그를 얕잡아 본 것이다. 그도 그럴 것이 그의 불같은 정열은 저 세상의 것과 같아 서 나는 그와 실러 사이의 관계가 마호메트와 그리스도 사이의 그 것을 닮았다고 생각하기 때문이다. 그래서 그들이 서로 거의 친하지 않았을 것이라고 생각했다." 사실 우리가 이미 지적한 것처럼 그들 은 바로 상극을 드러낸 예술 생산의 표본으로 보인다.

1825년 6월 5일, 괴테는 (물론 에커만에게 보낸 편지에서) 시의 정의에 관해 얘기하듯 말한다. "정의 내릴 게 뭐 그리 많겠는가! 상 황에 대한 생생한 감정과 이를 표현할 능력이 시인을 만드는 법이 네." 이에 반해 실러는 다음과 같이 쓴다. "결코 어디에서도 아직 일어난 적이 없는 것, 그것만이 시의 대상일지니!" 이 두 문장만큼 더 함축적으로 두 극단적인 예술가의 세계를 대립시켜 보여주는 것 도 없을 것이다. 그런데 괴테의 그 같은 확언은 누구에게든 쉽게 이해되는 반면에 실러의 말은 예술가 본성의 고유한 역설을 함의한 다. 에머슨은 셰익스피어에 대한 그의 에세이 서문을 다음과 같은 말로 시작한다. "우리가 독창성을 거미가 자신의 내장에서 실을 뽑는 것과 같이 생각한다면, 독창적인 예술가는 하나도 없는 셈이다."
그런데 실제로 실러는 거미와 같다. 말하자면 그는 모든 것을 자기
자신에게서 뽑아냈던 것이다.

주지하다시피 실러는 스위스와 관련해서는 고작 오래된 몇몇 약
간 구체적인 기록물과 몇 장의 지도와 풍경화를 알고 있을 뿐이다.
이 자료들로 그는 『빌헬름 텔』을 집필하는 사이에 자기 방을 도배
했다. 그럼에도 『빌헬름 텔』은 완전한 스위스를 담고 있다. 모든
스위스 비평가는 놀랍게도 그 나라 지형 · 풍습 · 민속 · 어투를 실
재와 아주 비슷하게 그려내고 있고, 여행책자들은 오늘날도 실러의
시구들을 지역 설명과 방향에 활용하고 있다. 이 같은 문제를 논구
로 삼는 것이 예부터 선호해온 논문의 테마였다. 그러나 우리가 주
장하고 싶은 것은 실러가 글을 쓰는 데 스위스를 이용하지 않았을
뿐더러, 바로 그가 스위스를 가본 적이 없어서 오히려 더 잘 그릴
수도 있었다는 점이다. 스위스 산천을 두루 다니면서 심혈을 기울인
순회공연은 오히려 그를 혼란스럽게 했을지도 모른다. 모순투성이
의 모호한 외적 인상들은 그의 명쾌하고도 강인한 내적 이미지에
의해 잠식된 듯하다. **실제의** 스위스는 시인 실러에겐 아무것도 말해
주지 못했다.

눈에 확 띄는 사례가 아직 하나 더 남아 있다. 『1800년 문예연감
(Musenalmanach für das Jahr 1800)』에 「종(鐘)의 노래(Das Lied von der Glocke)」가
실렸다. 청중은 주종(鑄鐘) 과정을 세세하고도 정확히 드러내는 장면
을 보고 깜짝 놀라며 감동을 받은 것 같다. 그런데 이미 11년 전에
실러는 같은 소재를 다루었으며, 카롤리네(Karoline)의 보고에 따르면
"종을 만드는 과정을 구경하려고 교외에 있는 주종공장으로 종종
산책을" 갔다고 한다. 그러나 창작은 곧장 앞으로만 가려 하진 않는

모양이다. 그는 계획을 뒤로 미뤘다. 언젠가 하루는 건조하기 짝이 없는 책 한 권이 그의 수중에 들어왔다. 그것은 크뤼니츠(Krünitz)의 『경제기술 백과사전(Die Ökonomisch-technologische Enzyklopädie)』이었다. 그 것을 읽고 그는 돌연 새로운 관점이 생겨난 모양이다! 우리는 앞의 앞 장에서 칸트도 가장 생생하고도 가장 명료한 표상들을 책에서 길어내는 능력을 상당히 높은 수준에서 겸비하고 있었다는 점에 대해 지적한 바가 있다.

그런데 살아가면서 괴테와 실러는 이상하게도 상황이 완전히 뒤바뀐다. 괴테는 노년에도 자신을 두고 이렇게 말한다. "나는 늘 갓난아이다." 평생 그는 수동적이며 우유부단하고, 근본적으로 세상물정에 어두운 성정(性情)을 지녔던 반면에 실러는 성숙해진 이후로 예리한 지식과 주변세계 일체에 대한 단호한 처신의 면모를 드러냈다. 그는 출판계를 다루는 일에서 대가였다. 물론 오늘날에 견주어 봐도 그는 당시로써는 아주 보기 드물 정도로 '광고'와 '설득'의 대가였다. 이와 관련해서는 피타발(Pitaval) 선집의 서문, 『역사 비망록 전집(Sammlung historischer Memoires)』의 예비보고서, 그리고 그가 완전히 현대적인 저널의 발간방식을 빌려 능숙한 솜씨로 편집하여 펴낸 잡지들, 이를테면 『라인 지역의 탈리아(Rheinische Thalia)』와 『호른(Die Horen)』에 발표한 글들을 떠올려 볼 수 있다. 『호른』에서 그가 완전히 의식적으로 노린 것은 어느 시대든 분명 존재한 독자층의 스노비즘(Snobismus)이었다. 그는 출판업자 코타(Cotta)에게 이렇게 편지를 썼다. "물론 생각한다는 것은 많은 이에겐 성가신 일이죠. 그러나 이 일을 우리는 생각할 줄 모르는 사람도 사실을 인정하기엔 부끄럽게 여기며, 자기자랑을 늘어놓는 이들도 무심코 실제 자기와는 다른 모습으로 비치게 하려 한다는 점을 노리는 쪽으로 끌고 가야

합니다." 그는 『고지 독일 일반 문학신문』의 몇몇 호의 경우 출판업자 코타가 비용을 들여 속간한다는 협약을 받아내기도 했다. 이 일은 이 잡지가 독일에서 가장 명망 있고 가장 영향력이 컸기 때문에 오늘날의 시점에서 보더라도 하나의 미증유의 사건이라고 할 수 있다. 『호른』을 취급할 때는 '근사한 정치적 · 종교적 논문'을 끼워 넣음으로써 검열을 피하여 발행금지를 모면하는 미국식 사유를 선보이기도 했다.

우리가 괴테와 실러의 비교 작업을 여전히 좀 더 끌고 가고 싶은 것은— 물론 우리가 잘못 짚지 않았다면 이미 여기저기서 그런 비교가 이루어져 온 셈일 텐데— 아마 가장 현저한 차이로써 괴테의 경우 극단적인 방식에서 **시각적인 전형**(Optischer Typus)이, 실러의 경우 **청각적 전형**(Akustischer TYpus)이 구현되고 있는 모습으로 우리에게 비칠지도 모르기 때문이다. 괴테는 명확히 말한다. "눈에 거슬릴 정도로 관찰되면 귀는 말 못하는 감각에 불과하다." 그의 경우 모든 경험은 보는 것에 있다. 스트라스부르 대성당을 목격하고서 그는 '고딕양식 추종자'가 된다. 그리고 쪼개진 양의 두개골을 보고서는 나선이론(Wirbeltheorie)에 이른다. 이탈리아가 그에게 새로운 창작 의욕을 불러일으킬 것이라는 막연한 느낌으로 그는 이탈리아를 **살펴보려**(erblicken) 그곳으로 급히 간다. 그래서 빌헬름 텔 서사시에 대한 그의 이념은 실러와는 현저하게 대립하는 것으로써 텔의 전설을 전해주는 스위스 지방들을 두루 살핀 결과로 각성된 것이다. 그는 찬탄하는 예술작품은 복제해서라도 항상 눈앞에 두고 싶어 했다. 반면에 실러는 유명한 조형예술품의 원작을 가까이 두고서도 세밀하게 관찰한 적이 없었다. 괴테의 모든 시는 그 스스로 밝히듯이 즉흥시이며, 그의 드라마도 그렇긴 마찬가지라고 말해도 무방할 듯하다.

그의 경우 모든 창작은 구체적 경험에서 비롯된다. 문학사가들이라면 이에 상응하는 구절을 그의 전기와 그의 시에서 얼마든지 짚어낼 수 있을 법하다. 그는 모든 식물에 지대한 열정을 보였지만 은화식물(隱花植物: Kryptogame)만큼은 별 관심을 두지 않았다. 왜냐하면 그 개별성은 자유분방한 시선으로는 볼 수 없기 때문이다. 같은 이유로 천문학도 그의 관심 밖에 있었다. 그는 수학적 물리학을 기피했다. 이 역시 비가시적인 학문이기 때문이다. 그리고 흰색은 전체 분광색이 모여 얻어진다는 뉴턴의 이론도 기피하는데, 이는 흰색이 눈의 실제 현상에 배치되기 때문이라는 것이다. 이토록 육안을 신성화하는 그의 태도는 안경을 사용하지 않게 만들었다. 그도 그럴 것이 안경은 인공적인 시력을 매개로 하기 때문이다.

반대로 그는 음악과는 별 관계를 맺지 않았다. 늘 그는 음악을 고작 봉사하는 기예로만 봤을 뿐이다. 말하자면 '절대음악'의 세계는 아예 그에게 배제되어 있었던 셈이다. 주지하다시피 그가 자기 시대의 가장 위대한 음악적 천재들, 이를테면 베토벤과 슈베르트를 대하는 태도는 자신의 얌전한 친구였던 악장 첼터를 대할 때의 그것 이상이 아니었다. 그는 첼터를 가곡 작곡가의 이상으로 여겼다. 반면 실러의 경우 음악은 모든 예술창작, 특히 드라마의 구심을 의미한다. 그는 자신의 시적 이념들은 언제나 "일종의 음악적 정조"에서 생겨난다고 설명하면서, 연극예술 작품의 완성은 음악을 작품에 끌어들일 때에만 가능하다고 여러 차례 강조하고선 연극의 경제적 운영을 위해 음악에 우선적인 넓은 공간을 배치했다. 특히 그의 후기 작품들의 정점에서는 모든 것이 음악적 감동을 불러일으키며, 오케스트라의 직접적인 지원을 받기도 한다. 그래서 그의 문학 작품, 예컨대 『빌헬름 텔』과 『오를레앙의 처녀』와 같은 몇몇 작품은 바로 희가극으로 규정해도 무리가 없을 법하다. 그러나 연극을 잘 모르는 (『빌헬름 텔』에서 서곡을 포함한 세부사항, 이를테면 자애로운 수사들의 합창과 의형제 맹세 장면의 음악적 결론을 '키치적인 것'으로 지워 없애는 무식한 용기에서 비롯된) 예술-볼셰비즘의 눈으로 보면 이의를 제기할 수 있을 법도 하다.

정태주의자
와
역동주의자

　　아마 우리는 괴테와 실러 간의 차이를 또 다른 공통분모로 끌어낼 수 있을 듯하다. 말하자면 괴테는 **정태주의자**(Statiker)로, 실러는 **역동주의자**(Dynamiker)로 규정할 수 있는 것이다. 이 같은 구분은 살아 있는 어떤 것을 하나의 개념으로 규정하려는, 실로 얼토당토않을 법한 모든 공식이 갖는 난감한 일이긴 하다. 그러나 그것은 규정될 개인성을 훨씬 넘어서서 원칙적 · 보편적 의미를 갖춘 두 개의 큰 부류로 나누는, 공식의 장점도 지니고 있는 셈이다. 정태주의자 괴테의 경우 그의 삶과 사유와 직관의 중심에는 안정적인 것(das Ruhende), 즉 존재(das Sein)가 놓여 있다. 실러의 경우 분주한 작용(das Bewegte), 즉 형성(das Werdende)이 구심을 이룬다. 생체학에는 괴테가 발견한 영역이 형성하고 있는 신체의 지속적 특색을 다루는 학문인 해부학이 포함되지만, 신체의 변화를 취급하는 생리학의 경우엔 그의 관심을 거의 사지 못했다. 반면에 실러가 작성한 유일한 자연과학 논문은 그 초판부터 『생리학의 철학(*Philosophie der Physiologie*)』이라는 제목을 달고 나왔다. 식물학에서도 이와 아주 유사한 현상을 볼 수 있다. 괴테의 주요 연구영역을 형성하는 식물의 영속적 형태에 관한 학문인 형태학이 여기에 해당한다. 그래서 그의 '원형식물' 학설은 식물들의 다양한 발전단계를 단일하게 확립된 기본원리로 환원하는 폭력적인 시도처럼 비치기도 한다. 그것은 곧 형성을 존재로 정립하는 꼴이다. 무기적 자연에 관한 그의 연구에서 우세한 것은 그가 대단한 열정을 보인 광물학이다. 그러나 모든 광물학의 기초인 화학에 대해선 거의 관심을 보이지 않았다. 그도 그럴 것이 화학은 원소의 변형을 다루는 역동적 학문이기 때문이다.

이상의 설명에서 보자면 어째서 괴테가 그토록 의미 있는 서정 시인이지만 결코 제대로 된 드라마를 쓰지 못했고, 실러는 그 반대 의 경우가 되었는지 알기 위해 더 상세한 계기를 찾을 필요가 없을 듯하다. 그리고 왜 괴테는 조형예술에, 실러는 정략에 그토록 강한 관심을 두었는지, 그리고 어째서 실러는 우리가 앞서 살펴보았듯 바로 우리 인식의 형성과정을 자기 철학의 주요 대상으로 삼은 칸 트의 이해력 높은 영민한 제자 가운데 한 사람이 되었는지, 왜 괴테 는 칸트를 이해할 수 없다고 말하는지도 마찬가지로 분명해지는 것 이다. 이는 아마 한 가지 모순투성이의 사실만 참조해도 이해될 법 도 하다. 괴테는 정태주의자임에도 여행을 많이 했고, 많은 기행문 을 썼다. 그도 그럴 것이 이 여행 애호가는 쉬지 않고 돌아다녔음에 도 그때그때의 자기 관심은 늘 오직 안정적인 것에만 두었으며, 기 행문학과 연결된 모든 분과학문, 이를테면 민속학·지리학·고고 학·지질학 일체가 정태적 원리에 입각해 있기 때문이다.

이 같은 상황 전체도 두 가지 핵심 개념, 즉 '자연'과 '역사'로 환원할 수 있을 것 같다. 실제로 괴테는 가장 위대한 자연연구자 중 한 사람, 실러는 당대 가장 위대한 역사가라는 또 다른 명함을 지니고 있다.

자연과 역사

괴테의 **문학세계**에서도 우세하게 지배하는 것은 '자연'이다. 그의 작품을 읽다보면 배경이 되는 곳의 날씨가 어떠하며, 하루 중 어느 때, 어떤 계절에 들어서 있고, 사람들이 어떤 기후 조건에 살고 있는 지 암시하는 바가 하나도 없어도 느껴진다. 그의 작중 인물들이 호흡하며 살아가는 외부 환경은 뜻하지 않게도 인간들을 에워싸고 있다. 그것은 마치 특정한 색조가 한 폭의 그림을 감싸고 있는 듯한 분위기다. 이는 가장 추상적인 장면이 연출되는 『파우스트』 제2부의 경우에서도 마찬가지다. 실러도 풍경의 정조를 풍긴다. 여기서도 물리적 환경이 대단히 중요한 의미를 갖는다. 그는 이 환경을 매우 효과적인 요소로까지 여긴다. 예컨대 마지막 막으로 화려하게 펼쳐지는 스위스 산지 장면을 떠올려 볼 수 있을 것이다. "광활한 배경이 한참 펼쳐지며, 빙산 위로 태양이 떠오르는 장면이 연출된다." 그러나 이런 풍경은 늘 그림과 같은 인상을 불러일으키며, 일종의 극장의 어떤 개폐장치처럼 무대효과를 상승시킬 목적으로 늘 그렇게 마련된 것일 뿐인 듯하다. 그렇기 때문에 그 풍경이 펼쳐질 때마다 괴테의 경우보다 훨씬 더 강한 인상을 풍기는 것이다. 이는 실러의 자연 감각이 뛰어남을 말해주는 것이 아니라 오히려 자연을 거스름을 말해주는 셈이다. 그도 그럴 것이 **진짜** 자연은 늘 거기에 있지만 거의 표시가 나지 않기 때문이다. 『빌헬름 텔』에 펼쳐진 호수, 『오를레앙의 처녀』에서 들리는 뇌우, 『군도』의 숲은 연극 기획으로 포착된 연극적 모습을 빼닮았다. 그런데 이는 달리 보면 실러의 탁월한 연극적 감각을 말해주는 셈이다. 왜냐하면 사실 무대에서는 연출할 수 있는 것만이 생존권을 부여받기 때문이다.

실러의 문학세계에서 우선권을 갖고 있는 것은 '역사'이다. 괴테는 사적인 일을 취급하는 극작가인 반면에 실러는 세계사적인 사건을 다루는 극작가이다. 그의 모든 연극작품은 거대한 정치적 배경을 갖고 있을뿐더러 이른바 그 자신의 '시민적' 배경도 깔고 있다. 카를 모어와 프란츠 모어가 작은 성을 통치하는 백작의 아들이고, 재판장과 페르디난트가 작은 궁정에 살고 있는 것은 확실히 우연이다.

그런데 이들 모두는 흡사 모든 역사책에서 볼 수 있을 법한 아주 빛나는 이름을 달고 다니는 인물들처럼 말하고 행동한다. 괴테의 경우 완전히 반대로 역사적인 것은 한갓 명목상일 뿐이다. 타소가 타소로 불린 것은 우연이다. 그러나 이 타소가 『해방된 예루살렘 (Gerusalemme liberata)』의 시인이 아니더라도 우리에겐 그 못지않게 관심을 불러일으키는 듯하다. 그리고 에그몬트(Egmont)는 네덜란드의 그 영웅과 그저 이름만 같은 것 아닐까 하는 생각마저 들게 하는 것이다.

우리는 바로 앞서 실러의 삶의 노정이 지닌 역동성에 대해 살펴본 바 있다. 그 발전과정은 시간이 얼마 남지 않았다는 어두운 예감에서 기인하는 조급증과 열정적 흥분으로 전개된다. 사람들이 천재성의 원천이라고 말하곤 하는 만성적인 신체적 · 심리적 위기상태를 그는 극히 밝고도 강인하게 배치하는 재능을 통해, 즉 자신의 에너지를 적재적소에 배분해서 운영할 줄 아는 감탄할만한 경제적 관리를 통해 극복했다. 그래서 풍부함 · 충만 · 사치의 인상이 풍기는 모양이다. 그는 어떤 드라마를 쓰는 동안에 벌써 늘 다음 드라마를 구상하며, 그것이 완성되면 잠시의 휴식도 없이 곧장 다음 드라마 작업에 착수한다. 한번은 그가 예외적이게도 특정한 새로운 주제에 대해 곧바로 마음을 결정할 수 없었을 때, 그 스스로 표현하는 바에 따르면 마치 진공 공간을 부유하는 것처럼 느꼈다고 한다. 역시 그 자신의 보고에 의하면, 육체적으로 편안할 때에 오히려 정신 활동과 의지력이 느슨해지는 것을 느꼈다. 여기서 또다시 이 책 1권에서 논의한 바 있는 질병 상태와 생산성 사이의 확연한 관계가 드러난다. 일하는 방식에서 이미 그와 괴테 사이의 총괄적 대립이 드러나는 셈이다. 괴테는 그 자신의 후반생을 그저 받아쓰는 일로 거

받아쓰는
사람과
불러주는
사람

의 보낸 반면, 실러는 결코 그렇게 하지 않았다. 오히려 그는 숨가쁘게 호흡하면서 사인을 했고, 시를 쓸 때는 소름 끼칠 정도로 장황한 연설에 몸짓을 했다.

그러나 괴테는 예술을 과도하게 다루지 않았다. 그는 – 어느 정도까진 필요한 – 예술가의 편집증에 대해 몰랐다. 물론 이런 예술가에겐 인류의 전체 활동에서 떼어낸 미세한 단면조차도 세계의 주축을 의미하는 법이다. 그런데 이 점에서 실러는 배우에 가깝다고 볼 수 있다. 요컨대 그와 더불어 '노동'이라는 계기가 예술에 끼어들게 된 셈이다. 그 시대까지만 해도 그 같은 계기는 완전히 낯설기만 했다. 이때의 노동은 근대적 의미에서의 노동이다. 그것은 곧 내·외적인 저항의 극복이자 모든 활동을 미리 정한 계획에 배치하는 것을 의미한다. 괴테는 부단히 쉬지 않고 극히 세밀하고도 다양한 활동을 했음에도 불구하고 그런 식으로 일에 정신을 빼앗기진 않았다. 그는 늘 아마추어·애호가·즉흥시인·즉흥사상가·즉흥연구자였던 것이다. 얼핏 보면 그의 경우 모든 일은 우연에서 이루어지는 것 같다. 물론 그 속에는 가장 내밀한 필연이 작동한다. 이를테면 오늘은 삽간골(揷間骨)을 발견하고, 내일은 자서전이나 파우스트 일부를 쓰는 것이다. 채굴장이나 학교제도에 관한 보고서도 그저 경중 없이 진행될 뿐이다. 그에게는 모든 것이 동일하게 중요하며, 동일하게 관심을 끌었다. 그는 무엇을 미리 계획하지 않는다. 어떤 일에 결코 집착하지도 않는다. 그는 무엇인가가 그에게 필요하다면, 언젠가 그의 영혼이 그것을 포착할 것이라고 생각한다. 인간의 두뇌로 생각할 수 있는 거의 모든 것을 빨아들여 바꾸어놓는 무지무지한 정신의 에너지를 가진 괴테는 사실 적극적인 품성이 아니라 나태한 품성이었다.

반면에 실러는 모든 것을 스스로 **만들어**냈다. 그러므로 어떤 맥락에서 보면 그는 훨씬 더 근대적인 활동을 한 셈이다. 그에게 만일 우리 시대의 수단들을 제공했더라면, 그의 쉴 줄 모르는 조직능력으로 모든 것에 활기를 불어넣지 않았을까! 축제공연 극장이 그랬을 것이고, 대형출판사가 그랬을 것이며, 국민교육기관도 세계의 저널도 그러지 않았겠는가! 그는 잉크를 가득 채운 펜과 타자기를 가진 영화작가와 라디오 연설가로 생각할 수 있을 것 같다. 이는 괴테를 두고서는 상상도 할 수 없는 일이다. 요컨대 그는 조용히 시간을 보낸 최후의 대표자인 셈이다.

실러는 그야말로 역동적인 인물이어서 이외 달리 부를 수 없다고 말해도 무방할 듯하다. 그의 안에서는 모든 것이 운동이다. 그가 자신을 포함하여 다른 모든 것을 움직이도록 하는 수단은 그 자신의 관념론이다. 실러의 특수한 관념론은 그의 괴력 같은 기질과 범상치 않은 그의 개성적인 활력을 표현하는 압도적인 힘과 다름없다. 기본적이면서도 용납할 수 없을 만큼 무제한적인 이 같은 관념론은 확실히 순수한 질적 작용을 일으킨다. 그의 열정적 낙관주의는 그가 말해야 할 것은 말로라도 꼭 토해내야 할 만큼 컸다. 그는 머리글자만이라도 쓰고 싶어 했던 것이다. 오스카 와일드(Oscar Wilde)가 한번은 이렇게 말한다. "유토피아가 명시되어 있지 않은 세계 지도는 시선을 끌지 못한다. 그도 그럴 것이 그런 지도는 인류가 영원히 접안하려 할 해안이 누락되어 있기 때문이다. 그러나 인류가 그곳에 도착하면 더 좋은 땅을 찾아 그곳에서도 닻을 올리기 마련이다." 이런 식의 인류 진보를 실러는 평생 설파했다. 그의 세계 지도에서 유토피아는 주요 도시가 아니라 촌락 지역이었다. 이런 의미에서 실러는 모든 시인을 위한 프로그램을 구성할 수밖에 없었다. 그도 그럴 것이 이런 프로그램이 없다면 진정한 시인이란 성립할 수 없기 때문이다. 그런데 그의 형식은 다른 사람들의 형식이 될 수가 없었다. 왜냐하면 그것은 그야말로 오롯이 그에게만 적용될 수 있을 뿐이기 때문이다. 그러나 그가 보고, 살고, 존재하는 그 방식 일체는 언제나 전범으로 남을 법하다. 그의 길은 위를 향한 길이었다. 그것은 땅에서 멀어지고 어제에서 멀어지며, 심지어 오늘에서도 멀어지는 그런 길이었다. 그는 사물들을 멀리 떨어져서 관찰했다. 그러나 그것은 사물들을 존재하지 않았던 과거의 비현실이 아니라 아직 존재하지 않는 미래의 현실 속에서 보는 일과 통한다. 이는 그의 몸에 배어있는 시적 상상력과 관련 있는 일이다. 그도 그럴 것이 결국 시인이란 현재보다 미래에 대해 더 많이 이해하는 바로 그런 사람이기 때문이다.

낭만파의
심리학

이런 맥락에서는 실러가 그의 시대에 가장 강력하고도 진정한 낭만주의자였다고 말할 수 있을 것이다. 물론 그는 당대 후반의 정신 활동에 새로운 한 변이형태로 등장한 낭만파로부터 매서운 공격을 받긴 했지만 말이다.

'낭만주의'란 무엇인가? 사람들은 이 물음에 답하기가 아주 쉬울 것으로 생각해온 것 같다. 세간에서 말하는 바에 따르면, 낭만주의란 존재의 고양이자 채색화이며, 이국적이고 환상적인 것이며, 따라서 좀 더 많은 장식으로 꾸며진 '좀 더 시적인' 정신활동에 뿌리를 둔 이전 시대의 예술행위와 세계관으로의 회귀이다.

낭만파를 형성한 초기의 시인들과 문사들도 그렇게 생각한 모양이다. 그러나 단지 초기에만 그랬을 뿐이다. 왜냐하면 역사의 시곗바늘은 되돌릴 수 없기 때문이다. 이전 시대의 예술과 정신의 상황이 아무리 삶이 풍요롭고 더 아름다운 것이었을지라도 그 시대로 돌아갈 수는 없는 노릇이다. '고대로 돌아갈' 수도 없고, '고딕시대로 돌아갈' 수도 없으며, '독일의 르네상스로 돌아갈' 수도 없는 일이다. 다만 이런 채울 수 없는 희망을 통해 당면하는 그때그때 현재의 세계감정과 예술 욕구에 특별한 색채를 더할 수 있을 뿐이다.

이 같은 사정이 낭만주의자들에게도 오랫동안 공공연하게 먹혀들었던 모양이다. 그래서 – 낭만주의자들이 이 사정을 완전히 간파하기 전까지만 해도 – 낭만주의적인 문학과 철학, 심지어 그들에 의해 설정된 낭만주의의 개념도 아주 복잡하게 서로 엉켜 미로같이 모호해서 그 개념을 파악하고 정의를 내리는 것이 거의 불가능할 정도였다. 아무튼 낭만주의자들조차도 그렇게 할 수 없었다. 그들은 원시적인 문화의 존재양태로 되돌아갈 수 있다고 믿었거나 그런 시늉을 했지만, 어쨌든 그들은 그 시대에 가장 근대적이고, 가장 복잡하게 사고하면서 가장 비판적인, 심지어 이렇게 말해도 무방하다면 상상력이 가장 빈곤한 사람들이었다. 고대적인 것과 민속적인 것, 유치한 몽상과 이야기 꾸미기, 신비설과 순수한 경신(敬神)으로의 회귀를 구호로 삼는 정신적 · 예술적 운동은 아주 빼어나고 대단히 세련되고 대단히 지성적인 변증술가이자 회의주의자이자 분석가의 통합 속에서나 생성될 수 있는 일이다. 이 운동이 처음부터 강령으로 등장함으로써 그것은 곧 두 번째 손을 거친 것, 이를테면 전의(轉意)된 것, 대체된 것, 조탁된 것으로 되고 만다. 이는 선례가 없을 만큼 계몽되고 교육을 받아 섬세하고도 내향적인 그런 시대에는 놀랄 일도 아니다. 간단히 말해 이처럼 재기발랄한 모든 노력 끝에 생겨난 것이라고는 실제의 낭만주의가 아니라 낭만주의를 인쇄로 새긴 신문이었다. 그리고 낭만파의 가장 강력한 재능에서 생겨난 것은 기막히게 연출하는 낭만주의 코미디였다. 이런 연극 집단 가운데 스타는 루트비히 티크(Ludwig Tieck)였다. 말 그대로 그는 그의 시대에서 가장 감동적인 낭독자이자 즉흥시인이었다. 그가 실제로 연극무대로 나갔더라면 가장 위대한 인간 연출가 중 한 사람이 되었을 것이라는 말도 있다. 이는 그의 시문학에도 적용된다. 그의 역사소설에 등장하는 인물들은 분장한 배우들이며, 그의 서정시는 낭만주의적 메타포와 연상들로 가득 찬 화려한 소품실과 다름없다. 프리드리히 슐레겔(Friedrich Schlegel)이 천재적인 낭만주의 저널리스트이고 빌헬름 슐레겔(Wilhelm Schlegel)이 천재적인 낭만주의 교수였듯이 그는 천재적인 낭만주의 배우였다. 이런 맥락에서 보면 그는 실제로 그 자신이 최초로 완벽히 완성시킨 장르, 즉 유치한 것 같지만 사실은 풍자로 가득한 **예술동화**(Kunstmärchen)의 가장 영예로운 대표자 가운데 한 사람이 되었다고 해도 납득이 간다. 티크와 그의 동시대 거의 모든 사람의 낭만주의는 아틀리에에서 나누는 한갓 농담 같은 것이기도 하고, 극단적인 합리주의자들이 비합리주의자들로 분장한 가장무도회와 같은 것이기도 하다. 하이네는 이런 사정을 두고 악의적이면서도 적절하게 에둘러 표현한다. "티크는 니콜라이의 집에 살았는데, 니콜라이보다 한 층 높은 곳에서 생활했다." 티크의 경우 모든 것이 의식적이고 기계적이며, 의도되고 구성된 것이다. 이 점에서 바로 눈에 띄는 인물은 그의 유명한 소설의 주인공 윌리엄 로벨(William Lovell)이다. 그는 로벨을 통해 비도덕주의자의 모습을 형상화하려 했다. 로벨은 악한이나 무뢰한이 되려는 듯 행동하면서 이렇게 말한다. "나 자신이야말로 모든 자연에서 유일한 법칙이다." 그러고는 스스로에게 부과한 숙제를 성실히 완수한다. 그러나 우리는 도덕 개념이라고는 없는 이 사강사(私講師, Privatdozent)에게 자신의 악덕과 범행에 단 하나의 책임도 없다고 생각한다. 이는 프리드리히 슐레겔의 소설 『루신데(*Lucinde*)』에서 더 두드러지게 표현된다. 빌헬름의 아내 카롤리네(Karoline)가 루신데에 대해 들려주는 바에 따르면, 그는 옹졸함이 죄와 더불어 낳게 된 가망이 없는 아이나 다름게 없다는 식이다. 그러나 프리드리히 슐레겔의 경우 합리주의가 티크의 경우보다 훨씬 덜 교란된다. 그도 그럴 것이 그의 주요 활동은 대개 철학적·학문적 영역에 걸쳐 있었기 때문이다. 그의 기본적 결함은 약간 다른 것에 있었다. 말하자면 그의 사유와 작업 방식이 조밀치 않고 변덕스러우며, 다소 음유적인 성격을 드러냈던 것이다. 독창적이고 내실 있는 이념들이 그의 내부에서 들끓을 때에도 그는 그것들을 단일한 포괄적 구상으로 집약하질 못했다. 그가 제공한 향연들은 그야말로 미각을 돋우는 진기한 오르되브르로 구성되어 있었다. 처음에 그는 자신의 결점을 미덕으로 삼을 수 있으리라 생각하고는 이렇게 주장한다. "미완의 단편은 보편철학의 고유한 형식이다." 그러나 나중에 그는 완전히 자각한 듯 자신의 형에게 이렇게 편지를 쓴다. "내가 내적인 힘의 결핍을 계획들로 늘 메워왔다는 사실을 형은 알고 있었던가?" 그런데 그의 형은 그를 두고 이렇게 말한다. "결국 그의 온전한 천재성은 신비주의적인 용어에 국한될 뿐이다."

여기서 우리는 특별한 경우를 목격하게 된 셈이다. 그것은 곧 하나의 거대한 정신적 운동, 즉 완전히 새로운 문학과 철학이 번쩍이게 주조되고 현란하게 연마된 몇몇 표어와 주도 어휘에서 성장했다는 점이다. 우리는 낭만파 가운데 18세기 말엽의 '모던(Moderne)'을 이처럼 간단히 표상할 수 있게 된 것이다. 이 같은 '새로운 경향'이 대개 그렇듯 이 모던은 극히 자기 의식적이고 독선적이며 교의적일 뿐만 아니라 예술의 본질에 대해 유일하게 올바르고 궁극적인 관점

낭만적
이로니

을 가졌다고 철두철미하게 확신하기까지 한다. 매우 활동적이고 선전욕구가 강하며 요란을 떨었으며, 기성의 모든 것에 반대하면서 고풍스러운 것을 추구했다. 공식적으로는 공중에 적대적이었지만 은근히 다량의 판매부수를 갈구하면서 출판사와 신문을 독점하려고 부지런히 애를 썼다. 그러나 그럼에도 낡은 것, 김빠지고 맥 빠진 것 일체에 대한 그들의 왕성한 싸움은 강력한 해방운동으로 작동했다. 낭만주의자들은 '질풍노도'로부터 자아숭배(Ichkult)와 감성의 우선권 학설을 물려받았으며, 그리고 계몽과 일체의 직업적인 것에 대한 증오와 독일의 과거에 대한 열정, 무규칙성과 비합법성에 대한 열렬한 찬사 등을 전수받았다. 그들은 잘 짜인 강령을 가졌다는 점에서 표현주의자들을 연상시킨다. 물론 그들은 과도한 의식성과 창작의 무기력성 때문에 그 같은 강령을 수행하진 못한다. 또 그들이 표현주의자들을 연상시키는 것은 허식적이고 혼란스럽긴 하지만 상당히 기지 넘치는 어법에 심취한 점에 있다. 낭만주의자들은 이 어법을 빌려 자신과 주변의 사물에 연막을 뿌려 모호하게 했다. 모든 것을 의도적으로 탈논리화하여 혼란스럽게 하려는 이 같은 시도는 결국 개별 예술들 사이의 경계를 포함하여 예술과 삶, 철학과 시와 종교 사이의 경계, 그리고 개별 감각인상들 사이의 경계를 완전히 지워 없애는 경향으로 이어졌다. 그래서 색채는 음색으로, 음색은 방향으로 느껴지기도 한다. 이때 사람들은 "음악과 같은 간접적 효과와 그 규모에서 기껏 알레고리적 의미를 지닌" 시문학을 꿈꾼다. 이는 인과관계에서 떨어져 나가는 것을 의미하기 때문에 낭만주의자들은 동화를 그토록 편애한 것이다. 노발리스는 이렇게 말한다. "시적인 모든 것은 동화적일 수밖에 없다. 시인은 우연을 숭배하기 마련이다." 티크의 견해에 따르면, '드라마의 낭만화'는 드라마의 구조를 서사 및 서정의 구성요소들로 해체한다는 뜻이다. 예나 (Jena) 사회에서 낭만적이란 종종 소설 같다는 의미로 쓰인다. 그래서 소설은 특히 그 해체적인 무형식성 덕분에 문학예술작품에서 최고의 형태로 통했다. 이 무형식성은 당시 소설에서 가장 의미 있는 표본으로 제시되었던 셈이다. 이 분야에서 선두에 선 장 파울은 가끔 세계문학에 등장하곤 하듯이 영원무궁함을 내용으로 삼는 결정적 아웃사이더와 기인들 축에 들어간다. 아무튼 고갈되지 않는 착상과 관찰에서 흘러나오는 그의 이야기의 범위는 사실 확고한 경계 세우기와 공식화 일체를 비웃는다. 빌헬름 슐레겔은 그의 소설들을 두고 독백이라고 적절히 규정한 바 있다. 극단으로까지 치닫는 그의 주관성은 사실 눈에 보이는 것과 형상화된 것 일체를 혼잣말의 대화로 해체해 버린다. 그러나 그럼에도 불구하고 그는 고전주의적인 진지함과 낭만주의적인 위트 사이에 있는 아주 기묘한 것을 갖고 있었다. 그것은 바로 유머였다. 이 유머는 풍부하면서도 맑게 솟아나는 그의 별난 창작의 샘물과 같다. 물론 이 샘물은 모든 것을 녹여 풀어놓는다. 그러나 사실 장 파울이 그 범주에 든다고 할 수 없는 낭만주의자들은 완벽히 환영작용을 일으키는 예술이란 결코 참된 예술이 아니라는 이론에서 출발했다. 그도 그럴 것이 참된 예술은 자유로운 유희여야 하기 때문이다. 그래서 그들은 환영은 이로니, 즉 자기 패러디로 분쇄되어야 한다는 신조를 세운 것이다. 이는 곧 그 유명한 '낭만적 이로니(Romantische Ironie)'를 의미한다. 결국 이 반어는 모든 것을 제곱으로 끌어올려, 그 유쾌함을 다시 웃음거리로 삼고 관찰된 것을 관찰하는 단계에 이른다.

모든 것을 위에서 태연하게 내려다보고, 모든 것을 갖고 놀면서, 동시에 모든 것에서 지양해야 할 안티테제를 들여다보는 이 같은

이중 연애

보편적 경향을 통해 당시의 삶은 재기 넘치지만 경박한 색채도 동시에 띠었다. 반어적 관점에서 성애의 관계를 살피는 일도 바로 그 시대의 유행이라고 말할 수 있는 수많은 '이중 연애'에서 시작된다. 거의 언제나 여자는 두 남자 사이에, 혹은 남자는 두 여자 사이에 서 있다. 카롤리네 슐레겔은 빌헬름과 셸링(Schelling) 사이에 서 있었으며, 뷔르거는 중혼(重婚) 형태로 두 자매 사이에, 프로이센의 왕자 루이 페르디난트(Louis Ferdinand)는 부드러운 헨리에테 프롬(Henriette Fromm)과 "아름다움과 비열함의 화신"으로 통하는 파울리네 비젤(Pauline Wiesel) 사이에 서 있었다. 심지어 노발리스는 살아있는 것과 죽은 것을 동시에 사랑했다. 말하자면 13살에 죽은 조피 폰 퀸(Sophie von Kühn)과 자신의 약혼녀 율리 폰 카르펜티어(Julie von Charpentier)를 동시에 사랑한 것이다. 이에 대해 언젠가 그는 조피와 율리는 그저 현상의 세계에서만 둘로 나뉠 뿐, 충만한 나라에서는 한 사람으로 현시할 것이라고 애써 설명하려 했다. 실러도 오랜 시간 볼초겐(Wolzogen) 가문의 두 자매, 이를테면 로테(Lotte)와 리네(Line) (당시 바이마르에서는 거의 모든 부인이 샤를로테(Charlotte)나 카롤리네로 불렸는데) 사이에서 흔들렸다. 그의 이 같은 사랑은 아가씨 카롤리네 폰 다헤뢰든(Karoline von Dacheröden)이 자신의 마음은 빌헬름 폰 훔볼트(Wilhelm von Humboldt)와 카를 폰 라로헤(Karl von Laroche) 사이에서 둘로 쪼개졌다고 설명할 때까지 지속되었다. 그런데 카를 폰 라로헤 역시 그녀와 베를린 출신 아름다운 유대계 아가씨 헨리에테 헤르츠(Henriette Herz) 사이에서 갈팡질팡한다. 헤르츠 또한 나중엔 슐라이어마허의 정신적 애인이 되었다.

비낭만적인
낭만주의

우리는 이 책 1권에서 근대 전체 역사는 생활의 모든 영역에 합리주의 원칙이 활용될 만큼 합리주의적 원리가 상승 내지는 과잉 상승했다는 것을 함의한다는 점을 설명하려 했다. 그러면서 우리는 이 같은 발전의 노정을 유럽 영혼의 위기라고 규정하면서, 좀 더 낙관적인 방식을 택해 이 같은 위기가 세계대전이라는 치유의 트라우마를 통해 점차 극복되는 가운데 새로운 시대가 개시되었다고 믿었다. 그리고 이미 우리는 근대의 과정에서 주기적으로 등장한 이른 바 그 역행운동은 자신이 싸운 대상인 그 합리주의 못지않게 합리주의적이었다는 점도 그때그때 사례를 들면서 적시한 바 있다. 오히려 어떤 시·공간에서는 오성이 노골적으로 의기양양하게 모습을 드러내는 형국이 되기도 했다. 이때 오성은 또 다른 계기에 따라서는 양심의 가책을 받기도 한다. – 그 회한으로서는 도덕적 가책이 있다. 왜냐하면 오성이 늘 실용적인 계기를 담아냈기 때문이다. 그리고 미학적 가책이 있다. 그도 그럴 것이 오성이 환상을 질식시켰기 때문이다. 종교적 회한도 있다. 왜냐하면 오성이 반신비주의적이고 현세적이며, 근본적으로는 무신론적이기 때문이다. – 그래서 오성은 가면을 쓰려 한 것이다. 이 같은 방식의 역행 조류로는 휴머니즘에 반발한 바로크, 계몽주의에 반발한 감성운동, 의고전주의에 반발한 낭만주의, 자연주의에 반발한 세기말의 신낭만주의가 있다. 그러나 드물지 않게도 이 같은 '낭만주의적' 반동운동은 투명·진리·현실에 대한 기본 충동의 면에서, 자연력에 폭력을 휘두르면서 불쑥 나타난 이전의 '리얼리즘적' 대응운동보다 훨씬 더 오성에 부합하는 식으로 고안·구성된 것이다.

의고전주의에 대한 투쟁에서 낭만주의는 대응양식을 창조하진 않았다. 오히려 그저 모든 양식을 해체하기에 이른다. 그런데 가장 중요하고도 특별한 점을 지적한다면 그것은 낭만주의가 **의고전주의의 한 놀이방식**(eine Spielart des Klassizismus)에 불과했을 뿐이라는 점이다.

루돌프 하임(Rudolf Haym)은 오늘날까지도 낭만파에 대한 독보적인 교과서라고 할 수 있는 자신의 저작에서 횔덜린을 "낭만주의 시문학의 이면충동(Seitentrieb der romantischen Poesie)"이라고 부른다. 이 명칭을 돌려 말하면 낭만파 전체를 고전주의 시문학의 이면충동이라고 부를 수도 있을 것이다. 낭만파의 예술혁명 전반은 표어의 교체, 핵심 비틀기, 반명제적 개념 쌍으로 장난치기, 전문용어로 기만하기, 기막힌 변증술로 허세 부리기, 냉정하게 계산하기와 같은 것과 다름없다. 그것은 곧 "달리 할 수도 있는 것이" 아닌가 하는 예술가의 실험 정신과도 관련 있는 듯하다. 그러나 사실은 그렇지 않다. 프리드리히 슐레겔은 자신의 『그림 묘사(Gemäldebeschreibungen)』에서 이렇게 말한다. "눈에 확실하게 들어올 만큼 분명하게 스케치 된 진지하고 엄격한 형식은 밤과 짙은 그림자를 이용하여 명암과 얼룩으로 처리된 그림과 같은 것이 아니라 뚜렷한 협화음에서처럼 순수한 배율과 색채의 질감에서 얻어진다. (…) 이것만이 내가 좋아하는 양식이다." 이런 식으로는 빙켈만도 쓸 수 있었을 법하다. 사실 프리드리히 슐레겔은 "그리스풍 시문학의 빙켈만"이 되는 것을 자신의 이상으로 삼았다. 이 같은 맥락에서 그는 그리스의 시문학을 "모든 시대와 민족에게 궁극적 법칙이자 보편적 원형"이 되는 "자연적인 시문학의 경전"이라고 설명하면서 "그리스풍"으로의 회귀를 정언명령처럼 촉구했다. 그의 형 빌헬름을 두고서 괴테는 하인리히 마이어(Heinrich Meyer)에게 이렇게 편지를 쓴다. "내가 알고 있는 한, 미학적 주요 이상과 기본 이상에서 그는 우리와 일치한다." 이 두 형제는 이피게니에와 타소를 괴츠와 베르테르 이상으로 추켜세웠으며, 『군도』를 거칠고 야만적인 작품으로 평가한다. 빌헬름은 서정시 문학에서 완벽한 의고전주의자다. 티크의 산문이 괴테의 영향을 입은 바가 크듯이 빌헬름은 이미 아류, 즉 실러의 복사판이 되어 있었다. 프리드리히의 『알라르코스(Alarcos)』와 빌헬름의 『이온(Ion)』은 두 작품 모두 괴테에 의해 공연된 바 있지만, 손색없는 고전적 무채색과 장황한 이야기로 짜여 있다. 거꾸로 실러의 유희 이론은 완벽히 낭만주의적이다. 이를테면 "아무튼 일단 솔직히 털어놓고 말하면, 인간은 말 그대로의 의미에서 인간인 곳에서만 유희를 하며, 그가 유희를 할 때에만 완전한 인간이 되는 것이다"와 같은 문장은 프리드리히 슐레겔에게는 흡족하기 그지없다. 나중에 낭만주의자들이 실러를 격렬하게 반대한 것은 그와 슐레겔 형제 사이에 단절이 있었다는 외형적 이유를 말해주는 것이긴 하지만 두 형제는 '비감성적인' 시인이었던 실러에 대해선 의심의 여지 없이 반대 입장을 보였지만 괴테를 지고의 인물로 칭송하는 일은 계속했다. 이들이 낭만주의 철학의 발기인으로 떠받들었던, 일명 '바타비아의 플라톤'으로 통하는 프란츠 헴스테르호이스[19]도 그리스 사람들은 이상적인 민족이었으며, 다만 그때부터 발전이 하향 곡선을 그렸을 뿐이라고 설명한다. 비록 모호하기는 하지만 낭만주의적 반어 중 최고는 아마 낭만파가 완전히 비낭만주의적이었다는 점에 있을지도 모른다.

이 낭만파 중 실제로 유일한 천재는 그야말로 정교한 오르골 가운데서도 나이팅게일처럼 돋보이는 노발리스였다. 노발리스 자신을 두고 말하자면 시보다는 사상의 면에서 더 의미가 컸다. 노발리스는 자신의 이념 대부분을 광범위한 잠언 모음집이라고 할 수 있는 『단편들』에 옮겨 놓았다. 물론 이 가운데 그의 생전에 출간된

노발리스

---

[19] Franz Hemsterhuis(1721~1790): 네덜란드의 철학자. 미학과 도덕철학에 관한 글을 많이 썼고, 신플라톤주의에 입각하여 독일 낭만파에 영향을 끼침.

것은 낭만주의 잡지 『아테네움(Athenäum)』에 『꽃가루(Blütenstaub)』라는 제목으로 실린 단 몇 편뿐이다. 그는 미완의 형식을 기이한 것으로도 편리한 것으로도 이해하지 않았다. 오히려 자신의 본성에 유일하게 적합한 유기적인 표현방식으로 받아들였다. 그의 근본 성격은 고상한 미완을 추구한다. 그래서 그의 경우 모든 것은 그저 성향이자 맹아일 뿐이다. 말하자면 발전의 싹일 뿐인 셈이다. 이 사실을 그 자신도 잘 알고서 자신의 일기에 이렇게 적고 있다. "여기서 내가 이렇게 마무리할 순 없는 노릇이다." 또 다른 날엔 이렇게 적는다. "여기서는 아무것도 취해선 안 될 것 같다. 그러면 나는 한창때 모든 것과 헤어질 수밖에 없는 노릇이다." 이런 뜻에서 그는 실제로도 철학의 꽃 이외는 아무것도 우리에게 제공하지 않았다.

노발리스에게 궁극의 지고한 오성 단계에서의 모든 인식은 신비주의적이다. 그의 멋진 말은 이렇게 울린다. "선택된 모든 것은 신비주의와 관련 있다. 모든 사람이 한 쌍의 연인이라면 신비주의와 비신비주의의 구분은 사라지고 말 것이다." 이런 신비주의는 자신의 내면으로 침잠하여 그곳에서 자신의 세계를 세우라고 정신에 요청하는 일에서 정점을 이룬다. "세계는 꿈이 아니지만, 꿈이 되어야 하고, 아마 꿈이 될 것이다!" 이 같은 잠언은 『삶의 미래학(Zukunfts-lehre des Lebens)』이라는 제목의 유고집으로 묶여 나왔다. 이로써 노발리스가 염두에 둔 것은 우리가 꿈속에서 영혼을 취할 때와 유사하게 영혼을 쉽게 구하려고 애를 쓰면서, 모든 대상 속으로 파고들어가 그 안에서 스스로 변신할 수 있는 그런 능력을 얻으려고 노력해야 한다는 점이다. 우리의 사유기관이 우리의 감각을 지배하는 순간에 우리는 우리의 감각을 뜻대로 바꾸고 관장할 수도 있다고 한다. 그래서 오늘날 벌써 화가는 눈을, 음악가는 귀를, 시인은 언어와 상상력을 지배한다는 것이다. "단연코 우리의 신체는 정신에 의해 임의로 움직일 수 있기 마련이다." 이에 따르면, 아마 언젠가 인간은 잃어버린 사지를 재구성하고, 자신의 단순한 의지로 자신을 죽일 수도 있을 것이며, 자신이 원하는 바의 모든 형상을 자신의 감각으로 하여금 생산할 수 있게 강제할 수도 있을 것이며, 괜찮다고 생각한다면 자신의 영혼을 육체와 분리시킬 수도 있다. 자신이 원하는 것, 그리고 자신이 맺고 싶은 관계를 보고 듣고 느낄 수 있게 된다고 한다. 이때에야 비로소 가장 고유한 의미에서 자신의 세계를 살 수 있게 된다는 것이다. 이처럼 우리의 정신과 육체, 말하자면 세계 전체를 일상적으로 자유롭게 이용하는 법을 우리가 **배워야** 한다고 한다. 모든 한계는 단지 극복하라고 있다는 식이다. 우리의 미래는 이같은 방향을 취하고 있다고 한다.

이처럼 산적한 기록물을 말 그대로 구체적으로 받아들인다면, 노발리스가 자신의 철학을 두고 한 말, 즉 '마술적 관념론(Magischer Idealismus)'은 무비판적 두뇌가 피히테적 체계에서 끌어낸 난삽한 추론일 뿐이게 되며, 노발리스는 사유의 모험가, 즉 철학의 칼리오스트로[20]일 뿐인 것이다. 그러나 그 같은 표현에서 깊고도 독특한 작가정신이 지닌 사유의 꿈을 읽어낼 경우 노발리스는 인류의 정신적 완성과 고도발전의 예언가이자 인간 상상력의 힘과 능력에서 가장 의미심장한 증거가 되기도 한다. 그렇다면 우리는 노발리스가 주장하듯 영혼이 육신보다 더 강하다는 점과 육신은 영혼에 봉사하려고만 존재하는 것이라는 점을 매일 경험하고 있는가? 노발리스 사후 한 세기 뒤, 의사 카를 루트비히 슐라이히(Karl Ludwig Schleich)는 여러

---

[20] Cagliostro(1743~1795): 마술사이자 연금술사로 유명한 이탈리아인.

면에서 바로 천재성을 드러내는 극히 심오하고도 유익한 자신의 저작에서 육체를 단련시키는 정신력에 대한 실험적 증거를 제시했다. 이때 그는 특히 히스테리의 면모를 보이는 형이상학적인 창조력에 대해 언급한다. 주지하다시피 히스테리한 면모는 그 의지로 통하는 히스테리한 상상력을 통해서 종창이나 화상, 혹은 혈상을 입힐 수도 있고, 경우에 따라선 발작적인 의사죽음과 자기최면에 의한 죽음 같은 것도 불러올 수 있다. (아무튼 덧붙이면 히스테리는 그 '사고'와 '표상'이 창조적이라고 볼 수 있는 완전히 정상적인 활동의 한갓 고양이라고도 볼 수 있다. 요컨대 이 같은 현상으로는 부끄러워 얼굴을 붉히고 화가 나서 얼굴이 새파래지며, 무서워 소름이 돋고, 달콤한 것에 대한 '관념'에서 벌써 침을 흘리는 일 따위를 생각해볼 수 있을 것이다. 그밖에도, 공포에 질린 일체의 죽음도 일종의 자기최면에 의한 죽음인 것이다.) 이 모든 것에 미루어 보면 모든 인간은 저마다 대개 무의식적으로 본능적인 교양충동을 좇는 자서전 작가라는 결론에 이를 수밖에 없는 노릇이다. 꼭 바닷말이 자기 껍질을 짓는 것과 같이 천재적인 인간은 스스로 그렇게 한다. 우리의 경험과 행동은 우리 의지의 분비물이자 우리의 지성적 자아의 분비물, 즉 우리의 가시적인 삶 배면에서 비밀리에 창조적인 활동을 하면서 유일하게 진정한 실재로 군림하는 우리 영혼의 분비물과 꼭 같은 것이다.

슐라이어마허   우리가 한 세기 동안 유지되어온 교수사회의 전통에 반대하여 주장하고 싶은 것은 낭만파의 가장 중요한 철학자는 셸링은커녕 슐라이어마허도 피히테도 아니라 바로 노발리스였다는 점이다. 슐라이어마허가 부러움을 살 만큼의 정신적 에너지를 갖고 추구한 것은 낭만주의 신학의 개축이었다. 그에게 종교는 지식도 행위도 아니라 감정일 뿐이다. 물론 그는 이 감정을 상당히 모순적인 용법, 이를테면 신에 대한 우리의 의식이 근거한 "절대적인 예속감정(ein schlech-thiniges Abhängigkeitsgefühl)"으로 규정하지만, 경건함이란 감정을 의미하기 때문에 그것은 철저히 개별적인 것으로서 종파를 넘어선 어떤 것으로 통한다. 종교적인 천재들, 요컨대 종교의 설립자들은 이 예속감정에 새로운 형태를 부여한 그런 개인들일 뿐이다. 이것이 비록 종교적 현상들에 대한 다소 빈약한 해석일진 모르지만, 슐라이어마허의 글들은 아무튼 프로테스탄트 신학자들 전 세대에게 자극을 주었던 셈이다. 분명 그는 당시 독일의 가장 섬세하고 가장 강력한 궤변가 중 한 사람이었지만 근본적으로는 계몽주의에서 빗나간 제자일 뿐이다. 비록 그가 명확히 고백한 것은 아니지만, 범신론적인 경향을 다소 강하게 드러내는 바에서 보듯 그는 신앙에 대한 단순한 의지를 갖고 있었다. 그래서 그는 신과 우주를 동일한 개념으로 종종 취급하면서 스피노자를 극도로 높이 평가한 것이다.

피히테는 그 시대 가장 독특하고도 가장 암시적인 인물 가운데 한 사람이었다. 그 외모나 표정에서 이미 그는 사상가나 학자로서의 이미지보다 종파나 당파의 지도자 이미지를 훨씬 더 많이 풍겼다. 요컨대 그는 강골의 모습과 뚜렷한 풍채에, 명령을 내릴 때 비치는 충혈된 눈빛, 그리고 논리적인 강연의 목소리보다 훨씬 더 명령조에 가까운 결단의 목소리를 겸비하고 있었던 것이다. 그를 두고 안젤름 포이어바흐(Anselm Feuerbach)는 이렇게 말한다. "장담하건대, 아직도 마호메트 시대라고 한다면 그는 아마 마호메트처럼 처신했을 것이며, 그의 강단이 일종의 왕좌라면 검과 교도소의 힘을 빌려 자신의 학설을 관철시켰을 것이다." 사실 그는 사소한 항변조차 용납하지 않았고, 그의 철학을 두고 손톱만큼이라도 수정하려 드는 사람이 있다면 누구든 나귀나 건달로 취급했으며, 까다롭고 거만한 처신을 통해 모든 세계와 거래하려 들었다. 자신이 멋진 교육활동을 펼친 예나 대학을 그는 소란 끝에 떠나야만 했다. 그 까닭은 실제로는 대학당국이 잘못해서 그랬던 것이지만 형식상에서는 그가 잘못해서 피운 소동 때문이었다. 그리고 심지어 그는 자신의 체계를 거부한 칸트조차 '푼수'라고 불렀다. 그런데 1805년으로 넘어가는 1804년 겨울에 그가 한 「현시대의 기본 특색」이라는 강연은 도덕에 지대한 영향을 끼쳤다. 고도의 윤리적 파토스를 갖고서 강연을 하는 동안 그는 '무효한' 시대정신을 비롯한 그 공허한 자유정신과 엉성한 계몽사상, '뿌리 깊은 이기심', 그리고 곧 프로이센을 거쳐 예나와 틸지트(Tilsit)로 전파될 '완연한 원죄상태'에 대해 항변했다. 그는 경탄할만한 용기를 1807년 겨울과 1808년 사이에 자신이 한 연설인『독일 민족에게 고함(Reden an die deutsche Nation)』을 통해 입증해 보였다. 이 기간은 프랑스의 한 사령관이 베를린에 주둔하고 있던 시기이다. 대개 사람들은 서적 출판업자 팔름(Palm)의 운명이 그를 덮치지 않을까 우려했고, 그 자신도 그 점을 잘 간파하고 있었다. 그는『고함』에서 정치 부활의 전제가 되는 국민 도덕성의 부활을 요청했다. 이 도덕성의 요청으로『고함』이 정치적 부활의 가장 강력한 추진력 가운데 하나를 1813년에 세웠다고 주장해도 지나친 말이 아닐 것이다.

피히테는 이미 1794년에 지식은 어떻게 성립하는가 하는 테마를 다룬『지식학 전반의 기초(Grundlage der gesamten Wissenschaftslehre)』에서 자신의 철학체계를 발전시켜나가기 시작했다. 그의 연역방식은 칸트 인식론에 대한 비판적 연구의 출발점이 되기도 한다. 칸트의 인식론은 이미 우리가 설명하려 한 바 있는, 상당히 모호하고 모순 가득한 개념인 물 자체에 우리 감성의 원인자가 있다고 보아왔다. 이에 반해 피히테는 절대적으로 1차적인 것, 즉 우선적인 것과 근원적인 것은 물 자체가 아니라 자아라고 설명한다. 요컨대 이 자아는 모든 경험 방식의 기본 전제이자 조건이다. 그도 그럴 것이 자아만이 모든 경험을 가능하도록 하기 때문이다. 모든 사유, 모든 경험, 모든 대상의 집합은 자아 안에서, 그것도 오직 자아를 통해서만 정립되기 때문에 자아는 자기 스스로를 통하는 것 이외 다른 어떤 것으로도 정립될 수 없다. 자아라는 존재는 자신의 고유한 행위(Tat)이므로 행위사실(Tatsache)이 아니라 **행위이행**(Tathandlung)을 의미한다. 그런데 자아는 어떻게 이 같은 근본적인 행위이행을 일으키는가? 이에 대해 피히테는 자아는 본래 생산충동을 자체에 담지하고 있으며, 이론적 자아는 그 본질을 충동 · 의지 · 노력에 둔 실천적 자아에 입각해 있다는 식으로 설명한다. 이 같은 자아의 실존은 주장이 아니라 요구이며, 공리가 아니라 요청이고, 추론이 아니라 결단이다. 그래서 피히테 철학의 최고 명제는 바로 이것이다. 즉, 너의 자아를 정립하라! 이는 곧 내가 없으면 객관적 세계도 없고 자연도 없으며, 내가 아님도 없다는 뜻이다. 따라서 두 번째 핵심 명제에 따르면, 자아는 비아를 정립하며, 자신과 그 대립자를 정립한다. 요컨대 이론적 자아는 어떤 대상을 정립하며, 이로써 실천적 자아는 어떤 저항을 갖게 된다.

간단히 말해, 세계는 자아의 산물이다. 자아는 일련의 행위를 수행하고, 이로써 우리가 외부세계라고 부르는 바의 것이 형성된다는 것이다. 그런데 이 자아의 행위들은 무의식적으로 일어난다. 여기서는 의식적인 창조적 활동이 없다. 그것은 흡사 꿈속에서 우리가 피조물들을 대면하는 것과 꼭 같다. 꿈속의 피조물들은 우리에게 실재처럼, 완전히 독립적인 존재처럼 비치는 것이다. 물론 그것들도 우리의 정신적 활동의 산물일 뿐이다. 이처럼 무의식적으로 세계 창조를 하는 자아의 활동을 두고 피히테는 '무의식적인 생산'이라고 부른다. 이런 활동을 우리로 하여금 실현할 수 있게 하는 능력을 그는 상상력이라고 이해한다. 바로 생산이 무의식적으로 이루어지기 때문에 세계는 우리 외부에 있는 어떤 것으로, 즉 '비아'로, 객체로, 다시 말해 우리 주체와 독립해 있는 어떤 것으로 우리에게 비친다는 것이다. 그러나 우리가 우리의 객체로 취급하고 있는 바로 그것은 사실 우리의 생산물일 뿐이라고 한다.

하지만 이 같은 연역방식은 잠재의식의 문제도 다룬다. 이로써 이제는 이 모호한 과정이 누구에게든 명확해지는 인간의 정신활동이 된다. 이 활동이 곧 예술이다. 예술 창작물을 생산할 수 있게 하는 그 능력 역시 상상력이다. 상상력이 취하는 결과물은 피히테가 말하는 '생산'의 그것과 동일한 것이다. 말하자면 예술이 자신의 활동을 마무리했을 땐 그 생산물도 짐짓 자립적인 객체로, 즉 예술가의 자아로부터 떨어져 나온 것 같은 실재로 거기에 서 있는 것처럼 보인다. 그러나 그럼에도 여기엔 중요한 차이가 있다. 예술 밖에서는 인간이 무의식적으로 실현하여 내놓은 것이 자체로 연관된 세계의 창작물이지만, 여기서는 예술가가 완전히 의식적으로 실현하는 것이다. 여기서 이론은 현실로 전화된다. 모든 인간은 잠재의식의 암실에서 그 대상을 명확히 알지 못하면서 행동하지만, 강력한 인간 존재인 예술가는 그것을 자의식의 일광 아래서 행한다. 그래서 피히테는 이렇게 말한 것이다. "예술은 선험적인 관점을 일상적인 관점으로 바꿔놓는다." 그의 철학은 제대로 이해했다면, 철저히 예술가의 철학(Künstlerphilosophie)이라고 할 수 있다. 낭만주의자들은 이 철학을 이해했고, 그래서 피히테를 그들의 예언자로 삼은 것이다.

피히테 체계의 원리는 다음의 등식을 성립시킨다. 즉, 자아＝세
계. 이 등식을 뒤집으면, 세계 전체는 하나의 자아, 삶을 관류하는 정신적 실체, 혹은 맨 위에 자의식의 인간이 서 있는 수많은 단계의 지성적 잠재력으로 보인다. 이 같은 시각에서 보면 자연은 이제 더 이상 죽은 하나의 덩어리, 정신의 고정된 틀, 대응-자아(Gegen-Ich)로 비치는 것이 아니라 발전되지 않은 인간, 미숙한 지성, 우리의 재료 중의 재료, 우리의 정신 중의 정신으로 비친다. 말하자면 자연은 비정신적인 것(Ungeistiges)이 아니라 정신이 되기 전 단계의 것(Vorgeistiges)이다. 그것은 곧 무의식적인 정신이자 형성되어가는 정신이다. 또한 그것은 자아가 되려고 애쓰는 가운데 점점 더 성공을 취해가는 비-자아의 일련의 발전과정을 의미하기도 한다. 그런데 이는 셸링의 관점이다. 피히테는 자아(Ich)＝전부(Alles)라고 말하는 반면에 셸링은 전부＝자아라고 말하면서 피히테의 체계를 주관적 관념론으로, 자신의 체계는 객관적 관념론으로 규정한다. 그의 경우 자연과 마찬가지로 정신도 이상적인 것(das Ideale)과 실재적인 것(das Reale), 주관적인 것과 객관적인 것의 통일을 의미한다. 다만 자연에서는 실재적인 것이 우세하고 정신에서는 이상적인 것이 우세하다. 자연과 정신, 객체와 주체는 서로 **대극성**(Polarität)의 관계를 맺고 있다. 그 기본법칙은 동일한 것(Identisches)은 양분되며, 대립된 상태는 통일을 추구하는 형태를 띤다. 대극성은 물질적 · 정신적인 모든 현상을 가리킨다. 여기에는 자석, 전기, 산성과 알칼리, 반발력과 인력의 상호작용 속에 있는 물체, 산소와 대립적인 상태에 놓여 있는 식물과 동물, 신체적 예민성과 감수성 혹은 심리적 예민성에서 상반관계를 이루는 고등생물, 무의식적 활동과 의식적 활동을 동시에 하는 자

셸링

아, 그리고 무한한 것의 표현으로서 철학의 "참된 영원한 기관"인 예술 등이 포함된다.

머리에 쥐가 날 정도로 이해할 수 없을 만큼 난해한 언어로 강의되긴 했지만 재기발랄한 면모가 없진 않은 셸링의 철학은 항상 칸트와 피히테를 참조하고, '비판적'이라는 말과 '선험적'이라는 용어를 한껏 활용하고 있음에도 독단론으로의 위장된 회귀이거나 무의식적인 회귀일 뿐이다. 셸링이 자신의 활동을 노발리스 같은 시인이 되는 것, 혹은 프리드리히 슐레겔과 같은 에세이스트가 되는 것, 혹은 헤겔처럼 장대한 백과사전적 학문체계를 구축하는 일로 제한했을 때만 해도 이의를 달 것이 별로 없어 보였다. 그러나 그는 그런 목표에 도달하지 못했다. 그 이유는 그가 너무 빨리 그리고 너무 일찍 유명해진 점에 있다. 그 사이에 그는 온갖 묵시록적인 방침과 은유, 목탄 스케치와 초안, 강령과 비망록을 세상에 선보였다. 칸트를 두고 피히테가 칸트 자신도 자기 글의 내용을 이해하지 못했다고 비난한 점은 사실 셸링에게도 적용된다. 그 불가해성의 원인은 그의 이념들이 너무 깊어서가 아니라 그 스스로 자신의 이념들이 명확해지기까지 철두철미하게 사유하지 않았고, 그래서 다른 사람들에게는 그만큼 더 불명확해질 수 있었으며, 그가 지배하고 싶어 했고, 또 그래야만 한 엄청나게 많은 사실적 자료도 손에 거머쥐지 못한 것에 있었다. 따라서 그는 수수께끼 같은 고상한 화법으로 자신의 결점들을 감추려는 딜레탕트의 절충주의에 손을 뻗칠 수밖에 없었다. 그러나 그럼에도 그의 언술들은 한동안 열광적인 대중을 얻었다. 이는 한편으론 독창적이면서 유익하고 경쾌한 사유방식 혹은 그 같은 언술 곳곳에 널려 있는 기지 넘치는 화법 덕분이었고, 다른 한편으론 엄격한 순수 사유를 제대로 고민하지 않고, 또 그럴

만한 능력도 없는 반 푼짜리 엉터리 교양인들이 어느 시대든 있기 마련이고, 그래서 사람들이 더듬으면서 길을 걷는 수밖에 없고, 편하게 그리고 동시에 아주 운치 있게 서로 인사를 나눌 수 있도록 하는 안개 같은 것이 있기 마련이기 때문이다.

화학은 단순히 있는 그 자체만으로도 화학적 반응의 속도를 높이는 성질을 지닌 '촉매'를 함유하고 있다. 이 같은 촉매 작용을 일으키는 물질은 그 친화력을 통해 결합성분을 묶어주지만, 또 그 친화력을 통해 분열시키기도 한다. 그것은 좀 더 강한 친화력을 함유한 물체에 그 결합성분을 넘겨주는 법이다. 말하자면 이 같은 촉매 물질은 단지 가변적인 중간 생성물이 형성되게만 할 뿐, 그 자체는 스스로 촉발시킨 화학반응의 결과로 나타나지는 않는다. 요컨대 그것은 자극제일 뿐이다. 이처럼 생산적인 분해자이자 정신적 화학작용의 원천이며 심리적 반응의 촉매 역할을 한 것이 바로 낭만파였다. 이 낭만파는 새로운 결합과 포섭과 개조 작용이 일어나게 만들었다. 그러나 그 자체는 이런 변화과정에서 완연한 '완성제품'의 모양을 취하지는 않는다. 단지 발전의 촉매였을 뿐이다. 그것은 곧 자체로는 생산적인 것이 못되지만 다른 것을 생산적이게 만든다. 말하자면 그것은 불안전하게 하고, 운동과 자극과 충동을 촉발시키는 요소일 뿐이다. 그래서 낭만주의자들은 그 시대 신경쇠약증 환자들이자 '병리학자들'이었고, 그래서 미력한 정신적 안정성과 고도의 심리적 직감력을 겸비했다는 말도 떠돈 것이다.

셸링이 자연과학적 성향을 노정한 철학을 표방했을 땐 역시 그 같은 분위기를 드러냈다. 그도 그럴 것이 19세기의 제1분기에서는 '자연철학'이 경험 영역에서 이루어진 일련의 의미 있는 진보의 후광을 업고서 크게 유행했기 때문이다. 칼라일(Carlisle)과 니콜슨

자연과학의
진보

(Nicholson)이 갈바니 전류를 이용하여 물을 분해하는, 이른바 전기분해에 성공했다. 그리고 갈바니 전류는 험프리 데이비(Humphry Davy)에 의해 좀 더 꼼꼼히 연구된다. 데이비는 갈바니 전류를 통해 새로운 두 개의 금속, 즉 칼륨과 나트륨을 발견했다. 그는 전기분해 방식을 빌어 지금까지 원소로 취급됐던 칼리염(K_2O)과 나트륨염(Na_2O)에서 산소를 구분해냈다. 그 역시 열을 운동현상으로 설명한 최초의 인물 중 한 사람이었다. 1811년 쿠르투아[21]도 보라색 증기를 발산하는 새로운 원소를 발견한다. 이 원소의 명칭으로 게이뤼삭[22]은 그리스어로 보랏빛을 뜻하는 아이오딘(ἰώδης)이라는 이름을 달았다. 『가스와 증기의 팽창에 관한 연구(Recherche sur la dilatation des gases et des vapeurs)』도 바로 게이뤼삭에게서 비롯된다. 이 연구는 모든 가스와 증기가 동일한 열을 받으면 동일하게 팽창한다는 사실을 증명한다. 이 글이 나온 1802년의 같은 해에 「빛과 색채 이론에 관하여(On the theory of light and colours)」라는 논문도 나왔다. 이 논문에서 토머스 영(Thomas Young)은 호이겐스(Huygens)에 의거하여 빛을 에테르의 운동이라고 설명하면서 개개의 색채감을 망막에 에테르운동이 일어나게 하는 약간의 진동으로 환원시킨다. 몽블랑 봉우리의 최초 정복자인 베네딕트 소쉬르(Benedict Saussure)의 아들 테오도르 드 소쉬르(Théodore de Saussure)는 배양액으로 식물학적 실험을 하면서, 일부는 아주 정확한 계측에 근거하여 산소, 탄소, 물, 소금, 기타 광물이 식물의 생장에서 하는 역할에 대해 밝혀낸다. 국민의회 시기엔 화포 제조공장의 관리인으로 활동했고, 나폴레옹 치하에선 이집트 원정에 참가한 몽

---

[21] B. Courtois(1777~1838): 프랑스의 화학자.
[22] J. L. Gay-Lussac(1778~1850): 프랑스의 물리학자이자 화학자. 기체반응의 법칙을 발견함.

주[23]가 '화법(畵法: darstellend)' 기하학 혹은 '사영(射影: projektivisch)' 기하학을 착안한다. 이로써 물체를 평면에 투영하고, 3차원의 형상을 2차원의 형상으로 환원하는 일, 혹은 2차원의 형상으로 설명하는 일이 가능하게 되었다. 이는 엔지니어와 전문기술자는 물론 건축예술가들과 화가들에게도 대단히 중요한 학문이 된다. 교육제도를 재편한 나폴레옹의 총아, 퀴비에[24]는 1805년에 『비교해부학(Leçons d'anatomie comparée)』을 출간하여 최초로 무척추동물을 좀 더 정확히 구분해낸다. 이때 그는 기존의 세 부류의 무척추동물들을 네 등급으로 나누고, 자신의 이론을 '기관들의 상호관계'에 관한 학설로 정립한다. 이 학설에 의하면 특정한 동물 유형의 모든 기관 부문은 서로 영향을 주면서 긴밀히 상호관계를 맺고 있다(예컨대 육식 동물의 경우 소화를 시키는 내장, 강한 턱과 발톱, 민첩한 운동기관, 날카로운 이빨과 예리한 눈을 가지고 있다). 그리고 퀴비에는 지구의 역사는 주기적으로 근본적 변화를 일으킨다는 자신의 '격변설(Katastrophentheorie)'을 개진한다. 요컨대 지질학의 시대에는 다른 동물계에 자리를 내주기 위해 어느 날 완전히 절멸하게 될 특별한 동물계가 새로운 창조를 통해 형성된다는 것이다. 최근에 이루어진 지구의 혁신적 변화에 대해 그는 그것이 5000년 전에 이루어졌다고 가정한다. 이 가설은 이후의 과학에 의해 완전히 버림받게 되지만, 당시에는 과학을 무제한 지배했다. 1809년, 라마르크[25]가 자신의 『동물철학(Philosophie zoologique)』에서 적응과 유전을 통한 동물계의 발전, 이를테면 기관의 사용에 따른 성장과 사용하지 않음으로써 이루어

---

[23] G. Monge(1746~1818): 프랑스의 수학자.
[24] G. Cuvier(1769~1832): 프랑스의 박물학자.
[25] J. B. Lamarck(1744~1829): 프랑스의 진화론적 동물학자.

지는 쇠약에 관해 설명하는 경쟁적인 진화론을 내세웠을 때, 아무도 주목하지 않았다. 그러나 프랑스 혁명과 나폴레옹에서 나오듯 가파르고도 강력한 변화를 경험한 시대가 격변설을 더욱 신뢰하게 되었다는 사실은 납득할 수 있는 일이었다.

고전적 복장

또 하나 크게 유행한 학문은 고고학이었다. 나중에 '**나폴레옹 박물관**(*Musée Napoléon*)'으로 이름을 바꿔 달게 되는 루브르 '**중앙 박물관**(*Musée Central*)'에는 이미 혁명시기에 여러 나라에서 탈취한 고대 유물로 넘쳐났다. 1806년, 조세프 보나파르트(Joseph Bonaparte)는 나폴리 왕으로서 폼페이를 지금까지보다 훨씬 더 강력하게 새로이 발굴하기 시작했다. 터키 정부의 영국 대사였던 엘긴(Elgin) 경은 만신전의 조각상들을 런던으로 가져갔다. 영국 정부가 영국 박물관용으로 '**엘긴의 대리석 조각품들**(*Elgin marbles*)'을 구매한 것이다. 지금도 통용되는 포괄적인 의미에서 고고학의 실제 창립자는 프리드리히 아우구스트 볼프(Friedrich August Wolf)이다. 그는 '문헌학'을 공부하려고 대학에 등록한 최초의 대학생으로서 이 분야의 학문을 두고 "고대 인류 자체에 대한 인식"으로 정의를 내렸다.

고고학에 대한 일반의 관심은 당연히 의고전주의를 유행하게 만드는 결과를 낳았다. 이 같은 규모에 이 같은 열정으로 지나간 생활 형식의 복장으로 되돌아간 시대도 거의 없었던 것이다. 프랑스 혁명은 당장 모든 것 제각각에서 고대의 취미를 모방하는 작업부터 시작했다. 물론 그리스적 형식보다는 갈리아 사람들의 정신을 물씬 풍기는 라틴 형식을 더 많이 드러냈다. 당시의 의식에서는 '로마 사람들'과 '공화주의자들'이 동일한 개념으로 통했기 때문에 정치적 야심도 그곳에서 자양분을 구할 수 있었다. '자유의 영웅들', 이를테면 브루투스와 킨킨나투스(Cincinnatus), 세네카(Seneca)와 카토(Cato)

와 같은 흉상들이 곳곳에 서 있었고, 라파예트는 "스키피오 아메리카누스(Scipio Americanus)"로 통했다. 자코뱅파는 정치 및 경제적인 조처를 내릴 때 항상 로마와 스파르타를 환기시켰고, 그들의 휘장은 '프리기아 사람들이 즐겨 쓴 붉은 모자'였다. 그것은 곧 고대의 형식인 붉은 양모 두건이었던 것이다. 프랑스 공화국의 공식 명칭 'R. F.'는 로마의 'S. P. Q. R'(**로마의 원로원과 시민**(senatus populusque romanus))을 흉내 낸 것이다. 달의 새로운 명칭과 새로 발족한 공화국의 이름은 그리스어나 라틴어에서 그 의미를 빌린 것이다. 이를테면 수확의 달(Erntemonat)은 메시도르(Messidor), 더운 달(Hitzemonat)은 테르미도르(Thermidor), 결실의 달(Fruchtmonat)은 플룩티도르(Fluchtidor)라고 불렀으며, 네덜란드는 바타비아(Batavia), 스위스는 헬베티아(Helvetia), 제네바는 리구리아(Liguria), 나폴리는 파르테노페(Parthenope)라고 불렀다. 바뵈프는 자신의 이름을 그라쿠스로 바꿨으며, 자신의 잡지명을 『호민관(Volkstribun)』이라고 지었다. 카드조차도 고대풍으로 바뀌었다. 요컨대 이때부터 스페이드 잭(Pikbube)은 푸블리우스 데시우스 무스(Publius Decius Mus)로 불리게 된다. 새로 세워진 건축물의 '메시도르 스타일'은 오직 고전적인 직선만을 허용하면서 곡선이라면 무조건 피했다. 나폴레옹도 **호민관 · 원로원 · 평민**과 같이 순전히 고대를 회상시키는 호칭으로 일을 처리하면서 처음에는 자신을 집정관이라고 불렀고, 그다음에는 원수(Imperator)라고 했다. 군대에는 로마의 귀족제도를 도입시켜 여러모로 아우구스투스 황제를 흉내 냈다. 대내외 정책에서도 그는 로마제국이 취한 형태의 평등한 민정(民政), 근위병에 의한 방위와 같은 식으로 로마식 정치를 펼치면서 굴복한 영주들을 '맹방'으로 전환하기도 한다. 이는 그에게 로마식 정치의 결정적 모범으로 비친 것이다. 그의 지배 아래서 개진된 제국 스타일이나 나폴레옹 스타일은 유채색을 꺼려했으며, 흰색과 금빛만을 이용했고, 장식이 최대한 검소한 양탄자, 어두운 빛깔의 마호가니와 빛바랜 청동 장식을 썼다. 그가 가장 애호한 장식 형태는 월계관과 리라[26], 메달, 십자형 횃불 문양, 뾰족한 소용돌이무늬, 달걀 모양의 장식과 백합 모양의 고리였다. 그야말로 '고대적인' 모티브 일색이다. 사람들이 끊임없는 전쟁의 시기를 살았다는 것은 전승 트로피와 꽃무늬 천과 유골단지를 편애한 면모에서 드러난다. 현관뿐만 아니라 실내에도 스핑크스, 카리아티데(Karyatide)의 조각상, 원주와 오벨리스크 일색이었다. 책장과 옷장, 요강을 넣어두는 궤는 주두(柱頭)와 평방(平枋) 형식을 갖춘 그리스적 건축양식을 흉내 냈다. 세면대는 삼각대, 손지갑(Réticules)은 항아리, 화덕은 제단에서 착안한 것이다. 함부르크에는 코린트식 원주 모양을 한 기둥들도 있다. 전투모는 고대의 투구 모양을 취했다. 부인들도 한동안 투구 모양의 모자를 쓰고 다녔다. 이 모자에서 나중에 아주 오래 유지된 부인용 모자 '슈테(Schute)'가 발전했다. 부인들의 헤어스타일은 **그리스풍**(*à la grecque*)의 헤어네트로 틀어 올린 머리였다. 복장의 경우 그들은 고대풍의 노출 복장에 가깝게 하려 하면서 단 한 벌만 의상으로 이용하려 했다. 셔츠 모양의 트임이 있어서 **슈미즈**(*chemise*)라고 부르기도 하는 이 **튜닉**(*tunique*)은 목과 가슴, 팔과 다리를 드러낸다. 부인들은 이 의상에 속옷으로 기껏해야 살색 트리코트(Trikot)를 입고 캐시미어 숄을 걸쳤다. 우아하게 주름을 잡은 숄 모양은 땀 흘려 어렵게 만든 예술품 같았다. 신발은 맨발에 샌들을 신거나 노끈으로 간단하게 엮은 신을 신었다. 물론 의상은 위생에 극히 좋지 않았다. 특히 튜닉

---

[26] Lyra: 고대 그리스의 현악기 이름.

은 아주 가벼운 소재로만 만들어졌다. 그래서 여성들이 항상 겪어야 하는 카타르[27]를 모슬린 병[28]이라고 불렀다. 그러나 주지하다시피 위생학은 이런 유행에 어떤 결정적인 영향도 끼치진 못했다. 그런데 자기기만에 빠질 경우 오늘날의 얇은 실크 스타킹과 에나멜 처리된 가죽 구두가 제정시대 복장보다 추위를 더 잘 막아주지 못할 것이라고 착각하는 일이 생기기도 한다.

이처럼 과격한 복장의 변화도 '공화주의의 단순성'의 경향과 관계가 있다. 사람들은 라이프로크를 입은 부인을 상대로 터키 여성이 하는 말을 흡족한 마음으로 떠들고 다녔다고 한다. "다 끝났다 이거야?" 그리고 높이 올린 헤어스타일과 하이힐, 둔부 쿠션과 코르셋은 반혁명을 고백하는 것으로 간주했다. 유사한 방식으로 남성의 경우 파우더와 변발이 사라졌으며, 로코코풍의 의상은 제3계급의 단순한 검은 색 재킷과 과격공화파가 즐겨 입던 선원용 긴 바지, 즉 **판탈롱**(*pantaloon*)에 의해 밀려났다. 디렉투아르 양식[29]이 지배하던 시기는 지나간 공포정치의 시대를 풍자한 온갖 유형이 유행한다. 이를테면 부인들은 머리를 대머리로 밀었고, 목에는 붉은 띠를 둘렀다. 단두대의 희생으로 인구가 극감했을 때, 배 앞에 쿠션을 넣어 임신한 것처럼 꾸미는 일도 허다했다. 오랜 공포와 궁핍 끝에 사회에 찾아든 현기증 때문에 복장은 한동안 극단의 형식을 취했다. 소위 **엥크루아야블**(*incroyable*)로 통하는 멋쟁이들은 두 개의 뾰족한 끝이

---

[27] Katarrh: 점막의 염증.
[28] 혁명 직후 소모사(梳毛絲)로 보드랍게 짠 얇은 모직물인 모슬린으로 옷을 해 입은 것이 유행한 것은 귀족의 사치에 대한 혁명적 검소함을 과시하기 위한 것이었지만 감기에 의한 폐렴을 가져온 원인이 되기도 함. 당시 이 같은 폐렴과 같은 질병을 '모슬린 병(Mousselinekrankheit)'이라고 칭함.
[29] Directoire: 프랑스 혁명기의 문화양식.

있는 이상한 모자를 썼고, 깃이 아주 넓은 연미복을 입었으며, 목엔 여러 개의 수건을 겹겹이 둘러 얼굴을 반쯤 가렸고, 곤봉 모양의 산책용 지팡이에 여성용 귀걸이를 하고 있었다. 머리는 **미개인**처럼 짧게 헝클어진 모양을 했고, 발에는 링을 달고 다녔다. 당시 실크해트의 세계 지배도 시작된다. 이처럼 그로테스크한 복장이 처음엔 사람들을 얼마나 당황스럽게 했는지는 1796년『타임(Times)』지(誌)의 한 기사가 잘 말해준다. "어제 존 헤더링튼(John Hetherington)이 거리를 소란케 한 거친 장난 때문에 시장 앞으로 끌려갔다. 헤더링튼이 자신이 실크해트라고 이름 붙인 모자를 머리에 쓰고 공공장소에 출현한 것이 분명했다. 그 모자는 높이가 길어 햇빛에 반짝이는 모양이어서 겁이 많은 사람을 놀라게 하기에 적합했다. 실제로 몇몇 경찰의 보고에 따르면, 여러 숙녀가 그것을 보고 실신을 했으며, 아이들은 놀라 소리를 질렀고, 모여든 군중 가운데 어떤 이는 바닥에 넘어지면서 오른팔을 부러뜨렸다."

알피에리
다비드
탈마
토르발센

의고전주의 정신은 당연히 모든 예술에도 퍼져나갔다. 이탈리아에서 이 조류의 가장 강력한 대표자는 알피에리 백작이었다. 그는 영락없는 간결주의자였다. 언어와 심리학에 장식을 덧붙이지 않았으며, 이야기엔 에피소드나 부차적 동기를 부여할 줄 몰랐다. 3일치 법칙의 엄격한 감시자였고, 강령과 경향을 좇았다. 온통 명료한 간결주의로 넘쳤다. 프랑스의 경우 이 방향에서 영향력이 가장 막강한 예술가는 자크 루이 다비드(Jacques Louis David)였다. 그의 그림은 최초로 무기, 의복, 식기, 얼굴 등을 고고학적으로 정확히 묘사하고 있다. 그는 냉정하지만 열정을 갖고서 그것들을 배치했다. 음울한 수사법을 빌어 고대의 미덕 · 자유 · 조국애에 심취한 모양을 취하고 있다. 비록 그가 동시대인들, 이를테면 살해된 마라(Marat), 장군이자 황제인 나폴레옹, 왕의 죽음을 요구한 바레르를 그렸지만, 그에게 그들은 로마 사람들의 손아래 놓여 있는 것처럼 비쳤다. 라틴풍의 명료함과 로마식의 힘과 단호함도 빛과 운동을 다루는 그의 엄격하고도 정밀한 남성적 성격을 말해준다. 다비드의 동시대인은 위대한 탈마(Talma)였다. 목격자들이 설명하는 대로 하면 탈마의 예술은 연출된 다비드였음이 틀림없다. 탈마의 태도는 고대 동상들이 취한 자세와 견줄만하다. 탈마를 두고 빌헬름 폰 훔볼트는 흡사 그의 연기는 아름다운 그림의 중단 없는 연속 같고, 꼭 그 자신은 의상예술에서 역사적 진정성을 요구한 다비드 1세[30]와 같다고 말했다. 그도 그럴 것이 다비드 2세[31]는 아직도 파우더 가발을 쓴 셰익스피어의 주인공들과 짧은 재킷과 깃털 모자를 쓴 그리스 왕들을 연기했기 때문이다. 조각에서 덴마크 사람 토르발센(Thorvaldsen)은 분명 1류급의 지위를 누렸다. 전아하고 명쾌한 윤곽에 대한 그의 재능, 말하자면 단순한 양각 재능은 아주 고상하고도 순수한 방식을 빌린 극적이지 못한 의고전주의의 따분함으로 정점을 이룬다. 자신의 생일이 언제냐는 질문에 그는 이렇게 대답한다. "그건 모릅니다. 하지만 난 생 처음 로마로 간 날은 1797년 3월 8일이었지요." 그는 10년간의 알렉산드리아 양식 원정을 통해 파르테논 신전의 양각에 견줄만한 대작을 성취한다. 그러나 형식 통제의 섬세함과 구성의 엄밀함을 겸비한 기술적인 그의 대작은 냉담할 만큼 활기가 없고, 모든 것이 구분할 수 없을 만큼 유형적이며, 특히 여성 입상은 죽은 듯 생기라고는 찾아볼 수 없어 종이 위에 비친 그림자 같아 보인다. 그래서

---

[30] 자크 루이 다비드(Jacques-Louis David)를 말함.
[31] 다비드 개릭(David Garrick)을 말함.

그의 알렉산드리아 원정은 순전히 연극적인 가장행렬을 닮았다. 말하자면 '고귀한 단순화'가 너무 지나쳐 알렉산더의 4두 마차 가운데 단지 뒷다리 4개만 보여줄 뿐인 꼴이다. 퓌리히(Führich)는 토르발센이 "배우 한 사람에 불과하다"고 말하지만 우리는 그것도 궁정배우에 불과하다고 말하고 싶다.

우리는 이미 앞에서 '고딕식'이라는 것이 당시에는 야만적인 것, 날것의, 인공적이지 않은 것을 의미한다고 말한 바 있다. 괴테의 확신에 따르면, 조형예술의 문제에서 당대 최초의 전문가라고 할 수 있는 하인리히 마이어는 1799년 『프로필레온(Prophyläon)』에서 고딕식 건물의 외관은 "그 같은 작품을 만들어낸 사람들을 경멸하도록" 자극하는 것 같다고 말한다. 역시 괴테와 친숙하면서 영향력이 지대했던 예술비평가 카를 루트비히 페르노브(Karl Ludwig Fernow)는 미켈란젤로를 두고서 "고집이 세다"고 격분했다. 미켈란젤로는 불같은 성화 때문에 취미와는 멋진 조화를 이룰 수 없는 천재였다는 것이다. 이는 아이스킬로스나 단테 혹은 셰익스피어의 경우도 마찬가지다. 베르니니와 여타 바로크 거장의 경우도 그렇긴 마찬가지다. 의고전주의는 풍경화에서 극도의 황폐화를 가져왔다. 애호한 소재는 양식화된 이탈리아의 평원이다. 이 장면은 오페라를 곁들여 연출되는 '그림 같은' 노상강도 행각, 그리고 바이마르에서 막 도착한 듯 고고한 자태를 뽐내며 평원 한가운데서 풀을 뜯고 있는 당나귀를 통해 활기를 얻고 있다.

고야 우리 시대에 이르러서야 그 매혹적인 암시성과 독특한 문제성이 충분히 인정받게 된 고야(Goya)라는 수수께끼 같은 현상은 당시엔 완전히 낯설기만 했다. 깜짝 놀라게 하는 그의 그림과 동판화에는 바로크와 자연주의 및 인상주의가 결합되어 있다. 그의 『카프리초스(Caprichos)』는 바로크의 정신을 고스란히 살려 세계를 변장과 몽상으로 제시하며, 그가 그린 스페인 왕가의 초상들은 여타 화가가 개인 초상을 그릴 때 감히 엄두도 내지 못했을 법한 자연의 충실성을 살려 그 모델들의 흉한 모습을 그대로 보여준다. 이미 완전한 인상주의를 선취한 그의 『가두 투쟁가들의 총살(Erschießung von Straßen-kämpfer)』[32]은 주지하다시피 마네(Manet)의 『황제 막시밀리안의 처형(Exécution de l'empereur Maximilian)』의 모델 역할을 한 셈이다. 헤르더와 질풍노도, 그리고 청년 괴테와 마찬가지로 그 역시, 만일 18세기에 의고전주의의 강압에 밀려나지 않았더라면 자연히 필연적으로 로코코에서 인상주의가 나왔을 것이라는 증거가 된다. 세기전환기에 화가 필립 오토 룽게(Philipp Otto Runge)는 물론 자신의 그림으로 구체화하진 못한 인상주의 이론을 구상했다. 이때 그는 그리스인들과 르네상스의 대가들은 형식의 예술에서 정점에 이르렀던 반면에 빛에 의한 미묘한 색채에 관한 연구는 진지하게 다루진 않았다고 설명한다. 물론 빛과 대기에 대한 표현은 근대의 화가들이 정복해야 할 중요한 문제가 된다.

베토벤 역시 완전히 기인으로 취급될 수밖에 없다. 비록 낭만파와 고전파 모두 그를 자신의 편으로 광고했지만, 그는 어느 쪽에도 넣을 수 없는 노릇이다. 이처럼 실제 이상의 초시간성을 염두에 둔다면 그는 미켈란젤로를 연상시킨다. 그는 여타 특성에서 그와 일련의 공통점을 지니고 있다. 악마 같은 생김새, 난폭한 조야함, 종잡을 수 없는 교제방식의 변덕스러움, 생활의 검소함과 불규칙함, 철저한 자기성찰과 인간을 싫어하는 비사교성, 돈에 대한 호평과 경멸의

---

[32] 『마드리드 1808년 5월 3일 ─ 프린시페 피오 언덕에서의 총살』을 말함.

교차심리, 장사치의 속셈과 자신을 욕심쟁이 친척의 희생양이 되게 만드는 속수무책의 혼재, 자신이 필요하여 찾기도 하지만, 고압적으로 요구하기도 하면서 철저히 자신에 근거하여 다루는 후원자들과의 관계, 언제나 환상을 먹고 살지만 그 목표는 찾지 못하는 에로스의 정열, 타협을 용인하지 않는 강경한 예술가 정신, 무시무시한 자의식과 자기 작품에 대한 끝없는 불만으로 들끓는 수천 겹의 의미 인식의 때 이른 태도, 거대하고 광범위한 구상, 새로운 방법과 테크닉을 지칠 줄 모른 채 구하고 찾으면서 기존의 모든 형식을 예상치 못할 정도로 확장하여 예술의 마지막 경계를 넘어서려는 거대한 노동력, 난감하기 짝이 없게 오해를 사는 등이 그런 것이다. 반면 그를 미켈란젤로와 구분해주는 것은 라틴계의 남자로서는 그 완전한 형태로 소유한 적도 없고, 알지도 못할뿐더러 그 가치를 인정하지도 않는 그런 두 가지 성격, 즉 미화하여 해방감을 주는 그의 유머와 깊은 마음이며, 또 그것은 현세에 심취한 르네상스 거장들의 경우와는 전혀 다르게 심연에까지 내려가는 그의 종교성이다. 그에게 있어 예술은 "신적인 것의 매개이자 어떤 지혜와 철학보다 더 고상한 것의 현시"이며, 음악은 "음색회화보다 더 감성적인 것"이다. 그가 절대적 음악의 정점을 의미한다는 것은 그의 경건한 태도와 가장 긴밀하게 관련된다. 베토벤과 나폴레옹과 괴테는 그 시대 가장 위대한 세 명의 인물이다. 그런데 베토벤은 이들 세 명 중 가장 고상한 인물에 속한다. 비극적인 조합은 베토벤은 그들 둘을 잘 이해했지만, 그들은 그를 이해하지 못한 점에 있다. 만일 괴테가 베토벤 현상을 제대로 개념파악했다면, 아마 오늘날에는 모든 시대 가운데서 가장 위대하고 가장 심오한 예술작품, 즉 베토벤이 작곡한 파우스트를 남겼을지도 모른다. 그랬다면 무한한 사유가 무한한 멜로디와 짝을 맺었을 것이다. 그리고 만일 나폴레옹이 베토벤을 이해했다면, 아마 오늘날 유럽은 다른 모습을 하고 있을지도 모른다. 베토벤이 그의 교향곡 3번, 「에로이카(Eroica)」, 즉 「한 위대한 남자를 기념하기 위한 작곡(composta per festeggiare il sovvenire di un grand'uomo)」을 애초 보나파르트 장군에게 바쳤고, 이 장군이 황제에 등극하자 이 헌사를 폐기했다는 것은 널리 알려진 사실이다. 이 헌사와 교향곡 9번이 들려주는 바의 이야기를 나폴레옹은 마땅히 그렇게 하고, 또 그렇게 할 수 있었어야 했을 것이다. 그것은 곧 인류에 복무하는 영웅 이야기였다. 그러나 그는 그런 영웅이 되질 못 했다.

비록 고야와 베토벤과는 완전히 다른 방향에서이긴 하지만 영국도 독자적인 발전의 모양새를 취했다. 우리는 영국에서는 경제활동의 집약적인 급속 성장의 결과 근대의 기계인간이 수태되었다는 점을 이미 지적한 바 있다. 사실 영국은 이른바 '근대 경제이론'의 탄생지이기도 하다. 그 창설자는 맬서스(Malthus)와 리카도(Ricardo)이다. 로버트 맬서스 목사가 기대는 논거는 다음과 같다. 즉, 영국의 토양은 향후 25년간 기껏 현재 수확량의 2배를 늘리고, 50년간 3배, 75년간 4배 늘리는 식으로 하여 재배공간이 산술적 방식으로 확대되는 반면에 인구는 25년간 2배, 50년간 4배, 75년간 8배로 늘어나는 경향에서 보듯 기하급수적으로 증가한다는 것이다. 이 불균형은 '조절(checks)'을 통해서만 조절될 수 있다는 식이다. 이 조절에는 전쟁과 전염병, 비좁은 골목과 산소가 부족한 공장지대에서의 생활 따위가 포함된다. 그래서 어떠한 형태이든 양로원과 빈민구호소 및 고아원을 불허할 수밖에 없다는 것이다. 이와 연동하여 리카도는 자연적인 노동임금이 항상 최소 생계비용에 맞춰질 것이라는 법칙을 세운다. 요컨대 노동자들이 많이 버는 만큼 인구도 그만큼 증가

맬서스주의

하고, 또 적게 버는 만큼 인구도 그만큼 감소하여 균형이 맞아진다는 식이다. 이 같은 맬서스주의는 중상주의와는 정반대의 입장을 취하는 꼴이다. 중상주의는 땅이 풍요롭고 생산성이 높으면 높을수록 인구수도 그만큼 늘어나게 된다고 믿고서 가능한 한 인구수를 늘리려 하는 반면에, 맬서스주의는 증가하는 많은 인구수에 가장 큰 경제적 위험이 도사리고 있다고 본다. 그런데 이 같은 이론의 원리는 철학적으로는 말할 것도 없고 통계학적으로도 반발의 여지가 없는 것이 결코 아니다. 그 이론에서 망각하고 있는 것은 땅의 수확능력은 아무리 오래가도 완전히 없어지지 않을뿐더러 매일 새로운 방법, 새로운 운송형태, 새로운 에너지가 발견될 수 있다는 점, 그리고 물질은 항상 정신의 지배를 받는다는 점, 아울러 사람 각자가 자신의 전기작가이듯 모든 민족은 자기 역사의 작가라는 점, 그리고 특히 사회적 궁핍의 원인은 식량 생산의 토대가 풍족하지 않기 때문이 아니라 분배의 불의와 미숙함, 인간의 이기심과 어리석음에 있다는 점 등이다. 프란츠 오펜하이머(Franz Oppenheimer)는 대단히 재치 있게도 로빈슨이 혹 리카도의 제자인 것이 아닌가 하는 가설을 통해 맬서스주의의 부조리함을 예시해 보인다. 이를테면 오펜하이머는 로빈슨이 섬 전체의 소유자로서 자신의 동료 프라이데이에게 "임금철칙을 엄격히 준수하여 (아마도 섬이 인구과잉의 상태가 된 모양인데!) 바로 최저 생계비를 주려고" 한다는 점을 지적하면서 이렇게 덧붙인다. "세계의 모든 나라에서 국가는 잘 무장하고 잘 훈련된 수백 혹은 수천의 로빈슨들이 무장상태가 엉망이고 미신을 좇는 분열된 수백 혹은 수천의 프라이데이들을 굴복시키고, 그 나라 전체를 독점하는 형태로 형성되었다." 그리고 프리드리히 리스트(Friedrich List)는 다음과 같은 말로써 문제의 핵을 짚는다. "그 같은 학설은 인간의 마음을 돌로 바꾸는 꼴이다. 그런데 그 구성 시민들이 마음 대신 돌덩이를 가슴에 품고 있는 민족에게서 결국 무엇을 기대할 수 있겠는가? 그렇다면 모든 도덕성의 완전한 붕괴, 따라서 모든 생산력의 붕괴, 모든 부와 모든 문명, 그리고 그 민족의 모든 힘의 붕괴 말고 도대체 무슨 일이 일어나겠는가?" 이를 뭉뚱그려 말해보면, 맬서스주의는 지금껏 시도된 자본주의 세계관에 대한 가장 뻔뻔스럽고 가장 음흉한 변론일 뿐이다. 여기서는 인간 존재의 정당화가 인간이 영혼을 갖고 있다는 영원한 사실이 아니라 적절한 먹이 공간에 우연히 태어났다는 사실에 있다. 이런 것을 기독교 목사가 가르쳤다니! 그런데 영국의 청교도가 근본적으로는 유대교였다는 점을 떠올린다면 맬서스의 경우는 놀랄만한 것도 아닌 셈이다. 그리고 리카도는 문자 그대로 포르투갈계 유대인의 아들이었다.

　기력이 왕성하고 목적의식적인 모든 물질주의가 그렇듯 영국의 물질주의도 당연히 자신에게 유리한 측면을 드러내기 마련이었다. 주민들의 평균 생활수준은 대륙 전체의 경우보다 훨씬 나은 형편이었다. 위생과 체육 및 청결의 상태가 상당히 높은 수준에 도달해 있었다. 영국 사람들의 의상은 유럽에서 가장 건강하고 가장 자연스럽고 가장 합리적인 상태였다. 그들은 아이들에게는 성인들과는 다른 옷을 입혀야 한다는 이성적인 이념을 좇은 최초의 사람들이기도 했다. 가구류와 기타 실내설비는 무척 안락했을뿐더러 튼튼하고도 실용적이었다. 19세기 벽두, 런던에 있는 주택 대부분은 이미 수세식 화장실을 갖추고 있었다. 1814년에는 도시 전체가 가스등 조명을 켰다. 우편제도는 속도와 시간의 정확성에서 모범을 보였다. 도로 상태도 아주 좋았다. 그런데 대륙에서는 이방인들을 가능하면 더 오래 붙들어두려고, 그리고 내국인의 경우 출국을 어렵게 하려고 도로를 일부러 중상주의 시절의 상태 그대로 방치하고 있었다. 영국에서는 벌써 수많은 다리가 건설되었으며, 철도 건설로 또 다른 교통수단이 생겨났다. 1810년, 프랑스에서는 증기기관이 기껏 200대 있던 것에 비해 영국에서는 5000대가 운영되었다. 1814년 스티븐슨[33]은 최초의 기관차를 개발했으며, 같은 시기에 영국과 스코틀랜드의 바다에는 이미 20척의 증기여객선이 정기적으로 운행되고 있었다.

대륙봉쇄 영국의 이 같은 특수한 발전은 1806년에 나폴레옹이 내린 대륙봉쇄령과 일부 관계가 있다고 볼 수 있다. 그 규정은 영국과의 무역과 통상 및 교신 일체를 금지했으며, 프랑스의 영향권에 들어있는 지역의 모든 영국인을 전쟁포로로 선포하고 영국산 상품 일체를 포획물로 규정했다. 사실 그 영향력은 당장 나타났다. 영국의 수출무역이 거의 절반으로 줄었고, 국채증권의 시세는 이전에 비해 1/3로 떨어졌다. 반면에 물가는 두 배 이상 올랐다. 그러나 대륙도 거의 비슷한 타격을 입었다. 곳곳의 공장과 여타 대기업이 폐쇄되었고, 도산이 꼬리를 물었다. 염료와 제철원료, 면화·쌀·향료 등의 가격뿐만 아니라 식민지 상품들의 가격까지도 기상천외할 정도로 치솟았던 것이다. 사람들은 도토리를 볶아 커피로 마셨고, 머위로 담배를 말았다. 설탕 1파운드가 베를린 당국이 허용하자마자 1탈러에 거래되었다간 곧이어 2탈러로 올랐다. 이때 고려해야 할 사실은 당시 자그마한 집 한 채를 장만하는 데 400탈러가 들었다는 점이다. 1810년엔 설탕 가격이 또다시 400% 올랐다. 그래서 프랑스인 아카드(Achard)는 사료용 무로 설탕을 만들려고 했으며, 키르히호프[34]는 전분 가루

---

[33] G. Stephenson(1781~1848): 증기기관의 발명자.

를 이용해서 그렇게 하려고 했다. 그러나 아직 기술이 온전치 못하여 대륙봉쇄가 해제된 후 사탕무 설탕은 다시 사탕수수 설탕에 잠시 밀려났다. 나폴레옹은 대륙봉쇄 때문에 영국뿐만 아니라 유럽 전체와도 극도의 적대관계에 놓이게 되었다. 그것은 징집과 군세, 검열과 공안통치, 국가 침탈과 왕조 전복을 했을 때보다 더 심했다.

나폴레옹 드라마

　나폴레옹의 이력은 드라마 한 편이 전개될 때와 흡사한 모양새를 취하고 있다. 발단, 상승, 절정, 전환, "마지막 긴장의 순간"과 파국이 그것이다. 이는 구스타프 프라이타크가 말하는 '드라마 기법'의 도식을 거의 정확히 닮았다. 1796년 이탈리아에서의 영광스러운 출정은 떠들썩한 개막을 알렸고, 이때부터 그는 모든 장수, 모든 민족, 그의 길에 방해되는 모든 전쟁 자원에 대하여 연일 승리의 개가를 올렸다. 이때 그는 예나 전투 직후에 프로이센의 한 장교가 썼듯이, 자신의 병사들을 '초자연적인 존재'로 바꿔놓았다. 1809년 그는 아스페른(Aspem) 전투에서 처음으로 패배를 경험한다. 그러나 이 패배도 그는 준비된 철군과 카를(Karl) 공작의 불충분한 추격 덕분에 또 다른 승리를 위한 비용으로 처리하여, 실제로 2주 뒤 바그람(Wagram) 전투의 승리로 그 패배를 상쇄한다. 내정에서 거둔 그의 승리도 절대 사소한 일이 아니었다. "문제는 혁명의 소설 뒤를 혁명의 역사가 이어가게 하는 것이다"는 자신의 구호에 따라 그는 프랑스의 카오스 속에서 질서와 번영을 추구하면서, 모든 주민에게 종교의 자유, 무역의 자유, 공정한 법의 집행, 시민의 안정, 그리고 복지와 교육에 대한 정부 차원의 확대지원을 보장했고, 망명자들에게는 조건 없는 귀향

---

[34] G. S. C. Kirchhoff(1764~1833): 독일의 화학자. 전분으로 설탕시럽을 제조하는 데 최초로 성공함.

을 약속했다. 귀족과 특권은 혁파하지만, 재능만큼은 언제 어디서든 독려한다. 1810년 그는 자신의 이 같은 이력에서 정점에 도달한다. 이 시기에 벨기에, 네덜란드, 하노버, 올덴부르크, 라인 강 왼편의 독일, 한자 동맹 도시들(Hansestädte)을 끼고 있는 북해연안, 일리리아 (Illyrien) 지방, 티롤(Tirol) 남부가 포함된 북부 이탈리아와 로마 교황령 이 있는 중부 이탈리아가 프랑스의 판도에 들어갔다. 바이에른, 뷔르 템베르크, 바덴, 작센, 헤센, 베스트팔렌 왕실, 스위스, 바르샤바 공 국, 조세프 보나파르트(Joseph Baonaparte)가 다스리는 스페인과 뮈라[35] 가 집권한 나폴리로 구성된 라인 동맹은 프랑스의 영향 아래 놓여 있었다. 오스트리아와 프로이센 및 노르웨이-덴마크가 프랑스와 동 맹 관계를 맺었다. 1811년 나폴레옹은 바이에른의 장군 브레데 (Wrede)에게 이렇게 말한다. "3년 만에 나는 세계의 영주가 되었다네."

그런데 3년 뒤에 그는 엘바 섬에 있었다. 그도 그럴 것이 그가 정점에 도달한 해는 동시에 그가 전회하는 시점이기도 하기 때문이 다. 이때 그는 자신의 '마스코트'인 조세핀을 몰아냈고, 합스부르크 가와 **정략결혼**(Mesalliance)을 했다. 그것은 곧 진보가 경직과, 현실이 가상과, 천재가 관습과 정략결혼하는 꼴이다. 이때부터 "하강곡선 을 그리는 사건줄거리"가 이어진다. 러시아 출정을 염두에 두고 자 신이 계획한 바에 대해 그는 나르본(Narbonne)에게 아주 명확히 설명 한다. "결국 이 출정은 인도로 향한 멀고 먼 길이 될 것이오. (…) 모스크바를 전복시켜 러시아를 굴복시키고, 차르들에게 타협을 요 청받거나 궁정의 모사꾼들이 희생양으로 떨어지는 꼴을 한번 상상

---

[35] Joachim Murat(1767~1815): 나폴레옹 집권 시기의 프랑스 장군으로서 나폴 리 왕.

해 보시오. 그리고 인도에서 거상(巨商)의 구조 전체가 무너지도록 프랑스의 군대가 그 검 맛을 보여줄 필요가 있는 갠지스 강까지 돌진할 수 있을지 말해보시오." 그러나 이 모험가는 자신의 환상 때문에 처음으로 현실과의 관계를 상실하고 만다. 행군하는 사이에 벌써 한 목격자가 이렇게 증언한다. "모든 게 부족했다. 유대인조차 없었다." 병사 60만 명 중 5만 명이 살아 돌아왔고, 18만 필의 말 가운데 15,000필만 돌아왔다.

1918년 초, 머레이(C. H. Meray)는 자신의 풍부한 사고력에 근거하여 내용이 풍성하긴 하지만 유감스럽게도 거의 알려지지 않은 책인 그의 『세계의 돌연변이(*Weltmutation*)』에서 이렇게 예언했다. 즉, 독일은 '이물질'인 아메리카와 접촉하면 굴복할 수밖에 없다는 것이다. 왜냐하면 이 같은 접촉을 통해 '거대세포'인 독일이 여타 유럽 국가라는 세포들을 제압하여 합병하려 하는 유기적 과정은 병리학적인 과정이 될 것이기 때문이라는 것이다. 사실 독일은 이물질 러시아가 세계대전에 가담하지 않는 순간 이론상 승리했다. 물론 그것은 이론상 승리일 뿐이다. 그도 그럴 것이 연관관계를 곰곰이 따져보면 영국은 새로운 이물질의 개입에 대해 이미 준비하고 있었기 때문이다. 고대의 역사에서 우리는 로마 세계제국의 흥망성쇠와 유사한 과정을 볼 수 있다. 고대의 '유기체'는 온갖 기생물을 두고 있는 지중해였다. 로마는 이 유기체 너머에까지는 손을 뻗칠 수 없었고, 현명하게도 그 한계를 넘어서려고 거의 시도하지도 않았다. 그러나 게르만족의 등장으로 로마는 **새로운 대륙**과 접촉하게 되고, 이 접촉으로 몰락하기에 이른다. 스페인 대륙 군주 역시 아메리카와 접촉하여 몰락했다. 나폴레옹도 러시아 원정길에서 아시아와 접촉했을 때 역시 몰락했다. 그 자신도 그로부터 어두운 감정을 가질 수밖에 없었다. 1813년에 그는 마르몽(Marmont)에게 이렇게 말한다. "나의 장기판이 혼란스럽기 짝이 없소."

'마지막 긴장의 순간'을 형성한 것은 '백일천하'였다. 1815년 3월 11일, 빈의 메테르니히(Metternich) 영주의 저택에서 대규모의 무도회가 열렸을 때였다. 그때 "그가 프랑스에 있다"는 소문이 갑자기 확산되었다. 그가 누구를 의미하는지는 누구나 알고 있었다. 춤이 중단되었고, 대화는 사라져 침묵으로 변했다. 헛되게도 오케스트라는 계속 연주를 했다. 군주들은 말없이 무도회장을 빠져나갔고, 다른 손님들도 따라 나갔다. 등불이 꺼졌고, 도시는 공포에 휩싸인 어둠 속에 잠겼다. 다시 세계대전이 시작되었던 것이다.

이미 겨울에 프랑스 병사들은 나폴레옹을 '**제비꽃 대장**(père la violette)'이라고 불렀다. 왜냐하면 그들은 그가 3월의 제비꽃과 함께 돌아오리라고 기대했기 때문이다. 그가 칸(Cannes)에서 파리로 가는 도중에 단 한 발의 총성도 울리지 않았다. 그를 방어하기 위해 특파된 모든 군대도 그를 두고 모른 척하고 지나갔던 것이다. 어떤 몇몇 사람은 그의 상륙 소식에 기뻐 죽기도 했다. 그러나 프랑스 제국은 더 이상 예전의 '거대세포'가 아니었다. 근대의 역사를 만들어냈던 강력한 숙명의 드라마가 워털루(Waterloo)에서 막을 내린 것이다.

나폴레옹과 숙명

어떤 마술적인 충동이 그의 삶 전체를 결정하고 조종한 듯하다는 것은 나폴레옹 자신도 완전히 확신한 것 같다. 마차가 뒤집혀 거의 죽을 뻔했을 때 그는 메테르니히에게 이렇게 말한다. "난 죽음이 나를 피해 다닌다는 느낌을 받아요. 하지만 스스로 이렇게 말한답니다. 난 죽지 않을 거야, 그래서 이렇게 멀쩡한 거지, 하고 말이오." 또 한 번은 암살이 임박한 것 같다고 누군가 그에게 경고를 해줬을 때, 그는 이렇게 응수한다. "내가 뭘 두려워해? 난 살해될 수가 없는 걸!" 그의 이집트 포고령에는 다음과 같이 적혀 있다. "숙명이 나의 행동을 조종하고 있다는 사실을 통찰하지 못하는 장님이 있단 말인가? (…) 내가 더 높은 곳에 계시는 신의 손길에 인도를 받고 있어서 인간의 어떤 노력도 나의 길을 막을 수 없다는 점을 전 세계가 통찰할 날이 올 것이다." 그래서인지 그의 동시대인들, 즉 그의 친구와 적들마저도 인간의 잣대로 그를 가늠하는 습관을 이미 오래전에 버렸다. 그들은 그를 눈이 멀게 하는 불가항력적인 자연의 사건으로 본 셈이다. 이는 그 작용이 무섭지만 협상할 수 있는 대상이 아니고 그저 기가 막힌다는 식으로 바라볼 수밖에 없는 그런 사건이다.

한 번은 탈레랑(Talleyrand)이 나폴레옹에게 이렇게 말한다. "멋진 취향이야말로 전하의 개인적인 적입니다. 전하께서 대포를 쏴서 그것을 제거하려 했다면 벌써 오래전에 제거했을 것입니다." 이는 위선적인 궁정 간신배들이 답을 미리 정해놓고 하는 말보다 훨씬 더 참된 말이다. 물론 나폴레옹은 몰취미했다. 어떤 취향도 예법도 없이, 그리고 어떤 교양과 생활방식도 무시한 채 그는 낙후하고 부패되고 화석화된 봉건성과 외교관들, 그리고 살롱의 수다쟁이들과 백면서생들을 공중분해했다. 거대한 것은 취향이라고는 아랑곳하지 않는 모습을 취한다. 요컨대 용암과 온갖 물질을 토해내는 화산이나 지진은 취향이라고는 아랑곳하지 않는 현상이다. 자연의 파국, 천재지변, 어마어마한 사건들은 '취향'이라고는 모르는 법이다. 평균, 관습, 정연한 질서, 익숙한 것은 취향이 넘친다. 우리가 숙지하지 못한 현상들은 우리를 혼란스럽고 헷갈리게 하여 불안하게 만든다. 그것은 우리로 하여금 신경을 곤두세우게 하는 몰취미성을 갖고 있는 것이다.

단지 우리는 나폴레옹의 활동 중에서 임의적인 한 단면만큼은 고

나폴레옹과
전략

찰해야 한다. 예컨대 그의 전쟁 수행 방식 같은 것 말이다. 이는 곧 자신의 가문과의 의식적이고도 엄격한 단절이 모든 부문을 관통하고 있다는 점을 살펴보기 위한 것이다. 그가 들어선 시대에는 브라운슈바이크(Braunschweig)의 카를 페르디난트(Karl Ferdinand) 공작이 가장 위대한 사령관으로 통했다. 공작은 가능한 한 가장 완전한 체스놀이보다 더 훌륭한 전략은 없다고 보았다. 근본적으로는 전쟁을 원하지 않았으며, 그가 원한 것은 일종의 '임박한 전쟁 상황과 같은 위기감'의 조성일 뿐이었다. 그런데 이 같은 정서는 우리가 이미 앞서 한 번 언급한 바 있듯이, 당시 전문가 부류가 가진 일반적인 감정이었다. 단지 본질상 문제는 기묘한 기동훈련, 이를테면 우회, 보급로의 차단, 분쟁과 재치 넘치는 온갖 연합과 교묘한 호도 따위였다. 브라운슈바이크의 이 장군을 프리드리히 대왕보다 더 중요한 사령관으로 간주한 사람들도 없진 않다. 그러나 그는 순전히 이론가에 불과했다. 말하자면 일을 제대로 적중하여 추진시키진 못하고 기껏 경외심만 불러일으키는 전략가였을 뿐이다. 20년간의 혁명이라는 고통이 오롯이 그의 책임으로 유럽에 확산되었다고 주장해도 아마 크게 무리가 없을 법하다. 그도 그럴 것이 발미 전투의 치욕은 오롯이 그의 탓으로 돌릴 수 있기 때문이다. 그는 항상 어디서든 장애물과 위험 요소, 말하자면 부정적인 기관들을 본 것이다. 그의 경우에서 두 가지 면모가 드러난다. 즉 그 하나는 심하면 모든 현실 가운데 가장 무서운 현실인 전쟁으로 치닫게 하는, 그 시대 전체를 이론에 의거해 문서로 짜맞추는 성격이며, 다른 하나는 생각할 수 있는 모든 분야에서 언제나 우리 목전에 닥치는 소위 전문가의 무능과 무가치이다. 나폴레옹을 필두로 한 모든 위대한 야전사령관은 전쟁이란 매우 단순한 것이라고 설명한다. 그것은 마치 모든 위대한 예술가가 예술을 두고서, 그리고 모든 위대한 의사가 의술을 두고서 설명할 때와 똑같은 것이다. 심지어 몰트케(Moltke)는 전략이란 결코 과학이 아니라고까지 주장한다. 반면 전문가는 늘 까다롭다는 것이다. 사실 혁명의 장군들은 작전에 대해 전혀 이해하질 못하며, 그들은 전쟁을 실재(Realität)로, 죽기 살기로 저돌적으로 밀고 들어가 승리를 구현하는 문제로 이해하는 딜레탕트들일 뿐이다. 그들은 전쟁에서는 단순히 전쟁을 수행하는 것일 뿐이고, 문제는 적을 제압하는 것이지 적의 활동을 이론적으로 논박하는 것이 아니라고 믿을 만큼 교양이 없었던 것이다.

'**승리의 조직가**(*organisateur de la victoire*)'인 카르노(Carnot)의 지휘 아래서 이미 높은 수준에 이른 혁명군대의 전략은 지금까지의 전략들과는 네 가지 점에서 다르다. 그 하나는 모든 남성 주민을 병사로 만드는 (이는 물론 이론상에서일 뿐인데, 그도 그럴 것이 나폴레옹 치하에서도 돈을 받고 **보충병**(*remplaçant*)으로 지원할 수 있었기 때문인데) **국민총동원**(*levée en masse*)이며, 둘째는 서너 줄로 구성된 경직된 '횡대' 대신 긴 종대를 기습작전으로 이용하여 집중된 포화사격을 산개된 병사들의 '산개된 검법'으로 대체한 것이며, 셋째는 극단까지 밀고 가는 가차 없는 세력팽창이고, 넷째는 군수물자 공급을 징발체계로 바꾼 점이다. 여기에 곁들여 나폴레옹은 군부를 자립적인 여러 부대 단위로 편성했다. 그것은 곧 전체 병과와 군수보급과를 대표하는 군단과 사단으로 편성하는 것을 의미했다. 또한 그는 예비군을 창의적으로 활용한다. 이는 프리드리히 대왕을 훨씬 능가하는 조처였다. 그리고 '내부 전선'을 멋지게 활용하면서 그는 숫자상 우세할 때는 자신의 전군을 지휘하면서 분열된 적의 단위부대들에 대해 작전을 펼쳐 막강한 힘으로 하나하나 굴복시켰다.

"처음에는 병사들의 다리를 이용하여 승리를 거머쥐고, 그다음에는 바야흐로 대검으로 승리를 쟁취해야 한다." 이는 만고의 진리처럼 쉽게 이해되지만, 역시 만고의 진리만큼 인간의 머리로 납득하긴 어렵기만 하다. 전쟁은 일종의 대규모 결투나 주먹다짐이기 때문에 전쟁에도 유사한 법칙이 통용되는 법이다. 근접전에서는 속도와 용맹이 결정타를 날린다는 점에 대해서는 아무도 의심하려 하지 않을 것이다. 그런데 이를 의심하는 사람도 자신의 건강한 사지가 위험에 처하면 그렇게 확신하긴 마찬가지일 것이다. 새로운 전투작전에는 여러 기본원칙이 있다. 요컨대 전 인민의 무장, 식량의 보급, 적진을 향한 단호한 돌격, 흩어진 군중 속에서의 투쟁도 역시 단순하다. 이는 완전히 다른 의미에서이긴 하지만 루소나 혁명 구호를 만들어낸 사람들이 생각하듯 "자연으로의 귀환"과 같은 것이다. 사람이면 누구나 현실적인 위험의 순간이든 한갓 상상 속 위험의 순간이든 어쨌든 그때는 무기를 잡고 자신을 방어하려 하는데, 이는 자연스러운 일이다. 그리고 사람은 자신이 속해 있는 토양을 먹고 살며, 그래서 할 수만 있다면 그만큼 더 땅을 넓히고 싶어 하는 것도 자연스러우며, 적을 어디서 어떤 식으로 만나든 적에게 덤벼드는 것도 자연스럽다. 낡은 제도, 이를테면 선전체계, 재고식품 보급, 머뭇거리면서 항상 명분 있는 작전만을 수행하는 행태, 단순한 전술 따위는 자연스럽지 못하고 둔중하면서 인위적이다. 그런데 자연은 늘 승승장구한다. 그래서 혁명이 유럽을 제패한 것이다. 나폴레옹이 세상에 선보인 완전히 새로운 면모는 전대미문의 속도였다. 오스트리아 장군참모부의 대장이 1866년의 전쟁을 염두에 두고 어디선가 적절히 말했듯이 그는 "시간과 싸워 승리한" 셈이다. 그 스스로도 한번은 이렇게 말한다. "나는 행군을 통해 오스트리아 사람들을 분쇄했다." 그가 자신의 하급 야전사령관들에게 늘 반복해서 주입하려 한 지도원칙은 **"행동하라, 행동하라! 민첩하게!"**였다. 그런데 이 원칙은 그의 전투작전에만 미친 것이 아니다. 그는 전 유럽에 가속도를 붙여놓았다. 이 가속도로 유럽이 근본적으로 변했다. 그는 근대 생활속도의 창시자였던 셈이다.

나폴레옹을 혁명의 여타 인물과 비교할 필요만큼은 있을 법하다. 현실적인
남자그러나 비교 불가능성이 당장 눈에 띈다. 예컨대 뒤무리에의 경우 프랑스의 독재자가 되려는 생각을 품은 적이 있었다. 그것은 네르빈덴(Neerwinden) 전투 이후였다. 당시 그는 오스트리아와 협상하여, 자신의 명령에 무조건 복종하는 상비군을 통해 자신의 군대 안에 있는 자코뱅파 일원들을 무장 해제시키고, 9월 학살과 군중 테러에 격분한 주민들의 압도적인 다수가 그를 해방군으로 맞이할 것 같은 파리로 행군할 수 있으리라 생각했다. 그는 오래전에 이 계획을 꾸며 모든 준비 조처를 취하면서 곳곳을 정탐했으며, 오스트리아와 파리를 상대로 협상을 벌였지만, 마지막 결정적 행보를 할 에너지가 없었다. 바로 여기서 실천적 천재가 되려면 다음과 같은 세 가지 면모가 필요하다는 점을 알 수 있다. 즉, 그것은 주어진 사태를 조망하는 것, 그리고 필수적인 조처를 파악하는 것이며, 대개 단 한 번의 유일한 순간이 되곤 하는 바로 그 제때의 순간에 강력하게 행동하는 것이다. 그런데 이 세 번째의 것이 나폴레옹의 길로 가는 뒤무리에에겐 없었다. 차라리 그에겐 그것을 포함하여 모든 것이 결핍되어 있었다고까지 말할 수도 있다. 나폴레옹은 스스로에게 이렇게 말한다. "한 세기 사이에 똑같은 일을 두 번 할 순 없는 일이다." 그러나 나폴레옹의 강렬하고도 충만한 자연력도 한 세기 사이에 자연을 두 번 창조할 순 없었다.

그러나 그럼에도 그의 업적과 성격에는 우리가 다른 영웅들, 말하자면 작은 영웅들에게 보내는 무조건적인 그런 찬사를 보내지 않게 만드는 어떤 것이 있다. 무슨 면모가 거기에 있는가? 우리가 우리 자신의 존재와 소망을 그 틀에 맞춰 형성하고 싶어 하는 그 위대한 모델 가운데 한 사람으로 그를 보게 만드는 눈길을 막는 것은 무엇인가?

텐은 가장 빛나는 프랑스 인상주의 예술작품 가운데 한 작품을 쓰면서 나폴레옹에 대한 성격묘사를 개설 형태로 말한다. "나폴레옹은 다른 시대에 속하는 인물이다. (…) 그를 이해하기 위해 스탕달(Stendhal)이나 스탈 부인과 같이 노련한 역사 전문가들은 14세기와 15세기 이탈리아의 작은 전제군주들까지 소급해서 언급한다. 보나파르트는 그 시대 위대한 이탈리아인들, 말하자면 행동하는 사람들, 군사적 모험가들, 평생 찬탈을 통해 국가를 새롭게 세우는 사람들의 혈통을 물려받았다는 것이다. 그는 그들의 직접적인 순수 혈통으로서 그들의 내적 본질을 공유하고 있으며, 그들의 풍습과 정신적 속성을 타고났다고 한다." 나폴레옹이 18세기 사람이 아닌 것은 분명하지만, 그를 14세기와 15세기가 아니라 19세기에 포함시킬 수도 있으며, 사람들이 원한다면 20세기에 넣을 수도 있다. 그러나 어쩌면 그는 사실 고작 위대한 한 용병에 불과할지도 모른다. 하지만 그는 화학과 지리학, 특히 심리학에 대한 예비지식을 갖고서 주어진 형세를 잘 계산할 줄 아는, 프랑스에선 전대미문의 재능을 지닌 사람이었다.

괴테는 가장 위대한 오성이 나폴레옹과 더불어 지상에 출현했다고 말하며, 시에예스는 그를 두고 또 이렇게 말한다. "그는 모든 것을 알고 있으며, 모든 것을 원하며 무엇이든 할 수 있다." 나폴레옹 스스로는 자신에 대해 다음과 같이 말한다. "나의 탁월한 재능은 모든 것을 훤하게 꿰뚫어보는 것에 있다. 나의 독특한 웅변 방식은 내가 어떤 문제의 본질을 **모든** 측면에서 관찰한다는 점과 관련이 있다. 수직선이 빗금보다 더 짧은 법 아니겠는가!" 그리곤 또 이렇게 말한다. "내 머리에선 여러 사건이 장롱 속의 서랍만큼 간단하게 정리된다. 어떤 사건을 끝맺고 싶으면, 나는 그 서랍을 닫아버리고 다른 쪽의 서랍을 연다. 그것들은 뒤죽박죽 얽혀있지 않아 나를 헷갈리게 하지 않을뿐더러, 그 다양성으로 나를 지치게 만들지도 않는다. 잠을 청하고 싶을 땐 모든 서랍장을 닫아버리고 곧 곤히 잠들어버린다." 아주 유사한 의미에서 그는 또 한 번 자신의 머리를 비둘기 집에 비유한다. "어떤 일을 마음대로 주무르기 위해서라면 나는 관련 출입구멍은 열지만 동시에 다른 모든 구멍은 닫아버린다. 그리고 잠을 청하고 싶을 땐 모두 닫고 만다." 이런 재능 덕분에 그는 3시간 자면 충분했지만, 예외적일 때는 6시간도 잤다. 이외 시간엔 쉼 없이 일했다. 말하자면 "밥을 먹을 때도, 극장에 있을 때도" 일했던 것이다. 이처럼 모든 프랑스 사람과 본질적으로 다른 그의 면모에서 당장 드러난 것은 단기간의 엄청난 성공이었다. 그 자신은 이같은 맥락을 훤히 꿰뚫고 있었다. 한번은 그가 메테르니히에게 이렇게 말했다. "프랑스인들은 정신적인 사람들이죠. 이 정신은 길에도 돌아다닐 정도입니다. 그러나 그 이면에는 개성도 없고 원칙도 없고 의지도 없답니다. 그들은 허영심에 이끌려 사방으로 돌아다니며, 그래서 어린애들처럼 늘 손에 장난감을 들고 다닐 수밖에 없죠."(이 말에 완전히 공감이나 하는 듯이 괴테는 어디에선가 에커만에게 이렇게 말했다. "프랑스인들은 오성과 정신을 가지고 있지만, 기본도 없고 경건도 없다.") 그는 벌써 1797년에 아주 비슷한 말을 한 적이 있다. "귀하의 프랑스 사람들은 진지해지려 한다는 것에 대해 이해를 하지 못합니다. 허영심이 늘 꿈틀댈 수밖에 없지요. 혁명이 어디서 돌출했습니까? 허영심입니다. 그런데 혁명이 무엇 때문에 좌절되죠? 역시 허영심 때문입니다." 좀 더 지나자 더 간명하게 오해의 여지가 없게 말한다. "프랑스에선 소소한 것들이 중요한 역할을 한다. 이성은 아무 역할도 하지 못한다." 그는 자신의 국민에게 현실주의적으로 생각하고 분명하게 행동할 것을 가르쳤다. 환영과 말투대신 사물들을 꿰뚫어 볼 것과, 이 사물들에 비추어 목적의식적으로 방향을 정립할 것을 가르쳤다. 에머슨은 나폴레옹에 관한 자신의에세이의 서문을 다음과 같은 말로 시작할 수밖에 없는 이유를 잘알고 있었다. "나폴레옹이 프랑스였다면, 그리고 나폴레옹이 유럽이었다면, 그 이유는 그가 지배한 사람들이 작은 나폴레옹들이었다는 점에 있다." 그러나 거꾸로 말할 수도 있을 것이다. 요컨대 그가그 시대의 운전자가 되었던 것은 그가 당대의 모든 사람을 작은 나폴레옹들로 **만들** 수 있었기 때문이라고 말이다.

그러나 그럼에도, 그가 다가올 세기를 온전히 지배할 운명을 타고난 새로운 인간의 완전한 전형이 되는 바로 그러한 상황에서도, 그를 논박할 핵심요소를 같이 볼 수밖에 없는 노릇이다. 어쩌면 그는 지금까지 살았던 경험주의자 가운데 가장 완전한 경험주의자일지도 모른다. 여기에는 비교할 길 없는 그의 천재성 못지않게 파국적인 취약점도 들어있다. 그도 그럴 것이 그는 바로 완벽한 경험주의자여서 다른 무엇도 될 수 없었기 때문이다. 그는 도덕적·형이상학적 현상을 아랑곳하지 않아서 도학자(道學者)도 이데올로그도아니었다. 이데올로기의 결핍은 그의 근본적 약점이었다. 그래서 그는 자신의 권력을 스쳐지나가는 권력으로 만들고 말았다.

그리하여 흔히 회자되는 식으로 말하면, 다이아몬드처럼 단단하면서 수천의 눈을 가진 그 영웅은 **하나의 감동적인** 현상이었다. 그는모든 것을 알았고, 모든 것을 할 수 있었으며, 모든 것을 자신의 강력한 손아귀에 거머쥐었지만 자기 자신만큼은 어쩔 줄 몰랐다. 그는 전 세계보다 강했지만, 자신의 행위보다는 강하지 못했다. 그가 망각한 것은 가장 위대한 인간도, 아니 정말 위대한 인간은 오직 인류를 위해서만 존재한다는 사실이었다. 그의 성공은 일상의 은행가나 장관 혹은 배우들처럼 정상까지 올랐다. 그러나 그의 빛나는 태양계 여행은 음울한 지옥의 여행으로 변하고 말았다.

그를 두고 스탈 부인은 이렇게 말한다. "그는 장기판의 노련한 명인이다. 인류는 그가 철저히 굴복시키려 하는 자신의 적이다." 그러나 그는 자신의 악마적 기질을 통해 장기판의 명인이었다기보다는 오히려 그 이상으로서, 아마 지금껏 세계가 그렇게 보지 않으려 했던 멋진 감독이었던 것 같다. 평소 드러낸 외모만 봐도 그는 영락없는 무대 감독이었다. 구긴 모자를 쓰고 해진 외투를 걸친 유럽의 이 신사의 꼴은 금빛으로 치장한 장군들, 무수한 훈장을 달고 있는 고위 인사들, 눈부시게 하얀 목덜미를 드러낸 부인들 사이에 서 있는 일반 병사의 모습이다. 그의 인생이 들려주는 수많은 에피소드는 멋진 연극장면의 성격을 담고 있다. 예컨대 그는 자신의 동생 루시앙(Lucian)에게 얘길 하면서 자신의 시계를 바닥에 내동댕이쳤다. "네가 말만 듣지 않아봐라, 이 시계처럼 박살내고 말거야." 그리고 오페라 공연에서 폭발물로 자신에 대한 암살기도가 벌어졌을 때 그 소동을 마지막 화려한 장면이라고 생각하고는 이렇게 말한다. "폭도들이 나를 공중분해하고 싶어 안달이지. (…) 오늘 오페라 대본을 가져오게 해야겠군." 탈마는 그의 몸짓을 익히려 하면서, 오히려 반대상황이 타당할 법한 사실에 전통적인 성담(聖譚)이 별로 어울리지 않는다는 것을 이해한다. 그래서 탈마는 황제의 눈빛과 표정변화, 그리고 몸짓에서 대단히 소중한 교훈을 얻어냈다고 생각하고는 바로 황제가 그의 모델이 되었다고 설명한다. 이 모델을 주인공으로

한 작품을 헌사로 받은 그 남자, 즉 근대 연극사에서 가장 강력했던 이 연극의 사령관 나폴레옹은 헤아릴 수도 없이 여러 번 작품 속 모델과 비견되기도 한다.

안티
이데올로기
적인
이데올로그

아마 나폴레옹의 성공과 그 대중성은 그가 결코 위대한 인간이 아니었다는 사실과 일부 연관 있을지도 모른다. 모든 천재는 그 주변세계의 일부만이 그를 깨닫고 인정할 따름이다. 별로 문명화되지 않은 시대에는 조롱하거나 멸시하기까지 한다. 이는 문제의 본성에 해당하는 일이다. 플라톤 · 단테 · 베토벤 · 도스토옙스키를 온전히 이해하려면 일종의 플라톤 · 단테 · 베토벤 · 도스토옙스키의 음각이 되기까지 해야 한다. 그것은 태양에서 나오는 모든 광선을 어느 정도 잡아낼 수 있는 참된 사진과 같은 것이다. 이 같은 강도가 결핍될 경우 그것을 보충할 길은 오랫동안 여러 번 반복해서 지속적으로 촬영하는 방법밖에 없다. 나폴레옹은 금세 포착되어 온전히 이해된 유일한 천재이다. 그도 그럴 것이 그는 일련의 평범하고도 일상적인 성격 덕분에 어느 정도의 통속적인 화법을 겸비하고 있어서, 이 같은 자신의 어투를 매개로 모든 이에게 쉽게 곧 번역되고 이해되어 신뢰를 얻었기 때문이다. 또 한편 그는 사기꾼이자 불한당이고 에고이스트이다. 잔인하면서 감각적이고 뻔뻔스럽다. 그의 전면 등장은 드러내놓은 천박화이자 졸부의 행실과 같은 것이다. 이를테면 합스부르크가의 딸과의 결혼조차도 파산한 귀족 가문과의 결혼을 통해 자신을 귀족화하려는 어떤 증권투기꾼의 모습을 상기시킨다. 그는 세련되지 못한 병영문화를 통해 사회에 누를 끼쳤지만, 악질의 비밀누설과 저속한 비방이 횡행한 것을 즐겼고, 부인들에게 무례한 농담을 하는 짓도 용납했으며, 벼락출세한 이 사나이를 칭송했지만 사랑하진 않은 부인들과 진정한 행복을 단 한 번도 가져보지 못하고서도 자신의 군대식 연애의 성공을 자랑삼았다. 그러나 이 우울한 과정도 그의 천재성을 어둡게 하는 것이 아니라 오히려 더 뚜렷이 보이게 만든다. 이는 태양의 광채가 집중된 곳보다 빛이 분산된 곳에서 사람을 더 똑똑하게 볼 수 있는 것과 같은 이치다. 사실 나폴레옹이 지금껏 세상이 봐온 천재 중 가장 완전한 천재였고, 케사르보다, 셰익스피어보다, 괴테보다 더 위대하다는 점에 관해 추호도 의심할 순 없다. 그도 그럴 것이 그의 재능의 강도와 범위를 두고 보자면 세 사람 모두의 것을 합해놓은 정도만큼 되기 때문이다. 주변을 정찰하는 실천적 시선과 예견의 면모에서는 케사르이며, 창조적인 상상력의 면모에서는 셰익스피어이며, 인간본성을 간파하는 면모에서는 괴테인 셈이다. 여기에 곁들여 그는 생각한 것을 즉시 현실로 옮기는 열정의 면에서 세 사람 가운데 누구도 따라잡을 수가 없는 에너지를 갖고 있었다. 다만 그에게 결핍되어 있었던 단 한 가지는 그 세 사람 모두가 갖고 있는 것, 즉 이상주의(Idealismus)였다. 그는 이 지구상에서 가장 실제적인 힘인 인간의 이상을 믿지 않았다. 물론 그의 경우도 이타주의·애국정신·종교성 따위가 이용해야 하고 조종해야 할 현전의 힘이긴 하지만 가치 면에서 법전과 증기력과 화폐보다 더 높지 않았다. 그는 확고한 이념이 수십만의 총검보다 더 나을뿐더러 더 많은 것을 할 수 있다고 생각지 않는다. 그는 이념·이상·이데올로기·환상·환영·개념 등속도 물리적·생리적 에너지가 되며, 소위 계측 가능한 현실적 규모의 크기가 된다는 사실을 몰랐다. 요컨대 정의에 대한 의식, 좀 더 고상한 것에 대한 믿음은 흡사 고깃살과 단백질, 코냑과 콜라넛[36]처럼 유기체를 달

---

[36] kolanut: 콜라 나무 열매. 음료와 의약품의 원료로 사용한다. 허기와 피로를 더는 자극제로 씹기도 한다. 식사 전에 열매 조각을 씹으면 소화를 돕는다. 약물중독·숙취·설사를 치료하는 생약으로 쓰고 있다.

아오르게 하는 물질과 같은 것이라는 점을 몰랐던 것이다. 사실 그는 그나 그의 추종자들이 믿었던 바만큼 그런 온전한 경험주의자는 결코 아니었다. 역설적으로 들릴지는 모르지만, 이 지점에서 오히려 그는 세상물정 모르는 원리주의자였던 셈이다. 그는 세계와 인간에 대한 자신의 체계가 있었다. 그것은 규정하자면 하나의 철학적인 체계였지만 그렇게 영민하게 잘 짜인 체계가 아니라 삶과 **나란히** 서 있었다. 그는 '이데올로그들'을 냉소적이면서 경멸조로 바라봤지만, 그 자신도 한 사람의 이데올로그라는 사실을 예감하지 못했다. 그는 온 세상을 뒤죽박죽으로 해놓고서 자신의 군중을 스웨덴에서 이집트로, 마드리드에서 모스크바로까지 몰아놓고는 그가 출현했을 때와 꼭 마찬가지로 어느 날 갑자기 사라졌다. 말하자면 거대한 화약 폭발처럼 공포와 유황 냄새의 여운만을 남겨놓은 채 사라진 것이다. 그는 인간과 자연력, 물과 바람, 유럽의 모든 국가와 도시 및 민족을 동원하여 때로는 자신을 지지하게 하고 또 때로는 반대하게 했다. 그가 사라졌을 때, 유럽의 지도는 또다시 20년 전과 같이 아무것도 변하지 않은 상태로 남았다. 외교관들은 대륙의 현 상황과 분할 및 국가주권을 둘러싸고서 다시 계속 다투었다. 나폴레옹은 몽상가가 아니었다. 바로 이 점이 그의 주적이었던 셈이다. 그 때문에 그는 좌초한 것이다. 그는 단 몇 년 몇 달 사이에 승리할 수 있다고 믿었다. 그도 그럴 것이 그는 몽상가만이 세계를 영원히 정복할 수 있다는 사실을 몰랐기 때문이다.

▮ 연표 ▮

1348년	흑사병
1350년 경	『완전한 삶에 관한 소책자』 출간
1351년	콘라트 폰 메겐베르크 『자연의 책』 출간
1354년	리엔초 살해
1356년	황금문서
1358년	프랑스 내전
1361년	타울러 사망. 아드리아노플 점령
1365년	주조 사망
1370년 경	『농부 피어스의 꿈』 출간
1372년	장인 빌헬름 사망
1374년	페트라르카 사망
1375년	보카치오 사망
1377년	바빌론 유수의 종결
1378년	카를 4세 사망: 벤첼 즉위. 거대한 분열의 시작
1381년	로이스브루크 사망
1384년	위클리프 사망
1386년	젬파흐 전투
1389년	암젤펠트 전투
1396년	니코폴리스 전투
1397년	칼마르 동맹
1399년	영국 랭커스터 가문의 집권
1400년	벤첼 폐위: 팔스의 루프레히트 등극. 메디치가가 피렌체를 다스림. 초서 사망
1405년	프루아사르 사망
1409년	피사 공의회: 세 명의 교황 출현
1410년	루프레히트 사망: 지기스문트 등극. 탄넨베르크 전투
1414년	콘스탄츠 공의회 시작
1415년	후스 화형. 호엔촐레른가가 브란덴부르크를 다스림. 아쟁쿠르 전투
1417년	거대한 분열의 종결
1420년	후스파 전쟁의 시작
1426년	후베르트 반에이크 사망

1428년	마사치오 사망
1429년	잔 다르크 활약
1440년	신성로마제국 황제 프리드리히 3세 등극. 니콜라우스 쿠자누스 『아는 무지』 출간. 얀 반에이크 사망. 피렌체 플라톤 아카데미 개소
1441년	『그리스도를 모방하여』 완간
1445년	케이프 곶 발견
1446년	브루넬레스키 사망
1450년	밀라노 대공 프란체스코 스포르차 등장
1450년 경	구텐베르크: 종이인쇄술 발명
1452년	레오나르도 다빈치 출생
1453년	콘스탄티노플 정복. 존 던스터블 사망
1455년	프라 안젤리코 사망. 기베르티 사망
1458년	에네아 실비오 교황 선출
1459년	장미전쟁 개시
1461년	프랑스 루이 11세 즉위. 영국의 요크가의 집권.
1464년	코시모 메디치 사망. 니콜라우스 쿠자누스 사망. 로제르 반 데르 베이든 사망
1466년	서프로이센이 폴란드를 양위하다. 동프로이센이 폴란드를 봉토로 받다. 도나텔로 사망
1471년	최초의 천문대 설치. 뒤러 출생
1472년	알베르티 사망
1475년	미켈란젤로 출생
1477년	부르고뉴 공작 용담공(勇膽公) 샤를 전사. 혼인을 통해 네덜란드를 합스부르크 왕가의 통치 아래 둠. 티치아노 출생
1478년	종교재판소 설치
1479년	카스티야와 아라곤 합병
1480년	러시아를 지배하던 몽골이 몰락
1483년	루이 11세 사망: 카를 8세 등극. 라블레 출생. 라파엘로 출생. 루터 출생
1485년	영국 튜더 왕가 집권, 장미전쟁 종결
1487년	희망봉 발견
1488년	베로키오 사망
1489년	『마녀의 방』 출간
1490년	마르틴 베하임, 지구본 제작

1492년	아메리카 발견. 그라나다 정복. 로드리고 보르지아 교황 즉위. 로렌초 메디치 사망
1494년	제바스티안 브란트『바보들의 배』출간. 피코 델라 미란돌라 사망
1495년	한스 멤링 사망
1498년	동인도 항로 개척. 사보나롤라 화형. 풍자시집『라인케 데 포스』출간
1499년	스위스 독립
1500년 경	악기 '스피넷' 등장
1500년	브라질 발견
1505년	최초의 우체국 설립
1506년	로이힐린: 히브리어 문법책 발간. 만테냐 사망
1509년	영국 헨리 8세 즉위. 에라스무스『우신예찬』출간
1510년	회중시계 발명. 보티첼리 사망
1513년	레오 10세 교황 즉위
1514년	브라만테 사망. 마키아벨리『군주론』출간
1515년	프랑스의 프랑수아 1세 즉위. 마리냐노 전투. 『이름 없는 사람들의 편지』출간
1516년	스페인 합스부르크 가문 집권. 아리오스토『성난 오를란도』, 모어『유토피아』출간
1517년	비텐베르크 반박문. 터키가 이집트를 점령하다.
1519년	막시밀리안 1세 사망: 카를 5세 등극. 레오나르도 다빈치 사망
1520년	라파엘로 사망. 스톡홀름 대학살
1521년	멕시코 정복. 보름스 제국의회. 베오그라드 합병
1522년	최초 세계 선박일주여행 완료. 루터의 성경 번역
1523년	스웨덴 바사 가문 집권. 지킹겐 몰락. 후텐 사망
1524년	페루지노 사망
1525년	독일 농민전쟁 발발. 파비아 전투
1526년	모하치 전투
1527년	마키아벨리 사망. 로마 약탈
1528년	뒤러 사망
1529년	그뤼네발트 사망. 터키군이 빈을 목전에 두다
1530년	아우크스부르크 제국의회: 아우크스부르크 신앙고백
1531년	츠빙글리 몰락. 영국 성공회 형성
1532년	페루 정복. 뉘른베르크 종교회의
1533년	아리오스토 사망

1534년	코레조 사망
1535년	뮌스터 재세례파 형성
1537년	위르겐 불렌베버 참수
1540년	예수회 건립. 세르베투스: 모세혈관의 혈액순환 원리 발견
1541년	파라켈수스 사망. 칼뱅이 제네바 장악. 스코틀랜드에서 녹스의 세력 확대
1543년	한스 홀바인 사망. 코페르니쿠스『천구의 회전에 관하여』, 베살리우스『인체의 구조』출간
1545년	제바스티안 프랑크 사망. 트리엔트 공의회 개최
1546년	루터 사망
1547년	뮐베르크 전투. 프랑수아 1세 사망. 헨리 8세 사망
1553년	라블레 사망. 세르베투스 화형
1555년	아우크스부르크 종교회의
1556년	카를 5세 퇴위: 페르디난트 1세 신성로마제국 황제로 즉위. 스페인 국왕 펠리페 2세 등극. 로욜라 사망
1557년	생캉탱 전투
1558년	영국의 엘리자베스 즉위. 그라블린 전투
1560년	멜란히톤 사망. 니코: 담배 소개
1561년	베이컨 출생
1564년	페르디난트 1세 사망. 막시밀리안 2세 즉위. 칼뱅 사망. 미켈란젤로 사망. 셰익스피어 출생
1568년	에그몬트 사형
1569년	메르카토르가 세계지도 제작
1571년	레판토 전투. 런던 증권거래소 개소
1572년	성 바르톨로메오의 밤. 존 녹스 사망
1576년	막시밀리안 2세 사망: 루돌프 2세 즉위. 한스 작스 사망. 티치아노 사망
1577년	루벤스 출생
1579년	위트레흐트 조약
1580년	팔라디오 사망. 스페인이 포르투갈을 지배. 몽테뉴『수상록』출간
1581년	타소『해방된 예루살렘』출간
1582년	교황 그레고리우스 13세가 그레고리우스력 채택
1584년	네덜란드 총독 빌렘 반 오라녜 암살
1586년	스테빈: 경사면 이론의 정립. 유체정역학의 모순 발견. 연통관 발명
1587년	메리 스튜어트 참수

1588년	무적함대 아르마다 침몰
1589년	앙리 4세 등극: 프랑스에서 앙리 부르봉 왕가 집권
1591년	피샤르트 사망
1592년	몽테뉴 사망
1593년	말로우 사망
1594년	오를란도 디 라소 사망. 팔레스트리나 사망. 틴토레토 사망. 오페라 탄생
1595년	타소 사망
1596년	데카르트 출생
1597년	갈릴레이: 온도계 발명
1598년	낭트 칙령. 베르니니 출생
1600년	조르다노 브루노 화형. 길버트: 지자기 발견. 영국 동인도회사 설립
1601년	티코 데 브라헤 사망
1602년	네덜란드의 동인도회사 설립
1603년	영국의 엘리자베스 사망: 스튜어트가의 집권, 영국-스코틀랜드 사이의 인적 결합. 셰익스피어『햄릿』출간
1606년	렘브란트 출생
1608년	리페르셰이: 망원경 발명. 프로테스탄트 연맹 성립.
1609년	세르반테스『돈키호테』출간. 가톨릭 동맹 맺음
1610년	앙리 4세 피살
1611년	케플러: 천체 망원경 발명. 구스타프 아돌프 등극
1612년	루돌프 2세 사망: 마티아스 즉위
1613년	러시아, 로마노프 가문이 집권
1614년	네이피어: 로그 법칙의 정립
1616년	세르반테스 사망. 셰익스피어 사망
1618년	프라하 창문투척 사건. 30년 전쟁 발발
1619년	신성로마제국 황제 페르디난트 2세 즉위
1620년	바이센베르크 전투. 메이플라워호 상륙
1624년	리슐리외가 재상이 됨. 야콥 뵈메 사망. 오피츠『독일 시학서』출간
1625년	제임스 1세 사망: 카를 1세 즉위. 엘 그레코 사망
1626년	베이컨 사망
1628년	권리 청원. 라 로셀 합병. 길버트: 전기 발견. 하비: 이중혈액순환 발견
1629년	복원칙령
1630년	구스타프 아돌프가 포메른에 상륙. 케플러 사망

1631년	마그데부르크 습격. 브라이텐펠트 전투
1632년	뤼첸 전투. 구스타프 아돌프 전사
1634년	발렌슈타인 피살. 뇌르틀링겐 전투
1635년	프라하 평화협정. 로페 데 베가 사망
1636년	코르네유『르 시드』출간
1637년	페르디난트 2세 사망: 페르디난트 3세 즉위
1640년	프로이센에서 대선제후 프리드리히 빌헬름 1세 등극.
	포르투갈, 브라간자 가문이 집권. 루벤스 사망
1641년	반다이크 사망
1642년	영국 혁명 발발. 리슐리외 사망. 갈릴레이 사망.
	타스만이 오스트리아로 회항
1643년	루이 14세 즉위. 뉴턴 출생. 토리첼리: 기압계 발명
1645년	그로티우스 사망
1646년	라이프니츠 출생
1648년	베스트팔렌 평화조약. 프랑스에서 왕립 회화조각아카데미 창설
1649년	찰스 1세 처형: 공화국 성립
1650년	데카르트 사망
1651년	항해 조례 발동. 홉스『리바이어던』출간
1652년	게리케: 공기펌프 발명
1653년	호민관 크롬웰이 집정
1657년	앙겔루스 질레지우스『케루빔의 방랑자』, 파스칼『시골 친구에게
	부치는 편지』출간
1658년	크롬웰 사망. 페르디난트 3세 사망: 레오폴트 즉위. 제1차 라인 동맹
1659년	피레네 평화조약
1660년	스튜어트가 복권: 찰스 3세 등극. 벨라스케스 사망
1661년	마자랭 사망. 루이 14세 친정체제. 보일『회의적인 화학자』출간
1662년	파스칼 사망.『사고의 기술』출간. 프랑스 왕립학회 창립
1663년	게리케: 기전기 발명
1664년	몰리에르『타르튀프』출간. 트라피스트 수도회 창립
1665년	푸생 사망. 라로슈푸코『잠언』출간
1667년	스페인 왕위계승전쟁. 밀턴『실낙원』출간
1668년	그리멜스하우젠『짐플리치시무스』출간
1669년	렘브란트 사망. 파리 오페라하우스 창설
1670년	스피노자『신학정치론』출간
1673년	몰리에르 사망. 영국에서 선서 조례 선포

1674년	밀턴 사망. 부알로 『시법』 출간
1675년	페르벨린 전투. 말브랑슈 『진리탐구』 출간. 레벤후크: 적충류 발견. 튀렌의 패배. 그리니치 천문대 설립
1676년	파울루스 게르하르트 사망
1677년	스피노자 사망 『에티카』 출간. 라신 『페드르』 출간. 보로미니 사망
1678년	호이겐스: 파동설 제시. 시몽 『구약성서 비평사』 출간
1679년	네이메헨 평화조약. 인신보호령 공포. 아브라함 아 산타클라라 『메르크의 빈』 출간
1680년	베르니니 사망
1681년	칼데론 사망. 스트라스부르 점령
1682년	클로드 로랭 사망. 무리요 사망. 로이스달 사망
1683년	터키군이 빈 외곽까지 진출. 필라델피아 건설. 콜베르 사망
1684년	코르네유 사망. 라이프니츠: 미분학 정립. 뉴턴: 중력법칙 발견
1685년	낭트 칙령 철폐. 찰스 2세 사망: 제임스 2세 즉위
1687년	헝가리를 합스부르크 왕가에서 다스리다. 뉴턴 『자연철학의 수학적 원리』 출간. 륄리 사망
1688년	명예혁명. 프로이센 대선제후 사망. 라브뤼예르 『성격과 풍속』 출간
1689년	빌렘 반 오라녜가 영국 윌리엄 3세로 즉위. 표트르 대제 등극. 팔츠 정벌
1690년	로크 『인간오성론』 출간. 파팽: 증기실린더 발명
1694년	볼테르 출생. 영국은행 창립
1695년	베일 『역사비평사전』 출간. 라퐁타이네 사망. 호이겐스 사망
1696년	톨런드 『기독교는 신비주의가 아니다』 출간
1697년	라이스바이크 평화조약. 폴란드를 작센 왕인 '강성왕' 아우구스트가 지배. 첸타 전투
1699년	카를로비츠 평화조약. 라신 사망
1700년	드라이든 사망. 베를린 과학아카데미 창립
1701년	프로이센 왕국
1702년	윌리엄 3세 사망: 앤 여왕 즉위. 슈탈: 연소이론 제시
1703년	상트페테르부르크 건설
1704년	회흐슈테트 전투. 영국의 지브롤터 점령
1705년	레오폴트 1세 사망: 요제프 1세 즉위
1706년	라미이 전투
1708년	오데나르드 전투
1709년	말플라크 전투. 풀타바 전투. 영국 주간지 간행. 뵈트거: 도기 제작

1710년	라이프니츠 『변신론』 출간
1711년	부알로 사망. 요제프 1세 사망: 카를 6세 즉위
1712년	프리드리히 대왕 출생. 루소 출생
1713년	위트레흐트 조약. 프리드리히 빌헬름 1세 등극
1714년	라슈타트/바덴 조약. 앤 여왕 사망: 하노버가가 영국 지배
1715년	루이 14세 사망: 섭정 정치 시작. 페늘롱 사망. 말브랑슈 사망
1716년	라이프니츠 사망
1717년	빙켈만 출생. 프리메이슨 비밀결사 조직
1718년	카를 12세 피살
1719년	디포 『로빈슨 크루소』 출간
1720년	로의 국립은행 파산
1721년	니슈타트 조약. 와토 사망. 몽테스키외 『페르시아인의 편지』 출간
1722년	헤른후트파 형제단 발족
1723년	오를레앙 공 필립 사망: 루이 15세 친정 체제. 국본조칙 시행
1724년	칸트 출생. 클롭슈토크 출생
1725년	표트르 대제 사망
1726년	스위프트 『걸리버 여행기』 출간
1727년	뉴턴 사망
1728년	볼테르 『앙리아드』 출간
1729년	바흐 「마태수난곡」 작곡. 레싱 출생
1730년	고트셰트 『비평시론』 출간
1734년	볼테르 『철학서간』 출간
1735년	린네 『자연의 체계』 출간
1736년	프린츠 오이겐 사망
1740년	프리드리히 빌헬름 1세 사망: 프리드리히 대왕 즉위. 카를 6세 사망: 마리아 테레지아 즉위
1741년	헨델 「메시아」 작곡
1742년	에드워드 영: 시 「밤의 고민들」 발표
1743년	플뢰리 추기경 사망
1744년	포프 사망. 헤르더 출생
1745년	스위프트 사망
1746년	겔레르트 『우화와 서사』 출간
1748년	몽테스키외 『법의 정신』, 라메트리 『인간기계론』, 클롭슈토크 『메시아』 출간. 폼페이 유적 발굴 개시
1749년	괴테 출생

1750년	요한 제바스티안 바흐 사망. 프랭클린: 피뢰침 발명
1751년	백과전서 출판 개시
1753년	버클리 사망
1754년	크리스티안 볼프 사망. 홀베르 사망
1755년	몽테스키외 사망. 칸트 『일반 자연사와 천체 이론』 출간. 리스본 대지진 발생
1756년	모차르트 출생. 7년 전쟁 발발
1757년	쾰른·로스바흐·로이텐 전투
1758년	초른도르프·호흐키르흐 전투. 엘베시우스 『정신론』 출간
1759년	쿠너스도르프 전투. 헨델 사망. 실러 출생
1760년	리그니츠·토르가우 전투. 맥퍼슨 『오시안』 출간
1761년	루소 『신 엘로이즈』 출간
1762년	홀슈타인-고토르프 가문이 러시아 통치: 표토르 3세와 예카테리나 2세 즉위. 글루크 『오르페우스』 발표. 루소 『사회계약론』, 『에밀』 출간
1763년	후베르투스부르크 조약. 파리 평화조약
1764년	호가스 사망. 라모 사망. 빙켈만 『고대예술사』 출간
1766년	고트셰트 사망. 레싱 『라오콘』, 골드스미스 『웨이크필드의 목사』 출간. 캐번디시: 수소 발견
1767년	레싱 『미나 폰 바른헬름』, 『함부르크 연극론』 출간
1768년	빙켈만 피살. 스턴 『센티멘털 저니』, 게르스텐베르크 『우골리노』 출간
1769년	나폴레옹 출생. 『주니어스의 편지들』 출간. 아크라이트: 방적기 발명
1770년	부셰 사망. 티에폴로 사망. 베토벤 출생. 돌바흐 『자연의 체계』 출간
1771년	프리스틀리: 산소 발견
1772년	제1차 폴란드 분할. 괴팅거 하인(Gottinger Hain) 동맹. 레싱 『에밀리아 갈로티』 출간. 스베덴보리 사망
1773년	예수회 폐지. 『독일적 양식과 예술 잡지』 발행. 괴테 『괴츠』, 뷔르거 『레오노레』 출간
1774년	루이 15세 사망: 루이 16세 즉위. 괴테 『청년 베르테르의 고뇌』 출간. 볼펜뷔틀러 단편. 렌츠 『가정교사』 출간
1775년	보마르셰 『세비야의 이발사』, 라바터 『관상학론』 출간

1776년	미합중국 독립선언. 흄 사망. 애덤 스미스『국부의 성격과 원인에 관한 연구』, 렌츠『병사들』, 클링거『질풍노도』, 바그너(H. Leopold Wagner)『영아 살해자』 출간
1778년	볼테르 사망. 루소 사망
1779년	데이비드 개릭 사망. 라파엘 멩스 사망. 레싱『현자 나탄』 출간
1780년	마리아 테레지아 사망: 요제프 2세 즉위. 레싱『인류의 교육』 출간
1781년	레싱 사망. 칸트『순수이성비판』 출간. 포스: 호메로스 번역. 실러『군도』 출간. 허셜: 천왕성 발견
1782년	몽골피에: 풍선기구 발명
1783년	베르사유 조약. 실러『피에스코』 출간
1784년	존슨 사망. 디드로 사망. 헤르더『인류교양을 위한 역사철학 이념』, 보마르셰『피가로의 결혼』, 실러『간계와 사랑』 출간
1785년	독일 군주동맹. 베르너: 수성론 정립
1786년	프리드리히 대왕 사망: 프리드리히 빌헬름 2세 즉위. 모차르트「피가로」작곡
1787년	글루크 사망. 괴테『이피게니에』, 실러『돈 카를로스』, 모차르트『돈 후안』 출간
1788년	뵐너 종교칙령. 하만 사망. 칸트『실천이성비판』, 괴테『에그몬트』 출간. 허턴: 화성론 제기
1789년	바스티유 감옥 습격. 괴테『타소』 출간. 갈바니: 접촉전기 발견
1790년	요제프 2세 사망: 레오폴트 2세 즉위. 칸트『판단력비판』 출간. 괴테『식물의 형태변화』, 파우스트 단편,『타소』 출간
1791년	미라보 사망. 바렌 체포 사건. 모차르트『마술피리』 출간 후 사망
1792년	레오폴트 2세 사망: 프란츠 2세 즉위. 9월 학살. 발미 전투. 루제 드 리슬러: 마르세예즈 작곡
1793년	루이 16세 처형. 공포정치. 제2차 폴란드 분할
1794년	테르미도르. 피히테『지식학』 출간
1795년	집정내각. 제3차 폴란드 분할. 프리드리히 아우구스트 볼프『호메로스 입문』, 괴테『빌헬름 마이스터의 수업시대』 출간
1796년	바뵈프의 모반. 예카테리나 2세 사망. 이탈리아 보나파르트. 제너: 천연두 예방법 제시
1797년	캄포 포르미오 조약. 프리드리히 빌헬름 2세 사망: 프리드리히 빌헬름 3세 즉위
1798년	라플라스『세계 체계에 대한 해설』, 맬서스『인구론』 출간. 나폴레옹 보나파르트가 이집트 원정. 아부키르만 해전

1799년	브뤼메르. 실러『발렌슈타인』, 슐라이어마허『종교론』출간
1800년	마렝고·호엔린덴 전투. 실러『마리아 스투아르트』출간.
	볼타 전지 개발
1801년	실러『오를레앙의 처녀』, 가우스『산술연구』출간
1803년	헤르더 사망. 클롭슈토크 사망. 제국사절회의 주요결의안 채택.
	나폴레옹 법전 공포
1804년	칸트 사망. 나폴레옹 황제 등극
1805년	실러 사망. 트라팔가르 해전. 아우스터리츠 전투.
	베토벤『피델리오』작곡
1806년	라인 동맹. 신성로마제국의 종말. 예나 전투. 대륙봉쇄령 발동.
	헤겔『정신현상학』,『소년의 마술피리』출간
1807년	틸지트 조약. 돌턴: 복합비율의 법칙 발견. 풀턴: 증기선 발명
1808년	피히테「독일 국민에게 고함」발표.『여기 정말 인간다운 인간이
	있다』출간.『파우스트』1부 출간
1809년	아스페른·바그람 전투. 하이든 사망. 죔머링: 전신기 발명
1810년	베를린 대학 창립. 괴테『색채론』, 클라이스트『하일브론의 케트헨』
	출간
1811년	클라이스트 사망
1812년	나폴레옹이 러시아 원정. 그림 형제『아이를 위한 가정 동화』출간.
	퀴비에: 격변설 제시
1813년	라이프치히 전투
1814년	피히테 사망. 스티븐슨: 기관차 개발. 부르봉 왕가 복귀.
	제1차 파리강화조약: 빈 회의 개막
1815년	빈 회의 폐회. 백일천하. 워털루 전투. 신성동맹. 비스마르크 출생
1817년	바르트부르크 축제. 바이런『만프레드』출간
1818년	최초 대양횡단 증기선 출항
1819년	코체부 암살: 카를스바트 결의. 쇼펜하우어『의지와 표상으로서의
	세계』, 괴테『서동시집』출간. 제리코「메두사의 뗏목」전시
1820년	외르스테드: 전자기현상 발견
1821년	나폴레옹 사망. 도스토옙스키 출생. 베버『마탄의 사수』,
	생시몽『산업의 체계』출간. 제베크: 열전기 발견
1822년	브라질 제국. 베토벤「장엄미사」작곡. 들라크루아「단테의 조각배」
	전시
1823년	먼로 독트린

1824년	루이 18세 사망: 샤를 10세 즉위. 바이런 사망. 베토벤 「9번 교향곡」 발표. 들라크루아 「키오스 섬의 학살」 전시
1825년	알렉산드르 1세 사망: 니콜라이 1세 즉위. 최초 철도건설
1826년	C. M. v. 베버 사망. 아이헨도르프 『어느 무위도식자의 생활』, 만초니 『약혼자』 출간. 요한네스 뮐러: 특수 감각동력학 제시
1827년	나바리노 전투. 베토벤 사망. 하이네 『노래의 책』, 빅토르 위고 『크롬웰』 출간. 옴의 법칙 제기. 베어: 포유동물학 주창
1828년	슈베르트 사망. 톨스토이 출생. 입센 출생. 오베르 「포르티치의 벙어리 아가씨」 작곡. 뵐러: 요소종합의 체계화
1829년	아드리아노플 조약. 로시니 「빌헬름 텔」 작곡
1830년	7월 혁명. 루이 필립 등극. 벨기에가 네덜란드에서 분리. 그리스 독립. 폴란드 봉기. 콩트 『실증철학 강의』, 푸슈킨 『예프게니 오네긴』 출간
1831년	오스트로웽카 전투. 헤겔 사망. 마이어베어 「악마 로베르트」 작곡. 위고 『노트르담 꼽추』 출간. 패러데이: 자기전기 발견
1832년	함바하 축제. 영국의 의회개혁. 스코트 사망. 괴테 사망. 『파우스트』 2부 출간
1833년	프랑크푸르트 폭동. 독일 관세동맹 체결. 보프 『산스크리트어 비교문법』, 라이문트 『낭비가』, 네스트로이 『룸파치바가분두스』 출간. 가우스/베버: 전신기 발명
1835년	프란츠 2세 사망. 최초 독일 철도 건설. D. F. 슈트라우스 『예수의 생애』, G. 뷔히너 『당통의 죽음』 출간
1836년	모스: 전신기 발명. 고골 『감찰관』 출간
1837년	빅토리아 여왕 등극. 하노버 영지가 영국에서 분리됨. 레오파르디 사망
1839년	슈반: 세포이론 정립. 다게르: 사진 발명. 스탕달 『파르마의 수도원』 출간
1840년	프리드리히 빌헬름 3세 사망: 프리드리히 빌헬름 4세 즉위. 아편전쟁. 슈만 가곡의 해. 칼라일 『영웅숭배론』 출간. 1페니 우편제도 도입
1841년	해협운항 조약. 포이어바흐 『기독교의 본질』, 헤벨 『유디트』 출간
1842년	로베르트 마이어: 에너지법칙 발견
1843년	바그너 『방랑하는 네덜란드인』 출간
1844년	니체 출생. 리비히 『화학 통신』 출간. 뮌헨 『비행잡지』 간행
1845년	바그너 『탄호이저』, 슈티르너 『유일자와 그의 소유』 출간

1846년	영국의 곡물관세 철폐. 오스트리아가 크라쿠프를 지배. 최초 해저 전신기 사용. 해왕성 발견
1847년	스위스 분리파 전쟁. 에머슨 『위인전』 출간
1848년	파리 2월 혁명. 독일 3월 혁명. 프란츠 요제프 1세 등극. 라파엘로전파 형제단 발족. 잡지 『와장창(Kladderadatsch)』 간행. 『공산당선언』 출간
1849년	노바라 · 빌라고스 전투
1850년	올뮈츠 협약. 발자크 사망
1851년	루이 나폴레옹의 쿠데타. 제1차 만국박람회
1852년	나폴레옹 3세 등극. 런던 의정서 체결. 뒤마 피스 『라 트라비아타』 출간
1853년	크림전쟁 발발. 켈러 『초록의 하인리히』, 루트비히 『세습 산림지기』 출간
1854년	몸젠 『로마사』 출간
1855년	니콜라이 1세 사망: 알렉산드르 2세 즉위. 프라이타크 『차변과 대변』, L. 뷔히너 『힘과 물질』 출간
1856년	파리 평화조약. 쇼 출생
1857년	보를레르 『악의 꽃』, 플로베르 『보바리 부인』 출간
1858년	곤차로프 『오블로모프』, 오펜바흐 『지옥의 오르페우스』 출간
1859년	마젠타 · 솔페리노 전투. 다윈 『종의 기원』 출간. 스펙트럼 분석의 도입. 구노가 오페라 「파우스트」 작곡
1860년	쇼펜하우어 사망. 페히너 『정신물리학의 기초』 출간
1861년	북아메리카 남북전쟁 발발. 이탈리아 왕국 건립. 파리에서 『탄호이저』 공연
1862년	프리드리히 빌헬름 4세 사망: 빌헬름 1세 즉위: 비스마르크 수상 선출. 헤벨 『니벨룽겐』, 플로베르 『살람보』 출간
1863년	르낭 『예수의 삶』, 텐 『영국문학사』 출간
1864년	독일-덴마크 전쟁. 오펜바흐 『아름다운 엘렌』 출간
1865년	남북전쟁 종결: 링컨 피살. 바그너 『트리스탄』, 뒤링 『생명의 가치』 출간. 부슈 「막스와 모리츠」 전시
1866년	쿠스토차 · 쾨니히그레츠 · 리사 전투. 입센 『브란』 출간
1867년	북독일 연방 창립. 막시밀리안 황제 피격 마르크스 『자본』, 도스토옙스키 『라스콜리니코프』 출간
1868년	바그너 『명가수』, 헤켈 『자연 창조의 역사』 출간
1869년	수에즈운하 개통. 하르트만 『무의식의 철학』 출간

1870년	교황의 무오류성 교리 선언. 엠스 급보. 스당 전투. 프랑스 제3공화정. 디킨스 사망. 트로이 유적 발굴 개시
1871년	독일의 '황제 선언'. 파리 코뮌. 프랑크푸르트 평화조약. 다윈『인간의 유래』, 졸라『루공 마카르 총서』출간. 부슈「경건한 헬레네」전시
1872년	D. F. 슈트라우스『옛 신앙과 새 신앙』, 도데『타타르 여인』출간
1873년	경제 대공황. 맥스웰: 전자기 빛 이론 제기
1874년	반트 호프: 입체화학 개발
1875년	문화투쟁의 절정. 비제『카르멘』, 텐『앙시앵 레짐』발표
1876년	베이루트 조약. 인도 제국 성립, 영국 빅토리아 여왕이 인도 제국 황제가 됨
1877년	러시아-터키 전쟁. 고비노『르네상스』출간
1878년	산스테파노 평화조약. 베를린 회의. 사회주의자 보호법 발령. 바그너『파르치팔』출간
1879년	2국 동맹. 입센『인형의 집』출간. 아인슈타인 출생
1880년	플로베르 사망
1881년	프랑스인들 튀니지 입성. 알렉산드르 2세 피살: 알렉산드르 3세 즉위. 도스토옙스키 사망. 입센『유령』출간
1882년	영국인들 이집트 진출. 에머슨 사망. 빌덴브루흐『카롤링거 왕조 시대』출간. 코흐: 결핵균 발견
1883년	3국 동맹. 리하르트 바그너 사망. 마르크스 사망. 니체『차라투스트라』출간
1884년	입센『들오리』출간. 페이비언 협회 발족
1885년	세르비아-불가리아 전쟁. 빅토르 위고 사망
1886년	니체『선악의 저편』출간
1887년	재보장조약. 앙투안: 자유극장 설립. 스트린드베리『아버지』출간
1888년	빌헬름 1세 사망: 프리드리히 3세 사망: 빌헬름 2세 즉위. 폰타네『뒤죽박죽』출간
1889년	극단 '자유무대' 창립. 홀츠/슐라프『아버지 햄릿』, R. 슈트라우스『돈 후안』, 하우프트만『해 지기 전』, 릴리엔크론『시』출간
1890년	비스마르크 해임. 잔지바르 조약.『교육자로서 렘브란트』출간. 와일드『도리언 그레이의 초상』, 함순『굶주림』, 마테를링크『말렌 공주』, 마스카니『카발레리아 루스티카나』, 주더만『명예』출간
1891년	프랑스-러시아 동맹. 베데킨트『봄의 깨어남』출간

1892년	하우프트만『직조공들』, 마테를링크『펠리아스와 멜리장드』출간.
	베링: 디프테리아 항독소 발명
1893년	하우프트만『한넬레의 승천』, 슈니츨러『아나톨』출간
1894년	알렉산드르 3세 사망: 니콜라이 2세 즉위
1895년	시모노세키 조약. 폰타네『에피 브리스트』, 쇼『캔디다』출간.
	뢴트겐: X-선 발견
1896년	알텐베르크『내가 보는 대로』, 베르그송『물질과 기억』출간.
	마르코니: 무선전신기 발명
1897년	그리스-터키 전쟁
1898년	비스마르크 사망:『사유와 기억』출판. 파쇼다 위기.
	스페인-아메리카 전쟁. 퀴리 부부: 라듐 발견
1899년	쇼『시저와 클레오파트라』, 입센『우리 죽은 자들이 깨어날 때』
	출간
1900년	니체 사망. 프로이트『꿈의 해석』출간
1901년	토마스 만『부덴브로크가 사람들』출간. 빅토리아 여왕 사망:
	에드워드 7세 즉위
1902년	졸라 사망
1903년	바이닝거『성과 성격』출간
1904년	영국-프랑스 화친협정. 베데킨트『판도라 상자』출간
1905년	노르웨이가 스웨덴에서 분리됨. 만주 전투. 쓰시마 해전. 포츠머스
	조약. 아인슈타인: 상대성이론 정립. 하인리히 만『운라트 교수』
	출간
1906년	알헤시라스 회의. 입센 사망. R. 슈트라우스『살로메』출간
1907년	상트페테르부르크 조약
1908년	합병 위기. 빌헬름 부슈 사망
1909년	블레리오: 운하 비행
1910년	에드워드 7세 사망: 조지 5세 즉위. 톨스토이 사망
1911년	모로코 갈등. 트리폴리 전쟁
1912년	제1차 발칸 전쟁. 중국 공화정 선포. 스트린드베리 사망
1913년	제2차 발칸 전쟁
1914년	제1차 세계대전 발발

▌인명 찾아보기 ▌

ㄹ

ㅅ

ㅇ

E

ㅍ

ㅎ

지은이 에곤 프리델(Egon Friedell)

1878년 1월 21일 오스트리아 빈에서 출생. 자유주의 분위기가 지배적인 하이델베르크 대학에서 수학하면서 헤겔을 공부함. 『철학자로서의 노발리스』로 박사학위를 취득하고, 진보적인 잡지 『횃불』에 글을 실으면서 저널리스트로 활동하기 시작함. 극작가·연극평론가·문예비평가·문화학자로 활약함. 1920~1930년대, 오스트리아 빈 문화계에서 중요한 인사로 활동함. 막스 라인하르트(Max Reinhardt)가 이끄는 베를린과 빈 극단에서 1922년부터 1927년까지 연극배우로 이름을 날리기도 했음. 히틀러 군대가 오스트리아로 침공한 직후인 1938년 3월 16일, 나치 돌격대의 가택 체포 작전을 눈치 채고 자신이 거주하던 아파트 4층 창문으로 뛰어내려 향년 60세로 생을 마감함. 주요 저작으로는 『단테에서 단눈치오까지』(1915), 『유다의 비극』(1922), 『이집트와 고대 동양의 문화사』(1936) 등이 있고, 유고집으로 나온 작품으로는 『그리스 문화사』(1940), 『타임머신 여행』(1946), 『고대 문화사』(1949), 『고대는 고대가 아니었다』(1950) 등 다수가 있음.

옮긴이 변상출

서강대 독어독문학과에서 게오르크 루카치(Georg Lukács) 연구(2000)로 박사학위 취득. 현재 대구대학교 기초교육대학 창조융합학부 교수로 재직 중. 저서로는 『예술과 실천』, 『비판과 해방의 철학』(공저), 『계몽의 신화학을 넘어』 등이 있고, 번역서로는 G. 루카치의 『이성의 파괴』(전2권), 『발자크와 프랑스 리얼리즘』, H. M. 엔첸스베르거의 『어느 무정부주의자의 죽음』, A. 브라이히, U. 렌츠의 『일 덜 하는 기술』, L. 코와코프스키의 『마르크스주의의 주요 흐름』(전3권), E. P. 톰슨의 『이론의 빈곤』 등이 있음. 주요 논문으로는 「무정부주의와 유토피아」, 「탈현대논리와 비판이론의 한계 극복을 위한 '고전적 전략'」, 「전통 유물론적 문예이론에 대한 반성과 전망」, 「지젝: 청산과 화해의 정치학」, 「에드워드 톰슨의 알튀세르 비판의 실제」 등 다수가 있음.